KB139862

탕평시대 법치주의 유산
: 조선후기 국법체계 재구축사

탕평시대 법치주의 유산
: 조선후기 국법체계 재구축사

김백철

목 차

표 차례

그림 차례

부표 차례

서 론

1. 조선의 법치주의 전통

　조선은 국가체제를 정비하면서 법제서 편찬에 많은 관심을 기울였다. 고려말부터 개혁입법운동이 추진되었으며, 신왕조에서 국가의 기본법전인『경제육전經濟六典』을 편찬하는데 이르렀다. 후속 수교受敎는『속육전續六典』이 수차례 속간되면서 반영되었다.『경제육전』은 법체계의 근간이자 변개불가의 지침으로서 자리잡았다.[1]『경제육전』을 중심으로 하는 각종 법제가 증보되면서, 최고 상위법『경제육전』, 후속법『속육전』, 하위법「등록謄錄」등이 각각 편찬되었다.[2] 조선초부터 이미 법전은 각각의 지위가 이처럼 구분되는 상황이었다.

　법치주의[3]가 자리잡으면서 수교가 누적되었고, 법체계를 보다 큰 틀로 조정하는 일이 필요하였다. 태조대『경제육전』이 간행된 이후 약 1세기간 노력 끝에 성종대『경국대전』이 탄생하였다. 이것은 보편적인 법조문으로의 정리가 얼마나 어려운지를 잘 보여준다.[4]『경제육전』이 14

───────────────

1) 윤국일,「경제육전과 경국대전의 사료연구」『경국대전 연구』, 과학백과사전출판사, 1986, 6~72쪽.

2)『經國大典』「經國大典序」.

3) 본서에서 조선시대 法治는 3가지 개념을 전제로 사용하였다. ㉠법에 의한 통치(고려말 권력자에 따라　형량이 달리 적용되는 불합리한 관행을 개혁하여 성문법에 따라 동일한 처벌이 이루어지도록 함), ㉡최상위 법전의 탄생(법을 한갓 정치의 도구에서 탈각시켜 祖宗成憲이나『周禮』를 내세워 국가의 이상적인 체제의 근간으로 인식하고 오늘날 헌법과 유사한 "大典"의식을 형성함), ㉢국왕의 국법 수호(왕정사회임에도 군주는 입법활동을 장려하고 법을 준용함으로써 왕권을 강화하는 형태를 취함).

4) 윤국일, 앞 글, 1986, 73~122쪽; 이종일,「조선시대 법전 편찬」『대전회통연

세기 국가체제의 이정표 역할을 했다면,『경국대전』은 통시대적이고 보편적인 법으로 자리매김하였다. 이후 조종성헌祖宗成憲은『경제육전』에서『경국대전』으로 기준이 변화하였다.『경국대전』에 대한 보완작업 역시 지속되었다. 성종대『대전속록大典續錄』, 중종대『대전후속록大典後續錄』, 명종대『경국대전주해經國大典註解』등의 사업이 이루어졌다. 마치『경제육전』이 항상 중심축이 되었듯이, 이번에도『경국대전』이 같은 기능을 하였다. 이른바『경국대전』체제의 성립이었다. 이로써 조선전기 국가체제의 근간이 되는 법제가 갖추어졌다.

　조선시대 전반에 걸쳐『경국대전』은 선왕先王이 이룩한 만세불변萬世不變의 통치규범(祖宗成憲)이자 국가의 근간(國制)이 되는 최고법으로 이해되었다.[5] 조선의 법제는 시의적절時宜適切하게 변용되었지만, 기본골격은『경국대전』을 중심으로 해서 작동되었을뿐 아니라, 상징성의 근원도『경국대전』으로 상정되는 법치주의였다. 조선시대 처음『경국대전』을 약칭하였던 "대전大典"이라는 명칭은 점차 오늘날 "헌법憲法"에 대응되는 용어로 의미가 확장되었다.

　조선전기 지속되던 법제정비사업은 임진왜란과 병자호란의 발생으로 상당수 전적이 소실되었고 전후 물력物力도 불충분하여 지지부진遲遲不進하였다. 어려운 여건 속에서도 선조대『각사수교各司受敎』, 인조대『각사수교』「추록追錄」등과 같이 임시사업이 추진되었다. 17세기부터 수교가 오랫동안 누적되자 새로운 법제를 집대성하고 다시 "대전"체계 내로 편입시키고자 하는 논의가 지속되었다.

　18세기 탕평정국하에서 비로소 법제정비사업이 본격화되었다. 숙종대는 열성의 수교를 집대성하여『수교집록受敎輯錄』이 편찬되었을 뿐

구: 권수·이전편』, 한국법제연구원, 2000, 14~34쪽.

5) 김백철,『조선후기 영조의 탕평정치:『속대전』의 편찬과 백성의 재인식』, 태학사, 2010, 28~52쪽.

아니라, 기존 법전을 하나의 법체계로 묶는 작업을 시도하여『전록통고 典錄通考』가 간행되었다. 또한 영조대는 선왕의 업적을 계술하여『신보 수교집록新補受敎輯錄』와 『증보전록통고增補典錄通考』로 증보하였으 며, 더욱이『경국대전』이후의 모든 법제를 집대성하고 최상위 법조문으 로 격상시킨『속대전』이 탄생하였다.6) 아울러 정조대는 국가체제의 근 간인『경국대전』과『속대전』을 두 개의 기둥으로 설정하고, 여기에 영 조후반~정조초반 수교를 시왕時王의 법전으로 증보하여『대전통편』을 반포하였다. 이는 종합법전화의 새로운 방향을 제시하여 고종대『대전 회통大典會通』으로 계승되었다.

2. 연구현황

조선시대 전통법 연구는 약 1세기 이상 지속되었다.7) 초기에는 일인 학자들이 식민통치에 필요한 법제자료를 확보하기 위해서 조선 법서法 書의 번역(현토), 표점, 연구 등을 진행하였다.8) 기초 자료의 정리는 실

---

6) 『續大典』「御製題續大典卷首勉勅後昆」.
7) 전통법 연구현황은 다음 참조. 김백철,『법치국가 조선의 탄생: 조선전기 국 법체계 형성사』, 이학사, 2016, 15~21쪽.
8) 강제병합 직전인 1909년 일본인 관학자들이 朝鮮古書刊行會를 결성하여 식 민통치에 필요한 조선 고서를 수집하여 정리하였고, 이에 맞서 1910년 우리 지식인들이 朝鮮光文會를 세워서 전통문화 보존에 힘썼다. 법제서는 식민통 치에 유용했기 때문에 조선고서간행회에서 관심을 보였다. 국립중앙도서관 에는 1913년 조선고서간행회본『大典會通』영인본이 가장 빠른 판본으로 확 인된다. 또 1921년 조선총독부 중추원에서『譯文大典會通』을 간행하였는데, 일본식 한문번역으로서 별도의 현대어역은 없고 懸吐수준에 불과하다. 이것 을 다시 1939년『校註大典會通』으로 校勘註가 추가되어 간행되었다. 이 판 본이 규장각 영인본이 간행되기 전까지 오랫동안 연구자들에게 활용되었다.

중을 바탕으로 하고 있지만, 연구의 결론은 식민통치의 합리화와 무관하지 않았다. 조선총독부가 만든 법제서 표점본은 약 반세기 이상 우리학계에 영향을 미쳤다.

광복 이후에는 우리 법제처가 전통법의 정리와 번역을 추진하였다. 당시 정치·경제적으로 대단히 열악한 상황임에도 불구하고, 1940~1970년대 장기간에 걸쳐 거의 대부분의 전통 법제서가 번역되었다. 서구 일변도의 인식이 만연한 상황이었음에도, 새로운 국가를 건설하는데 전통법의 전거를 검토하고자 노력한 점이 돋보인다. 아쉽게도 연구 토대가 빈약한 상황에서 번역이 이루어져 다소 오역이 발견되지만 학문의 독립이란 측면에서 초역본은 충분한 가치를 지녔다. 이러한 학계 분위기 속에 『경국대전』9)이나 『경제육전』10)에 대한 기초조사 및 심화연구가 이어질 수 있었다. 전통법 연구의 도약은 1990년대 이후 규장각본 영인과 각종 역주사업을 통해 이루어졌다. "규장각 자료총서"의 보급은 조선시대 원본을 토대로 연구하는 풍토를 새롭게 조성하였다.

---

9) 【연구】박병호, 「경국대전의 편찬과 반행」『한국사』9, 국사편찬위원회, 1973; 박병호, 「조선초기의 법원」『한국법제사고』, 법문사, 1974; 박병호, 「조선시대의 법」『한국의 법』, 세종대왕기념사업회, 1974; 박병호, 「경국대전의 법사상적 성격」『진단학보』48, 진단학회, 1979; 김백철, 앞 책, 2016; 【역주】윤국일, 『경국대전연구』, 평양: 과학백과사전출판사, 1986; 한국정신문화연구원, 『역주 경국대전: 주석편 및 번역편』, 한국정신문화연구원, 1986.

10) 【복원】전봉덕, 『경제육전습유』, 아세아문화사, 1989; 윤국일, 앞 책, 1986; 연세대학교 국학연구원 편, 『경제육전집록』, 신서원, 1993; 【연구】花村美樹, 「經濟六典について」『法學論纂』1~5, 京城帝大法學會, 1932; 임용한, 「『경제육전』의 편찬기구: 검상조례사를 중심으로」『조선시대사학보』23, 조선시대사학회, 2002; 임용한, 「『경제육전속집상절』의 간행과 그 의의」『조선시대사학보』25, 조선시대사학회, 2003; 윤훈표, 「경제육전의 편찬과 주도층의 변화」『동방학지』121, 연세대학교 국학연구원, 2003; 임용한, 「『경제육전등록』의 편찬목적과 기능」『법사학연구』27, 한국법사학회, 2003; 윤훈표, 「고려말 개혁정치와 육전체제의 도입」『학림』27, 연세대학교 사학연구회, 2006; 윤훈표 외, 『경제육전과 육전체제의 성립』, 혜안, 2007.

그런데 영인 및 번역과 같은 기초연구가 오랫동안 진행되었음에도 불구하고, 판본 검토는 충분히 이루어지지 못하였다. 예컨대 대전류大典類를 최종적으로 집대성한 『대전회통』을 주로 참고하였으므로, 수록된 각 대전의 본래 모습을 간과한 측면이 많았다. 대전류는 몇 차례를 제외하면 대부분 『대전회통』에 수록된 형태로 다루어졌는데, 이 과정에서 본래 육전의 배치나 세부항목의 변동에 대한 차이가 주목받지 못하였다. 실례로 『속대전』은 횡간橫看(표)을 많이 사용하였는데, 『대전통편』이나 『대전회통』에서 표를 해체하여 평문화平文化하면서 체재體裁에 막대한 변화가 발생하였음에도 양자의 차이는 간과되었다. 아울러 오랫동안 조선총독부 중추원본에 의지하여 법전 연구가 이루어진 탓에, 일본인 관학자들이 식민통치의 목적으로 교열한 활자본에 대한 검증 작업이 생략되었다. 당시 수준으로는 나쁘지 않은 편이었으나, 세세한 오류도 적지 않게 발견된다.

더욱이 기초연구를 뛰어넘는 국법체계 전반에 대한 연구는 아직 더딘 상황이다. 1970년대 박병호의 선구적인 연구 이후,[11] 1980년대는 해외에서 조선의 법제개념과 운영실태에 대한 검토가 이루어졌으며,[12] 이후 개괄적인 해제작업이 이어졌고,[13] 법제서와 사회변동의 추이를 조망하는 연구도 이어졌다.[14] 또 다양한 측면에서 사회상을 검토한 개별 연구는 활발히 이루어지고 있다.[15] 최근에는 조선전기 국법체계를 검토한

11) 박병호, 「경국대전의 편찬과 반행」, 1973; 박병호, 「조선초기의 법원」, 1974; 박병호, 「조선시대의 법」, 1974; 박병호, 앞 논문, 1979.

12) William Shaw, *Legal Norms in a Confucian State*, Center for Korean Studies, Institute of East Asian Studies, University of California, 1981.

13) 연정열의 일련의 성과는 다음 책으로 묶어졌다. 연정열, 『韓國法典史』, 學文社, 1997.

14) 오영교 외, 『조선건국과 경국대전 체제의 형성』, 혜안, 2004; 오영교 외, 『조선후기 체제변동과 속대전』, 혜안, 2005; 오영교 외, 『세도정권기 조선사회와 대전회통』, 혜안, 2007.

연구성과까지 나타났다.16)

 조선후기 법제서를 그 위상에 따라 연구현황을 살펴보면 다음과 같다.17) 첫째, 속록류續錄類이다. 『각사수교』, 『수교집록』, 『신보수교집록』 등의 학술역주가 이루어졌다.18) 속록류는 주로 법제서 편찬의 흐름을 일괄하는 목적에서 소개되어 법제정비사업을 거시적 안목에서 접근할 수 있는 주요 계기를 마련하였으나,19) 아직 본격적인 연구는 충분하

---

15) 장병인, 『조선전기 혼인제와 성차별』, 일지사, 1997; 김경숙, 『조선후기 山訟과 사회갈등 연구』, 서울대학교 국사학과 박사논문, 2002; 조윤선, 『조선후기 소송연구』, 국학자료원, 2002; 조지만, 『조선시대의 형사법: 『대명률』과 국전』, 경인문화사, 2007; 심재우, 『조선후기 국가권력과 범죄 통제: 심리록 연구』, 태학사, 2009; 오갑균, 『조선시대 사법제도 연구』, 삼영사, 1995.

16) 김백철, 앞 책, 2016.

17) 본서는 법제서 위상에 따라 大典類, 續錄類, 通考類로 구분하였다. 대전류는 최상위법으로 가장 추상적인 형태로 법조문이 축조된 법제를 지칭하는데, 『경국대전』, 『속대전』, 『대전통편』, 『대전회통』 등이다. 속록류는 대전류보다 하위법으로 수교를 집대성한 법제서인데, 『대전속록』, 『대전후속록』, 『수교집록』, 『신보수교집록』 등이다. 통고류는 대전류와 속록류를 재편집을 거쳐 합본한 법제서인데, 『전록통고』, 『증보전록통고』 등이다. 다만, 조선전기 『대전속록』·『대전후속록』과 조선후기 『수교집록』·『신보수교집록』을 대비할 경우 각각 속록류와 집록류로 구분하였다.

18) 【번역】법제처 편, 『원·신보수교집록·사송류취』, 법제처, 1962; 법제처 편, 『수교정례·율례요람』, 법제처, 1969; 한국역사연구회 편, 『원문·역주 신보수교집록』, 청년사, 2000; 한국역사연구회 편, 『원문·역주 수교집록』, 청년사, 2001; 한국역사연구회 편, 『원문·역주 각사수교』, 청년사, 2002; 정긍식 외, 『조선후기 수교자료 집성(Ⅰ): 형사편1(규장각 소장본)』, 한국법제연구원, 2009; 정긍식 외, 『조선후기 수교자료 집성(Ⅱ): 형사편2(규장각 소장본)』, 한국법제연구원, 2010; 【영인】조선총독부 중추원 편, 『대전속록·후속록·각사수교·수교집록·신보수교집록』(조선왕조법전집3), 경인문화사, 1972[민족문화, 1983]; 규장각 편, 『各司受敎·受敎輯錄·新補受敎輯錄』, 서울대학교 규장각, 1997.

19) 【해제】한상권, 「자료소개: 조선시대 법전편찬의 흐름과 각종 법률서의 성격」 『역사와 현실』13, 한국역사연구회, 1994; 구덕회, 「각사수교·수교집록·신보수교집록 해제」 『각사수교·수교집록·신보수교집록』, 서울대학교 규장각, 1997; 홍순민, 「조선후기 법전편찬의 추이와 정치운영의 변동」 『한국문화』21, 서울

지 못한 실정이다.20)

　둘째, 통고류通考類이다. 『전록통고』는 그간 숙종대 최종단계의 법제
정비사업이자 회통의식이 반영된 자료로서 주목해왔으나, 『전록통고』를
체계로 하는 법체계에 대한 검토는 거의 시도되지 못하였다. 지금까지
해제류 성격의 단편적인 글과 영인본이 나와있을 뿐이다.21) 또한 『증보
전록통고』는 정서본正書本만이 필사본으로 전하며,22) 일찍이 중추원본
의 두주頭註의 근거로 활용되었고, 법제처의 『전록통고』 역주시 저본으
로도 활용되었다.23) 통고류는 발굴된 자료에 비해서 상대적으로 주목받
지 못하다가, 최근 점차 재조명되고 있는 실정이다.24)

　　대학교 한국문화연구소, 1998; 구덕회·홍순민, 「『신보수교집록』해제」 『원문·
　　역주 신보수교집록』, 청년사, 2000; 구덕회, 「『수교집록』해제」 『원문·역주 수
　　교집록』, 청년사, 2001; 구덕회, 「법록으로 역사읽기: 집록류 법전의 성격」
　　『역사와 현실』46, 한국역사연구회, 2002.

20) 연정열, 「수교집록에 관한 일연구」 『논문집』11-1, 한성대학교, 1987; 연정열,
　　「수교집록과 노비의 관한 일연구」 『노동경제논집』12-1, 한국노동경제학회,
　　1989; 연정열, 「신보수교집록에 관한 일연구」 『논문집』24-1, 한성대학교,
　　2000; 김백철, 「조선후기 숙종대 『수교집록』편찬과 그 성격: 체재분석을 중심
　　으로」 『동방학지』140, 연세대학교 국학연구원, 2007; 김백철, 「조선후기 영
　　조초반 법제정비의 성격과 그 지향: 『신보수교집록』체재를 중심으로」 『정신
　　문화연구』115, 한국학중앙연구원, 2009.

21) 【해제】黃大淵, 「[해제]典錄通考(刑典)抄: 傳統文化 속에서 찾아보는 治安古典
　　(3)~(5)」 『治安問題』3~5, 치안문제연구소, 1979. 7.~10., 25~32쪽, 55~62
　　쪽, 69~71쪽; 도서관 편, 「典錄通考」 『奎章閣韓國本圖書解題: 史部4』, 서
　　울대학교 도서관, 1982, 384쪽; 연정열, 「전록통고에 관한 일연구」 『논문집』
　　13-1, 한성대학교, 1989, 119~130쪽; 김호, 「典錄通考」 『奎章閣韓國本圖書
　　解題續集: 史部2』, 서울대학교 규장각, 1995, 106쪽; 양진석, 「『전록통고』해
　　제」 『典錄通考』上, 서울대학교 규장각, 3~16쪽, 1997; 【영인】규장각 편, 『典錄
　　通考』上·下, 서울대학교 규장각, 1997.

22) 서울대학교 규장각한국학연구원 소장 『增補典錄通考』全6冊 <古520 3>.

23) 【번역】법제처 편, 『(증보)전록통고: 형전』, 법제처, 1969; 법제처 편, 『(증보)
　　전록통고: 예전·병전』, 법제처, 1974; 법제처 편, 『(증보)전록통고: 이전·호
　　전·공전』, 법제처, 1974.

셋째, 대전류大典類이다. 『속대전』은 편찬 성격을 재평가하고자 하는 논의가 적지 않게 시도되었으나,25) 『대전통편』이나26) 『대전회통』에27) 대해서는 아직 기초적인 검토에 머무르고 있다. 대전류는 주로 영인이나 번역 사업만 꾸준히 이루어지고 있다.28)

---

24) 김백철, 「조선후기 숙종대 국법체계와 『전록통고』의 편찬」, 『규장각』32, 서울 대학교 규장각한국학연구원, 2008; 김백철, 「조선후기 영조대 법전정비와 『속대전』의 편찬」 『역사와 현실』68, 한국역사연구회, 2008; 정호훈, 「영조대 속대전의 편찬논리와 그 성격」 『한국문화』50, 서울대학교 규장각한국학연구 원, 2010.

25) 연정열, 「『속대전』과 『대전통편』에 관한 일연구」 『논문집』12, 한성대학교, 1988; 홍순민, 「『속대전』해제」 『속대전』, 서울대학교 규장각, 1998; 홍순민, 「조선 후기 법전 편찬의 추이와 정치운영의 변동」 『한국문화』21, 서울대학교 한국문화연구소, 1998; 정호훈, 「18세기 전반 탕평정치의 추진과 『속대전』편 찬」 『한국사연구』127, 한국사연구회, 2004; 정호훈, 앞 논문, 2010; 조윤선, 「『속대전』형전 「청리」조와 민의 법의식」 『한국사연구』88, 한국사연구회, 1995; 장동우, 「『속대전』 「예전」과 『대전통편』 「예전」에 반영된 17세기 전 례논쟁의 논점에 대한 고찰」 『한국실학연구』9, 한국실학회, 2005; 정긍식, 「『續大典』의 위상에 대한 小考: "奉祀 및 立後"조를 대상으로」 『서울대학교 법학』46-1, 서울대학교 법학연구소, 2005; 김백철, 「조선후기 영조대 『속대 전』위상의 재검토: 「형전」편찬을 중심으로」 『역사학보』194, 역사학회, 2007; 김백철, 「조선후기 영조대 법전정비와 『속대전』의 편찬」 『역사와 현실』68, 한국역사연구회, 2008; 김백철, 앞 책, 2010.

26) 연정열, 앞 논문, 1988, 307~324쪽; 장동우, 앞 논문, 2005, 155~183쪽; 김 백철, 「조선후기 정조대 법제정비와 『대전통편』체제의 구현」 『대동문화연구』 64, 성균관대학교 대동문화연구원, 2008; 김백철, 「조선후기 정조대 『대전통 편』 「병전」편찬의 성격」 『군사』76, 국방부 군사편찬연구소, 2010.

27) 정긍식, 「대전회통의 편찬과 그 의의」 『서울대학교 법학』41-4, 서울대학교 법학연구소, 2001; 정호훈, 「대원군 집권기 대전회통의 편찬」 『조선시대사학 보』35, 조선시대사학회, 2005.

28) 【번역】한국고전국역위원회 역, 『국역 대전회통』, 고려대학교, 1960; 법제처 편, 『속대전』, 법제처, 1962; 법제처 편, 『대전통편』, 법제처, 1963; 이종일 역주, 『대전회통연구』1~4권, 한국법제연구원, 1994; 【영인】조선총독부 중추 원 편, 『대전통편·속대전』(조선왕조법전집3), 경인문화사, 1972[민족문화, 1983];

이제 조선후기 국법체계 전반의 성격에 대한 검토가 필요한 시점이다. 이에 본서에서는 조선후기 법제서 편찬을 중심으로 살펴보고자 한다. 제1부는 국법체계의 재구축 과정을 숙종·영조·정조 3왕의 탕평군주별로 그 업적을 살펴볼 것이다. 제2부는 신규 법전에서 비중이 높은 국가·백성·국왕 3가지 주제를 바탕으로 입법취지를 검토하고자 한다. 이 같은 연구가 진행되면 전통에서 현재까지로 이어지는 동아시아 사회의 역사성과 현재성을 규정짓게 되는 제반 요소에 대한 이해의 틀을 마련할 수 있을 것으로 기대한다. 또 그간 국내 학계에서 미시적으로 접근되어 온 전통상과 해외에서 상당히 거친 정도로 담론화된 동아시아 속의 전통시대 한국의 역사상도 절충점을 찾을 수 있지 않을까 한다.

조선총독부 중추원 편, 『대전회통편』(조선왕조법전집4), 경인문화사, 1972[민족문화, 1983]; 규장각 편, 『속대전』, 서울대학교 규장각, 1998; 규장각 편, 『대전통편』상·하, 서울대학교 규장각, 1998; 규장각 편, 『대전회통』상·하, 서울대학교 규장각, 1999.

제1부
국법체계의 재구축 과정

1장 숙종대 법제의 집대성

1. 수교의 정리와 『수교집록』

1) "속록"에서 "집록"으로

(1) 법전의 중수重修 시도

조선은 일찍부터 법제를 정비하여 국가의 통치규범을 확립하였다. 이후 새로운 사안이 발생하면 그에 맞는 수교受敎를 만들어 능동적으로 대처하였다. 수교 역시 일정한 시간이 지날 때마다 누적분을 정리하여 기존의 국법체계 내에 위치시키고자 하였다. 이른바 성문법成文法으로 집대성하는 사업은 『경국대전』(성종16?, 1485)[1] 이후에도 『대전속록』(성종23, 1492), 『대전후속록』(중종38, 1543), 『경국대전주해』(명종10, 1555) 등으로 꾸준히 반영되어, 현행법과 『경국대전』으로 상징되는 국법체계를 일치시켜나가는 노력이 지속되었다.[2]

이후 논의는 다시 선조대 불거져나오기 시작하였다. 선조 7년(1574)

---

1) 『경국대전』의 序文이나 箋文에는 成化 5年(성종즉위년, 1469)으로 연대가 표기되어있으나, 실록에는 성종 15년(1484) 12월에 완성된 사실이 확인되고 익년(성종16, 1485)부터 시행하여 乙巳大典으로 불렸다. 하지만 이후에도 수정 흔적이 발견되어 정확한 연대는 재검토가 필요하다. 『經國大典』「進經國大典序」·「經國大典箋」; 『成宗實錄』卷173, 成宗 15年 12月 甲戌(21日); 『明宗實錄』卷15, 明宗 8年 10月 戊子(15日); 김백철, 앞 책, 2016, 116~117쪽, 287~288쪽.

2) 본서 <부표1> '조선시대 법전편찬 사례' 참조.

이이李珥는 「만언소萬言疏」를 올려, 조종성헌을 회복하되 시의에 맞도록 조정하기를 청하였다.3) 서성徐渻은 『경국대전』을 간행하여 널리 반포하고 전란 후 새로이 승전承傳을 받은 것은 별도로 재신宰臣이 재량裁量하여 양사兩司(司憲府·司諫院)의 신정申定을 거처 "속록"으로 간행하자고 하였다.4) 이러한 노력의 결실로 선조초반에는 『각사수교』(선조4, 1571)가 만들어져서 각 관서官署의 실무지침서 역할을 하였으며, 선조후반부터는 『경국대전』도 지속적으로 재간행되었다.5) 심지어 광해군대는 『경국대전』을 비롯하여 『대전속록』과 『대전후속록』을 모두 사

---

3) 『宣祖修正實錄』卷8, 宣祖 7年 正月 丁丑(1日).

4) 『宣祖實錄』卷142, 宣祖 34年 10月 癸未(19日).

5) 〈표1〉 규장각한국학연구원 소장 법제서 판본연대

연대	서명	도서번호	비고
중종38(1543)	대전후속록	奎 15222, 古貴 349.102-Y97d	甲寅字
명종10(1555)	경국대전주해	奎貴 1271	甲寅字
선조36(1603)	경국대전	奎 26608	木版本
광해군5(1613)	경국대전	奎貴 1864, 奎 2096	訓鍊都監木活字
	대전속록	奎 1044, 奎 1940, 奎 4002, 奎 1517, 奎 4629	訓鍊都監木活字
	대전후속록	奎 1939, 奎 4003	訓鍊都監木活字
현종9(1668)	경국대전	奎 188, 奎 189	木版本/平壤府
숙종24(1698)	수교집록	奎 1159, 奎 1160, 奎 3147, 奎 3153, 奎 5435	戊申字(甲寅字)
	수교집록	一簑古 349.102-Y57s	木版本
숙종33(1707)	전록통고	奎 1141, 奎 1164, 奎 5450, 古 5120-174	戊申字(甲寅字)
경종1(1721)	경국대전	奎 1297, 奎 1298, 奎 1516, 奎 3903, 奎 12389, 奎 15221, 古 5120-2, 古 5121-4D	甲寅字/芸閣
영조22(1746)	속대전	奎 1150, 奎 1546, 奎 2344, 奎 12387, 奎 26610, 古 5120-4	木版本
영조32(756)?	속대전보	奎 1547, 奎 1926	木版本
정조8(1784)	대전통편	奎 201, 奎 202, 奎 203, 奎 887, 奎 888, 奎 1882, 奎 1947, 奎 2107, 奎 2108, 奎 2305, 奎 2990, 奎 12390	木版本
정조9(1785)	대전통편	古 5120-1	木版本/嶺營
고종2(1865)	대전회통	奎 1302, 奎 1551, 奎 2988, 奎 3267, 奎 3425, 奎 4501, 奎 11972, 奎 15229, 奎 15441, 奎 12146의 1, 奎 12146의 2, 奎 12146의 3, 奎古 290, 古 5120-10, 가람古 349.102-D131	木版本
고종4(1867)	육전조례	奎 4041, 奎 5289, 奎 5290, 奎 12147, 奎 6944, 古 5120-156, 가람古 340.091-Y95	全史字

- ■ : 조선전기 법전 재간행 표시, 연대미상 판본은 제외.

고에 봉안하였다.[6]

인조연간 최명길崔鳴吉은 『경국대전』체제의 회복을 주장하면서 『경국대전』과 『대전속록』 사이에 모순도 다시 산정하여 별도로 변통할 필요가 있다며 법제정비의 필요성을 주장하였다.[7] 이때의 논의는 큰 결실을 보지는 못하였으나, 『각사수교』를 증보한 「추록」(인조14, 1636)이 만들어지는 계기가 되었다. 『대전속록』, 『대전후속록』 등이 『경국대전』의 하위법으로서 일정한 법조문의 요건을 갖추어 "속록續錄"으로 지칭된데 반해, 『각사수교』는 수교 원문을 그대로 전제하여 실무관서가 활용하기 쉽도록 분류만을 해두었다.[8] 따라서 법제로서 일정한 체계를 갖추지 못하여 정식으로 간행·반포될 수는 없었다.

현종대는 선왕의 수교를 확인할 길이 없어서 논쟁이 벌어지기도 하였다.[9] 이것은 그만큼 당시 수교의 전수傳受 상황이 좋지 않았음을 의미한다. 현종 5년(1664) 국왕이 『경국대전』에 관심을 보이자, 허적許積과 정태화鄭太和는 누적된 수교의 정리 필요성을 제기하였다.[10] 이에 현종은 행할만한 것과 그렇지 않은 수교를 별도로 정리하는 작업을 진행하도록 하였다. 실제 괄목할만한 성과물을 만들어내지는 못한 상태로 종결되었다.

---

6) 【太白山實錄史庫】『經國大典』<奎 1864>; 『大典續錄』<奎 4002>; 『大典後續錄』<奎 1939>; 【五臺山實錄史庫】『經國大典』<奎 2096>; 『大典續錄』<奎 4002>; 『大典後續錄』<奎 4003>.

7) 『仁祖實錄』卷8, 仁祖 3年 3月 壬戌(14日).

8) 구덕회, 앞 글, 2001, 17쪽; 구덕회, 「법전으로 역사읽기: 집록류 법전의 성격」, 2002, 200쪽.

9) 『顯宗實錄』卷6, 顯宗 4年 4月 辛丑(4日).

10) 『顯宗實錄』卷9, 顯宗 5年 11月 庚寅(3日); 『顯宗改修實錄』卷12, 顯宗 5年 11月 庚寅(3日); 구덕회, 앞 글, 2001, 9쪽 재인용. ※ 『현종실록』에는 남인 허적의 법전 중수 주장을 비중있게 다루고 있는 반면에, 『현종개수실록』은 서인 정태화의 발언을 주로 다루고 있다.

그럼에도 불구하고 조야朝野에서 법전정비의 단서는 적지 않게 나타 난다. 현종 9년(1668) 조정에서는『경국대전』을 간행하였다.[11] 재야에서 도 국가제도 전반에 대한 경장안이 마련되고 있었다. 같은해(현종9, 1668) 서인계 박세채가朴世采가 이미 「시무만언소時務萬言疏」를 올리 려고 시도하였고,[12] 현종 11년(1670) 남인계 유형원柳馨遠도『반계수록 磻溪隧錄』을 저술하였다.[13] 국가 제도의 개혁은 당시 붕당을 초월하여 사림士林에게 시무時務로 인식되었다.

실질적인 논의는 숙종 초반에 가서야 본격적으로 재개되었다. 숙종 8 년(1682) 서문중徐文重이 열성列聖의 수교를 모아서 간행할 것을 주장 하여, 이익李翊·윤지완尹趾完 등이 이를 주관하여 실제 사업에 착수하 였다.[14] 그러나 숙종 14년(1688) 박세채가 「시무만언소」를 올려서 법제 정비사업에 박차를 가할 것을 주장한 사실을 감안해 본다면,[15] 아직 큰

---

11)『經國大典』<奎 188>, <奎 189>.

12) 朴世采의 「시무만언소」는 숙종 14년(1688) 吏曹判書가 되어 올렸으나 곧바 로 사직하여 실제 활용은 숙종 20년(1694) 갑술환국으로 영의정에 오른 이후 에야 실현되었다.『南溪集』, 正集, 卷15, 疏, 「五辭吏曹判書兼進癸亥陳時務 疏疏」戊辰 6月 13日;『肅宗實錄』卷19, 肅宗 14年 6月 乙卯(14日); 김백철, 「산림의 징소와 출사: 박세채의 사직소를 중심으로」『규장각』33, 서울대학교 규장각한국학연구원, 2008, 153쪽.

13) 유형원의『반계수록』은 영조 13년(1737) 吳光運의 서문이 붙어있어 이때 初 版이 간행된 듯하다. 영조 17년(1741)에는 少論 梁得中이 경연교재로 채택할 것을 주장하였고, 이후 老論 洪啓禧도 누차 刊行을 주장하였으며, 영조 45년 (1769) 별도로 인쇄하여 史庫에 영구히 보존하는 조치가 취해졌다.『磻溪隧 錄』「隧錄序」(영조13);『英祖實錄』卷53, 英祖 17年 2月 戊午(23日);『承政 院日記』, 乾隆 11年(英祖22) 3月 26日(壬辰);『英祖實錄』卷71, 英祖 26年 6 月 庚寅(19日);『承政院日記』, 乾隆 20年(영조31) 9月 壬辰(21日);『英祖實 錄』卷113, 英祖 45年 11月 己丑(11日).

14)『肅宗實錄』卷13, 肅宗 8年 11月 己未(16日);『肅宗實錄』卷14, 肅宗 9年 5 月 丙午(5日)·戊午(12日); 구덕회, 앞 글, 2001, 9~10쪽 재인용.

15)『南溪集』, 正集, 卷12, 疏, 陳時務萬言疏 戊辰 6月 13日.

진전이 이루어지지는 못한 듯하다.

　단순히 수교의 수록 범위를 추정해 보아도 『대전후속록』이 편찬된 중종 38년(1543)에서 숙종 8년(1682)까지 139년간 모든 수교에 대한 정리작업이었기 때문에 그 대상만도 엄청난 수효를 헤아렸다. 뿐만 아니라, 편찬사업이 지연되면서 새롭게 나오는 수교 역시 반영해야 했으므로 대상 범위는 기하급수적으로 늘어났다.

　당시 실무 책임자까지 정해져서 구체적으로 진전이 보이는 듯했으나, 기사환국己巳換局(숙종15, 1689)의 발생으로 실무를 담당했던 서인계西人系 인사들마저 바뀌면서, 법제정비사업은 더이상 진척되지 못하였다. 정국변동이 어느 정도 수습되는 갑술환국甲戌換局(숙종20, 1694) 이후에야 비로소 사업이 재개되었다. 현재 『수교집록』의 간행 시점은 이여李畬의 서문序文이 참고되며,16) 실록에는 수교를 인용하는 사례가 일정한 시점 이후 확인된다.17) 그러므로 서문과 인용시점을 근거로 간행시기는 숙종 24년(1698)으로 산정해 볼 수 있다.18)

---

16) 『受敎輯錄』「受敎輯錄序」.

17) 『承政院日記』, 康熙 37年(숙종24) 10月 7日(戊申).

18) 다만, 수록 수교에는 연대상 오류가 더러 확인되므로 착종현상은 추가적인 고찰이 필요하다. ㉠숙종 24년(1698)에 편찬된 『수교집록』에 "康熙 丙申(숙종 42, 1716)"과 "康熙 戊戌(숙종44, 1718)"의 수교가 포함되어있어 연대오류가 확인된다(『受敎輯錄』「禮典」雜令, 康熙 戊戌; 『受敎輯錄』「戶典」給復, 康熙 丙申). 현전하는 모든 판본의 날짜가 일치하여 판본상의 차이는 아니며(규장각한국학연구원 소장 『수교집록』<奎 1159>, <奎 1160>, <奎 3147>, <奎 3153>, <奎 5435>), 해당 수교를 연대기와 대조하면 숙종 42년(1716) 수교는 인용시점이 숙종 36~37년(1710~1711)이고(『承政院日記』, 康熙 49年/숙종36 10月 10日/辛未; 『肅宗實錄』卷50, 肅宗 37年 6月 壬午/24日), 숙종 44년(1718) 수교는 숙종 25년(1699)에 이미 활용되고 있다(『肅宗實錄』卷33, 肅宗 25年 2月 庚戌/10日). 이외에도 ㉡「刑典」'贖良'의 "康熙 甲辰(현종5, 1664)" 수교에서 후대의 "己酉(현종10, 1669)"을 언급하여 오류가 확인되고(『受敎輯錄』「刑典」贖良, 康熙 甲辰/현종5), ㉢대동법 확대실시 연대도 오류가 보인다(『受敎輯錄』「戶典」徭賦; 한국역사연구회 편, 『원문·역주 수

(2) 『각사수교』와 『수교집록』

선조대 『각사수교』가 편찬되어 법제정비의 명맥은 이어가고 있었으나, 그 체제體制나 위상位相은 『수교집록』과 전혀 달랐다. 첫째, 조문의 산삭정도이다. 『각사수교』는 수교 원문을 그대로 두고서 각 관서별로 분류만 하여 정리한 실무지침서에 가까운 반면에,[19] 『수교집록』은 개별 수교를 산삭하여 법조문으로 만들고 정식으로 간행·반포하여 법제서의 위상을 획득하였다.[20] 특히 『수교집록』은 공식적으로 『대전후속록』이후 모든 법제의 집대성을 목표로 하였으므로 『각사수교』를 대거 포함해야만 했다. 이에 양자를 비교해 보면, 명시적으로 개별 수교와 속록류 법제서에 대한 구분이 가능하다.[21]

둘째, 구성방식도 변화가 불가피하였다. 『각사수교』는 육조六曹, 한성부漢城府, 장례원掌隸院 등 8개 아문을 주축으로 수교를 분류하고 있다. 이것은 실제 사용하는 관서를 단위로 수교를 구분하였기 때문이다. 하지만 대전류나 속록류에서는 한결같이 육전六典체제를 고수하였다. 이는 해당 관서별 분류가 아니라, 법조문의 성격에 따라 6가지 체제로 구분한 것이다. 그러므로 『각사수교』를 『수교집록』에 반영하기 위해서

교집록』, 청년사, 2001, 68쪽 註26), ㄹ 「兵典」 '驛路'에도 인조 21년 수교를 인조 23년으로 인용한 착오가 보인다(『受敎輯錄』 「兵典」 驛路, 崇德 癸未/인조21; 『受敎輯錄』 「兵典」 驛路, 康熙 甲辰/현종5).

19) 구덕회는 『각사수교』중 수교의 형식에 대해 4가지로 유형을 구분하여 참고된다. 구덕회, 「『각사수교』 해제」 『원문·역주 각사수교』, 청년사, 2002, 13쪽.

20) 구덕회, 앞 글, 2001, 17쪽; 구덕회, 「법전으로 역사읽기: 집록류 법전의 성격」, 2002, 200쪽.

21) 〈표2〉 『각사수교』와 『수교집록』 수교 비교

『各司受敎』 「吏曹受敎」 丙午五月二十四日承傳	『受敎輯錄』 「吏典」 官職, 嘉靖丙午承傳
各司久任官乙, 依大典遷轉安徐爲乎喩在果, 節可用之人數少, 注擬之際 不能無乏之人之歎爲昆, 如監察守令陸品官及凡擇差處乙良, 勿論久任爲只爲吏曹.	各司久任官, 依大典遷轉安徐, 如監察守令陸品官及凡擇差處, 勿論久任.

는 개별 조문條文에 대한 산삭뿐만 아니라, 전반적인 체제에 대한 변경
도 심각하게 고려해야만 했다.[22]

『각사수교』의 팔아문八衙門체제는 『수교집록』에서는 육전체제로 재
조정되었으며, 그 과정에서 이조나 예조의 수교는 성격에 따라 병전, 형
전, 이전 등으로 옮겨졌다. 이것은 이조의 수교가 반드시 이전에 포함되
는 것은 아니라는 사실을 확인해 볼 수 있다. 곧 육전체제는 육조 아문
에 따른 구분이 아니기 때문이다.[23] 육전은 『주례周禮』에서부터 시도된
국가운영체계 전반에 대한 6가지 영역의 광범위한 분류체계이다. 이는
유가儒家의 국가운영의 기본방략을 계승하였을 뿐 아니라, 『경국대전』
체제의 계승을 의미하였다. 곧 정교한 국법체계 내에 기왕의 수교를 재
배치하는 작업이었다.

셋째, 상호 반영정도이다. 『각사수교』의 143개 수교 중 80개 수교만

22) 〈표3〉 『각사수교』의 『수교집록』 반영도

각사수교		수교집록 반영수교		반영율	산삭율	수교집록	각사수교 반영조문	새조문	새조문비율 (새조문/총수)
이조	7	이전 3 병전 2	5	71%	29%	이전	115	4	111	96%
호조	14	호전 9	9	64%	36%	호전	161	11	150	93%
예조	32	이전 1 예전 17 형전 1	19	59%	41%	예전	130	22	108	83%
병조	21	병전 9	9	42%	58%	병전	181	13	168	92%
형조	29	형전 11	11	37%	63%	형전	392	35	357	91%
공조	5	형전 1	1	20%	80%	공전	7	0	7	100%
한성부	15	호전 2 예전 5* 형전 6	12	80%	20%					
장례원	15	형전 15	11	73%	27%					
추록	5	병전 2 형전 1	3	60%	40%					
소계	143		80	55%	45%		986	85	901	91%

- 이 통계는 다음 연구를 기초로 재구성하되 하나의 수교라도 복수로 반영하였음. 한국역사연
구회 편, 『원문·역주 각사수교』, 청년사, 2002, 219~222쪽, "부록3 『각사수교』와 『수교집록』
비교표" 참조.
23) 김백철, 앞 책, 2016, 136~138쪽.

이 『수교집록』에 반영되었다. 대략 55%에 해당하는 비중이다. 하지만 『수교집록』을 기준으로 살펴보면, 총 986개 조문 중 새로운 조문이 901개에 달한다. 앞서 『각사수교』의 수교 80여개가 『수교집록』에 분산되어 85개 조문으로 반영되었다. 『각사수교』는 절반가량이 『수교집록』에 반영되었지만, 『수교집록』의 반영비율은 9%에 불과하다. 이는 『수교집록』이 단순히 『각사수교』를 재정리한 법제서가 아니기 때문이다. 새로이 반영된 91%의 조문은 완전히 새롭게 추진된 작업이었다.

(3) 『수교집록』의 구성방식

첫째, 수교의 연대 분포이다.[24] 『각사수교』가 포괄하는 연대는 명종 원년(1546)~인조 14년(1636)으로 추정된다.[25] 이에 『수교집록』을 편찬할 때 새로이 인조 15년(1637)~숙종 24년(1698)의 수교를 추가해야 하는 부담이 있었다.

실제 『수교집록』에서 개별 수교의 연대를 살펴보면, 인조대까지 수교의 비율은 26%이고, 효종대 이후는 74%에 달한다. 『수교집록』에서 『각사수교』의 비중이 9%에 불과하므로, 인조대까지의 수교도 많은 부분을

---

24) 〈표4〉 『수교집록』 수교의 왕대별 구성비

	태종	성종	연산	중종	인종	명종	선조	광해	인조	효종	현종	숙종	미상	계
이전				2		7	3		20	7	23	45	7	
호전	1					14	5		2	6	22	28	84	
예전				1		29	2		9	12	18	39	19	
병전				2		13	18		14	20	40	55	19	
형전		4	1	10	1	50	33	1	21	22	68	125	58	
공전							1		1		2	3		
소계	1	4	1	15	1	113	62	1	67	67	173	295	187	987
비율	0.1%	0.4%	0.1%	1%	0.1%	11%	6%	0.1%	6%	6%	17%	29%	18%	

25) 구덕회, 「『각사수교』 해제」, 2002, 17~18쪽.

새로이 수집하여 정리한 것이다. 심지어 『대전속록』, 『대전후속록』의
수록 범위인 중종대 이전 수교도 『수교집록』에 포함되어있다. 『수교집
록』 편찬시 『각사수교』와 별도로 개별 수교에 대한 광범위한 집록輯錄
작업이 추가로 진행된 것이다. 따라서 『수교집록』은 사실상 『경국대전』,
『대전속록』, 『대전후속록』에 포함되지 않았던 숙종대 이전의 모든 수교
를 대상으로 편찬이 이루어졌다.

이런 까닭에 이 사업은 이미 숙종 8년(1682)에 본격적으로 추진되었
으나 숙종 14년(1688)까지 완성을 보지 못하였다. 약 17년이 흐른 뒤(숙
종24, 1698)에야 비로소 반포할 수 있었다. 환국換局으로 정권이 교체된
것도 큰 이유 중 하나였으나, 편찬작업 자체가 워낙 방대한 자료를 토대
로 진행되었기 때문이다. 그럼에도 이것은 향후 영조대 법제정비과정에
서 조선전기 수교를 재검토하는 중복작업의 부담을 덜게 되어, 『속대
전』 편찬의 큰 이점利點으로 작용하였다.

둘째, 현행법의 강조이다. 전체 수교 중 가장 많은 비중을 차지하고
있는 것은 숙종대 수교이다. 이것은 열성列聖의 수교를 계술繼述할 뿐
만 아니라, 현왕現王의 수교를 반영하여 법조문화하는 과정이었기 때문
이다. 그래서 선왕과 현왕의 수교가 조화롭게 반영되는 듯하지만, 『수교
집록』에서 동일한 사안은 최종 수교를 따르도록 하여,26) 사실상 방점은
현왕의 수교에 있었다. 심지어 『경국대전』 혹은 『대전속록』 등을 인용
하여 근거로 제시한 경우도 적지 않다.27) 이 역시 현왕 수교의 법적 근
거를 열성의 수교에서 찾으려는 노력으로 보인다.

『수교집록』에서 기존 법제에 대한 세부 활용 방식을 살펴보면 <부표
2>와 같이, ㉠단순히 인용하여 전제하는 경우, ㉡사실 자체를 대조하여
확인하는 경우, ㉢이전 수교를 재확인하여 준수하고자 하는 경우, ㉣혹

---

26) 『受敎輯錄』 「凡例」.
27) 본서 <부표2> '『수교집록』 중 기존법제 활용도' 참조.

은 다른 범죄유형에 대해 과거의 사례를 새롭게 적용하고자 하는 경우,
ⓜ과거 수교를 개정하는 경우 등이다. 곧 이전 법전의 조문을 근거로 현
재의 입장을 명확히 재확인하였다. 각기 유형은 서로 다르지만 모두 현
행법을 강조하는 방식으로 구성하였다는데 그 특징이 있다.[28]

셋째, 기존 법제의 활용도 인용법제의 성격에 따라 달랐다. ㉠법원法
源을 규명하거나 명분을 세우고자 할 때에는 『경국대전』, 『대전속록』,
『대전후속록』 등 상대적으로 권위가 높은 조선전기의 법제를 활용하는
방식이 많았다. ㉡현행의 법식을 법체계 내에 반영할 때에는 실제 사용
하고 있는 사목事目을 수록하였다.[29] ㉢새로운 범죄유형에 대해 법률을
적용해야 할 때에는 이전의 여러 판례判例를 참고하였다. 이때 아국례
我國例와 『대명률大明律』를 모두 검토하여 적용하였다.[30] 곧 기존 법

---

28) 심지어 이전 법제를 인용할 때 실제 입법취지나 사실관계조차 취신하기 어려
운 경우도 확인된다. 명종대 수교에서 "骨肉相殘"이 열성列聖이 언급한 내용
이 아니라고 전제하고 있지만 『태조실록』에서는 반대의 취지로 실려있다. 시
대별로 법의식이 변화했기 때문인데, 이러한 수교를 내리면서 열성을 거론하
는 이유는 후왕의 정책 명분을 강화하기 위해서였다. 『太祖實錄』卷12, 太祖
6年 7月 甲戌(25日); 『受敎輯錄』 「刑典」補充隊, 嘉靖 甲寅(명종9); 이종일,
「형전해설」『대전회통연구: 형전·공전편』, 한국법제연구원, 1996, 349쪽; 김
백철, 앞 책, 2016, 277∼280쪽.

29) 〈표5〉『수교집록』 수록 사목 일람

典	項目	연대	사목명	典	項目	연대	사목명
호전	제전	현종3	量田事目	호전	조전	숙종15	漕轉改定事目
호전	요부	연대미상	三南大同事目	병전	군제	숙종10	軍籍事目
호전	호적	숙종10	戶籍事目	병전	역로	숙종10	備局事目
호적	호전	숙종1	統記事目	형전	금제	숙종10	備局事目
호전	호적	숙종3	號牌事目	형전	금제	숙종12	禁蔘事目
호전	조전	현종10	漕轉事目	형전	公賤	효종6	推刷事目

30) 대체로 집록류에서는 "依～例"를 아국법에, "依～律"(혹은 "以～律")를 중국
법(명률)에 각각 사용하였다. 다만, 『속대전』에서는 濫刑律, 元惡鄕吏不能禁
制律, 部民告訴律, 元惡鄕吏例 등과 같이 아국법에 律과 例를 혼용하여, 아
국법이 중국법과 동일시되었다. 『續大典』 「戶典」諸田; 『續大典』 「刑典」濫

제는 정책 명분의 합리화, 현행법의 반영, 새로운 법의 적용 등을 이유로 폭넓게 이용되었다.

넷째, 아국법我國法과 중국법中國法의 활용비중이다. 『수교집록』 내에서 새롭게 반영된 형률刑律(刑量) 규정에서 판단근거를 살펴보면, <부표2>와 같이 『대명률』의 비중은 별로 높지 않다. 아국법과 중국법을 비교하면, 101 : 76정도의 비율이 된다. 이것은 기존의 통념이던 율은 『대명률』에 거의 의지하고 있다는 상식과는 일정한 차이가 있다.31) 조선의 수교를 적극적으로 활용하면서 이에 대한 보완으로 『대명률』의 형량刑量 기준만 차용借用하는 방식이다. 이러한 흐름은 조선후기 『속대전』의 탄생과정에서 보여주는 「형전」의 발전과 강화가 이미 『수교집록』을 기점으로 시작되었고, 『신보수교집록』을 거쳐서 『속대전』으로 귀결되었다.

다섯째, 『수교집록』의 『속대전』 반영도이다. 『수교집록』 육전의 각 수교는 『속대전』에 각기 다양한 형태로 반영되었다.32) 『수교집록』의 수교가 『속대전』의 조문으로 일대일로 편입되지는 않았으나, 전체 996개 수교 중 167개가 다양한 형태로 『속대전』에 산입되어 당대 시대상을 반영하였다. 곧 『수교집록』에 수록된 개별 수교는 『속대전』의 산입으로 속록류에서 벗어나 대전체계 내로 완전히 편입되었다. 그러므로 『수교

刑・訴冤・元惡鄕吏; 김백철, 앞 책, 2016, 151~152쪽.
31) 『대명률』사용영역의 축소는 다음 참조. 조지만, 『조선시대의 형사법: 『대명률』과 국전』, 경인문화사, 2007, 185쪽, 318~319쪽; 심재우, 「조선말기 형사법 체계와 『대명률』의 위상」 『역사와 현실』65, 한국역사연구회, 2007, 121~153쪽; 김백철, 앞 책, 2016, 151쪽, 157쪽 註271, 485~488쪽 <부표7> '명률의 연원과 조선의 활용' 참조.
32) 〈표6〉 『수교집록』의 『속대전』 반영률

	吏典	戶典	禮典	兵典	刑典	工典	소계
수교수	115	161	130	181	402	7	996
반영수	7	28	26	10	96	0	167

집록』은 18세기 법제정비사업의 단초를 연 작업이었다고 평가해 볼 수 있다.

2) 『수교집록』의 체재體裁

(1) 육전六典의 연동구조

① 주요특징

조선후기 사회를 설명할 수 있는 다양한 요소가 『수교집록』을 토대로 근거 조문을 갖추게 되었다. 첫째, 국가제도의 법적 근거가 마련되었다. 비변사備邊司가 수록되면서 국정운영제도가 법에 기반하게 되었고, 대동법大同法이 명시되어 세제稅制 변화도 법적 근거도 일정부분 갖추어졌다.[33]

둘째, 국왕 중심의 관료체제가 반영되었다. 관료제의 정비로 인사권이 개편되고 신분보장도 이루어졌다. 이는 붕당을 넘어서 국왕에게 직접 충성하는 관료군을 육성하는 토대가 되었다. 초기 탕평정국의 출현과 『수교집록』의 편찬이 같은 궤적을 그리는 것은 이 때문이다.

셋째, 백성의 존재가 재조명되기 시작했다. 전쟁과 자연재해로 인구수의 급감에 직면하여서, 조정에서는 공적인 민民에 대한 파악에 주력하여 호적제도를 정비하였다. 국가는 백성을 공인公認하고, 이를 토대로 백성도 기본권을 보호받는 형태로 사법제도가 개편되었다.

넷째, 사회윤리적 측면이 부각되었다. 사회변동기에 직면하여 체제를 유지하기 위한 최소한의 강상綱常 윤리가 강조되었고, 변화에 적응하지

---

[33] 다만 『수교집록』의 비변사는 수교 내의 언급을 의미하는 반면에, 『신보수교집록』의 비변사는 별도의 항목으로 설정되어있어 근거법의 정도가 훨씬 높게 나타난다. 『受敎輯錄』 「吏典」官職, 康熙 丁巳(숙종3); 『受敎輯錄』 「刑典」推斷, 康熙 丙寅(숙종12); 『受敎輯錄』 「刑典」禁制, 康熙 辛未(숙종17); 『受敎輯錄』 「刑典」雜令, 康熙 壬申(숙종18); 『新補受敎輯錄』 「吏典」備邊司.

못하는 약자弱者에 대한 보호조치도 함께 추진되었다. 17세기는 새로운 조선사회의 질서를 갖추어나가는 과정이었으며, 이러한 조선중기의 변화상은 『수교집록』을 통해서 여실히 드러났다.

② 「이전吏典」의 연동

『수교집록』의 각전은 상호 유기적으로 결합되었다. 몇 개의 공통된 법의식이나, 소재에 대해서 유사 성격의 조문이 함께 나타났다. 「이전」에는 다음 사안이 두드러진다. 첫째, 형조의 관원에 대한 배려가 눈에 띤다. 형조판서에게 비국당상備局堂上을 겸임하게 하여 발언권을 강화시켜주고,34) 형조 당하관은 1년 내에는 옮기지 않도록 하여 업무의 연속성을 보장하고, 청직淸職에 속하는 대간臺諫이나 총신寵臣인 시종신侍從臣도 형조의 낭청郎廳을 거치도록 하여 그 지위를 향상시켰다.35) 이 조치는 한결같이 형정刑政을 중시여기는 분위기를 반영한 것이다. 또한 '잡령雜令'에서도 형조의 관원을 제관祭官으로 차출하지 않도록 하여,36) 업무를 보장하도록 하는 것과 맞물려있다. 이러한 분위기는 「형전」 확대와 사법절차의 정비 등으로 연결되었다.

당시 사법제도의 개편 방향은 억울함과 남형이 없도록 하는 것이었다. 이를 위해서 형정을 집행하는 관리는 독립적이며 충분한 경력을 쌓아 전문성을 갖추어야 했다. 따라서 위의 「이전」 조문은 「형전」과 연계 속에서 축조된 것이다.

둘째, 수령에 대한 규정을 강화하였다. 수령을 기피하는 경우 처벌하는 규정이 지속적으로 보완되었다.37) 특히, 교대시 직접 대면하여 인수

---

34) "刑曺必多有可議之事, 刑曺判書兼帶備局堂上." 『受敎輯錄』 「吏典」官職, 康熙 丁巳(숙종3).

35) "刑曺郎廳, 限朞年, 勿爲遷動, 臺侍出入之人, 亦爲交差."『受敎輯錄』 「吏典」官職, 康熙 丁未(현종8).

36) "刑曺官員, 差祭安徐."『受敎輯錄』 「吏典」雜令, 嘉靖 辛酉(명종16).

인계하도록 하였고,38) 변방지역은 파직되거나 죄를 심리하는 중이더라
도 반드시 대면하도록 규정하였다.39) 이 조치는 「병전」에도 그대로 반
영되어 변장邊將은 체직되거나 파직되는 경우에도 대면하여 교대하도록
하는 조치와 일맥상통한다.40)

셋째, 『경국대전』「이전」에는 없는 '잡령'을 설정하여 범주화하기 어
려운 잡다한 수교를 모아두었다. '잡령'은 『경국대전』에서는 오직 「호전」,
「예전」, 「공전」에만 들어있는데, 『수교집록』에 오면 육전 중 「병전」을
제외한 나머지 전전典에 모두 갖추어졌다. 이것은 『속대전』체제에서 육전
에 모두 '잡령'을 두는 계기가 되어 전반적인 체계로 자리잡았다.

넷째, 추상적이던 강상죄綱常罪가 법조문에서 구체적으로 적시되었
다. 강상죄인綱常罪人이 거주한 고을의 읍호를 강등하고 수령을 파직하
는 조치도 이때 만들어졌다.41) 주인을 시해한 죄에도 이 형벌이 적용되
었다.42) 읍호를 강등하는 것은 10년을 기한으로 하고, 고을을 혁파하는
것은 5년으로 정하였다.43) 아비의 해골을 불태운 자도 마찬가지로 읍호

---

37) "托故規免守令, 未赴任已赴任, 一體論罪." 『受敎輯錄』「吏典」守令, 嘉靖
    壬寅(중종37); "都事, 守令, 察訪等, 厭憚殘薄, 不爲赴任者, 並於各其任所,
    限三年定配." 『受敎輯錄』「吏典」守令, 崇禎 丙子(인조14); "厭避不赴任者,
    依赴任後棄官例, 罷職." 『受敎輯錄』「吏典」守令, 康熙 乙巳(현종6); "厭避
    棄官守令, 拿問後, 邊遠充軍." 『受敎輯錄』「吏典」守令, 康熙 丁未(현종8).

38) "守令交代之際, 面看傳掌, 罷職人員, 兼任官參看." 『受敎輯錄』「吏典」守令,
    嘉靖 庚申(명종15).

39) "邊地守令, 雖罷職就理, 必爲面代, 內地守令, 罷職封庫外, 瓜滿移拜相避守
    令, 並面看交代." 『受敎輯錄』「吏典」守令, 康熙 庚申(숙종6).

40) "邊將遞罷者, 面代." 『受敎輯錄』「兵典」官職, 康熙 癸卯(현종4).

41) "綱常罪人所居官, 降罷." 『受敎輯錄』「吏典」雜令, 康熙 癸卯(현종4).

42) "弑主罪人, 雖未就服, 罪惡通天, 降邑號, 罷守令." 『受敎輯錄』「吏典」雜令,
    順治 癸巳(효종4).

43) "其父骸骨燒火者, 論以綱常罪人, 破家瀦澤, 妻子爲奴, 降邑號, 罷守令." 『受
    敎輯錄』「吏典」雜令, 康熙 乙丑(숙종11).

강등, 파가저택破家瀦宅, 수령파직 등을 실시하였다.44) 강상죄는 「형전」 ‘추단推斷’, ‘살옥殺獄’ 등과 연결되었다. 『수교집록』에서 「이전」과 「형전」으로 나누어져있던 강상죄 규정은 『속대전』에서는 「형전」 ‘추단’으로 통합되었다.

③ 「병전兵典」의 연동

「병전」에서 중요한 대목은 다음과 같다. 첫째, ‘사민徙民’에서는 전가사변율全家徙邊律에 대한 기본 원칙을 밝혀놓았다. 전가율은 「호전」, 「병전」, 「형전」 등에서도 다수 확인되고 있어 『수교집록』형률체계의 단면을 이해하는데 유용하다.

둘째, ‘역로驛路’에서는 역역驛役에 대한 귀속문제를 두고 논란을 거듭하고 있어, 당시 신분변동에 관한 직접적인 자료가 된다. 이후 『속대전』에서는 이 문제가 신분규정으로 인식되어 「형전」으로 옮겨졌다.

셋째, 호적제도와 연동이다. ‘군제’에는 「군적사목軍籍事目」이 들어갔고, ‘제과諸科’에는 호적을 갖춘 자만 입시를 허용하여,45) 「호전」과 연동되었다.46) 특히 ‘군율軍律’에서는 어린아이(兒弱)를 군인으로 채운 수령에 대해 엄단하였다.47) 이는 양역良役의 내실화를 통한 군정軍政과 세정稅政을 돌봄과 함께 백성의 어려운 처지를 살피는 조치였다.48) 이 조치는 「형전」 ‘추단’에서 노약자를 보호하는 일련의 흐름과 연동되

---

44) 『肅宗實錄』卷16, 肅宗 11年 8月 壬辰(4日); 『續大典』 「刑典」推斷.

45) “京外設科時, 名不入於戶籍者, 如或循情許錄, 則論以科場用情之律.” 『受敎輯錄』 「兵典」諸科, 康熙 癸卯(현종4).

46) “漏籍自首者, 非特免罪, 亦許赴擧.” 『受敎輯錄』 「戶典」戶籍, 康熙 己酉(현종10).

47) “兒弱充定, 守令, 決杖八十.” 『受敎輯錄』 「兵典」軍律, 順治 乙未(효종6); “兒弱充定, 守令, 以制書有違律論, 色吏徒年定配, 數過十名以上, 守令徒年定配, 監色則全家入居.” 『受敎輯錄』 「兵典」軍律, 康熙 辛酉(숙종7).

48) 김백철, 앞 책, 2010, 193~238쪽.

며,[49] 「호전」에서 종친임을 내세워 사채私債를 받기 위해 사형私刑을 가하는 것을 엄단하는 조치와 연결된다.[50] 모두 약자에 대한 조정의 보호조치였다.

④ 「예전禮典」의 연동

「예전」에는 우선 대기근 문제에 주목하였다. 기아棄兒에 대한 대책을 논의하는 수교는 명종 2년(1547)~숙종 11년(1685)까지 6차례나 지속적으로 등장하고 있다. 이 문제는 비단 기아의 보호와 양육문제만 연결되는 것이 아니라 신분규정과도 연동되었다. 곧 기아를 노비奴婢로 부리는 것을 조건으로 하더라도 일단 굶어죽는 아이들을 돌보도록 조치를 취하였다.[51] 버려진 아이(棄兒)를 거두어 양육한 자는 관에서 입안立案을 내어주고 아이의 옷에 도장을 찍어주었다면 양육한 자의 아들이나 노비로 취급하는 것이 통례였다.[52] 나이 규정이 3세에서 8,9세, 다시 15세 등으로 변경되었을 뿐 취지는 동일하였다.[53]

「형전」 '속량'에도 공사천이 노비와 혼인한 뒤 기아를 양육할 경우, 그 아이를 양인으로 삼도록 하는 규정이 있다.[54] 이 법의 시행 목표가 기아를 줄이기 위함이었기 때문에, 자녀가 없는 이들에게는 자식으로 삼

---

49) "逆賊緣坐流中, 二三歲兒, 勿爲定配【註: 爲奴 不在此限】." 『受敎輯錄』 「刑典」 推斷, 天啓 甲子(인조2); "孕胎女人刑推, 有違法例, 依年七十例, 收贖." 『受敎輯錄』 「刑典」 推斷, 康熙 辛亥(현종12).

50) "宗班爲徵私債, 縱其宮奴, 捉致負債人於私門, 任自刑杖, 民不勝怨苦, 若有不遵朝令, 私自侵徵者, 入啓重治." 『受敎輯錄』 「戶典」 徵債, 康熙 壬申(숙종18).

51) 『受敎輯錄』 「禮典」 惠恤, 崇禎 丁丑(인조15)·康熙 丙午(현종7)·康熙 庚戌(현종11)·康熙 乙丑(숙종11).

52) 『受敎輯錄』 「禮典」 惠恤, 崇禎 癸未(인조21).

53) 『受敎輯錄』 「禮典」 惠恤, 康熙 辛亥(현종12).

54) "公私賤中, 奴與婢交嫁者, 收養遺棄兒, 論以良人." 『受敎輯錄』 「刑典」 贖良, 康熙 甲辰(현종5).

을 수 있도록 하거나, 혹은 노비가 필요한 이들에게는 노비로 삼을 수
있도록 하여 소원을 들어주었다. 특히, 천인 부부에게는 자녀가 양인이
되는 것으로 자식의 신분상승 활로를 열어줌으로써 자신이 이루지 못한
희망을 품을 수 있도록 하여 기아보육을 권장한 것이다.

이외에도 '잡령'에는 면신례免新禮를 금지하여 관료생활의 첫걸음에
서 겪게 되는 불합리한 관습을 제재하였다.55) 이 조문은「형전」'금제禁
制'에도 그대로 반영되었다.56)「이전」에서 제시한 관료체계의 운영을
보완하는 조치이다.

⑤「형전刑典」의 연동

『수교집록』에서「형전」은 가장 많은 분량을 차지할 뿐 아니라, 여러
전典과 연동되었다. 그 중 여러 곳에서 공히 두드러지는 주제는 신분규
정이다. 양인신분의 획득문제가 가장 큰 비중을 차지하여, '공천公賤',
'속량贖良', '보충대補充隊' 등에 규정되었다. 이는「예전」'혜휼', 「병
전」'역로' 등과 연동되었다. 16~17세기 양천 신분규정 밖에 존재하는
부류에 대해서 어떻게 규범화할지 논란이 되었기 때문이다. 국초에 양천
간 혼인은 금지되었으나, 추세는 점차 양천교혼良賤交婚이 늘어났고, 그
들 자녀에 대한 신분규정도 시대별로 첨예한 논쟁거리가 되었다.

결국, 육전은 많은 부분에서 상호 연동되어 있었다. 마치 거대한 6개
의 수레바퀴가 16~17세기 사회상을 상호유기적으로 반영해 나갔다. 각
전各典에 분산된 내용은『속대전』에서 점차 주제별로 묶어서 집대성되
었다.

---

55) "新來免新時, 四館困辱新來之弊, 一切痛禁. 犯者, 掌務官上博士罷職."『受
教輯錄』「禮典」雜令, 嘉靖 癸丑(명종8).
56) "新屬人, 侵虐者……以上條件, 定式出禁, 勿以一時臺諫意見, 別出雜禁."『受
教輯錄』「刑典」禁制, 康熙 庚戌(현종11).

(2) 형률체계의 조정

① 형량刑量의 분류

『수교집록』은 육전체제로 구성되어있으며, 「형전」과 「공전」을 제외하면 대체로 100여개 이상의 수교로 구성되었다.[57] 「형전」은 약 400여개 조문으로 가장 많은 비중을 차지하며, 「공전」은 7개 조문에 불과하다. 그동안 형정刑政은 「형전」을 축으로 설명하고자 하는 흐름이 다수를 차지하였다. 이는 『신보수교집록』이나 『속대전』에서도 비슷한 상황이다. 따라서 「형전」의 강화와 발전이라는 측면에서 17~18세기 법제서 편찬의 흐름을 살펴볼 수 있다.

그러나 형정이 강화되면서 「형전」의 비중이 가장 늘어났으나, 여타 전典에도 변화가 확인된다. 곧 「형전」의 주요논의 구조는 다른 오전五典에도 다양한 각도에서 반영되었다. 육전은 유기적으로 결합되어있었기 때문이다. 동시대에 만들어진 법제는 자연히 상호간 영향을 주고 받았으며, 육전 분류는 영역별로 재조정한 것에 불과했기 때문이다. 그러므로 『수교집록』 전체의 형량기준에 대해서 검토해보고자 한다.

그동안 조선의 형량은 대체로 『대명률』에 근거하여 통시대적으로 적용해왔다. 하지만 이것은 조선의 변화양상을 온전히 설명하기 어렵다. 우선 『대명률』에서 기본 형벌은 「명례율名例律」 '오형五刑'에 실려있으나 개별 율문을 살펴보면 <표7>와 같이 다양하게 변형된 형량이 등장한다. 명률明律 내에서도 기본 원칙을 토대로 활발한 응용이 이루어진 것이다. 따라서 조선 내 활용 방식의 다각화 역시 예견된 일이었다. 이미 『경국대전』단계에서 명률보다 형량이 세분화되는 경향이 감지된다. 조선전기 『경국대전』과 조선중기 『수교집록』사이에도 상당한 변화가 보인다.

---

57) 구덕회, 앞 글, 2001, 12쪽 "표2 각 전 수록 조항과 항목수" 참조.

〈표7〉『대명률』·『경국대전』·『수교집록』형량 대조표

	『大明律』	『經國大典』	『受敎輯錄』
極刑	陵遲處死/ 不待時處斬/斬刑/ 不待時絞/絞刑	斬刑/絞刑	不待時處斬/斬刑/不待時處絞/絞刑/ 不待時梟示/梟示/一罪/死罪/正刑/賞命
徙民	杖 100 遷徙	全家徙邊/全家入居	全家/全家徙邊/全家入居/全家定配/全家實邊/ 極邊入居/役1年 全家徙邊/役 3年 全家徙邊/ 杖 100 徙 3年 全家徙邊/杖 100 全家徙邊/ 杖 100 極邊 全家徙邊/嚴刑 3次 全家徙邊/ 全家徙邊 勿揀赦前
爲奴	爲奴	爲奴/ 杖 100 極邊殘邑官奴婢永屬/ 永屬諸邑奴婢/ 永屬所在官奴婢/ 絶島各邑永屬爲奴/ 屬殘驛奴婢/ 杖 100 永屬殘驛吏/ 永屬本道殘驛吏/ 永屬他道殘驛吏	爲官奴/絶島爲奴/絶島爲奴勿揀赦前/ 絶島爲奴永屬/極邊爲奴/殘邑爲奴/ 爲他道官奴/爲遠道官奴/妻子爲官奴婢/ 妻子爲奴/子女屬公/永定皁隷
充軍	杖 100 邊遠充軍/ 杖 100 充軍	杖 100 身充水軍	充軍/杖 100 充軍/邊遠充軍/極邊充軍/ 水軍充定/奇兵充軍/步兵充軍/漕軍充定/ 徒 2年 充軍/限一年 邊遠充軍/ 邊遠充堡/以實邊圉/杖 100 邊遠充軍/ 杖 100 邊遠守禦
流刑	杖 100 流 3000里/ 杖 100 流 2500里/ 杖 100 流 2000里/ 安置	杖 100 流 3000里/ 安置/付處/	杖 100 流 3000里/杖 100 流 2000里/ 定配/減死定配/拿問定配/ 不限年定配/不限年邊遠定配/ 邊遠定配/遠配/西北絶遠定配/ 絶島定配/仍本役絶島定配/ 推考定配/刑推定配/嚴刑定配/ 嚴刑 3次 定配/決杖定配/
徒刑	杖 100 徒 3年/ 杖 90 徒 2年半/ 杖 80 徒 2年/ 杖 70 徒 1年半/ 杖 60 徒 1年/	杖 100 徒 3年/ 杖 80 徒 2年 永不敍用	杖 100 徒 3年/杖 100 徒 3年 定配/ 杖 60 徒 1年/杖徒/徒 1年/ 殘驛定屬 3年/殘驛 徒 3年 定配/ 徒年 定配/徒 3年 定配
杖刑 笞刑	杖100/杖90/杖80/ 杖70/杖60/笞50/ 笞40/笞30/笞20/ 笞10	杖 100/杖 100 永不敍用/ 杖 90/杖 80/杖 70/杖 60/ 笞 50/笞 10/	杖 100/杖100 罷職 永不敍用/ 杖 90/杖 80/杖 70/杖 60/笞 50/ 刑推 3次/刑推/決棍/拿問定罪/
기타	刺字/收贖	刺字/收贖	收贖

- 밑줄: 『大明律』「名例律」'五刑'에 실린 기본 형량
- 단, 『대명률』및 『경국대전』은 다음 자료를 원용하여 보완함. 『增補文獻備考』卷136~139, 「刑考」10~13, 『諸律類記』1~4; 심재우, 앞 책, 2009, 62쪽 "<표1 1-2>『증보문헌비고』제율유기에 수록된 처벌법규"참조.

『수교집록』의 형량은 사안별로 세밀하게 검토되었다. 명률은 대체로 5단계(極刑-流刑-徒刑-杖刑-笞刑)로 형벌을 구분하였으나, 여기서는 명률 단계에서 이미 추가된 '사민徙民', '위노爲奴', '충군充軍' 등을 활용하여 분류 기준을 추가해 보았다. 그동안 이들은 대개 유형流刑의 범주로 분류해왔다. 그러나 명률보다 응용사례가 훨씬 늘어나는 조선의 경우, 별도로 구분하지 않으면 17세기 이래의 역동적인 변화상을 제대로 설명하기 어렵다. 그래서 형벌의 강도에 따라, ㉠사형死刑에 해당하는 극형 極刑, ㉡강제이주형인 사민, ㉢신분이 추락하여 노비가 되는 위노, ㉣군인으로 역을 담당하도록 하는 충군, ㉤유배형에 해당하는 유형, ㉥강제 노역에 해당하는 도형徒刑, ㉦신체에 직접적인 위해를 가하는 장형杖刑과 태형笞刑 등으로 재분류하였다.

위노는 비교적 간단한 형태에서 내용이 중첩되는 유형을 포함하여 12가지로 표현되고 있고, 사민은 13가지 전가사변으로 표현되었다. 충군 역시『대명률』에서는 충군과 변원충군邊遠充軍 두 가지로 그치던 것이,『경국대전』에서는 수군水軍으로 충군하는 내용이 추가되었다. 여기에 『수교집록』에서는 14가지 형태로 세분화되었다. 국초부터『대명률』형량의 수정이 시작되었으며,[58] 이후에도 실제의 법집행 과정에서 현실에 맞는 수정이 지속적으로 진행되었다. 이러한 흐름은『대명률』을 점차 조선의 법제로 대체해 나가고 있던 현실을 반영한다.『수교집록』에서 형량이 언급되는 사례를 각전별各典別로 살펴보면 다음과 같다.

---

58) 이성무,「『경국대전』의 편찬과『대명률』」『역사학보』125, 역사학회, 1990, 87쪽, 101쪽; 정긍식,「대명률 해제」『대명률직해』, 서울대학교 규장각, 2001, 27쪽; 정긍식·조지만,「조선전기『대명률』수용과 변용」『진단학보』96, 진단학회, 2003, 218~238쪽.

〈표8〉『수교집록』의 육전별 형량체계

구분		吏典	戶典	禮典	兵典	刑典	工典	소계
極刑	不待時處斬					9		50
	斬刑				3	4		
	不待時處絞					3		
	絞刑					2		
	不待時梟示				1			
	梟示		3			15		
	一罪[死罪·正刑·賞命 등]					11		
全家	全家徙邊[入居·定配 등]		6	1	18	8		43*
	役 1年 全家徙邊		1					
	杖 100 徒3年 全家徙邊							
	杖 100 全家徙邊					2		
	杖 100 極邊 全家徙邊					1		
	役 3年 全家徙邊		1					
	嚴刑 全家徙邊		1					
	嚴刑 3次 全家徙邊		1					
	全家徙邊 勿揀赦前				3			
爲奴	爲官奴				2			18
	絕島爲奴		2	1				
	絕島爲奴 勿揀赦前[永屬]					2		
	極邊爲奴					1		
	殘邑爲奴					1		
	爲他道官奴					2		
	爲遠道官奴				1			
	妻子爲官奴婢		1					
	妻子爲奴	1				2		
	子女屬公					1		
	永定皁隸					1		
充軍	充軍		2		1			26
	邊遠 充軍				1			
	水軍充定		1	3	2			
	杖 100 充軍		3		1			
	奇兵充軍		1					
	步兵充軍		1					
	漕軍充定		1					
	徒 2年 充軍				1			
	限 1年 邊遠充軍				1			
	極邊充軍				2	1		
	邊遠充堡					1		
	杖 100 邊遠 充軍				1			
	杖 100 邊遠 守禦				1			
	以實邊圍					1		

구분			吏典	戶典	禮典	兵典	刑典	工典	소계
流刑		杖 100 流2千里					1		42
		杖 100 流3千里		1			2		
		定配		3			1	1	
		減死 定配					2		
		拿問 定配		1					
		不限年 定配		1			2		
		不限年邊遠 定配		1			1		
		邊遠 定配[遠配]					4		
		西北絶遠 定配		1					
		絶島 定配				1			
		仍本役絶島 定配					1		
		推考 定配		1					
		刑推[嚴刑] 定配		1			3		
		嚴刑 3次 定配					1		
		決杖 定配					1		
徒刑		杖60 徒1年		1		2			28
		杖100 徒3年		4	1	5	10	1	
		杖100 徒3年 定配					1	1	
		杖徒					2		
		徒 1년				1			
		殘驛定屬 3年		1					
		徒年定配		4		2	1		
		徒 3年 定配				1			
		殘驛 徒3年 定配				1			
杖刑		杖100		1	1	10	2		45
		杖90					1		
		杖80				12	2		
		杖70				1			
		杖60				2	1		
		笞50				1			
		刑推3次		1					
		刑推					4		
		決棍				1	1		
		拿問定罪		3					
		杖100 罷職 永不敍用					1		
기타	綱常	郡邑降號	3						55
		革邑	1						
		破家瀦宅	1				1		
	非身體刑	罷職[罷黜]	8	8	1	5	5	1	
		罷黜永不敍用[罷職勿揀赦前]		1			1		
		永不敍用/勿揀赦前		2		3	2		
		推考[推斷·重究]	1	2		4	3		

구분		吏典	戶典	禮典	兵典	刑典	工典	소계
	贖錢		1			1		
총계		299						

- ▓ : 변형된 형량규정
- 개정된 경우 후자를 취함.
- 혼합형은 형량이 높은 것을 기준.
- 동일 수교에서 중복 형량이나 개정 전가율은 제외.

　『수교집록』의 형량은 <표8>과 같이 ①극형→②전가→③위노→④충군→⑤유형→⑥도형→⑦장형 등으로 구분된다. 극형에 대한 비중이 높은 편이고, 당초 간단한 형태의 형벌은 점차 복잡한 방식으로 분화되었다. 이외에도 비신체형 처벌로서 강상죄의 경우 읍호강등·파가저택, 관리의 경우 파직罷職·불서용不敍用·추고推考·속전贖錢 등이 각각 확인된다.

　한편, 형벌 중 가장 강도가 높았던 극형과 차형次刑의 범위를 검토해 보면, 당시 범죄상황이나 사회가치관에 대해 살펴볼 수 있다. 가장 엄한 형벌은 통시대적으로 변함없이 사형이다. 차형은 시대별 편차가 다소 있으나, 대체로 『수교집록』에서는 전가사변율이 해당한다. 사안별로 경중에 따라 차형이 달라졌으나, 육전 전체에서 형량을 체계화해 보면 전가율이 대체로 차형으로 표현되었다.[59]

　극형에 처한 경우를 유형별로 구분해보면,[60] ㉠살인을 저지른 경우,

---

59) 『中宗實錄』卷100, 中宗 38年 3月 辛亥(7日).

60) 극형은 斬刑과 絞刑의 두 개의 기본범주에 不待時 및 梟示 등이 결합하여 다양한 형태로 적용되었다. 사형은 三覆절차를 밟아서 秋分후에 형을 집행하였으나, 죄질이 무거운 범죄는 不代時로 단죄하였다. 이외에도 斬刑은 軍人 혹은 庶人에게 행해지는 집행법이고, 絞刑은 주로 士族 이상에게 적용되었다. 梟示(梟首)는 목을 베어 軍門이나 저자에 매달아두어 경계로 삼도록 한 형벌이다. 이 역시 不待時와 마찬가지로 가중처벌된 경우이다. 가중치가 적용되면 絞刑→斬刑→梟示 순으로 형벌의 강도가 높아졌다. 不待時가 추가되면 더욱 무거운 처벌이 되었다.

ⓛ반인륜 범죄를 저지른 경우, ⓒ관리의 부정·위조·월경·밀무역 등 국
가에서 엄격히 금지하는 사안에 대해 도전한 경우 등 3가지로 구분된다.
<표9>를 살펴보면, 극형과 차형에서 가장 많은 비중을 차지하는 것은
ⓒ의 국가질서파괴이다. 공적인 국가의 법질서를 부정하는 모든 유형이
해당하였다. 다음으로, 비중이 높은 것은 ⓛ의 인륜문제이다. 17세기 현
종~숙종대 강상죄가 강화되고 있었기 때문이다. 당시 형정의 급무는 국
가 및 사회질서 확립에 초점이 맞추어져 있었다. 이것은 역으로 그만큼
사회변동과정에서 법제와 현실간 틈새를 노리는 계층이 다수 나타나고
있고 이를 능동적으로 국가에서 제어할 필요가 있었기 때문이다.61)

〈표9〉 극형과 차형의 유형

범죄유형	極刑	全家律	全家律 중 개정 조문				비고
			官奴	流配	徒刑	기타	
살인	8						인명피해
위조	7	21		1	1		국가질서파괴
부정부패	1		1				
공권력도전	2	1					
규율위반	16	9	3	3	1	2	
밀무역	4						
특수 절도	2				1		
약탈	1*		1				
간통	3						인륜문제
성폭행	2*						
무고	2	2	1				
기타 반인륜	2	2		1			

- * 중첩되는 사례

61) 조선후기 법제정 경과를 사회변동에 대한 국가의 대응이라는 시각의 연구는
   다음 참조. 심재우, 「18세기 옥송의 성격과 형정운영의 변화」『한국사론』34,
   서울대학교 국사학과, 1995.

② 전가사변全家徙邊 개정

차율次律에 속하는 전가율은 조선에서 구체화된 법제로서, 전 가족을 이주시키는 강도높은 형벌이다.[62] 전가율은 '전가全家',[63] '전가사변全家徙邊',[64] '전가실변全家實邊', '전가정배全家定配',[65] '전가입거全家入居',[66] '극변입거極邊入居',[67] '전가유배全家流配'[68] 등으로 표현되었다.

'전가사변'은 처음 단종대는 도적을 숨긴 자에게 작용되다가, 세조대는 호적위조에 대한 구체적인 처벌로서 규정되었다. 『경국대전』이후에는 사민을 방해한 자, 공천의 죽음을 허위로 기록한 자 등에 확대되었다.[69] 또한 유배 지역을 살펴보면 세종대는 평안도 및 함길도 등 양계兩界(極邊)에 보냈고,[70] 성종대는 평안도 외에도 황해도와 거제巨濟로 보냈다.[71] 따라서 전가율의 대상 지역은 평안도나 함경도뿐 아니라 해안海岸 및 산성山城 등 오지奧地가 포함되었고 죄의 경중에 따라 선정되

---

62) 『대명률』에는 流刑도 妻妾이 따라가게 하고 가족이 원할 경우 허락하였다. 천사遷徙나 안치安置도 같은 규정을 적용하였다. 범죄자가 죽을 경우 가족의 귀환도 보장하였다. 다만, 반역을 도모하였거나 살인자의 수가 많을 경우 가족의 귀환도 제한되었다. 따라서 조선의 유배형이나 전가율과는 그 개념이나 범위가 사뭇 다르다. 『大明律』「名例律」流囚家屬.

63) 『受敎輯錄』「兵典」徙民, 康熙 壬子(현종13)·康熙 乙卯(숙종1).

64) 『受敎輯錄』「戶典」漕轉. 康熙 己酉(현종10) 漕轉事目; 『受敎輯錄』「兵典」徙民, 萬曆 壬寅(선조35).

65) 『受敎輯錄』「戶典」漕轉. 康熙 己酉(현종10) 漕轉事目; 『受敎輯錄』「兵典」徙民, 康熙 庚戌(현종11); 『承政院日記』, 康熙 23年(숙종10) 11月 24日(乙酉).

66) 『受敎輯錄』「兵典」徙民, 嘉靖 癸丑(명종8).

67) 『受敎輯錄』「戶典」雜令, 嘉靖 甲子(명종19).

68) 『受敎輯錄』「兵典」徙民, 康熙 壬子(현종13).

69) 『端宗實錄』卷13, 端宗 3年 3月 甲寅(9日). 『世祖實錄』卷28, 世祖 8年 5月 癸卯(9日). 『經國大典』「刑典」逃亡; 『經國大典』「刑典」公賤.

70) 『世宗實錄』卷95, 世宗 24年 2月 丙午(15日).

71) 『成宗實錄』卷18, 成宗 3年 5月 庚申(24日); 『成宗實錄』卷158, 成宗 14年 9月 甲午(4日); 『成宗實錄』卷172, 成宗 15年 11月 戊戌(15日).

었다.

『수교집록』의 형량에서 전가율을 중점으로 다루는 이유는 각전에 비교적 고루 분포되어있고, 숙종연간 특정한 시점을 기준으로 일괄적인 개정작업이 이루어졌기 때문이다. 이것은『수교집록』의 편찬과정이나 형률체계를 파악하는데 유용하다.『수교집록』에는 전가율에 대해 총 60개 조문이 명시되어있고, 그 중 운영원칙을 천명한 9가지를 제외하면 실효 조문은 51개이다. 이 중 16개 조문이 숙종대 경감되었다.

이때 비교적 죄가 가볍고 종범從犯으로 단순 가담하였거나 혹은 규율 위반에 해당하는 경우 개정하였다. 전가율을 개정할 때 일괄적으로 새로운 율을 적용하지 않았다. 보통 감형할 경우 전가율보다는 한 단계 아래인 유형流刑으로 변경하는 것이 일반적이지만, 숙종대 개정조치는 사안별로 차이를 두었다. ㉠장 100 도 3년, ㉡장 100 유 3000리, ㉢변방 고을에 정배, ㉣타도의 관노(혹은 수군 충정), ㉤본인 정배 및 처자 관노비 등 다양하게 바뀌었다. 이때 감형조치는 전반적인 수교를 집대성한 결과, 상호간 모순을 해결하고 경중에 따라 율律을 조정하기 위한 방법으로 제시된 것이다.

개정 전가율 16개 조문 중 14건은 1차로 숙종 10년(1684)에, 2건은 2차로 숙종 14년(1688)에 각각 감형되었다. 숙종초반부터 전가율 전반적인 검토 작업이 진행되고 있었다.『승정원일기』에는 일찍이 서문중徐文重이 올린 소疏로 인해 "전가정배에 대한 변통의 전교가 있었다"고 하면서 이 율을 대체하는 형률을 논의하였다.[72] 서문중은 열성의 수교 정리를 발의한 인물이고,[73] 이 시기는『수교집록』을 한참 편찬하고 있을 때였다. 곧 법제정비사업의 일환으로 형률체계가 재조정된 것이다.

이후에도 전가율 개정은 이어졌다. 숙종 42년(1716) 우의정 이이명李

---

72)『承政院日記』, 康熙 23年(숙종10) 11月 24日(乙酉).
73)『肅宗實錄』卷13, 肅宗 8年 11月 己未(16日).

頤命은 전가사변율이 『경국대전』에는 1조뿐이었는데, 뒤에 사목이 날로 늘어서 이제는 각영各營에서 율문에 견주어 스스로 결단하는 것이 점점 많아졌다고 하면서 그 율을 참작하여 줄여야 한다고 주장하였다.[74] 점차 『경국대전』을 기준으로 법제의 운영을 재조정해야 한다는 인식이 공감대를 넓혀나갔다. 마침내 전가율 20건이 3차로 숙종 43년(1717)에 추가 개정되었다.[75]

2. 종합법전 『전록통고』의 탄생

1) 국법체계의 재인식

숙종대는 법제정비사업이 한참 활성화되기 시작하여 『수교집록』(숙종24, 1698) 편찬부터 『전록통고』(숙종33, 1707)에 이르는 두 차례의 방대한 법제정비가 이루어졌다. 숙종초반 수교의 정리에서 출발하여 당대 모든 법제를 하나의 체계 속에 포괄하는 종합법전의 편찬으로 일단락되었다. 영조대 『전록통고』는 숙종의 주요 업적 중 하나로 평가받았다.[76] 당시 법제를 정비하던 과정을 살펴보기 위해서는 당대 국법체계에 대한 인식이 과연 어떠했는지를 검토해 볼 필요가 있다.

---

74) 『肅宗實錄』卷58, 肅宗 42年 12月 癸卯(17日). ※실제 『경국대전』에는 전가율 3개조가 확인된다.

75) 『承政院日記』, 康熙 23年(肅宗10) 11月 24日(乙酉); 『肅宗實錄』卷59, 肅宗 43年 正月 壬戌(7日).

76) 『英祖實錄』卷28, 英祖 6年 12月 癸丑(19日).

(1) 『경국대전』중심주의

숙종대 다양한 법제에 대한 논의는 광범위하게 전개되었다. 조선의 국가체제의 근간이 『경국대전』이었던 까닭에 그 영향은 지대하였다. 실제 연대기에서 법제에 관한 논란이 벌어지게 되면 일부 구체적인 사안에 대해 속록류를 참고하는 경우가 있으나 언급되는 비중은 단연 『경국대전』이 압도적이었다.[77] 개별 사안은 수교를 활용하는 사례가 많았으나, 신법의 입안보다는 대체로 『경국대전』의 기본틀을 유지하는 선에서 미진한 부분에 대한 보완의 의미가 더 짙었다.

실록에서 『경국대전』에 관한 논의를 살펴보면, <표10>과 같이 ㉠ 『경국대전』의 조문을 준수하자는 논의가 가장 폭넓게 나타나고 있고, 다음으로 ㉡『경국대전』조문에 나타나지 않는 사안에 대한 보완, ㉢『경국대전』을 인용하여 자기 주장을 합리화하는 경우 등으로 나타난다. 전반적으로 논의를 주도하는 부류는 대개 서인계로 보이나, 남인이 집권했을 때에도 별반 달라지지 않는 것을 보면, 당대 집권세력에게 국가체제의 재확립은 공통된 인식이었다. 『경국대전』체제의 회복을 주장하는 주요 논의를 살펴보면 다음과 같다.

① 『경국대전』의 준수

첫째, 관료제 정비이다. 관료의 선발, 관료간 예절, 인사제도 등에 대해 한결같이 『경국대전』을 따르자는 주장이 다수를 이룬다. 숙종 3년

---

77) 〈표10〉 숙종연간 법제 활용사례

구분	經國大典	大典續錄	大典後續錄	受教輯錄	受教
준수	36	3	0	2	27
보완	15	4	3	1	22
인용	12	0	0	0	10
소계	63	7	3	3	59

- 작성기준: 실록

(1677) 삼공 및 여러 재상이 모일 때 상호간의 예를 행하는 것을 재규정하면서 이것이 『경국대전』의 뜻을 살리는 것으로 천명되었다.[78] 숙종 6년(1680)에는 『경국대전』의 소주小註를 들어, 감사와 찰방의 상피법을 다시 규범으로 세우고자 하였다.[79] 숙종 8년(1682) 『경국대전』을 들어 경사京司 관원의 휴가일수를 2일로 제한하였다.[80] 숙종 10년(1684) 『경국대전』을 따라서 수령에 무신武臣을 임용하는 제도를 회복하도록 하였다.[81] 숙종 12년(1686) 명경과明經科 역시 『경국대전』을 준수하여 구두口讀보다는 문의文義를 중시하도록 하였다.[82] 숙종 14년(1688) 『경국대전』을 준용하여 관료의 인사절차를 일신一新하고자 하였다.[83] 숙종 20년(1694)에는 궁중 사령의 수까지도 『경국대전』에 맞추어 제한하는 논의가 전개되었을 정도였다.[84]

둘째, 형정 분야이다. 숙종 즉위년(1674) 『경국대전』에는 동반 3품 이상, 서반 2품 이상은 수령을 천거하되 장오贓汚와 패상敗常의 죄를 범하면 천거한 자도 처벌하도록 하였는데, 이 조문이 유명무실하다고 진단하고 기강을 바로 세울 것을 논의하였다.[85] 숙종 12년(1686) 『경국대전』의 형옥을 결단하는 시일을 다시 회복하고자 하였다.[86] 숙종 17년(1691) 공사公事를 계복啓覆하는 시한은 『경국대전』에 따라 사흘 안에 하도록 하였으며,[87] 금제禁制를 단속하는 것도 『경국대전』에 맞추어 제한

---

78) 『肅宗實錄』卷1, 肅宗 3年 10月 丙辰(12日).
79) 『肅宗實錄』卷9, 肅宗 6年 5月 辛亥(23日).
80) 『肅宗實錄』卷13, 肅宗 8年 8月 己丑(14日).
81) 『肅宗實錄』卷15, 肅宗 10年 2月 庚子(4日).
82) 『肅宗實錄』卷17, 肅宗 12年 11月 癸未(3日).
83) 『肅宗實錄』卷19, 肅宗 14年 12月 辛丑(2日).
84) 『肅宗實錄』卷27, 肅宗 20年 10月 壬子(18日).
85) 『肅宗實錄』卷1, 肅宗 卽位年 10月 乙卯(25日).
86) 『肅宗實錄』卷17, 肅宗 12年 2月 乙酉(1日).
87) 『肅宗實錄』卷23, 肅宗 17年 2月 壬戌(6日).

하였다.[88]

『경국대전』체제의 회복을 전제로 하는 주장은 이후 숙종후반에도 지속적으로 나타난다. 따라서 조선후기에도 여전히 『경국대전』을 중심으로 법제의 큰 골격이 운영되고 있었다. 법제정비사업은 주로 새로운 법제의 창출이라기보다는 『경국대전』체제를 회복하고 이를 보완하는 차원에서 추진되었다.

② 『경국대전』체계의 보완

국법체계를 조종祖宗의 『경국대전』에 의뢰하는 바가 컸으나, 현실적으로 달라진 사회환경에서 불가피하게 새로운 법제를 제정해야 하는 경우도 늘어만 갔다. 어떤 기준이 필요할 때 『경국대전』은 주요한 척도가 되었으나, 『경국대전』에서 미처 다루지 못한 부분은 새로운 기준이 필요하였다. 이러한 문제인식 속에서 성종대 『대전속록』, 중종대 『대전후속록』 등이 편찬되어 보완의 역할을 하였다. 또한 상시적으로 수교가 지속적으로 만들어지면서 법제의 공백을 메꾸어왔다.

숙종대는 누적된 수교를 집대성하는 작업이 1차 법제정비사업으로 『수교집록』이 정리되었다. 기왕에 별도로 만들어진 서로 다른 전典과 록錄의 위상을 재규정하기 위해 『전록통고』의 편찬이 이루어졌다. 이러한 결과는 다양한 논의를 바탕으로 전개되었다.

첫째, 법제정비사업에는 개별적인 각종 근거를 총괄하여 검토하는 작업이 선행되었다. 『수교집록』에는 실제 수교의 범위가 태종대까지 거슬러 올라가 그 검토 범위가 매우 방대하다. 소급 범위의 확대는 법을 제정할 때 일정한 절차를 거치는 것이 규례로서 정립되었기 때문이다. 『경국대전』「예전」 '의첩依牒'에는 "새로운 법을 만들거나 옛법을 고칠 때는 의정부가 의의擬議하여 임금에게 보고하며, 예조는 사헌부司憲府와

---

88) 『肅宗實錄』卷23, 肅宗 17年 5月 庚寅(5日).

사간원司諫院의 서경署經을 상고해서 의첩을 내어준다"고 하였다.[89] 곧 의정부→대간臺諫→예조 등의 입법절차를 세운 것이다. 숙종 5년 (1679) 사간원에서는 법제를 고치는 절차에 관해서 신중히 할 것을 청 하면서『경국대전』과 고사故事를 두루 언급하고 있다. 모든 전교傳教와 계청啓請은 양사兩司에 서경을 거쳐서 시행하되, 3회 서경을 연기하면 즉시 보류하자고 하였다.[90]『수교집록』편찬시 관련 수교가 채록되어 국 초의 절차를 회복하게 되었다.[91]

이를 바탕으로 실제로 선왕의 수교와 비교작업이 이루어졌다. 숙종 7 년(1681) 이숙李䎘은 "『경국대전』에 노奴가 주인主人의 처와 간통하였 거나 고공雇工이 가장家長의 처처妻와 간통한 경우는 정해진 율문律文이 있으나, 비부婢夫가 여상전女上典와 간통한 경우는 율문이 없다고 하 면서 보완입법을 주장하였다.[92] 하지만 이 주장은『수교집록』을 편찬하 는 과정에서 연원을 검토해보니, 사실 현종 7년(1666)에 이미 내려진 수 교가 있는 상태였다.[93] 그래서 정작 법제를 정리하는 기간에는 현종대 수교를 재확인하는 수준에서 마무리되었다. 또한 이상진李尙眞이 "어린 아이(兒弱)를 충정充定하는 폐단을 금해야 한다"고 주장하여 수교가 입 안되었는데,[94] 이 수교가『수교집록』에 수록될 때 그 취지가 유사한 효 종대 수교까지 연원을 밝혀주면서 함께 실렸다.[95] 이러한 사례는 법제정

---

[89] "新法之立, 舊法之改, 及在喪人員起復者, 議政府擬議以聞, 本曹考司憲府司 諫院署經, 出依牒."『經國大典』「禮典」依牒; 김백철, 앞 책, 2016, 23~24쪽, 126~127쪽, 187~188쪽.

[90]『肅宗實錄』卷8, 肅宗 5年 4月 己丑(25日).

[91] "凡立法改法, 一切出依牒施行."『受敎輯錄』「禮典」雜令, 隆慶 壬申(선조5); 『典錄通考』「禮典」雜令, 受敎輯錄, 隆慶 壬申(선조5).

[92]『肅宗實錄』卷11, 肅宗 7年 正月 丁巳(3日).

[93]『典錄通考』「刑典」姦犯, 受敎輯錄, 康熙 辛酉(현종7).

[94]『肅宗實錄』卷11, 肅宗 7年 正月 丁巳(3日).

[95]『典錄通考』「兵典」軍律, 受敎輯錄, 順治 乙未(효종6)·康熙 辛酉(숙종7).

비사업 과정에서 이전 법제와 연관성을 면밀히 검토하였음을 보여준다.

둘째, 『경국대전』 자체의 보완이 추진되었다. 『경국대전』을 중시하는 풍조가 국초의 절대기준으로 회귀만을 뜻하는 것은 아니었다. 일찍부터 『경국대전』 및 기존 법제에 대한 보완의 필요성이 누차 제기되었다. 숙종 3년(1677) 대사헌 윤휴尹鑴는 전례典禮가 논란이 되는 것은 『경국대전』에 일정한 법을 분명하게 게재揭載해 놓지 않았기 때문이라고 지적하였다.96) 또한 숙종 25년(1699) 과거시험장(科場)의 부정행위 처리를 두고도 논란이 빚어졌다. 이 사건에서는 단순히 답안을 정서正書해준 이를 처벌할 수 있는지가 관건이었다. 이에 대해 『경국대전』과 『수교집록』에도 처벌규정을 찾기 어렵자, 대사간 민진후閔鎭厚는 "『경국대전』에 기재되어 있지 않은 것을 추후에 정제定制한 것이 하나 둘이 아닌데 유독 이 문제만 고치지 않는다"고 비판하면서 보완입법을 주장하였다. 아울러 그는 상피법의 문제를 지적하면서 "국제의 허술함이 이와 같다"고 하면서, 『경국대전』의 보완도 누차 지적하였다.97) 따라서 『경국대전』 체제의 회복론은 무조건적 복고주의가 아니라, 『경국대전』을 중심으로 하되 시의時宜에 맞는 변통을 역설한 것이다.

(2) 법체계의 조정: 속록류, 수교, 『대명률』

숙종대는 법제 상호간 위상이 아직 명확하게 정립되지 아직 못했다.98) 그래서 법제간 모순 발생시 처결 문제도 논란이 되었다. 여기에 현재까지도 명백히 해결되지 않은 『대명률』의 적용문제까지 고려하면

---

96) 『肅宗實錄』卷6, 肅宗 3年 7月 丙子(1日).

97) 『肅宗實錄』卷33, 肅宗 25年 3月 壬辰(23日).

98) 현재 학계에는 『경국대전』, 속록류, 수교의 지위에 공감대가 형성되어있으나, 처음부터 그 지위가 명백하게 규정된 것은 아니었다. 조선후기 법전 편찬 흐름은 다음 참조. 홍순민, 앞 논문, 1998; 구덕회, 「법전으로 역사읽기: 집록류 법전의 성격」, 2002.

그 해결은 더욱 요원해 보인다. 조선전기에 구축된 법체계에 대한 인식이 만세불변으로 전해지지 못하고, 조선후기 시대상황에 따라 변동하였기 때문이다.

① 아국법과 중국법

형정에서 속록류와 『대명률』의 적용을 두고 문제가 발생하였다. 숙종 5년(1679) 의금부에서 간범姦犯에 대해 법률을 적용하기 위해 『대명률』과 『대전속록』을 제시하였다. 이때 『대명률』 '친속상간親屬相奸'에는 "시마복緦麻服이상의 친족은 장도杖徒에 처한다"고 되어있고, 『대전속록』에는 "사족 여자가 음행淫行을 하면 그 간부奸夫와 함께 교형絞刑에 처한다"고 하였다.[99] 양자간 형량의 차이에 대해 어떠한 결정을 내릴지 논란이었다. 숙종은 "풍속을 더럽히고 교화를 어지럽힌 죄는 하늘과 땅 사이에서 결코 용납할 수 없으니, 모두 『대전속록』에 따라 처단하라"고 하였다. 이 역시 당대 윤리적인 문제를 일으키는 경우 가중처벌되던 관행을 반영하는 동시에, 『대명률』과 『대전속록』 중 『대전속록』을 우위에 두고 형정을 운영하였음을 뜻한다.

② 속록류와 수교

숙종 9년(1683) 형조판서 김덕원金德遠은 호남에 이성異姓의 종형매從兄妹끼리 서로 간음姦淫한 사건에 대해, 율문에는 형량이 장 100 도 3년으로 되어있으나, 『대전속록』에는 "사족이 간음하여 풍교風敎를 더럽히고 어지럽히면 간부奸夫와 아울러 교형에 처한다"고 하였고, 이전의 사건에서는 "부대시不待時로 처단한다"는 수교가 있다고 하였다. 그래서 『대명률』, 『대전속록』, 수교 중 어느 것을 택해야 할지 국왕에게

---

99) 『肅宗實錄』卷8, 肅宗 5年 2月 乙未(30日).

문의하자, 숙종은 "그 당시의 수교는 한때의 악惡을 징계하는 뜻이었으
니, 영구히 정식定式으로 삼을 필요는 없다고 하면서, 『대전속록』에 따
라 처단하라"고 하였다.[100] 이는 당시 각 법제의 위상이 어떻게 위치지
어졌는지 가늠해 볼 수 있는 사료이다.

곧 조선의 법식이 『대명률』보다 우선하며, 개별 수교와 속록류 사이
에서는 이미 간행·반포된 속록류가 우선하였다. 이 역시 당대 『속대전』
「형전」 '용률用律'에서 『경국대전』과 『속대전』을 『대명률』보다 우선에
두는 원칙을 천명하는 것과 관련있다. 이러한 흐름은 당시 국법체계하에
서 조종성헌을 대전제로 형정을 운영하였음을 보여준다.

③ 대전류 보완입법

그러나 반드시 어느 하나만을 선택하는 것은 아니었다. 기존 법제를
고려하여서 국왕은 제3의 판결을 내리기도 하였다. 숙종 25년(1699) 의
금부에서 과거시험 사건에 대해 조율照律하면서 『경국대전』과 수교의
차이를 어떻게 정할지에 대해 논란이 있었다. 『경국대전』의 "은밀히 과
장科場에 내통하면 장 100에 처한다"는 조문을 적용하였는데, 그 뒤에
"부화뇌동해서 역서易書하여 간술奸術을 쓴 자의 경우"를 적용하라는
수교에 따라 충군充軍으로 조율하였다. 이에 판의금 민진장閔鎭長이
"『경국대전』은 너무 가볍고 수교는 너무 무겁다"고 하자, 숙종은 도 3년
에 편배編配하도록 하였다.[101] 『경국대전』과 수교가 동일사안에 대해
서로 다른 형량을 규정하고 있을 경우, 국왕은 『경국대전』의 취지를 훼
손하지 않는 범위내에서 그 중간을 택하였다.

---

100) 『肅宗實錄』卷14, 肅宗 9年 7月 壬午(13日).
101) 『肅宗實錄』卷33, 肅宗 25年 9月 己酉(14日).

2) 『전록통고』의 구성

(1) 편찬과정

숙종대는 법제정비사업의 필요성이 오랫동안 논의되었을 뿐 아니라 실제 추진되었다. 숙종 8년(1682) 승지 서문중徐文重은 외방의 군읍郡 邑에는 법률 서적이 갖추어져 있지 않아서, 수교에 어둡고, 수령이 법례 法例를 원용하거나 따르지 못하여, 억측으로 판결하고 있다고 비판하고, 『대전속록』과 열성의 수교를 모아서 널리 배포하자고 청하였다.102) 이에 숙종은 비국당상 이익李翊에게 그 일을 담당하게 하였다. 이듬해 영의정 김수항金壽恒은 수교를 부집裒集하는 것을 일찍이 형조판서 이익이 일이 많아서 살피기가 어려우니 윤지완尹趾完으로 교체할 것을 건의하였다.103) 숙종 13년(1687) 국왕은 다시 비국備局의 제조提調 1명과 당하문신 2,3명에게 『대전후속록』 및 열성의 수교를 거두어 모아 품재稟裁하여 간행하도록 하였다.104)

숙종 14년(1688) 박세채는 열성의 수교를 집대성할 것을 역설하였다.105) 그는 수교정리가 아직 실효를 거두지 못하고 있다고 진단하고, 경제사經濟司를 설치하여 본격적으로 『경국대전』을 변통할 것을 주장하였다. 『경국대전』 자체가 성종대 이루어져 상세하고 조밀하지만, 행한 지가 2백년이나 되니 하자瑕疵와 폐단弊端이 날로 나타나고, 병란兵亂을 겪어 폐기廢棄거나 바뀌어 표준이 없다고 진단하였다. 이에 『경국대전』 본문에 따라 상세하게 짐작斟酌하여 행할 만한 것은 지키고, 행하지 못할 것은 변통시키며, 증보할 것은 첨입添入하자고 하였다.106) 아울러

---

102) 『肅宗實錄』卷13, 肅宗 8年 11月 己未(16日).
103) 『肅宗實錄』卷14, 肅宗 9年 5月 丙午(5日).
104) 『肅宗實錄』卷18, 肅宗 13年 8月 戊午(12日).
105) 『肅宗實錄補闕正誤』卷19, 肅宗 14年 6月 乙卯(14日).
106) 같은 책.

그는『대전속록』과『대전후속록』이 모두 이미 통행되고 각사에 쓰이는 열성의 수교도 대부분 같지 않으니, 이 두 책을 함께 수정하여 새 법제에 넣어야 한다고 주장하였다. 이에『경국대전』,『대전속록』,『대전후속록』을 개정하여 새로운 법제에 반영하여 "속대전續大典"이라 이름짓고 영원히 후세에 전하여 후일 법을 따르는 군주와 법을 잘 지키는 신하로 하여금 지키고 따르도록 해야 한다고 상소하였다.107)

이것은 현종~숙종초반 수교를 정리하는 사업과는 다소 차이가 있다. 이전까지의 사업은 누적된 수교에 대한 정리작업에 큰 비중이 있었던 반면에, 박세채는 이들을 모두 포괄할 수 있는 새로운 국법체계를 재정립할 것을 주장한 것이다. 따라서 박세채의 시무소時務疏는 단순히 기왕에 추진되고 있던『수교집록』에 대한 독려를 뜻하는 차원이 아니었다. 그럼에도 이 주장은『수교집록』자체의 성격에도 영향을 미쳐, 조선전기 전체의 수교에 대한 검토와『대전속록』,『대전후속록』에 대한 조정작업을『수교집록』의 조문 내에서 포괄하도록 하는 계기가 되었고, 이후『경국대전』과 삼록三錄108)을 전반적으로 조율하는『전록통고』편찬의 동기를 부여하였다.

숙종 20년(1694) 갑술환국으로 통해 다시 서인이 집권하면서 법제정비가 본격화되었다. 이듬해(숙종21, 1695) 호남과 영남에 "수교속록受敎續錄"을 간행하도록 지시하였고,109) 숙종 23년(1697)에 검토관 조태동趙泰東이 다시 열성의 수교를 간행하기를 청하자,110) 숙종 24년(1698)『수교집록』으로 일단락되었다.111)

---

107) 같은 책.
108) 통상『대전속록』,『대전후속록』,『수교집록』을 묶어서 "三錄"으로 지칭하였다. "續典, 只輯三錄."『續大典』「御製續大典卷首勉勅後昆」; "錯綜乎前後三錄, 會通乎典錄通考."『大典通編』「大典通編序」.
109)『肅宗實錄』卷28, 肅宗 21年 正月 乙丑(3日).
110)『肅宗實錄』卷31, 肅宗 23年 8月 癸丑(6日).

이후 『전록통고』 편찬이 추진된 계기는 속록류 법제서에 대한 보급 부족 문제가 대두했기 때문이다. 숙종 26년(1671) 제주목사가 비국에 장계狀啓를 올려, 『대전속록』과 『무원록無冤錄』 등 율문에 관한 책을 얻으려고 요청하자, 영의정 서문중徐文重이 인쇄해 보내도록 청하였다.112) 약 한달 후에 최석정崔錫鼎은 『대전속록』 및 『여지승람輿地勝覽』을 대제학을 시켜 주관토록 할 것을 청하여 뒤에 찬수청纂修廳이라 일컫고, 신완申琓·강현姜鋧·이현석李玄錫·오도일吳道一을 당상으로, 남정중南正重·이광좌李光佐·민진원閔鎭遠·임수간任守幹·신규申奎·신유익愼惟益·김유金揉·심제현沈齊賢을 낭청郎廳(당하관)으로 차정差定하였다. 이때 최석정은 "대신 한 사람으로서는 사무를 주관할 수가 없다"고 말하였으나, 임금은 최석정에게 그대로 전담하도록 명하였다.113) 최석정은 『수교집록』 찬집에 깊이 관여하였으며, 그의 졸기卒記에도 "『경국대전』을 닦고 밝히는 것을 일삼았다"고 평할 정도로 숙종대 법제정비사업을 실질적으로 이끌었던 인물이다.114) 당시 『대전속록』의 간행사업은 삼록에 대한 합본사업으로 발돋움하였다. 아직 이름이 정해지지 않은 상태였기 때문에 『대전속록』으로 이름하였지만, 실제 결과는 『전록통고』로 나타났다.115)

종국에는 『전록통고』에 영의정 최석정을 필두로 좌의정 이세백李世白, 우의정 신완申琓 등 삼정승이 모두 관여하였고, 비변사 낭청 이언경李彥經이 실무를 보았다. 『수교집록』과 같이 새로운 법제의 편찬사업도

---

111) 『受敎輯錄』 「受敎輯錄序」.
112) 『肅宗實錄』 卷34, 肅宗 26年 2月 壬午(17日).
113) 『肅宗實錄』 卷34, 肅宗 26年 3月 癸丑(20日).
114) 『肅宗實錄補闕正誤』 卷56, 肅宗 41年 11月 癸卯(11日).
115) 마치 영조 20년(1744)에도 처음에는 "增修大典續錄纂輯廳"을 세우고 법전 편찬에 들어가게 되었으나, 그 결과물은 『속대전』으로 나타난 사실을 대비해 보면 쉽게 가늠해 볼 수 있다. 『英祖實錄』 卷59, 英祖 20年 6月 壬申(26日).

아닌데, 삼정승이 모두 관여하도록 한 것은『전록통고』가 당시 상당한
비중을 지닌 법제로서 기획되었음을 의미한다. 이것은 기존의 법제를 모
은다고 하지만, 단순히 합본하는 것이 아니라, 각 항목간 관계를 재설정
하고 분류해야 하는 어려운 작업에 재상들이 깊이 관여했음을 의미한다.
법제의 층위는 법리에 상대적으로 익숙한 대신들이 아니면 조정 자체가
어려웠기 때문이다.

　『전록통고』는『수교집록』(숙종24, 1698)이 편찬되고 3년이 지난 숙
종 27년(1701) 가을부터 편찬을 시작되어 숙종 32년(1706)에 완성되었
다.116) 이후 1년간의 교정 후에 간행되었다.117) 현존하는『전록통고』는
규장각한국학연구원 소장 <奎 1141>, <奎 1164>, <奎 5450>, <古
5120-147> 등 4종이 있다. 이 중 후반부가 훼손되어 간기刊記를 확인
하기 어려운 <奎 1164>를 제외하면 모두 동일한 간기가 기록되어있다.
판본 말미末尾에 정해년(숙종33, 1707)에 인출印出하였다고 명기明記되
어있다.118) 현존 판본은 모두 숙종 33년(1707) 인출본이다. 이때 교정관
校定官으로 교서관 박사 김주金胄가 책임을 맡았다. 숙종 34년(1708)에
는 이미 간행되어 진봉하였다는 기록이 연대기에서도 확인된다.119) 이
후 최석정은『전록통고』의 보완을 주장하였으나, 숙종 당대 기록은 연
대기상으로 더이상 추적이 이루어지지 않는다.120) 이 주장은 영조 초반
에 채택되어『증보전록통고』의 편찬으로 이어졌다.

116)『典錄通考』「典錄通考序」, 康熙 45年(숙종32).
117) 양진석,「『전록통고』해제」『典錄通考』上, 서울대학교 규장각, 1997, 4쪽.
118) 규장각 편,『典錄通考』下, 서울대학교 규장각, 1997, 522쪽 刊記 "丁亥九
　　月 日 印出"참조.
119)『承政院日記』, 康熙 47年(숙종34) 正月 10日(戊午).
120)『承政院日記』, 康熙 47年(숙종34) 11月 5日(丁丑).

(2) 전典-록錄 체제의 도입

① 통고류의 탄생

『경국대전』의 반포 이후『대전속록』,『대전후속록』,『수교집록』등
이 추가로 편찬되었다. 그래서 조선의 기본법전은 대전大典-삼록三錄의
체제로 정형화되었다. 시기별 수교의 집대성 작업으로 속록류 법제서가
증대하였으나, 이를 체계화하는 작업의 필요성이 대두하였다.

이제『경국대전』과 삼록을 종합적으로 묶을 방안이 논의되었다. 이
미『경국대전』,『대전속록』,『대전후속록』등을 필요에 따라 합본한 사
례가 확인된다.[121] 규장각한국학연구원 소장 <古 5120-173>본은 서명
이 "경국대전經國大典"으로 되어있으나, 실제로는『경국대전』,『대전속
록』,『대전후속록』을 합본한 책이다.

그런데 눈에 띄는 부분은 합본방식이다. 각기 별도로 편찬된 것을 필
요에 따라 편리하게 한데 묶어 놓았기 때문이다. 3종의 법제서를 육전으
로 구분하여 분책하고 이를 각전별로『경국대전』-『대전속록』-『대전후
속록』등의 순으로 배치하고 있어 흥미롭다. 이는 사실상『전록통고』형
태의 가장 선행되는 체재로 볼 수 있다.

〈표11〉『경국대전』〈古 5120-173〉의 체재體裁

구분	본문의 구성		
序文	經國大典序 進經國大典箋	大典續錄序	大典後續錄序
目錄	目錄		
吏典	經國大典	續錄	後續錄
戶典	經國大典	續錄	後續錄
禮典	經國大典	續錄	後續錄
兵典	經國大典	續錄	後續錄
刑典	經國大典	續錄	後續錄
工典	經國大典	續錄	後續錄

---

121) 서울대학교 규장각한국학연구원 소장 『經國大典』<古 5120-173>.

위의 판본 연대는 정확히 확인이 어려우나, 앞장의 편찬과정이나 책의 장정裝幀 형태가 가로가 넓은 장방형長方形인 것으로 보아서는 대체로 선조~현종대 사이의 판본으로 추정된다.[122) 체재상으로 보면『전록통고』의 선행 형태로 짐작된다. 아직 이 판본에서는『경국대전』과 삼록을 전典 단위로 묶어놓아,『전록통고』에서 각전의 항목項目을 기준으로 합본한 것보다는 편집상태가 거칠다. 후대로 갈수록 전→항목으로 보다 세분화된 듯하다. 이러한 현상은 여러 법제를 일원적인 체계 속에 재배열할 필요성이 커졌기 때문이다.

실제로『전록통고』「범례」에는 "『경제육전』,『조선경국전』 등은『경국대전』의 권여權輿(始初)이고,『대전속록』,『대전후속록』,『수교집록』 등은『경국대전』의 우익羽翼이요,『국조오례의國朝五禮儀』는 국가의 의장儀章이고, 형법은『대명률』을 쓴다"고 하였다. 이것은 대전의 밑거름으로『조선경국전』,『경제육전』의 가치를 재천명한 것이고, 여기에『경국대전』을 최상위법에 두고 그 날개로서 삼록을 설정하였다. 그리고『국조오례의』와『대명률』을 각기 의장과 형법으로서 하위법으로 규정하고 있다.[123)

이처럼『전록통고』를 편찬할 당시에는 일정한 법제에 대한 위계질서가 명확하게 인지되고 있었다. 여기서 삼록은 주로『경국대전』을 증보하는 것이 목적이었다.『대명률』과『국조오례의』는 처음부터 범주가 다른 것으로 이해되었다. 그래서 우선 숙종대는『경국대전』과 삼록에 대

---

122) 선조, 광해군, 현종대『경국대전』을 간행하였고, 선조대는『각사수교』, 인조대는『각사수교』「추록」의 보완작업이 진행되었다. 또한 서지학적으로는 규장각한국학연구원 소장『光海君日記』및 각종 形止案 등에서 이 책의 판형과 유사한 경우가 다수 확인되므로 17세기 전후 편찬으로 추정해 보았다. 본서 <표1> '규장각한국학연구원 소장 법제서 판본연대' 참조.

123) 김백철, 앞 책, 2010, 129쪽 <그림2> '『전록통고』「범례」의 법인식체계' 참조.

한 합본작업이 본격화되었다.

「전록통고서典錄通考序」에서는 태조와 태종의 창업을 찬양하면서, 세종의 『경제육전』(실제 태조), 세조~예종의 『경국대전』(실제 성종), 성종의 『대전속록』, 중종의 『대전후속록』을 큰 업적으로 들고 있다. 여기에 인조를 중흥주中興主로서, 효종과 현종을 정화유신正化維新으로 칭송하면서, 숙종 당대의 『수교집록』의 편찬을 은연 중에 자랑하고 있다.124) 이것은 현왕의 업적에 대한 직접적인 자부심을 드러낸 것이다.

이와 관련하여 「범례」에서는 각 법제의 서문을 번거로움을 이유로 모두 수록하지 않는 것을 원칙으로 내세웠는데, 하나의 법체계로서 완결성을 높이기 위해서 기존 각 법제의 서문 4건을 모두 폐기하고 『전록통고』의 서문만을 남겨, 새로운 법체계의 출발을 명시적으로 드러내려고 하였다. 이는 후대의 『대전회통』 편찬시 이전 서문을 모두 수록하는 것과는 대조적이다. 이것은 단순히 합본을 지향한 것이 아니라, 새로운 체계의 마련을 목적으로 했음을 짐작할 수 있다.

<표12> 『전록통고』의 구성방식

典[經文]	(經國大典)……拷訊은 임금의 전지를 받아서 집행한다……125)
錄[傳注]	【大典續錄】……朝官이 범죄하면 형조 및 사헌부·사간원에서 추고를 받고 나서 응당 구수할 자는 아울러 啓聞하고 의금부로 이송한다……126) 【大典後續錄】……원종공신의 자손은 비록 공업·상업에 종사하는 자라도 拷訊할 때에는 啓請하여야 한다……127) 【受敎輯錄】……엄형하라는 판부 외에는 전례에 따라 刑推한다……128)

---

124) 『典錄通考』 「典錄通考序」, 康熙 45年(숙종32).

125) 『典錄通考』 「刑典」推斷, (經國大典).

126) 『典錄通考』 「刑典」推斷, 續錄.

127) 『典錄通考』 「刑典」推斷, 後續錄.

128) 『典錄通考』 「刑典」推斷, 受敎輯錄.

② 통합방식

『전록통고』에는 『경국대전』의 경우 특별한 표시없이 극항極行으로 처리하여 경문으로서 표시하고, 삼록은 각기 그 출전을 밝히되 한 칸을 낮추어서 경전의 주석과 같이 처리하였다. 이를 「범례」에서는 각기 "『경국대전』을 경서經書와 같고 삼록은 전주傳註와 같다"고 표현하였고 아울러 "고열考閱에 편리하도록 하기 위함"으로 적시하여 두었다. 다만, 『경국대전』의 주註는 대체로 대문으로 글자를 키워서 강조하는 대신 한 칸을 낮추어 배열하였다. 이로써 유사항목을 일목요연하게 비교해 볼 수 있게 되었다.

기본적으로 『경국대전』과 삼록을 원문 그대로 전제한다는 기본지침을 유지하였으나, 『경국대전』의 횡간橫看(표)을 본문으로 만든다거나 소주를 본문으로 돌리는 등 일부 조문에는 변형 및 산삭刪削이 가해졌다.129) 이는 『전록통고』를 단지 『경국대전』과 삼록을 그대로 전제하여 합본한 서적으로 이해해왔던 통념과 상반된 사실이다. 『경국대전』자체는 오랜 기간 산삭과정을 통해서 일목요연하게 도표로 정리된 부분이 많은데, 삼록은 개별 수교를 모은 것이기에, 도표와 수교의 통합은 어려움이 많았다. 그래서 체재 자체를 일반 문장으로 돌려서 삼록이 해당 조문마다 삽입될 수 있도록 체계를 재조정하였다. 이것은 『속대전』이 『경국대전』을 모방하여 횡간을 대거 활용한 것과는 다르다.130)

---

129) 『典錄通考』 「凡例」; 양진석, 「『전록통고』해제」 『전록통고』상, 서울대학교 규장각, 1997, 10쪽, 14쪽.

130) 『속대전』은 四錄을 산삭하여 조문 재조정이 완료되어 "大典"체제를 갖출 수 있었으나, 『전록통고』는 『경국대전』을 중심으로 三錄을 재배치하거나 일부 조문을 조정하는 선에서 작업이 이루어져, 橫看을 사용하기가 어려웠다. 이 문제는 『대전통편』이나 『대전회통』에서 재현되어, 『경국대전』과 『속대전』의 橫看이 사라지는 요인이 되었다. 곧 회통을 중시하는 법전은 橫看체제를 버려서 전후법전을 모으는데 주력하고, 『경국대전』이나 『속대전』과 같이 기존 법제를 고도로 정제하여 새로운 "대전"을 찬집한 경우만 橫看이

「범례」에서는 처음부터 『전록통고』에 실려있는 『경국대전』에 일정 부분 산삭하였음을 밝혀두고 있다.[131] 편집상 이동이 필요한 경우 '안按'자字, 보충이 필요한 경우 '보補'자, 일부 삭제가 불가피한 경우 '감減'자, 폐지된 경우 '혁革'자 등을 통해서 나름의 편집상황을 명기하였다.[132] 대체로 관서의 변동을 표기하였다. 이러한 편집상 원칙은 『전록통고』의 체재를 이해하는데 매우 유용하다.[133]

특히 아무런 표시없이 증보된 곳도 다수 발견된다.[134] 『대전속록』에서 신설된 '보충대' 항목은 「병전」에 있던 것이 『전록통고』에 반영되면서 「형전」으로 이동되었다.[135] 또한 「예전」에는 『경국대전』이나 삼록에도 전혀 근거가 없는데도 '과거상정규식科擧詳定規式'이 처음으로 법전 내에 들어가기도 하였다.[136] 재편집 현상은 『전록통고』에 수록된

가능하였다.

131) 『典錄通考』「凡例」.

132) 양진석, 앞 글, 1997, 10쪽.

133) 〈표13〉 『전록통고』 수록 『경국대전』의 수정표기

出典	按	今減	補	中革
吏典-東班官階	1			
吏典-東班官階-刑曹		2		
吏典-東班官階-成均館			1	
吏典-東班官階-世子侍講院			2	
吏典-東班官階-修城禁火司				1
吏典-東班官階-豊儲倉				1
吏典-東班官階-典艦司				1
吏典-東班官階-昭格署				1
吏典-東班官階-司醞署				1
吏典-東班官階-文昭殿	1			
吏典-東班官階-太一殿	1			
吏典-外官職-永安道			1	
禮典-諸科			1	
禮典-朝儀	1			
禮典-待使客			1	

134) 양진석, 앞 글, 1997, 10쪽.

135) 양진석, 같은 글, 1997, 14쪽 註4.

『수교집록』에서도 두드러지게 나타난다. 『수교집록』 「형전」 '보충대' 서두에서 장황하게 나열되는 장문長文의 수교는 과감히 삭제하였다.[137] 이는 『수교집록』에서 차마 다 산삭하지 못했던 작업을 『전록통고』에서 이어서 하고 있다는 인상이 짙다.

이외에도 『수교집록』 「호전」 '호적', 「예전」 '제과諸科' 등에서도 각기 한 개 조문들이 삭제되어 『전록통고』에 반영되었다.[138] 같은 맥락에서 『수교집록』 「이전」 '상피相避' 중 강희康熙 기유년(현종10)의 수교는 삭제되었고,[139] 강희 신유년(숙종7, 1681)의 수교에서 '본조'는 『전록통고』에 들어가면서 '병조'로 명확히 규정되었다.[140] 이것은 「이전」에 수록된 수교에서 본조가 병조를 가리킬 경우 혼란이 생길 수 있으므로, 합본작업을 벌이면서 이도 함께 고쳐진 것이다.

그렇다면 『전록통고』의 수정 현상이 과연 전체 구성에서는 얼마나 나타나는지 확인해 볼 필요가 있다. 변화양상을 수교의 수정·항목의 가감·조문의 출입 등 3가지 형태로 살펴보고자 한다.

첫째, 개별 수교의 수정이다. 삼록에서 자연스럽지 못한 수교는 『전록통고』에서 상당한 정도로 자구字句 변경이 이루어졌다. 대체로 삼록에 나타나는 오자誤字나 이체자異體字를 보다 분명한 뜻으로 바로잡은 사

---

136) 양진석, 같은 글, 1997, 11쪽.

137) 『수교집록』이 상당한 조문의 刪削을 통해서 원래의 수교모습과는 달라진 부분이 많은 것이 사실이지만, 여전히 장황한 형태로 임금의 전교를 그대로 전제한 경우도 적지 않았다. 이러한 수교는 『전록통고』를 만드는 과정에서 완전히 削除되었다. "骨肉相殘不得使喚之文……以絶騷擾之弊." 『受教輯錄』 「刑典」 補充隊, 嘉靖 甲寅(명종9); 『典錄通考』 「刑典」 補充隊.

138) 『受教輯錄』 「戶典」 戶籍; 『典錄通考』 「戶典」 戶籍, 受教輯錄; 『受教輯錄』 「禮典」 諸科; 『典錄通考』 「禮典」 諸科, 受教輯錄.

139) 『受教輯錄』 「吏典」 相避, 康熙 己酉(현종10); 『典錄通考』 「吏典」 相避, 受教輯錄.

140) 『受教輯錄』 「吏典」 相避, 康熙 辛酉(숙종7); 『典錄通考』 「吏典」 相避, 受教輯錄.

〈표14〉삼록의 교감校勘 과정

	변동된 수교	규장각본 삼록	규장각본 전록통고	중추원본 삼록	비고
大典 續錄	戶典-雜令-04	苔	笞	笞	
	戶典-雜令-08	水屬	永屬	永屬	
	禮典-待使客-4/5	取實○國王	日程○國王	取實○國王	
	禮典-獎勸-04	官人	宜印	宜印	
	禮典-獎勸-15	酌定	啓定	啓定	
	兵典-獎勸/禁獵	百人■二十	罷黜■一日	罷黜■一日	항목구분
	刑典-訴冤-01	折	抑	抑	
	工典-栽植-01	所	斫	斫	
	工典-工匠-03	針	斜	斜	
	工典-雜令-01	形正	形止	形止	
	工典-雜令-03	考	者	者	
大典 後續 錄	戶典-稅貢-02	一朔	二朔	二朔	
	戶典-稅貢-03	錄	菉	菉	
	戶典-稅貢-05	于	干	干	
	兵典-遞兒-03	導	導	導	
	兵典-禁制-04	二十刀	三切	三切	
	兵典-驛路-08	人	干	干	
	兵典-驛路-09	以屬公	以應屬公	以應屬公	
	兵典-驛路-10	黃海永定	黃海道永定	黃海道永定	
	兵典-驛路-10	旣是	元是	元是	
	兵典-驛路-10	二	三	三	
	兵典-驛路-11	彳交彳兒	狻猊	狻猊	
	兵典-驛路-11/12	相遆 忠淸	擇定○黃海	擇定○黃海	수교구분
	兵典-驛路-12	遆	遞	遞	
	兵典-赴京-02	自	目	目	
	兵典-赴京-02	時	將	將	
	兵典-教閱-01	拍	抽	抽	
	兵典-教閱-02	每日	每月	每月	
	刑典-決獄日限-5/6	受教 祖上	受敎○祖上	受敎○祖上	수교구분
	刑典-禁制-29	橋子	轎子	轎子	
	刑典-私賤-04	令後	今後	今後	
	刑典-雜令-30	人	入	入	
	刑典-雜令-31	綏	誘	誘	
	刑典-雜令-45	彫	凋	凋	
	刑典-雜令-11/12	重論 社稷	重論○社稷	重論○社稷	

	변동된 수교	규장각본 삼록	규장각본 전록통고	중추원본 삼록	한역연본 삼록
受敎輯錄	吏典-官職-01	遆	遞	遞	遆
	吏典-相避-10	本曹	兵曹	本曹	本曹
	戶典-漕轉-01	贖	續	續	續
	禮典-祭禮-02	昨	胙	胙	胙
	禮典-勸奬-17	隷習官	肄習官	肄習官	肄習官
	禮典-雜令-11	封裸	封裹	封裸	?
	禮典-雜令-13	董	董	董	董
	兵典-軍制-32	徧	編	編	編
	兵典-驛路-16	驛牌	驛婢	驛婢	驛婢
	兵典-驛路-27	賫	賫	賫	?
	刑典-殺獄-08	經	徑	徑	徑
	刑典-檢驗-01	誘	諉	諉	諉
	刑典-公賤-52	繕	膳	膳	膳
	刑典-聽理-22	訴	訴	訴	訴
	刑典-文記-02	盛	成	成	成

- 各典-項目-受敎 순서, '■'은 동일한 수정, '?'는 각주·원문·번역이 다른 경우
- 대조 판본은 다음과 같다. 규장각본 삼록(『各司受敎·受敎輯錄·新補受敎輯錄』, 서울대학교 규장각, 1997;『대전속록·대전후속록·경국대전주해』, 1997, 서울대학교 규장각), 규장각본 전록통고(『典錄通考』上·下, 서울대학교 규장각, 1997), 중추원본 삼록(『受敎輯要』, 조선총독부 중추원, 1943;『대전속록·대전후속록·각사수교·수교집록·신보수교집록』, 경인문화사, 1972), 한역연본(『원문·역주 수교집록』, 청년사, 2001).

레이다.141) 특히, 『대전속록』에는 항목간 구분조차 변경한 경우도 보인
다.142) 심지어 「병전」 '장권奬勸'과 '금렵禁獵'의 경계에 위치한 수교가
문맥상 부자연스럽자, 『전록통고』에서는 내용이 명백해지도록 재편집하
였다. 또한 『대전후속록』에서는 수교간 경계가 불명확한 경우 명확히
구분해 주었을 뿐만 아니라,143) 「호전」에서는 수치상의 변화도 확인된

---

141) 다만, 『典錄通考』 「禮典」 '諸科'에는 陰陽科初試에서 "經國大全"으로 표기
하여 誤字가 보인다.
142) 『大典續錄』 「兵典」 奬勸; 『大典續錄』 「兵典」 禁獵; 『典錄通考』 「兵典」 奬
勸, 大典續錄; 『典錄通考』 「兵典」 禁獵 大典續錄.
143) 『大典後續錄』 「兵典」 驛路; 『大典後續錄』 「刑典」 決獄日限; 『大典後續錄』
「刑典」 雜令; 『典錄通考』 「兵典」 驛路, 大典後續錄; 『典錄通考』 「刑典」 決
獄日限, 大典後續錄; 『典錄通考』 「刑典」 雜令, 大典後續錄.

다.144) 또 「병전」 '제수除授'에서 『대전속록』과 『대전후속록』의 '파진군破陣軍'은 각각 '별파진別破陣'으로 수정되었다. 『전록통고』에서 한 차례 가다듬어진 조문은 중추원본에서 대부분 수용되었다. 『증보전록통고』의 교열 내용도 마찬가지였다. 이는 법제정비사업에서 통고류의 교열 성과를 보여준다.

둘째, 『경국대전』과 삼록이 『전록통고』로 묶이면서 서로 다른 항목 명칭도 통합 기준을 마련하였다. 『전록통고』의 육전은 기존의 『경국대전』의 체제에 삼록이 추록되는 형태를 띠고 있다. 그래서 대전과 삼록이 얼마나 유기적으로 결합되느냐에 따라 통일적인 체계가 유지될 수 있었다. 이에 따라 『전록통고』는 『경국대전』의 항목을 중심으로 편집하되, 삼록에서 추가하거나 변경한 부분도 항목으로 신설하였다.

아울러 『경국대전』의 항목 역시 변경되었다. '노비결송정한奴婢決訟定限'은 본래 「형전」의 부록 형식으로 들어있었으나, 『전록통고』에서는 「형전」 '결옥일한決獄日限'의 말미에 배치되어 항목 내로 편입되는 양상을 보인다. 「이전」과 「병전」에서 '동반관계東班官階'와 '서반관계西班官階'가 독립되어 항목으로 재편집되었고, 「호전」 '진헌進獻'과 「형전」 '철장鐵場' 등은 각기 삭제되었다.

삼록의 경우 보다 많은 변동이 보인다. 성종대 『대전속록』에는 「이전」의 '구임', '제향', '잡령雜令', 「병전」 '역로驛路', '내명부의內命婦儀', '제수除授', '체아遞兒', '천장薦狀', '기재마騎載馬', '장권獎勸', '가계加階', '포호捕虎', '보충대補充隊', '금렵禁獵' 등의 항목이 신설되었는데, 모두 『전록통고』 항목으로 채택되었다. 이 중 '보충대'는 『전록통고』 산입과정에서 「병전」에서 「형전」으로 옮겨졌다. '장권獎勸'은 『경국대전』

---

144) 『大典後續錄』 「戶典」稅貢; 『大典後續錄』 「兵典」禁制; 『大典後續錄』 「兵典」驛路; 『典錄通考』 「戶典」稅貢, 大典後續錄; 『典錄通考』 「兵典」禁制, 大典後續錄; 『典錄通考』 「兵典」驛路, 大典後續錄.

〈표15〉『경국대전』및 삼록의 항목별 『전록통고』편입과정

구분	經國大典	大典續錄	大典後續錄	受敎輯錄	典錄通考
吏典	[조정]東班官階 [항목독립]	[신설]久任, 祭享, 署經, 雜令 [조정]官職→京官職, 外官職	[조정]官職→京官職, 外官職	[신설]守令, 功臣	[기본]『경국대전』항목 [조정]東班官階[항목독립] [신설]久任,祭享,署經,雜令, 守令,功臣
戶典	[삭제]進獻	[삭제]倉庫,上供, 唐物貿易,補軍資	×	[신설]給復,還上, 作紙	[기본]『경국대전』항목 [신설]給復,還上,作紙 [삭제]進獻,倉庫,上供, 唐物貿易,補軍資
禮典	×	[삭제]儀章,禁制 [조정]婚禮→婚家	[조정]婚禮→婚家 [삭제]禁制,喪葬	[삭제]喪葬	[기본]『경국대전』항목 [신설]科擧詳定規式 [삭제]儀章,禁制,喪葬
兵典	[조정]西班官階 [항목독립]	[신설]驛路,內命婦儀, 除授,遞兒,薦狀,騎載馬, 獎勳,加階,捕虎,補充隊, 禁獵 [이동]補充隊(兵典→ 刑典) [조정]官職→京官職	[신설]禁制, 水軍,皁隸羅將,差定, 雜令 [조정]給仕→軍士給仕 [삭제]鍊才 [편입]赴京→迎送, 鍊才일부→試取	[신설]軍制,賞典, 徒民,軍律	[기본]『경국대전』항목 [조정]西班官階[항목독립] [신설]內命婦儀,除授,遞兒, 薦狀,騎載馬,獎勳,加階,禁獵, 驛路,捕虎,禁制,水軍, 皁隸羅將,差定,雜令,軍制, 賞典,徒民,軍律 [편입]赴京→迎送,鍊才일부 →試取 [삭제]鍊才
刑典	[편입]奴婢決訟 定限→決獄日限 [삭제]鐵場	[조정]元惡→元惡鄕吏 [이동]補充隊(刑典← → 兵典)	[신설]雜令	[신설]殺獄,檢驗, 奸姦,赦令,聽良, 文記 [조정]賊盜→ 臟盜	[기본]『경국대전』항목 [신설]公賤,殺獄,檢驗,奸犯, 赦令,贖良,補充隊,聽理,文記, 雜令 [이동]補充隊(刑典←→兵典) [편입]奴婢決訟定限→ 決獄日限 [삭제]鐵場
工典	×	×	×	×	[기본]『경국대전』항목

\- '편입'은 타항목 편입. '신설'은 신생 항목. '조정'은 항목 이름 변경. '이동'은 재배치.

에서는 「호전」과 「예전」에 있었지만, 아직 「병전」에는 만들어지 않았던 항목이다. 「이전」 '관직官職'은 '경관직京官職'과 '외관직外官職'으로 분산되었으며, 「예전」 '혼례婚禮'는 '혼가婚家'로, 「병전」 '관직官職'은 '경관직京官職'으로, 「형전」 '원악元惡'은 '원악향리元惡鄕吏' 등으로 각기 조정되었다. 「예전」의 '의장儀章'과 '금제禁制' 등이 각기 삭제되었다.

중종대 『대전후속록』에서도 「병전」 '금제', '수군水軍', '조예나장皁隸羅將', '차정差定', '잡령雜令', 「형전」 '잡령' 등이 새로 만들어져 『전록통고』에서 항목으로 채택되었다. 또한 「이전」 '관직'은 '경관직'과 '외관

직'으로 구분되었으며, 「예전」 '혼례'는 '혼가'로, 「병전」 '급사給仕'는 '군사급사軍士給仕'로 항목의 명칭이 『경국대전』을 따라서 수정되었다. 「병전」 '부경赴京'은 '영송迎送'에 편입되었으며, '연재鍊才' 중 1개 조문은 '시취試取'에 편입되고 나머지는 항목명과 함께 삭제되었다. 아울러 「예전」 '금제'와 '상장喪葬' 등도 삭제되었다.

숙종대 『수교집록』에서는 「이전」 '수령守令', '공신功臣', 「호전」 '급복給復', '환상還上', '작지作紙', 「병전」 '군제軍制', '상전賞典', '사민徙民', '군율軍律', 「형전」 '살옥殺獄', '검험檢驗', '간범奸犯', '사령赦令', '속량贖良', '청리聽理', '문기文記' 등이 추가되었다. 또한 「예전」의 '권장'과 「형전」의 '적도賊盜'는 『경국대전』을 따라서 각기 '장권'과 '장도贓盜'로 바로잡혔다.

따라서 『전록통고』에는 『경국대전』의 항목을 기본으로 하되, 일부 항목을 산삭하여 삼록의 각 신설 항목을 적극적으로 채택하였다. 그 결과, 「이전」 '구임', '제향', '서경署經', '잡령', '수령', '공신', 「호전」 '급복', '환상', '작지', 「예전」 '과거상정규식科擧詳定規式', 「병전」 '내명부의', '제수', '체아', '천장', '기재마', '장권', '가계', '금렵', '역로', '포호', '금제', '수군', '조례나장', '차정', '잡령', '군제', '상전', '사민', '군율', 「형전」 '공천公賤', '살옥', '검험', '간범', '사령', '속량', '보충대', '청리', '문기', '잡령' 등이 새롭게 국법체계를 설정하는 육전의 정식항목으로 등장하였다. 이는 『경국대전』 이후 사실상 첫 개편이며, 『속대전』 편찬시 항목구성의 전례가 되었다는 점에서 주목해 볼 필요가 있다.

셋째, 삼록 수교의 채택률이다. 『전록통고』 자체를 분석하기 위해서는 "대전-삼록"의 구조를 파악해 보는 방법이 효과적이다. 『경국대전』을 중심으로 하는 우익羽翼이 어떻게 배치되느냐에 따라서 『전록통고』의 특성이 드러날 수 있기 때문이다. 삼록은 『전록통고』에 재배치되면서 <표16>과 같은 산삭 과정을 거쳤다.

〈표16〉『전록통고』수록 삼록의 산삭정도

大典續錄(성종)	大典後續錄(중종)	受教輯錄(숙종)
「吏典」外官職 [+1], 雜令 [-1] 「戶典」倉庫 [-2], 上供 [-3], 　　唐物貿易 [-4], 補軍資 [-2] 「禮典」代使客 [+1]	「禮典」喪葬 [-2], 禁制 [-10] 「兵典」試取 [+1], 驛路 [+1], 　　鍊才 [-5] 「工典」雜令 [+1]	「吏典」相避 [-1] 「戶典」戶籍 [-1] 「禮典」諸科 [-1], 喪葬 [-4] 「刑典」公賤 [-1]

- [　]:『전록통고』에서 加減된 조문수

『대전속록』에서는 「이전」 '외관직'에 1개 조문이 추가되었으며, 「호전」 '창고倉庫' 2개, '상공上供' 3개, '당물무역唐物貿易' 4개, '보군자補軍資' 2개 조문이 삭제되었고, 「예전」 '대사객待使客'에서 협주挾註(小註)가 대문大文으로 바뀌면서 1개 조문이 형식상 늘어났다. 『대전후속록』에서는 「예전」 '상장'에서 2개, 「금제」에서 10개 조문이 삭제되었고, 「병전」에서는 '시취試取'에 '연재鍊才'의 조문 하나가 이동하여서 1개가 늘어났으며, '역로'에는 기존 조문을 분할하여 1개 조문이 늘어났다. 또한 '연재鍊才' 항목의 나머지 4개 수교는 모두 삭제되었다. 마지막으로 「공전」 '잡령'에도 기존의 조문을 재분류하여 두 개로 나누어서 형식상 1개 조문이 늘어났다. 『수교집록』에서는 「이전」 '상피' 1개, 「호전」 '호적' 1개, 「예전」 '제과' 1개, '상장' 4개, 「형전」 '공천' 1개 조문이 각기 삭제되었다.

『대전속록』과 『대전후속록』은 주로 기존 수교를 재배치하거나 쪼개어서 조문의 수가 변경되었고, 일부 삭제시에도 항목 전체가 없어지는 경우가 많았다. 『수교집록』은 각 항목에서 일부 수교만을 제한적으로 삭제하였으나, 항목의 삭제도 보인다. 『전록통고』의 전반적인 산삭정도를 살펴보면, 『대전속록』이 총 404개 수교에서 12개가 감소하여, 394개 수교만이 『전록통고』에 채록되었다. 『대전후속록』은 총 348개 중 334개가, 『수교집록』은 총 994개 중 986개가 각각 수록되었다.145) 이렇게

---

145) 〈표17〉『전록통고』의 삼록 산삭정도와 수록비율

수록된 삼록만으로 상호간 비중을 따져보면, 각기 『대전속록』 22%, 『대전후속록』 19%, 『수교집록』 57% 등으로 『수교집록』이 압도적이다. 삼록의 전반적인 산삭비율이 낮음에도 『수교집록』의 분량이 방대했기 때문이다.

『전록통고』는 『경국대전』과 삼록이 수록되는 체재를 띠고 있으나, 모든 항목에서 『경국대전』과 삼록이 배치되어있지는 못하다. 그것은 증보과정에서 취사선택이 이루어졌고, 시대별 필요성의 차이가 존재했기 때문이다. 그러나 거시적인 틀에서 새롭게 출입이 이루어진 부분은 사회변화상을 반영하는 척도로 이해된다.

③ 교감의 한계

『전록통고』에는 체계적인 재편집과정이 눈에 띠지만, 단편적인 착오 錯誤 역시 산견된다. 먼저 조문을 구분하는 단위인 '○'를 빠뜨리는 착오가 발견된다. 「형전」 '금제'에서는 『수교집록』 「형전」 '금제'의 수교를 수록하면서 '○'가 빠졌으며,146) 『수교집록』 「이전」 '수령'의 강희 신유 (숙종7, 1681) 수교 역시 '○'가 없는 채로 수록되었다.147)

아울러 편년상 오류도 보인다. 『수교집록』은 숙종 24년(1698)에 간행

구분	大典續錄			大典後續錄			受教輯錄		
	수교	전록통고	증감	수교	전록통고	증감	수교	전록통고	증감
吏典	67	67	0	26	26	0	115	114	-1
戶典	84	73	-11	30	30	0	161	160	-1
禮典	76	77	-1	46	34	-12	130	125	-5
兵典	80	80	0	113	110	-3	181	181	0
刑典	77	77	0	113	113	0	400	399	-1
工典	20	20	0	20	21	+1	7	7	0
소계	404	394	-12	348	334	-14	994	986	-8
삼록비율	394/1714(22%)			334/1714(19%)			334/1714(57%)		

146) 『受教輯錄』 「刑典」 禁制; 『典錄通考』 「刑典」 禁制, 受教輯錄.

147) 『受教輯錄』 「吏典」 守令, 康熙 辛酉(숙종7); 『典錄通考』 「吏典」 守令, 受教輯錄, 康熙 辛酉(숙종7).

되었다고 하면서 숙종 42년(1716)과 44년(1718)의 수교가 들어있는 연
대상 오류가 발견되는데,148) 숙종 33년(1707)에 간행되는 『전록통고』에
서조차 이 오류는 바로잡히지 않았다.149) 이러한 사례는 대개 『수교집
록』에서 일어난 오류가 그대로 수록되어서 나타난 결과이다. 그러므로
『전록통고』편찬과정의 체재상의 재조정도 완벽한 수준이었다고 보기는
어려우며 일정한 한계 역시 지니고 있었다.

(3) 국법체계의 구현과 영향

① '결옥일한'의 구성방식

『전록통고』는 『경국대전』을 중심으로 『대전속록』, 『대전후속록』, 『수
교집록』 등을 시간 순서에 따라 배열하는 편집방식이 도입되었다. "대전
-삼록"이 온전한 형태로 구성된 사례에 대한 구체적인 검토가 필요하
다. 육전에서 『경국대전』과 삼록이 고루 분포된 항목을 찾아보면, 「이
전」의 '경관직', '외관직', '제수', '포폄', 「호전」의 '조전', 「예전」의 '혼
가', '장권', 「병전」의 '시취', 「형전」의 '결옥일한', '추단', '금제', '공천',
'사천' 등이다.150) 대체로 국가체제의 변화를 나타내는 부분이 지속적으
로 수정·보완되는 경향이 보인다. 관료제도 전반의 조정과 형정의 변화
가 가장 많은 비중을 나타내고 있으며 그외 신분제 및 다양한 사안에
대한 변화도 나타난다.

　이 중 비교적 단일 소재로 증보가 이루어지는 항목을 가려보면, 「형

---

148) 『受敎輯錄』「戶典」給復, 康熙 丙申(숙종42); 『受敎輯錄』「禮典」雜令, 康
　　熙 戊戌(숙종44).

149) 『典錄通考』「戶典」給復, 受敎輯錄, 康熙 丙申(숙종42); 『典錄通考』「禮典」
　　雜令, 受敎輯錄, 康熙 戊戌(숙종44).

150) 『典錄通考』收錄 三錄 중 지속적인 증보를 보인 항목은 다음 참조. 본서
　　<부표4> '『전록통고』의 항목별 삼록 비율'.

전」의 '결옥일한'이 대표적이다.[151] 다른 항목은 유사항목을 모으고 있지만, 상대적으로 주제별 통일성이 떨어지고, 조문의 수가 많은 만큼 다양한 소재가 실려있다. 이에 단일 소재로 묶인 '결옥일한'을 통해 『전록통고』체재를 검토해 보고자 한다.

『경국대전』조문이 맨 위에 전제되었는데, 본래 소주小註 중에서 별도의 사례를 소개하거나 사안을 논의하는 경우는 본문처럼 활자가 키워졌으며, 단지 조문과는 행을 달리하는 방식으로 구분되었고, 간단한 부연 설명인 경우에는 협주(小註) 방식이 그대로 채택되었다.

각기【속록】,【후속록】,【수교집록】의 제목으로 음각陰刻되어 차항次行에 본문으로 수록되었다. 각 조문은 'O'을 단위로 구분되었다. 『대전속록』은 승전承傳한 시점이 기록되어있지 않다. 반면에 『대전후속록』은 "중국연호+모년모월일某年某月某日+수교受敎", 『수교집록』은 "중국연호+육십갑자六十甲子+승전承傳" 등의 형식으로 소주로 명기되어있다. 『대전속록』이 성종 당대에 『경국대전』을 만들고서 보완한 차원이어서 별도로 승전시점을 밝힐 필요가 적었기 때문이다. 『대전후속록』의 대다수 수교에는 날짜를 표기하고 있지 않으며, 「형전」 등에서만 이례적으로 몇 건이 검출된다. 『수교집록』은 조선전기 전체를 대상으로 진행된 작업이어서 날짜까지 구체적으로 대조하기 어려웠으나, 실제 연대를 명기한 비율은 가장 높다. 수록 범위가 넓고 시간격차가 커서 오히려 전거를 밝히고자 노력한 것이다.

수록내용을 검토해보면 다음과 같다. 첫째, 『경국대전』에는 두 가지의 큰 지침과 한 가지 세부규정을 두었다. 부록으로 '노비결송정한'이 별도로 수록되었으나, 『전록통고』에서는 '결옥일한'에 편입되었다. 하지만

---

151) 「戶典」, '漕轉' 역시 단일주제로 항목이 구성되어있는 예에 속하나, "決獄日限"에서는 三錄 외에도 『경국대전』의 수정내용도 실려있어서 이를 채택하였다.

주요 논점은 본문의 조문이다. 먼저, 결옥決獄은 사건의 규모에 따라, 30일, 20일, 10일로 구분하여 신속히 재판이 이루어지도록 하였다. 별다른 사유나 물증의 제시없이 연기는 불가하였다.[152]

여기에 세부규정을 두어, 재판에 불만을 품고 다시 송사를 청하는 경우 부자父子, 적첩嫡妾, 양천良賤의 분간 등 중요사건(四件事)은 다른 관사에서 심리를 받을 수 있도록 하고, 그 밖의 사안은 심리를 담당했던 관원이 자리를 옮긴 뒤에 다시 하도록 방침을 정하고 있다. 담당관원이 물러난 후 3년이 경과되면 송사가 불가하였다.[153] 오판誤判인줄 알면서도 바로 잡지 않거나 고의로 지연시킨 자에 대해 엄벌하도록 하였다.[154]

둘째, 『대전속록』에는 『경국대전』의 조문 중 담당관원이 체차된 후 3년이 경과되면 제소할 수 없도록 했는데, 이 제한 기한을 36개월로 규정하였다.[155] 사건의 규모에 따라 정해진 시한 안에 결송이 되도록 했는데, 이것이 제대로 시행되지 않을 경우 형조, 한성부, 사헌부, 장례원 등의 미결행 공사公事는 10일마다 기록하여 계문하도록 하였다.[156] 소장訴狀을 제출하고도 성립되지 않은지가 5년이 경과하면 들어주지 않도록 하였다.[157] 또한 오결誤決도 보완하여, 정고呈告하면 다른 관사로 옮겨서 심리할 관리를 배정하여 문제를 해결하도록 하였다.[158]

이외에도 행정적인 절차가 보완되어, 계본啓本과 계목啓目에 수정을 가할 경우 압인押印하여 책임소지를 분명히 하도록 하였다.[159] 증거자

---

152) 『典錄通考』「刑典」決獄日限, (經國大典).
153) 같은 책.
154) 같은 책.
155) 『典錄通考』「刑典」決獄日限, 大典續錄.
156) 같은 책.
157) 같은 책.
158) 같은 책.
159) 같은 책.

료가 들어올 경우에도 관리가 감봉監封하고 피고와 원고의 서명을 모두 받도록 한 후 장부에 기록하였다.[160] 재판의 공정성을 기하기 위한 절차 상의 보완이었다.

셋째, 『대전후속록』에는 30년 및 60년 이전의 사건에 대한 청송聽訟을 금지하였고,[161] 속공 노비도 3년이 지나면 들어주지 않았다.[162] 또한 여기에 수록된 9개 수교가 모두 기한에 관련된 것이어서 전자의 『경국대전』과 『대전속록』이 기한 및 기타 사안을 병기倂記하고 있는 것과 대조적이며, 대체로 기한을 정해서 사송절차를 규정하는 '결옥일한'의 본래 성격에 부합하였다.

넷째, 『수교집록』에는 수록된 10개 수교가 모두 기한에 대한 언급으로 『경국대전』과 『대전속록』, 『대전후속록』를 보완하고 있다. 예컨대 『대전후속록』에서 60년, 30년이상 된 사건에 대해 제한했던 것을 도망 간 공천에게는 적용하지 않는 것으로 보충하고,[163] 『경국대전』에서 재판을 지연시키지 못하도록 한 조문들에 대해, 1년 이상 체옥하거나 한번도 신문하지 않은 경우 엄단하고,[164] 송사가 마친 것은 매월 보고하도록 하여 구체적인 기한을 정하고 있다.[165]

이러한 용례는 『경국대전』에서 큰 흐름을 잡아놓은 것에 대해, 세부적인 안을 삼록에서 보완해 나가고 있음을 보여주는 사례이다. 해당 수교가 모두 실제 발생한 사건에 대해 능동적으로 대응하기 위해 만들어진

---

160) 같은 책.

161) 『典錄通考』「刑典」決獄日限, 大典後續錄, 正德 10年(중종10) 3月 12日; 『典錄通考』「刑典」決獄日限, 大典後續錄, 正德 13年(중종13) 12月 18日.

162) 『典錄通考』「刑典」決獄日限, 大典後續錄, 正德 2年(중종10) 4月 15日.

163) 『典錄通考』「刑典」決獄日限, 受敎輯錄, 嘉靖 辛酉(명종16).

164) 『典錄通考』「刑典」決獄日限, 受敎輯錄, 康熙 己巳(숙종15).

165) 『典錄通考』「刑典」決獄日限, 受敎輯錄, 嘉靖 壬子(명종7); 『典錄通考』「刑典」決獄日限, 受敎輯錄, 萬曆 癸酉(선조6); 『典錄通考』「刑典」決獄日限, 受敎輯錄, 萬曆 丙子(선조9).

법이란 점을 감안해 본다면, 『경국대전』은 강령綱領이 되고 삼록은 부
례附例로 이해하여도 별반 무리가 없다. 다만, 구체적인 사안에 대해 구
체화시키면서 일부 조문은 『경국대전』과 다소 차이가 날 수 있었는데,
이 문제를 자연스럽게 해결하기 위해서 『전록통고』에서 『경국대전』을
수정 및 보완하였다.

② 후속사업과 관계

　『전록통고』의 체재는 통고류로서 기왕의 법제를 집대성하는 것이 1
차적인 목표였고, 이를 어떻게 재배치하느냐에 따른 국법체계의 인식을
보여주었다. 그러나 각개의 법제가 얼마나 실효성이 있었는지는 별개의
문제였다. 『경국대전』과 삼록은 모두 조선의 근간이 되는 법제이지만,
후속법의 수정사항이 우선으로 적용되는 조선의 법체계에 따라, 선행법
제가 반드시 모두 활용되지는 못하였다. 그러므로 『전록통고』내의 각
법제의 실효성을 확인해 보기 위해서는 후속 법제정비사업에서 채택된
법조문을 검토해 보는 방법이 유효하다.

　『전록통고』는 이후 영조대 『신보수교집록』과 『증보전록통고』의 찬
집으로 『속대전』의 간행에 더욱 다가가게 된다. 『증보전록통고』에서도
일부 조문의 삭제 및 재배열이 이루어지는데, 위의 '결옥일한'의 경우,
『경국대전』과 『대전속록』은 그대로 실렸으며, 『대전후속록』과 『수교집
록』은 배열순서가 바뀌게 되었다. 이러한 현상은 『증보전록통고』의 대
부분에서 나타나는 현상이다. 이는 『속대전』편찬을 위해 새롭게 조문
배열을 조정하는 것으로 평가된다. 『신보수교집록』에서 '결옥일한' 자체
는 별다른 규정이 없으므로, 『증보전록통고』에도 추가 반영수교가 없었
다. 사실상 『속대전』에는 위의 삼록이 산삭되어 편입되었다.

　『속대전』의 '결옥일한'은 2개의 조문과 4개의 세주細註(小註)로 구
성되어있다. 삼록 중 『대전속록』1개 수교와 『수교집록』의 7개 수교가

『속대전』의 조문으로 거듭나게 되었다. 이것은 다른 부분에서도 대체로 비슷하게 나타나는 현상이다. 『속대전』에 반영된 전체 삼록의 수교 234개 중에서 『수교집록』의 비중은 71%에 달하고, 『대전속록』16%, 『대전후속록』 11% 등으로 위의 '결옥일한'의 사례와 크게 다르지 않다.

이러한 평가는 『속대전』에 편입된 삼록의 비중을 살펴보면 바로 확인해 볼 수 있다. 『속대전』 자체가 『경국대전』을 제외한 삼록과 『신보수교집록』을 중심으로 편찬했기 때문이다. 그래서 삼록은 총 1,709조인데, 그 중 234개 조문만이 『속대전』에 반영되었다. 그 비율을 살펴보면, 『대전속록』이 총 387개 조문 중 39개가 반영되었고, 『대전후속록』은 335개 조문 중 28개, 『수교집록』은 996개 조문 중 167개가 수록되었다. 반영비는 『수교집록』이 71%로 가장 많은 채택률을 보여 압도적이다. 이것은 당대 실제로 활용하는 삼록의 비중을 그대로 드러낸 것이다. 『수교집록』은 단순히 『대전후속록』을 이어 편찬한 것이 아니라, 숙종 당대로부터 이전 시기 전체를 대상으로 수교를 정리했기 때문이다. 실제 『수교집록』은 태종~숙종대 수교를 망라하였다.166)

이것은 『전록통고』의 편찬목적이 단순히 법제서를 합본하여 참고에 편리함을 도모 하는 것과는 일정한 차이가 있음을 의미한다. 오히려 『수교집록』을 보완하면서 그 위상을 부각시키기 위해 『경국대전』, 『대전속록』, 『대전후속록』을 배치한 것이 아닌가 한다. 그래서 『전록통고』의 가장 큰 특징은 기존의 법제를 집대성하여 회통시키는 작업이었고, 그것이 후일 『속대전』 편찬의 사전 작업으로서 큰 역할을 하였다. 동시에 숙종 당대에는 『수교집록』 편찬의 성과를 극대화시키기 위한 후반작업이기도 진행하였다.

삼록은 기본적으로 『경국대전』을 보완하는 역할을 하였으나, 법제서의 적용순위는 가장 뒤에 만들어진 수교가 우선하였다. 이것은 현행법이

---

166) 본서 <표4> '『수교집록』 수교의 왕대별 구성비' 참조.

가장 중요시되는 것을 의미한다. 환원하면 삼록 중 그 비중이 가장 높은 것은 『수교집록』이다. 실제 조문수에서도 『대전속록』, 『대전후속록』은 600여개 조문에 그친 반면에, 『수교집록』은 무려 1,000여개에 달하였다. 이 중에는 서로 다른 사안을 언급하는 경우도 있지만, 앞서 조치를 재조정하는 성격의 수교가 다수를 차지하고 있다. 극소수를 제외하면 대부분은 『수교집록』만으로도 운영할 수 있을 정도이다. 이를 통해 『전록통고』에서 『수교집록』이 차지하는 비중을 확인해 볼 수 있다. 곧 『전록통고』은 『경국대전』을 중심으로 실제 『수교집록』으로 이어지는 연원을 밝혀주기 위해 『대전속록』, 『대전후속록』를 적극 활용한 인상이 강하다.

〈그림1〉 『전록통고』 중 『수교집록』의 위상

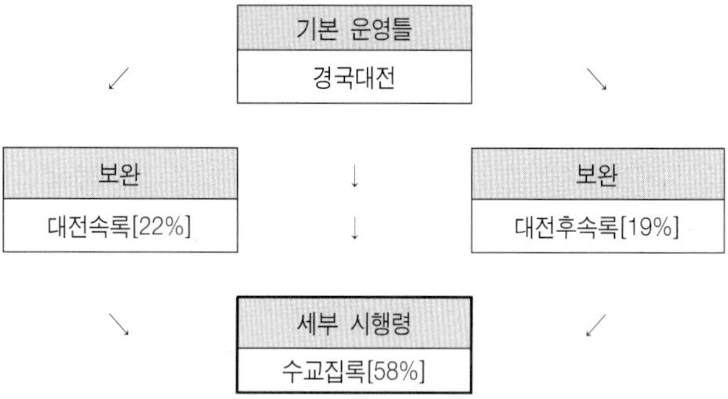

기본 운영틀
경국대전

보완		보완
대전속록[22%]	↓	대전후속록[19%]

세부 시행령
수교집록[58%]

- [ ] : 三錄의 『속대전』반영 비율.

③ 「시무만언소時務萬言疏」의 실현

조선후기 숙종대는 두 차례에 걸쳐 법전 편찬이 추진되었다. 1차 사업은 『수교집록』이며, 2차 사업은 『전록통고』이다. 1차 사업은 현행법을 법전에 편입시키는 작업이었다. 그래서 누적된 수교의 정리작업을 통해서, 숙종 당대를 기존으로 실효성이 있는 법률을 가려내고 그에 대한 명분을 심어주기 위한 열성의 수교 비교 및 연원을 밝히는 작업이 병행되었다.

그런데 1차 사업은 단순히『대전후속록』이후의 수교를 재정리하는 사업의 성격을 띠지 않았다. 이미 1차 사업은 숙종 8년(1682)부터 진행되었으나 숙종 14년(1688)까지도 답보상태에 있었고, 환국으로 이마저 중단되었다. 실제 1차 사업도 숙종 20년대부터 재추진되었다. 오랜 시간이 경과된 만큼 다양한 시도도 이루어졌다. 예컨대, 수교의 범위를 조선전기 전체로 확대하면서, 태종~숙종대에 이르는 광범위한 시공간이 배경이 되었고 시기별 개폐開閉 현황을 수록하는 등 연원을 밝히는 노력도 병행되었다. 단순히 수교를 정리한다거나 현행법을 반영한다는 취지와는 차이가 있다. 곧 1차 사업의 성격은 전반적인 조선전기 국법체계에 대한 재검토 작업의 성격이 짙었다. 이것은 숙종 14년(1688) 박세채가 주장한 전반적인 국법체계에 대한 재검토 및 조정이라는 설이 법제를 정비하는 과정에서는 폭넓게 받아들여지고 있었음을 의미한다. 숙종 24년(1698)『수교집록』간행으로 수교의 정리는 일단락된 것처럼 보였다.

그런데 2차 사업으로『전록통고』가 기획되면서, 박세채의「시무만언소」는 더욱 구체화되었다.『전록통고』는『경국대전』과 삼록三錄을 수록한 법전인데, 단순 합본작업이라면 사실 5년이나 끌 필요가 없었다. 박세채가 주장했던『경국대전』조문 하나하나에 대한 재검토 작업은 실제『전록통고』에서『경국대전』의 교감校勘으로 실현되었다. 곧『경국대전』의 체재를 변경하여 표로 처리된 횡간을 모두 일반 본문으로 돌리면서, 소주小註 역시 대문大文으로 처리하였고, 개폐된 부분은 안按, 보補, 감減, 혁革 등을 활용하여 변경사실을 기록하였다. 이것은 각 조문에 대한 대조작업 없이는 불가능한 작업이었다.

아울러 박세채는『대전속록』,『대전후속록』도 수정하고 새로운 조문을 축조해야야 한다고 주장했는데,『전록통고』에는『대전속록』,『대전

후속록』은『경국대전』을 중심으로 산삭되어 재배치되었고, 새로운 수교
가 대거 포함된『수교집록』이 함께 수록되었다.『경국대전』을 축으로
하여 전반적인 재검토가 시행되고, 삼록이 묶여지면서 하나의 책이 되었
다. 단지 이름을 "속대전"이라 하지 않고,『전록통고』라 하였을 뿐, 기실
박세채가 주장한 국법체계의 재검토 및 조정사업은『전록통고』에 그대
로 구현되었다. 또 그의 주장대로 법률에 능숙하고 국정운영에 전반적인
감각이 탁월한 대신(삼정승)이 직접 간여하여 5년간이나 검토작업을 거
쳐 간행되었다. 그러므로『전록통고』는 단순히 열람의 편리함만을 좇아
합본된 법제가 아니었으며, 숙종 당대에 모든 역량을 집결하여 재정리한
종합법전이었다.

　　영조대『신보수교집록』이나『증보전록통고』는 간행되지 못한 상태로
『속대전』의 사전작업으로서 역할을 다하여, 공포된 법률인『전록통고』
와는 일정한 차이가 있다.[167]『전록통고』는 영조초반『경국대전』과 함
께 두 개의 조선의 근거법전으로 칭송된 것과 같이 법제의 지위가 명확
하였다.『전록통고』의 완성은 이제 후대의 탕평군주들이 각기 시왕時王
의 법전편찬에 눈을 돌리고 이를 통한 통치체제 확립에 적극 활용하는
단서가 마련되었다. 숙종·영조·정조 삼왕의 법제정비사업이 약 1세기간

---

167)『신보수교집록』은 1943년 조선총독부 중추원에서 활자화하였고, 1962년 법
　　제처가 1차로 역주하였다. 1997년 규장각에서 원본을 영인하였고, 2000년
　　한국역사연구회에서 2차로 역주하였다.『증보전록통고』는 중추원본 법제서
　　의 頭註 교감에 두루 활용되었으나 활자화되지는 못하다가, 1696~1974년
　　법제처가『전록통고』역주본을『증보전록통고』으로 저본을 삼음으로써 처음
　　공개되었다. 조선총독부 중추원 편,『受敎輯要』, 조선총독부 중추원, 1943;
　　법제처 편,『원·신보수교집록·사송유취』, 법제처, 1962; 규장각 편,『各司
　　受敎·受敎輯錄·新補受敎輯錄』, 서울대학교 규장각, 1997; 한국역사연구회
　　편,『원문·역주 신보수교집록』, 청년사, 2000; 법제처 편,『(증보)전록통고:
　　형전』, 법제처, 1969; 법제처 편,『(증보)전록통고: 이전·호전·공전』, 법제
　　처, 1974; 법제처 편,『(증보)전록통고: 예전·병전』, 법제처, 1974.

지속되면서 조선의 제도와 문물은 법치에 기반한다는 원칙이 재확립되
었다.

2장 영조대 국법체계의 재조정

1. 법제정비사업

1) 『경국대전』체제 회복

(1) 수명修明 논의

영조연간 국가체제의 정비가 시무時務로서 인식되면서 장기간에 걸쳐서 법제정비사업이 진행되었다. 영조초반 『경국대전』체제를 회복하고자 하는 운동이 전개되었다.[1] 특히, 수명修明 논의가 활발히 벌어졌다.[2]

---

1) 〈표18〉 영조초반 『경국대전』인식 사례

연대	준수	보완	인용	수명
영조1	1			
영조2	1			1*
영조3		1*		2*
영조4		2+1*		
영조5	1			
영조6		1		2*
영조7	1			1*
영조8	1			
영조9	1*		1	2
영조10	3			
영조12			1	3
영조13				2
영조16	1			
영조17	3			
영조18	1			
영조19	1			
영조20	2		1	2

이때 수명은 몇 가지 의미로 중의적으로 사용되었다.

　처음에는 ㉠ 조종성헌祖宗成憲을 준수하고 계승하는 것으로 이해되었다.[3] 한편으로는 문란해진 법질서를 바로잡는데 『경국대전』을 표준으로 제시하여 현실 문제의 타개수단으로 삼고자 하였다. 다른 한편으로는 유가의 이상사회 구현의 명분으로 활용되었다. 유가에서 요순堯舜을 본받고자 하면 조종을 계승해야 하며, 옛법(舊章)을 밝히면 치세治世에 이른다고 보았기 때문이다.[4]

　이후 논의는 보다 적극적으로 바뀌었다. 구체적인 실현 방안으로 ㉡ 법전의 간행과 보급까지 수명의 범주로 이해되었다.[5] 이에 경연에서 『경국대전』을 지참하도록 하여 검토가 본격화되었다.[6] 특히, 각종 문제가 되는 사안이 발생할 때마다 ㉢ 『경국대전』을 근거로 제도를 고증하여 준수하려는 움직임도 지속되었다.[7] 더욱이 선왕대와 마찬가지로 단

영조21				1
소계	17	4	3	16

- 실록 기준. 단 *은 『승정원일기』

2) 수명논의는 영조 2~4년(1726~1728), 영조 6~14년(1730~1738), 영조 17년(1741), 영조 21~22년(1745~1746) 등 꾸준히 제기되었다. 강만길 편, 『한국사: 연표1』25, 한길사, 1994, 476쪽; 이성무, 『조선왕조사』2, 동방미디어, 1998, 1288쪽; 정호훈, 앞 논문, 2004, 92쪽; 김백철, 앞 책, 2010, 101~109쪽.

3) 『承政院日記』, 雍正 4年(영조2) 7月 2日(壬辰); 『承政院日記』, 雍正 5年(영조3) 8月 20日(癸卯).

4) 『承政院日記』, 雍正 8年(영조6) 12月 19日(癸丑)·21日(乙卯); 『承政院日記』, 雍正 9年(영조7) 4月 29日(辛酉); 김백철, 앞 책, 2010, 28~43쪽.

5) 『承政院日記』, 雍正 5年(영조3) 11月 5日(丁巳); 『英祖實錄』卷61, 英祖 21年 5月 己亥(28日).

6) 『英祖實錄』卷36, 英祖 9年 12月 庚申(13日); 『英祖實錄』卷41, 英祖 12年 正月 丁酉(2日); 『英祖實錄』卷41, 英祖 12年 6月 辛巳(18日); 『英祖實錄』卷42, 英祖 12年 12月 壬戌(3日); 『英祖實錄』卷43, 英祖 13年 正月 辛卯(2日); 『英祖實錄』卷43, 英祖 13年 正月 壬子(23日).

7) 『英祖實錄』卷7, 英祖 元年 7月 乙巳(10日); 『英祖實錄』卷10, 英祖 2年 7月

지 구법舊法을 묵수墨守하는 복고주의復古主義가 아니라, ㉣현실에 사용 가능한 정령만 추려내고 맞지 않는 부분을 가려내어 보안입법이 추진되었다.8) 따라서 수명 논의는 현실적 필요성과 정치적 대의명분이 조화롭게 반영된 것이다.9)

(2) 『전록통고』의 부각

『경국대전』체제를 회복하고자 하는 운동은 현실적으로 이미 수정작업이 이루어진 『전록통고』를 적극적으로 활용하는 계기가 되었다. 『전록통고』는 『경국대전』뿐 아니라 『대전속록』, 『대전후속록』, 『수교집록』 등 당대 모든 법제를 하나로 묶은 종합법전이다. 따라서 『경국대전』의 회복을 주창하는데 『전록통고』만큼 효율적인 법제서는 없었다. 이에 영조대 위정자들 사이에서 『전록통고』의 가치가 재조명된 것이다.10) 『경국대전』의 검토과정에는 『전록통고』가 함께 참고되었다.11)

丁酉(7日); 『英祖實錄』卷23, 英祖 5年 閏7月 壬午(10日); 『承政院日記』, 雍正 9年(영조7) 4月 5日(丁酉); 『英祖實錄』卷31, 英祖 8年 2月 戊申(20日); 『英祖實錄』卷37, 英祖 10年 2月 辛亥(5日); 『英祖實錄』卷38, 英祖 10年 4月 甲寅(9日)·6月 丙午(2日); 『英祖實錄』卷51, 英祖 16年 4月 乙亥(5日); 『英祖實錄』卷53, 英祖 17年 4月 壬寅(8日)·癸丑(19日)·丙辰(22日); 『英祖實錄』卷56, 英祖 18年 10月 癸卯(18日); 『英祖實錄』卷57, 英祖 19年 正月 戊辰(13日); 『英祖實錄』卷59, 英祖 20年 7月 辛巳(06); 『英祖實錄』卷60, 英祖 20年 9月 辛卯(17日).

8) 『承政院日記』, 雍正 5年(영조3) 11月 5日(丁巳); 『承政院日記』, 雍正 6年(영조4) 9月 5日(壬子); 『英祖實錄』卷15, 英祖 4年 正月 庚午(19日); 『英祖實錄』卷19, 英祖 4年 9月 壬子(5日); 『英祖實錄』卷28, 英祖 6年 12月 壬戌(28日).

9) 정호훈, 앞 논문, 2004, 95쪽; 김백철, 앞 책, 2010, 44~52쪽.

10) 『承政院日記』雍正 8年(영조6) 12月 19日(癸丑); 『承政院日記』, 雍正 8年(영조6) 12月 20日(甲寅).

11) 『承政院日記』, 雍正 8年(영조6) 12月 20日(甲寅)·24日(戊午); 『英祖實錄』卷28, 英祖 6年 12月 庚申(26日); 『承政院日記』, 雍正 9年(영조7) 正月 11日(乙亥)·27日(辛卯)·10月 16日; 『承政院日記』, 雍正 11年(영조9) 12月 25日

이러한 흐름은 『전록통고』를 다시 반포하는 논의로 확장되었다. 이것은 『경국대전』은 조종이 만든 좋은 법과 아름다운 제도이지만, 고금에 차이가 있어서 막히고 꺼리어지는 단서가 없지 않으나, 『전록통고』는 이러한 문제점이 잘 해결된 글로 보았다.[12] 더욱이 『전록통고』에는 이미 『경국대전』의 일부도 수정하여 반영하였으므로 대전수명론의 모범으로 손색이 없었다.

그러나 『전록통고』도 간행한지 오래되어 새로 반포된 수교를 반영하지 못하였다. 영조 6년(1730) 『경국대전』의 체제가 폐단이 누적되었고, 『전록통고』를 수명하기 위해 찬집청을 설치하고 당상관을 배치하여 "속전續典"을 편찬하고자 하였다.[13]

2) 증보의 방향

(1) 『신보수교집록』 편찬배경

『전록통고』의 증보를 위해서는 새로운 수교를 집대성하여 보완할 필요가 있었다. 이에 영조대 새로운 수교를 정리하는 작업이 선행되어야 했다. 그러므로 『전록통고』 증보논의는 우선 실무적으로는 『신보수교집록』의 찬집으로 나타나게 되었다.

『경국대전』 수명논의가 진행되면서 현실정에 맞지 않는 부분에 대한 보완입법이 필요하였다. 아울러 숙종후반부터 누적된 수교가 적지 않았으며, 영조초반 새로운 수교도 쌓이고 있었다. 『신보수교집록』에 수록된 수교의 연대를 분류해 보면, 숙종대(47%), 경종대(3%), 영조대(29%) 수교가 약 79%에 달한다.[14] 숙종후반~영조초반 법제정비사업은 새로이

(壬申).

12) 『承政院日記』, 雍正 9年(영조7) 正月 7日(辛未).

13) 『承政院日記』, 雍正 8年(영조6) 12月 24日(戊午).

만들어진 수교를 모으는 것이 1차적인 목표였다. 숙종대 수교가 전체 비중에서 47%를 차지하여 숙종후반부터 수교의 정리가 절실하였음을 알 수 있다. 실제 숙종 34년(1708) 최석정은 『전록통고』편찬 이후에 보완작업을 주장하였으나 실현되지 못하였다.[15] 영조대가 되면 수교의 양은 훨씬 더 불어났고 법전 편찬의 필요성이 더욱 절실해진 상황이었다.[16]

수교를 국법체계 내로 편입시키기 위한 작업은 영조 8년(1732)부터 "수교속편受敎續編"으로 논의가 구체화되었다.[17] 이후 "여지수교予之受敎"나 "수교신보受敎新譜",[18] 혹은 "수교집록속편受敎輯錄續編"[19]으로 지칭되기도 했다. 현재 "신보수교집록新補受敎輯錄"과 "수교신보受敎新補"로 명명된 판본이 남아있다.[20]

대개 편찬은 정언섭鄭彦燮이 주관하였으며,[21] 수록된 수교의 연대는 "건륭乾隆 무오(영조14, 1738)"가 하한선이다.[22] 이듬해(영조15, 1739)부터 『전록통고』의 증보 논의가 구체화되고 있어 실제 이때부터 『신보수교집록』이 추진되기 시작하여,[23] 영조 19년(1743)에 이르러 편찬이 마무리되었다.[24]

---

14) 김백철, 앞 책, 2010, 116쪽 <표12> '『신보수교집록』수교의 연대분포' 참조.
15) 『承政院日記』, 康熙 47年(숙종34) 11月 5日(丁丑).
16) 『承政院日記』, 雍正 10年(영조8) 10月 24日(戊寅).
17) 『英祖實錄』卷32, 英祖 8年 10月 戊寅(24日).
18) 『承政院日記』, 乾隆 9年(영조20) 6月 26日(壬申).
19) 『英祖實錄』卷127, 英祖大王行狀, 英祖 19年 3月.
20) 서울대학교 규장각한국학연구원 소장 『新補受敎輯錄』<奎 1158>; 『受敎新補』<古 5125-114>, <奎 25263>; 구덕회·홍순민, 앞 글, 2000, 9쪽 재인용.
21) 『承政院日記』, 乾隆 9年(영조20) 7月 8日(癸未).
22) 『新補受敎輯錄』「刑典」推斷, 乾隆 戊午(영조14); 『新補受敎輯錄』「刑典」奸犯, 乾隆 戊午(영조14).
23) 김백철, 앞 책, 2010, 115쪽 '영조연간 법제정비사업의 단계별 추이' 참조.
24) 『英祖實錄』卷57, 英祖 19年 3月 己未(5日); 구덕회·홍순민, 앞 글, 2000, 19쪽.

(2)『신보수교집록』과『수교집록』비교

사록四錄은 속록류로 분류할 수 있으나, 미시적으로 조선전기 속록류와 조선후기 집록류는 그 편찬방식이 사뭇 달랐다.『대전속록』과『대전후속록』은『경국대전』을 전제로 보완재 역할을 한데 비해,『수교집록』과『신보수교집록』은『경국대전』없이도 바로 신법新法을 활용할 수 있도록 조선전기 법제를 두루 인용하고 있다. 심지어『수교집록』에서 다루고 있는 사안조차『신보수교집록』에서 중복해서 다루는 경우도 더러 보인다. 이는 양자가 각기 관련법을 참고하지 않고도 현행법을 집행할 수 있도록 집대성되었기 때문이다.『신보수교집록』에 수록된 수교의 연대 분포적인 특징은 당대에 주로 사용하던 현행법을 집대성한 것으로 이해되며, 이는『수교집록』의 찬집원리와 별반 다르지 않았다.『신보수교집록』의 항목 구성을『수교집록』과 비교해 보면 <표19>와 같다.

첫째, 동일 혹은 유사 항목을 설정한 경우이다.『수교집록』「이전」의 '관직官職[京官職/外官職]', '상피相避', '수령守令', '공신功臣', '포폄褒貶', '잡령雜令' 등 항목은『신보수교집록』에도 그대로 계승되어 설정되었다.「호전」에서는 '제전諸田', '요부徭賦', '수세收稅', '호적戶籍', '조전漕轉', '녹봉祿俸[祿科]', '급복給復', '환상還上', '해유解由', '징채徵債', '매매買賣[買賣限]', '잡령雜令',「예전」'과거科擧[諸科]', '조의朝儀[儀章]', '제례祭禮', '권장勸獎[獎勸]', '혼례婚禮[婚嫁]', '혜휼惠恤', '입후立後', '잡령', '급가給暇[→이전]',「병전」'관직[京官職/外官職]', '군제軍制', '제과諸科[都試]', '시취試取', '상전賞典', '포호捕虎', '사민徙民', '군율軍律', '역로驛路', '구목廐牧', '봉수烽燧', '병선兵船',「형전」'추단推斷', '위조僞造', '금제禁制', '적도賊盜[贓盜]', '고소告訴[訴冤]', '살옥殺獄', '간범奸犯', '사령赦令', '공천公賤', '사천私賤', '속량贖良', '보충대補充隊', '잡령' 등이다. 항목간 유사성은 양자에 실린 수교의 연속성이 짙었기 때문이다. 양자에 공통적으로 나타나는 내용은 17~18세

〈표19〉 『수교집록』과 『신보수교집록』의 항목 계승성 비교

구분	수교집록		신보수교집록		구분	수교집록		신보수교집록	
吏典	官職*	46	京官職*	62	兵典	捕虎	1	留防	7
	除授	9	外官職*	12		徙民	12	復戶	1
	相避	15	薦擧	2		軍律	14	軍器	11
	守令	13	褒貶	8		驛路	28	兵船	4
	功臣	3	考課	1		廐牧	5	烽燧	4
	褒貶	2	給暇**	1		烽燧	4	廐牧	8
	雜令	27	相避	4		兵船	3	奬勸	7
			祭享	1				驛路	11
			雜令	23				捕虎	3
			守令	44				雜令	6
			功臣	46				軍制	33
戶典	諸田	19	戶籍	16				賞典	10
	徭賦	20	量田	16				徙民	3
	收稅	2	祿科*	2				軍律	20
	戶籍	30	諸田	39				軍需	9
	漕轉	31	堤堰	5	刑典	推斷	56	決獄日限	1
	祿俸*	5	支供	1		濫刑	3	囚禁	1
	給復	5	解由	49		僞造	6	推斷	130
	還上	4	收稅	1		禁制	106	禁刑日	3
	解由	21	漕轉	40		賊盜*	22	濫刑	2
	徵債	7	買賣限*	6		告訴*	11	僞造	9
	作紙	3	徵債	15		殺獄	9	恤囚	13
	買賣*	6	徭賦	6		檢驗	4	臟盜*	51
	雜令	8	雜令	15		奸犯	7	用刑	9
			給復	3		赦令	7	屬公	3
			還上	15		公賤	59	禁制	221
禮典	科擧*	41	諸科*	25		私賤	16	犯越	14
	朝儀*	4	儀章*	3		贖良	147	訴冤*	14
	祭禮	7	祭禮	4		補充隊	4	賤妻妾子女	1
	勸奬*	17	立後	1		聽理	38	公賤	40
	婚禮*	3	婚嫁*	1		決獄日限	9	私賤	11
	惠恤	10	山訟	24		文記	5	殺獄	24
	喪葬	4	奬勸*	5		雜令	13	奸犯	11
	給暇**	1	頒氷	4				赦令	9
	立後	8	惠恤	50				贖良	6
	奉祀	8	京外官迎送	3				補充隊	1
	雜令	27	京外官相見	2				聽理	17
			雜令	20				雜令	15
			待使客	1				省鞫	8

		用文字式	1		營繕	2	橋路	1
兵典	官職*	32	京官職*	17	雜令	5	營繕	1
	軍制	41	外官職*	4	工典		度量衡	1
	諸科*	17	試取	14			雜令	29
	試取	15	都試*	6			工匠	3
	賞典	9	褒貶	1				

- ■: 유사항목 표시, * : 명칭이 개정된 경우, ** : 典분류가 변경된 경우.기 당대의 주요 문제로 인식된 사안으로 이해되며, 당시 조선후기 사회변동의 양상에서 실정법과 빠르게 변모되는 사회환경의 괴리에서 나타나는 법의 사각지대를 좁혀 나가기 위한 정책이었다.

기 당대의 주요 문제로 인식된 사안으로 이해되며, 당시 조선후기 사회 변동의 양상에서 실정법과 빠르게 변모되는 사회환경의 괴리에서 나타 나는 법의 사각지대를 좁혀 나가기 위한 정책이었다.

둘째, 양자간 항목 차이가 드러나는 경우이다. 『신보수교집록』은 편 찬과정에서 『경국대전』체제와 현행법을 일치시키는 방식을 채택하였다. 『수교집록』에서 독자적인 항목으로 편성된 경우도 대개 『신보수교집록』 에서는 『경국대전』의 항목에 맞추어 재조정되었다. 예컨대 『수교집록』 에서 「이전」과 「병전」에서 '관직'으로 분류하던 것이 『신보수교집록』에 서는 『경국대전』을 따라서 '경관직京官職'과 '외관직外官職'으로 구분되 었다. 「호전」에서는 '녹봉祿俸'이 '녹과祿科'로, '매매買賣'는 '매매한買 賣限'으로, 「예전」에서는 '혼인婚姻'이 '혼가婚嫁', '과거科擧'는 '제과' 로, 「병전」 '제과諸科'가 '도시都試'로, '권장勸獎'은 '장권獎勸'으로, 「형 전」에서는 '적도賊盜'가 '장도臟盜'로, '고소告訴'가 '소원訴冤' 등으로 변경되었다. 또한 「예전」의 '조의朝儀'는 비록 『경국대전』에서 상위 항 목인 '의장儀章'으로 조정되었다. 마지막으로 『수교집록』에서는 「예전」 에 있던 '급가給暇'가 『신보수교집록』에서는 「이전」으로 옮겨지기도 하 였다. 이것은 숙종대 『수교집록』찬집 목적과 영조대 『신보수교집록』찬 집 목적이 서로 달랐기 때문이다. 전자는 누적된 수교의 집대성이 가장 큰 목적이었고, 후자는 『경국대전』의 수명사업의 일환으로 『신보수교집록』의 편찬이 진행되어 기존의 법체계와의 연계성이 주요하게 검토된 결과였다.

셋째, 조선후기 국가체제의 반영도이다. 각 관서의 변화는『수교집록』에는 수교 내에 부분적으로 반영되어있을 뿐 독립된 항목으로 기재되지 않았다. 이는『수교집록』이 수교를 집대성하는데 1차적인 목표를 두고 편찬되었기 때문이다. 반면에 조선전기 의정부와 육조로 대변되던 중앙 관제는 조선후기에 비변사備邊司를 중심으로 하는 합좌체제로 바뀌었는데,『신보수교집록』「이전」에 '비변사'(명종대) 항목으로 반영된 것이다.25)

게다가 조선후기 오군영五軍營의 설립근거가 처음으로 나타난다. 조선전기 오위五衛가 실질적으로 오군영으로 변화된 사실도 반영되어, 「병전」에는 '총융청摠戎廳'(인조대), '어영청御營廳'(인조대), '훈련도감訓練都監'(선조대), '금위영禁衛營'(숙종대), '수어청守禦廳'(인조대) 등의 오군영이 모두 수록되었다. 그외에도 「이전」 '선혜청宣惠廳'(광해군), 「병전」 '남한南漢' 등도 부기附記되었다. 이를 통해서 새로운 아문에 대한 존립근거가 처음으로 마련되었다.26)『속대전』「병전」 '군영아문軍營衙門'에서도 그대로 반영되어 총융청, 어영청, 훈련도감, 금위영, 수어청 (南漢山城) 등의 오군영이 수록되었다.27) 곧『신보수교집록』의

---

25)『신보수교집록』「吏典」에서 '備邊司'(명종대)나 '宣惠廳'(광해군) 등의 설립근거가 처음 나타나는데, 이것이『속대전』「吏典」에도 수록되었다. 다만,『대전회통』에는 '宣惠廳'이 「병전」으로 옮겨졌다.『續大典』「吏典」京官職, 正一品衙門, 備邊司·宣惠廳;『大典會通』「兵典」京官職, 正一品衙門, 宣惠廳.

26) 이 기록은『증보전록통고』와『속대전』에 명기되었다. 영조초반『경국대전』을 수명하는데『전록통고』증보가 효과적이다고 판단하여 추진하였다가, 시간이 흐르자『증보전록통고』를 뛰어넘는 법전의 위상을 부여하도록 방향을 전환하였다. 이에『경국대전』과 짝을 이루는『속대전』으로 改名하였다. 이는 조선전기 문물제도를 구비한 시점을 당대 현실과 직접 비교하고자 했던 국왕의 의도가 반영된 사건이다. 김백철, 앞 책, 2010, 44~52쪽.

27)『續大典』「兵典」京官職, 軍營衙門, 摠戎廳·御營廳·訓練都監·禁衛營·守禦廳.

1차적인 목표는 숙종후반~ 영조초반 수교의 정리였으나, 편찬동기는
『경국대전』 수명논의에서 촉발된 조선의 국법체계와 현행법의 일치문제
가 주요한 관심사로 떠올랐기 때문이다. 당대 실제로 존재하지만 법전에
는 규정이 없던 아문에 대한 근거법을 마련해야만 했다.

(3) 『증보전록통고』의 탄생

『신보수교집록』은 『증보전록통고』의 찬집과 밀접한 관련이 있다.28)
숙종후반부터 『전록통고』의 증보논의가 시작되었는데,29) 영조초반 『경
국대전』 수명 논의를 통해 『전록통고』가 대전체제를 참고하는 모범으로
서 활용되었다.30) 이것이 『전록통고』의 증보로 이어졌다.31)

실제 영조 8년(1732)부터 "수교속편受敎續編"을 만들되 『수교집록』
의 예로 하자는 주장이 제기되기도 한 상황이었다.32) 영조 15년(1739)을
기점으로 『전록통고』의 증보에 대한 논의가 급물살을 띠었다. 그동안
찬집청을 주관한 고故 판서 송진명宋眞明을 대신하여 조현명趙顯命으
로 교체하고, 실무는 이형좌李衡佐·정언섭鄭彦燮·김약로金若魯 등이
맡고 있었다.33) 논의는 『전록통고』의 속편續編,34) 이정釐正,35) 신증新
增,36) 증보增補37) 등으로 주로 표현되었다. 이때부터 『전록통고』의 증

---

28) 『증본전록통고』의 찬집과정은 다음 참조. 김백철, 앞 책, 2010, 117~123쪽;
　　서울대학교 규장각한국학연구원 소장 『增補典錄通考』<古 5120 3>.
29) 『承政院日記』, 康熙 47年(숙종34) 11月 5日(丁丑).
30) 『承政院日記』, 雍正 8年(영조6) 12月 19日(癸丑).
31) 『承政院日記』, 雍正 8年(영조6) 12月 24日(戊午).
32) 『承政院日記』, 雍正 10年(영조8) 10月 24日(戊寅).
33) 『承政院日記』, 乾隆 4年(영조15) 7月 14日(戊午). ※이 중 정언섭은 『신보수
　　교집록』을 주관한 인물이다.
34) 『承政院日記』, 乾隆 5年(영조16) 4月 17日(丁亥).
35) 『承政院日記』, 乾隆 7年(영조18) 9月 11日(丁卯).
36) 『承政院日記』, 乾隆 6年(영조17) 11月 6日(丁卯).

보작업은 본격화되었다. 마침내 영조 19년(1743)『신보수교집록』이 완성되자,『전록통고』와 합본하여『증보전록통고』로 탈바꿈하였다.38)

그런데『증보전록통고』은 단순히 기존 법제서(『경국대전』,『대전속록』,『대전후속록』,『수교집록』,『신보수교집록』)를 합본한 것이 아니다. ㉠각 법제서의 서로 다른 항목명을『경국대전』을 기준으로 재분류하였고, ㉡사록을 삭감하거나, ㉢수교의 배열 순서를 변경하였고, ㉣각 수교에서 인용한 명률에 해당 형량까지 상세히 주註로 부기하였다.39) 이같은 작업이『속대전』편찬에 유용했음은 물론이다.

그럼에도 불구하고『신보수교집록』과『증보전록통고』는 공식적으로 간행되지 못하였다. 영조 20년(1744)을 기점으로 법제정비의 지향점이 통고류에서 대전류 찬집으로 다시 한번 수정되면서,『신보수교집록』뿐만 아니라『증보전록통고』마저도 중간단계의 결과물로 인식되었다. 심지어 국왕 영조로부터『속대전』은 삼록의 모음으로 이해되었으며,40) 정조대 법제서 편찬과정에서도 삼록은 재검토 대상이었으나,41) 정작『신보수교집록』은 검토 대상에도 포함되지 못하였다.42) 뿐만 아니라,『영조실록』의 편찬시에도『속대전』만이 주목받아서, 영조 16년(1740)『전록

---

37)『承政院日記』, 乾隆 4年(영조15) 7月 14日(戊午).

38) 김백철, 앞 책, 2010, 121쪽 <그림1> '『증보전록통고』의 구성방식', 122쪽 <표13> '『증보전록통고』의 속록류 구성' 참조.

39) 영조 7년(1731)부터『대명률』과『전록통고』를 하나로 만들자는 주장이 제기되었고, 실제『신보수교집록』편찬시 명률의 형량을 주註로 부기하였다. 이후 정조대는『典律通補』로 더욱 구체화되었다.『承政院日記』, 雍正 9年(영조7) 4月 13日(乙巳); 김백철, 앞 책, 2010, 122쪽.

40)『續大典』「御製續大典卷首勉勅後昆」.

41)『承政院日記』, 乾隆 49年(정조8) 3月 22日(丁未);『日省錄』, 甲辰(정조8) 3月 22日(丁未).

42) 정조연간 편찬된『秋官志』에서도『속대전』을 설명하면서 三錄을 재편집했다고 평가하여『신보수교집록』의 존재 자체가 잘 알려지지 않았는데,「御製續大典卷首勉勅後昆」의 영향으로 보인다.『秋官志』第1編 律令, 刑書, 續大典.

통고』증보사업조차 『속대전』의 찬집을 알리는 기점으로만 기술되
었다.

2. 『속대전』의 편찬

1) 제2의 "대전大典"

(1) 편찬과정

영조 2년(1726) 처음 대전수명론이 제기되었으며,[43] 이후『수교집록』
과『전록통고』의 증보사업으로 구체화되었다. 실록에는『속대전』찬수
撰修 기사가 영조 16년(1740)부터 등장하지만,[44] 이는 전술한 대로『증
보전록통고』사업을 후대에 부회한 기록이다. 본격적인 대전류 편찬의
전환 기사는 영조 20년(1744) 6월에 나타난다. 이때 조선의 법문이 많으
므로 "증수대전속록찬집청"을 설치하고,『대전속록』,『대전후속록』,『수
교집록』,『신보수교집록』등을 재정리하여 합본하게 하였다.[45] 영조초
반부터 통고류 편찬사업이 장기간에 걸쳐 진행되어왔음에도 불구하고
새로이 국법체계의 통합을 역설한 것은 편찬방향의 변화를 의미한다. 7
월부터 갑자기 박세채가 주장한 "속대전"으로 명칭이 바뀌었는데,[46] 이

---

43) 『承政院日記』, 雍正 4年(영조2) 7月 2日(壬辰).
44) 『英祖實錄』卷51, 英祖 16年 4月 丁亥(17日)·5月 癸卯(4日).
45) "至是, 命設增修大典續錄纂輯廳, 刪正刑法. 置堂郞三公句管, 取前後續錄,
   及前後受敎, 典律通考, 祛其繁複, 整其牴牾, 而皆經稟裁."『英祖實錄』卷59,
   英祖 20年 6月 壬申(26日); "上曰, 大典外, 前後續錄, 受敎輯錄, 及予之受
   錄, 合爲一冊……大典後, 又有典錄通考, 法文可謂多矣."『承政院日記』, 乾
   隆 9年(영조20) 6月 26日(壬申). ※실록의 典律通考는 典錄通考의 誤記이다.
46) 『承政院日記』, 乾隆 9年(영조20) 7月 6日(辛巳).

는 대전류 체제가 공식화된 것이다.

8월에 국왕이 서문을 친히 내렸으며,[47] 이후에도 지속적으로 새로운 내용을 『속대전』에 반영할 것을 지시하였다.[48] 11월에는 찬집청에서 『속대전』(초고)의 완성을 보고하니 교정을 지시하였고,[49] 12월에는 완성을 자축하면서 임금이 친히 소지小識까지 지었다.[50] 다시 이듬해(영조21, 1745) 5월에 이르러서야 비로소 『속대전』을 개간開刊하라는 명이 내려졌다.[51] 당시 대강의 작업은 완료되었다고 인식하였다.[52] 그럼에도 수정 작업은 연말까지 이어졌다.[53] 이때 영조 10년(1734) 육조에 내린 칙유勅諭도 수정되어 육전 서두에 실렸다.[54] 마침내 영조 22년(1746) 4월에 『속대전』의 최종 인본印本이 완성되었다.[55] 영조초반 대전수명론 제기로부터 장장 약 19년이 걸렸으며, 찬집청 설치부터는 약 2년이 소요되었다.[56] 더욱이 영조후반에는 왕세손의 탄생으로 관련 규

---

47) 『英祖實錄』卷60, 英祖 20年 8月 戊辰(24日).

48) 『英祖實錄』卷60, 英祖 20年 8月 己酉(5日)·10月 甲寅(11日).

49) 『英祖實錄』卷60, 英祖 20年 11月 辛丑(28日).

50) 『英祖實錄』卷60, 英祖 20年 12月 甲辰(1日)·乙巳(2日)·戊申(5日).

51) 『英祖實錄』卷61, 英祖 21年 5月 己亥(28日).

52) 『英祖實錄』卷61, 英祖 21年 2月 壬申(30日).

53) 『英祖實錄』卷61, 英祖 21年 6月 甲辰(3日); 『英祖實錄』卷62, 英祖 21年 9月 己卯(10日)·10月 丙寅(28日)·12月 辛亥(14日).

54) 吏曹의 "一心秉公 爲官擇人"은 吏典에서 "一心乃公 爲官擇人"으로, 戶曹의 "節用蓄力 均貢愛民"은 戶典에서 "均貢愛民 節用蓄力"으로, 禮曹의 "修明五禮 無墜舊典"은 禮典에서 "修擧五禮 無墜舊典"으로, 兵曹의 "撫恤武士 以嚴宿衛"는 兵典에서 "愛恤武士 以嚴直衛"으로, 刑曹의 "大公至當 謹守法文"은 刑典에서 "大公欽哉 勉守法文"으로, 工曹의 "恪謹其職 宜體周官"은 工典에서 "勤於職任 飭勵百工"으로 각각 수정되었다. 『英祖實錄』卷38, 英祖 10年 8月 癸丑(10日); 『國朝寶鑑』卷63, 英祖7, 甲子 20年.

55) 『英祖實錄』卷63, 英祖 22年 4月 丙子(11日).

56) 김백철, 앞 책, 2010, 126쪽 註119 <표14> '실록의 『속대전』찬집과정'; 본서 <표20> '『속대전』 및 『대전통편』의 찬집기간 비교' 참조.

정까지 보완되었다.57)

(2) 조문의 구현방식

『속대전』은 때때로 속록류로 분류되기도 하였는데, 이는 『경국대전』
이 빠져있어 『대전통편』에 비해 체계가 불완전하다고 보았기 때문이
다.58) 여기에는 『속대전』의 저본이 사록이었던 탓도 있다.59) 하지만 사
록을 하나의 "대전"으로 추상화시키는 작업은 별도의 평가가 필요하다.
『속대전』 조문의 층위는 속록류와 전혀 다르다. 『속대전』이후 법제정비
사업은 대전류를 모범으로 삼게 되었다. 특히 정조대 『대전통편』에는
『경국대전』뿐 아니라 『속대전』역시 존중받아 대체로 원형을 유지하였
다. 『대전통편』에 『속대전』의 조문이 그대로 전제되었는데도 하나는 대
전류로 다른 하나는 속록류로 분류하기는 어렵다. 이에 『속대전』위상에
대한 평가는 제고提高가 필요하다.60)

『경국대전』은 『경제육전』, 『속육전』, 「등록」 등을 대상으로 산삭하
여 만들었으며,61) 『속대전』도 『대전속록』, 『대전후속록』, 『수교집록』,
『신보수교집록』 등을 산삭하여 편찬하였다.62) 두 대전의 편집상 공통점
은 횡간을 사용했다는 사실이다. 편찬과정에서 개별 수교를 융합하면서

57) 『承政院日記』, 乾隆 16年(영조27) 4月 16日(癸未)·23日(庚寅); 『英祖實錄』卷
   88, 英祖 32年 10月 癸酉(9日); 『續大典補』<奎 1547-v.5>, <奎 1926- v.5>.
58) 홍순민, 「조선후기 법전 편찬의 추이와 정치운영의 변동」 『한국문화』21, 서
   울대학교 한국문화연구소, 1998, 167~168쪽, 193~199쪽.
59) 『續大典』「御製續大典卷首勉勅後昆」; 『秋官志』第1編 律令, 刑書, 續大典.
60) 정긍식, 「대전회통의 편찬과 그 의의」 『서울대학교 법학』41-4, 서울대학교
   법학연구소, 2001, 341쪽 註70.
61) 『경국대전』의 편찬과정은 다음 참조. 박병호, 「조선초기의 법원」, 1974; 박병
   호, 「조선시대의 법」, 1974; 박병호, 앞 논문, 1979; 윤국일, 앞 책, 1986; 이
   종일, 「조선시대 법전 편찬」, 2000; 김백철, 앞 책, 2016.
62) 김백철, 앞 책, 2010, 141쪽 <그림4> '『경국대전』과 『속대전』의 구성' 참조.

도표로 일원화를 꾀한 것이다. 횡간을 이용하려면 각 조문의 층위와 역할을 세밀히 검토하지 않고는 불가능한 편집방식이다. 이는 단순히 기존의 법제를 합본하여 병기하는 방식과 사뭇 다르다. 실제 『전록통고』나 『대전통편』이 기존 법제의 틀을 그대로 유지하는 차원에서 회통會通을 이루려했던 것도 횡간 사용이 그만큼 쉽지 않았기 때문이다.

『경국대전』(성종16?, 1485)은 『경제육전』(태조6, 1397) 편찬으로부터 약 1세기가 경과되어 마무리되었다.[63] 실제 조선전기 법제정비사업의 흐름을 살펴보면, 『경국대전』 이후에도 명종대 『경국대전주해』까지 지속되어 이때까지 『경국대전』체제의 형성기로 구분할 수 있다.[64] 또한 조선후기 법제정비사업은 조선전기 속록류까지 포괄하고 있어서 실제 사업은 16세기 후반부터 논의되기 시작하여 숙종대 이르러 비로소 본격화되었다.[65] 두 대전이 각기 법제정비사업에 돌입한지 약 1~2세기 이상 경과되어 최종결과물을 만들어냈기 때문에 그 탄생과정은 사뭇 유사하다.

하지만 그 구성이나 내용은 일정한 차이가 있다. 국초에는 국가 전반의 규범을 정리하면서 제도적 틀을 갖추는데 초점을 두었으나, 세월이 지나면서 사안별 법의 적용을 고민하게 되면서 조문의 구성 목적은 일정한 차이가 나타났다. 『경국대전』이 국정 운영의 방략을 주로 설정한 것이라면, 『속대전』에서는 구체적인 사안에 대한 해결책을 담고자 했다.

---

63) 法源을 살펴보면 멀리는 공민왕 즉위교서부터 시작되었고, 실제 위화도회군 이후 개혁입법이 『경제육전』으로 묶여졌을뿐 아니라, 『경국대전』체제에 큰 영향을 미쳤다. 김백철, 앞 책, 2016, 30~33쪽, 56~58쪽, 105~108쪽, 455~465쪽.

64) 김백철, 앞 책, 2016, 105~120쪽.

65) 수록된 최초 법제서를 기준으로 살펴보면, 『대전속록』(성종23, 1492)로부터 약 250년만에 『속대전』(영조22, 1746)이 탄생한 것이다. 또한 국법체계의 개혁안을 기준으로 살펴보면, 李珥의 萬言疏(선조7, 1574)로부터 약 172년, 박세채의 時務萬言疏(숙종14, 1688)로부터 약 58년만에 실현된 것이다.

그래서 『속대전』은 『경국대전』만큼 조문이 추상화되지는 못하였다. 처음에는 속록류를 집대성하는 목적으로 후속법이 정리되었으나, 차츰 법제정비의 성격이 변화하면서 대전류 편찬으로 방향이 정리되었기 때문이다. 여전히 속록류 성격의 조문이 일부 드러나는 동시에, 대전류에 걸맞는 조문을 구현하려고 노력한 흔적이 역력하다.

조문 축조방식을 구체적으로 살펴보면 다음과 같다.[66] 우선 수교의 원래 형태가 그대로 보존한 경우이다. ㉠수교를 조문으로 그대로 반영하거나, ㉡분류 항목만 변경하여 이동한 경우이다. 대개 수교 자체는 변동이 크지 않고 수평으로 이동한 경우이다. 그러나 이처럼 직접 수교를 반영한 경우는 극히 미미한 편이다.

오히려 대부분의 경우는 다수의 수교가 재배치되면서 하나의 새로운 조문으로 탄생하였다. 먼저 ㉢복수의 수교가 하나는 조문條文이 되고 나머지는 주註가 되어 조문-주의 관계로 기계적으로 재편된 경우이다. 개별 수교를 재분류하고 층위를 규정하여 몇 개의 수교를 하나의 조문으로 묶었다. 이때 조문과 주는 각기 수교의 본래 형태를 간직한 경우가 많았다. 곧 한 묶음의 수교가 하나의 조문으로 탈바꿈한 것이다. 다음으로 ㉣계통이 비슷한 여러 개의 수교를 깎아서 하나의 조문으로 융합하여 만든 경우이다. 이때 수교는 본래 형태에서 벗어나서 공통적인 요소를 토대로 이를 포괄할 수 있는 새로운 조문이 만들어지고, 개별 수교에서 거론된 세세한 사안은 주로 편입되었다. 이상은 모두 수교의 원형을 최대한 활용한 형태이다.

그런데 실제 기존 수교를 산삭하지 않고 그대로 반영하는 비율은 높지 못하다. 가장 많은 활용형태는 새로운 조문의 창출이다. 유형별로 살펴보면 다음과 같다. 먼저 ㉤수교의 취지 중 일부를 살리되 현실적으로 적용 가능한 새 규정을 보완하는 방식이다. 이 경우 기존수교와 대조하

---

66) 김백철, 앞 책, 2010, 142쪽 <표16> '『속대전』조문의 구현 원리' 참조.

면 조문 자체는 완전히 새로운 내용에 해당한다. 다음으로, ㉡기존 수교
와 무관하게 새로운 내용으로 조문을 축조하는 경우도 있다. 앞에서는
수교와 간접적인 연관성이라도 찾을 수 있었던데 비해, 완전히 새로운
형태의 조문이 탄생한 것이다.

　하지만 조문의 구성은 단순히 몇 가지 구현원리 중 어느 하나만을 선
택한 경우는 드물다. ㉠다양한 축조逐條 방법을 복합적으로 사용하여
주로 만들고, 이를 다시 상위의 개념으로 묶어서 추상화시켜 보편적인
조문으로 만들었다.[67)]

　실제『속대전』에서 사록 수교의 직접적인 반영비율은 살펴보면 다음
과 같다.『대전속록』은 총 387개 수교 중 40개가『속대전』에 편입되었
다.『대전후속록』은 335개 중 28개,『수교집록』은 996개 중 171개,『신
보수교집록』은 1,400개 중 150개가 각기 수록되었다.[68)] 이같은 수교는
1 대 1로 조문에 반영된 것은 아니라 다양한 가공과정을 거쳐 반영되었다.

　반영된 수교만을 대상으로 살펴보면,『대전속록』이 10%,『대전후속
록』이 2%,『수교집록』이 43%,『신보수교집록』이 38%에 달한다. 곧 사

---

67)『속대전』은 상당한 진통을 거쳐서 구현되었다. ‘漕轉’ 항목을 통해서 축조과
　정을 살펴보면, 四錄에서 ‘조전’은『대전속록』12개,『대전후속록』4개,『수교
　집록』31개,『신보수교집록』40개 수교가 확인된다. 그 중『속대전』의 조문으
　로 직접적으로 반영된 경우는『대전속록』5개,『대전후속록』2개,『수교집록』
　7개,『신보수교집록』10개 등으로 총 24개 수교에 불과하다. 그러나 간접적인
　영향을 고려하여 전체 편찬과정을 살펴보면, 사록은 1차로『증보전록통고』에
　서 삭감削減과 재배열이 이루어졌고, 2차로『속대전』축조과정에서 6개 條文
　(23개 소재, 62개 細註)로 구성되어, 실제 85개 문장이 축조되었다. ‘대전’의
　조문을 만드는데 방대한 수교가 활용되었다. 김백철, 앞 책, 2010, 146쪽
　<표17> ‘『증보전록통고』「호전」 ‘조전’의 수정내용’, 147~149쪽 <표
　18> ‘『속대전』「호전」 ‘조전’, 151~154쪽 <표19> ‘『속대전』「호전」 ‘조
　전’의 구성 원리’; 본서 <부표5> ‘사록의『증보전록통고』및『속대전』‘조전’
　반영사례’ 참조.
68) 김백철, 앞 책, 2010, 155쪽 <표20> ‘『속대전』반영 비율’ 참조.

록 중 반영 비율은 『수교집록』과 『신보수교집록』이 압도적이다. 이것은 당대의 법제를 주로 반영하고 있음을 의미한다. 『전록통고』나 『증보전록통고』에서는 주로 속록류를 합본하되 일부 삭감이 행해졌다.[69] 더욱이 『속대전』에서는 전면적인 재조정이 행해졌기 때문에, 사록의 전체 수교는 총 3,118개인데 반해 『속대전』에 직접 반영된 수교는 386개에 불과하였다.[70] 이것은 약 10%정도밖에 되지 않는 비율이다. 대대적인 법제의 검토와 삭거가 진행되었고 새로운 법조문도 대거 생성되었다.

『속대전』전체를 검토해 보면, 총 1,215개 조문 중 새롭게 첨입되거나 수교를 변형하여 보완한 조문이 1,076개 조문(88%)에 달한다. 수교를 기반으로 보완하였다고 하더라도 새로 내용이 첨입되면서 사실상 내용이 바뀐 경우가 많았다. 이것은 『속대전』이 사록을 기반으로 편찬되었다고 하지만, 『경국대전』을 모범으로 하여 대전류에 걸맞도록 법조문의 추상화에 힘썼기 때문이다. 따라서 『속대전』의 축조과정은 통고류와는 전혀 다른 차원의 사업이었다. 이제 『경국대전』이후의 모든 법제는 『속대전』이라는 새로운 국법체계의 틀에서 융합되어 국가통치기반을 마련하는데 활용될 수 있었다.

2) 국법체계의 변화

(1) 형법 증보의 변화

『속대전』 편찬은 국법체계의 일대 변화를 가져왔다. 『경국대전』을 주축으로 하던 영역에 『속대전』이라는 새로운 영역이 부가되었다. 전술

---

69) 본서 <부표4> '『전록통고』의 항목별 삼록 비율'; <부표6> '『속대전』편찬 과정 상세비교표' 참조.
70) 김백철, 앞 책, 2010, 156쪽 <표21> '『속대전』의 편찬 과정의 조문 비율' 참조.

한 바와 같이 조선의 국법체계는 『경국대전』(典)이 최상위 법전으로 자리매김하였다.71) 종縱으로는 속록류, 수교, 등록 등이 하위법으로 위치하였다. 횡橫으로는 『국조오례의』(禮)와 『대명률』(律)이 자리하였다.72)

「속대전서續大典序」에서도 『서경書經』의 원용하여 『속대전』-오교五教-전典, 『속오례의續五禮儀』-오복五服-예禮, 『대명률』-오형五刑-율律 등의 개념을 수록하였다. 이것은 본래 당대唐代 전典-예禮-율律이 제도화된 것이다.73) 조선에서는 『경국대전』을 중심으로 삼법三法이 작동하였다.

조선에서 전전은 개별 수교 및 속록류를 통해서 지속적으로 보완되었고, 예禮는 개별 의주儀註(혹은 의궤)가 지속적으로 편찬되었다. 양자 모두 영조연간 『속대전』과 『속오례의』으로 집대성되었다.74) 반면에 율律의 증보는 다소 다른 방식을 선택하였다.

형법(律)은 국초부터 중국의 『대명률』이 채택되어,75) 이를 이두吏讀

71) 『典錄通考』「典錄通考序」; 『續大典』「續大典序」.
72) 『經國大典』「禮典」儀註; 『經國大典』「刑典」用律; 『典錄通考』「凡例」.
73) 함재학, 「경국대전이 조선의 헌법인가」 『법철학연구』7-2, 한국법철학회, 2004, 278쪽.
74) 정조연간에도 『대전통편』과 『춘관통고』가 편찬되면서 각기 典과 禮가 집대성되었다. 다만, 법제의 위상관계가 다소 다르기 때문에 영조대까지만을 표기하였다. 하지만 정조대 禮制도 通考에서 그치지 않고 『國朝五禮通編』으로 이어졌다. 『국조오례통편』은 현재 서울대학교 규장각한국학연구원, 한국학중앙연구원 장서각, 이화여자대학교 도서관 등에 분산되어있다. 김문식, 「「국조오례통편」의 자료적 특징」 『한국문화연구』12, 이화여자대학교 한국문화연구원, 2007; 본서 <부표1> '조선시대 법전 편찬사례' 참조.
75) 『大明律』의 편찬과 조선의 수용과정은 다음 참조. 이성무, 앞 논문, 1990; 박병호, 「조선초기 법제정과 사회상: 대명률의 실용을 중심으로」 『국사관논총』80, 국사편찬위원회, 1998; 조지만, 「조선초기 『대명률』의 수용과정」 『법사학연구』20, 한국법사학회, 1999; 문형진, 「대명률과 경국대전의 편찬의 법제사적 의의」 『중국연구』34, 한국외국어대학교, 중국연구소, 2004; 장경준·진윤정, 「대명률직해의 계통과 서지적 특징」 『서지학연구』58, 한국서지학회,

로 번안한『대명률직해大明律直解』가 활용되었다.76) 하지만『대명률』
이 형정의 모든 분야를 총괄하지는 못하였다. 중국법을 참고하는데 시간
이 걸렸을 뿐 아니라, 조선의 현실과 맞지 않는 부분이 적지 않았기 때
문이다.

조선초기에는 명률의 수정작업이 수차례 이루어졌다. 우선 조선의 실
정과 맞지 부분은『대명률직해』편찬과정에서 형량이나 유배범위 등을
일부 조정하였다.77) 실록에는 각 왕대별로 수차례 명률을 수정하였으나
현존하는『대명률직해』에는 전혀 반영되지 못하였다. 오히려 오랫동안
초판본이 계속 유통되었고, 주석서로『대명률부례大明律附例』나『대명
률강해大明律講解』가 추가되는 정도였다.

조선에서『대명률』이 증보되지 못한 것은『경제육전』을 비롯한 아국
법의 성격과 관련이 있다. 고려는 본래 당률唐律 연구를 바탕으로 형정
을 탄력적으로 운영하였고, 차츰 원과 명의 법제까지 폭넓게 도입하였
다. 고려뿐 아니라 원이나 명도 당률을 기준으로 재조정을 하였기 때문
에, 실제 변화폭은 유사한 경향이 발견된다.78) 왕조개창 당시 외교관계
등이 함께 고려되었기 때문에 명률의 준용을 천명하였다. 하지만 위화도
회군 이래 개혁입법이 축적되어 신왕조 개창후 몇년 뒤(태조6, 1397) 국

2014; 장경준,「조선에서 간행된 대명률 '향본'에 대하여」『법사학연구』53,
한국법사학회, 2016; 김백철, 앞 책, 2016.
76)『대명률직해』는 이두로『대명률』을 풀이하면서 우리나라 실정과 맞지 않는
노비문제나 刑量규정 등은 일부 조정한 飜案작업으로 평가된다. 정긍식,「대
명률해제」『대명률직해』서울대학교 규장각, 2001; 정긍식·조지만, 앞 논문,
2003; 심재우, 앞 논문, 2007; 김백철, 앞 책, 2016.
77) 이성무, 앞 논문, 1990, 87쪽, 101쪽; 정긍식, 앞 글, 2001, 27쪽; 정긍식·조지
만, 앞 논문, 2003, 218~238쪽; 심재우, 앞 논문, 2007, 125~127쪽; 김백철
앞 책, 2016, 152~161쪽.
78) 김백철 앞 책, 2016, 483쪽 <부표5> '고려말 사법개혁과 후대 명률의 유사
성', 484쪽 <부표6> '사법개혁의 연원과 신왕조의 계승성' 참조.

제國制(경제육전)를 반포하는데 성공하였다. 이는 처음부터 신법이 명률과 일정부분 경쟁관계를 유지할 것을 예고하였다.

더욱이 명률의 적용 과정의 문제점도 적지 않았다. 이에 왕대별로 현실에 맞추어 율문을 재조정한 수교가 공포되었다. 이것이 다시 『경제육전』의 증보로 이어지게 되었다. 명률을 보완하거나 대체하는 각종 수교가 지속적으로 만들어졌으나, 이것은 아국법으로 인식하여 전典의 증보에 활용되었고, 중국법인 명률의 수정은 더 이상 이루어지지 않았다.

이러한 흐름은 『경제육전』이 수정·보완되면서 『경국대전』으로 전체 체계를 조정할 때에도 이미 「형전」에서 단서가 보인다. 조선 형정의 거시적 운영방략 이외에, 명률에서 다루는 세부 형량까지 일부 수록한 것이다. 이후 증보되는 형법은 점차 "대전"의 「형전」으로 편입되는 양상을 보인다.79) 이 때문에 형정에서 점차 아국법과 중국법을 병용하게 되었다.

조선후기에 편찬된 『수교집록』과 『신보수교집록』에서 「형전」이 차지하는 비중은 약 40%에 달한다.80) 그에 비례하여 『대명률』의 활용 빈도 역시 감소하였다.81) 이것은 속록류의 상당부분이 「형전」보완에 집중하고 있다는 의미이며, 형법을 육전체제의 틀에서 제정하겠다는 의도이다. 「속대전서」에서 천명한 관형주의寬刑主義는 「형전」에서 개정·보완된 내용을 직접적으로 예시로 들고 있어, 『속대전』 편찬시 「형전」의 개정이 주요 현안이었다. 형정의 근거법이 변화하고 있음을 보여준다.

---

79) 김백철, 앞 책, 2010, 130쪽 <그림3> '조선시대 국법체계의 증보흐름' 참조.

80) 『수교집록』은 「형전」이 39.8%, 『신보수교집록』은 43.1%로 나타난다고 한다. 구덕회, 앞 글, 2001, 12쪽 <표2> 각 전 수록 조항과 항목수; 구덕회·홍순민, 앞 글, 2000, 14쪽 <표1> 각 전 수록 조항과 항목수.

81) 『수교집록』에서 구체적인 형량을 규정하는 경우, 조선 법제와 『대명률』을 따른 경우를 비교해 보아도 조선의 판례를 따르는 비중이 훨씬 높게 나타난다. 명률을 따른 경우도 형량을 참고하는 정도가 다수이다. 본서 <표5> '『수교집록』중 기존법제 활용도' 참조.

(2)『대명률』의 위상

조선후기 국법체계의 변동은 명률의 위상과 연동되었다. 이에 다음 몇 가지를 고려할 필요가 있다. 첫째,『경국대전』「형전」과『대명률』의 성격이다.[82] 『경국대전』과『대명률』은 법제의 성격 자체도 다르다. 조선의 경우에는『경국대전』이 근간이 되는 법제이고『대명률』이 세부내용을 보완하는 형태이다. 곧「형전」은 전반적인 사법체계를 규정하되 일부 명률을 수정·보완하여 수록하였고,『대명률』은 사안별로 구체적인 처벌기준을 제시하였다.[83] 따라서 형정의 운영지침을 다루는「형전」과 판례를 집대성한『대명률』은 서로 층위와 역할이 다른 법제였다.

〈표 20〉 조선시대 법전의 위상관계

구분	기존의 이해체계	새로운 이해체계
헌법	無	경국대전/속대전[典]
일반법	대명률, 국조오례의	대명률[律], 국조오례의/속오례의[禮]
특별법	경국대전[행정법]	속록류/사목/절목/등록/수교

---

82) 양자를 특별법과 일반법[보통법]으로 이해해왔다.『경국대전』「형전」에서 규정된 항목을 제외하고는『대명률』을 준수하므로, 특별법 우선의 원칙에 따라서「형전」을 특별법으로 평가한다는 논리였다. 그러나 박병호나 이성무의 구분은 고유법의 존재를 강조하기 위해서 '특별법'으로 설명한데 비해, 이후 윤국일 등은 중국법 의존도를 강조하기 위해 '특별법' 개념만을 취하여 원용한 목적이 다르다. 박병호,「조선초기의 법원」, 1974; 박병호,「조선시대의 법」, 1974, 42쪽; 윤국일, 앞 책, 1986; 이성무, 앞 논문, 1990, 87쪽, 101쪽.

83) 조지만은『대명률』과『경국대전』「형전」의 관계를 일반법과 특별법으로 규정하는 것을 비판하고,「형전」에 절차법과 실체법의 성격이 혼재되어있기 때문에 실체규정만 일반법과 특별법의 관계를 설정할 수 있다고 하였다. 전자는 실제 법적용에 관한 '실체법'으로, 후자는 법의 운영을 담보하는 '절차법'으로 구분하였다. 조지만,「『경국대전』형전과『대명률』: 실체법 규정을 중심으로」『법사학연구』34, 한국법사학회, 2006, 7~8쪽; 조지만, 앞 책, 2007, 126~186쪽.

둘째, 『경국대전』「형전」과 『속대전』「형전」의 변동이다. 속록류가 증대되면서 「형전」체재體裁에도 변화가 생겼다. 『경국대전』이 전반적인 형정의 지침을 세우는 역할을 하였다면, 『속대전』은 속록의 증가로 개별 사건에 대한 판부 결과를 집대성하였다. 그 결과 「형전」은 조선전기 『경국대전』단계에서 204개에 불과하였으나 『속대전』에 이르면 287개에 달하였다. 더욱이 『속대전』체제는 『경국대전』을 포함하기 때문에 실효 조문수는 총 491개나 된다.84) 이는 조선전기에 비해 후기에 약 2배 이상 확충된 숫자이다.

셋째, 형법을 아국법과 중국법을 비교하면 변화폭은 더욱 극명해진다. 형법을 기준으로 살펴보면, 조선전기에는 『경국대전』204개 조문, 『대명률』220개 조문이고,85) 조선후기에는 『경국대전』및 『속대전』총 491개 조문, 『대명률』220개 조문이다. 양자 모두 아국법의 조문이 비슷하거나 많은 상황이다. 조선전기 아국법과 중국법의 비율은 대략 1：1 정도가 되고, 조선후기에는 약 2：1을 초월한다. 그동안 율律은 거의 『대명률』에 의지하였다는 통념과는 사뭇 다른 현실이다. 이것은 바로 우리 형법의 형성과정을 보여준다.86)

넷째, 『대명률』의 실효조문 검토이다. 조선에서는 『대명률』전체를 사용하지 않고, 일부만을 선택적으로 활용하였다. 실록을 기준으로 조선시대 전체 『대명률』460조의 활용사례를 살펴보면 직·간접적으로 활용된 비중은 최대 약 50%에 그치고 있다.87) 더욱이 후술하는 정조대 『전률통

---

84) 김백철, 앞 책, 2010, 137쪽 <표15> '조선 전기·후기 형정체계의 변화' 참조.
85) 명률에서 刑法은 「명례율名例律」49조와 「형률」171조를 아울러 활용하므로 합산하였다.
86) 조지만은 『대명률』과 『속대전』「형전」조문를 대조하여 법원과 활용 등에 대해 논평하면서 점차 우리식 법제로의 대체과정을 밝혔다. 심재우도 조선후기 형사법에서 우리법의 대체효과에 대해 논증하였다. 조지만, 앞 책, 2007, 227~320쪽; 심재우, 앞 논문, 2007, 130~131쪽.

〈그림2〉 형법 운영의 변화[88]

『경국대전』「형전」	『대명률』
■ 운영체계 및 형정절차 □ 명률 대체입법	■ 형량 기준 활용 ■ 사안별 범죄행위 원용
↓↓	↓↓
『속대전』「형전」	『대명률』
■ 운영체계 및 형정절차 ■ 명률 대체입법	■ 형량 기준 활용 □ 사안별 범죄행위 원용

- ■: 중점 활용, □: 부수 활용

보典律通補』에는 실제 형정에서 『대명률』의 비중을 확인할 수 있는데, 여기서 「형전」과 「형률」의 비중은 586 : 127로 나타나서 대략 4.6 : 1 정도에 불과하다.[89] 명목상 『대명률』 사용은 지속되고 있었으나, 실제 형정은 조선 형법이 상당부분 중국법을 대체해나고 있었다.[90]

---

87) 김백철 앞 책, 2016, 151쪽, 157쪽, 485~488쪽.

88) 『경국대전』「형전」은 운영체계 3조, 형정절차 175조, 형량규정 26조 등 총 204조이며, 『속대전』「형전」은 운영체계 21조, 형정절차 151조, 형량규정 113조 등 총 286조이다. 김백철, 앞 책, 2010, 137쪽 <표15> '조선 전기·후기 형정체계의 변화'참조.

89) 본서 <표28> '『전률통보』의 출전'참조.

90) 김백철, 앞 책, 2010, 134~140쪽.

3장 정조대 국법체계의 완비

1. 법전의 증보방향

1) 회통의 모색

(1) 추진과정

『대전통편』의 편찬은 즉위초부터 시작된 다양한 법제정비의 논의에서 출발하였다. 법제서의 증보논의는 정조 원년(1777)부터 「흠휼전칙欽恤典則」 편찬으로 시작되었다.[1] 형법에 관한 부분을『대명률』과『경국대전』및『속대전』을 절충하여 만들도록 하였다.[2] 편찬을 명한 다음 해(정조2)에 「흠휼전칙」이 간행되었다. 비교적 간단한 내용으로 "형구刑具의 격식格式"과 "군문軍門 곤곤제도의 격식格式"에 대해서 구체적으로 규정해 두었다.[3] 이것은『속대전』「형전」 '추단推斷' 및 '남형濫刑'을 보완하는 내용이었다. 분량 자체는 얼마 안 되었지만, 이후 법제서 편찬에서 두 대전과『대명률』을 합본하여 법제의 일원화를 추구하였다는 점에서, 향후 법제서 편찬의 일정한 지침을 마련하였다는데 의의가 있다.

본격적인 법제정비에 대한 논의는 정조 8년(1784) 3월 14일『수교집록』을 경연에서 강하게 되면서 자연스레 이에 대한 속편의 찬집을 논의

---

1)『承政院日記』, 乾隆 42年(정조1) 12月 27日(己未).
2)『正祖實錄』附錄, 行狀, 正祖 2年 春.
3)『正祖實錄』卷5, 正祖 2年 正月 癸酉(12日).

하면서 시작되었다.4) 이때 이미 『속대전』의 예例에 따라 강綱과 목目을
세워 분류하여 체제를 갖추어야 한다는 주장도 확인된다.5) 이는 대전체
제로 법전을 구성할 것을 염두해둔 표현이다.

3월 20일 편찬을 담당할 인원이 선발되었다. "속수교집록續受敎輯
錄"의 편차당상編次堂上으로 행부사직行副司直 김재로金魯鎭, 예조판
서 엄숙嚴璹, 병조참판 정창순鄭昌淳, 행도승지行都承旨 김하재金夏材,
행부사직 이시수李時秀, 김재찬金載瓚 등을 임명하고 좌상左相 이복원
李福源에게 서문序文을 짓도록 하였다.6) 이때 제시된 법전의 명칭은 가
칭假稱 "속수교집록" 혹은 "수교집록속편受敎輯錄續編"이나 "증보수교
집록增補受敎輯錄" 등으로 불리었다.7) 그래서 처음에는 마치 『수교집
록』의 속편 작성처럼 보였다.

그런데 이 작업은 얼마 못 가서 체제를 변경하지 않을 수 없었다. 기
존의 법제와의 연관성을 고려해야 했기 때문이다. 현실적으로 영조대 후
반 및 정조대 초반의 수교를 새로이 법제에 편입시킬 필요가 있었지만,
단순히 수교의 집성만으로는 만족할 수 없었다.

3월 22일 "경국대전"과 "대전속록"을 합본하고 다시 새로 보완한 "보
편補編"을 둘 것을 논하기도 하였다.8) 처음부터 이전의 법제를 포괄하

---

4) 『承政院日記』乾隆 49年(정조8) 3月 14日(己亥); 『日省錄』, 甲辰(정조8) 3月 14日
　(己亥); 염정섭, 「『대전회통』해제」『대전회통』상, 서울대학교 규장각, 1998, 7쪽.
5) 『正祖實錄』卷17, 正祖 8年 3月 己亥(14日).
6) 『日省錄』, 甲辰(정조8) 3月 20日(乙巳); 염정섭, 앞 글, 1998, 7쪽.
7) 『承政院日記』乾隆 49年(정조8) 3月 20日(乙巳); 『承政院日記』乾隆 49年(정
　조8) 3月 22日(丁未).
8) "仍下敎曰, 受敎輯錄, 經國大典, 續大典, 大典續錄, 後續錄等書, 注書出去持
　入, 可也.……上曰, 受敎輯錄, 當時所編, 非不詳盡, 而到今觀之, 凡例多未盡
　處, 予意則今番纂輯凡例, 一依淵鑑類函, 攷事新書, 佩文韻府例, 合經國大
　典, 大典續錄, 通爲一書, 首書經國, 次書續錄, 又次今番補編, 則考之無煩,
　行之有要, 未知卿等之意何如." 『承政院日記』, 乾隆 49年(정조8) 3月 22日
　(丁未).

는 새로운 체계의 법전을 구성할 것임을 계획한 것으로 파악된다. 그런
데 여기서 "대전속록"은 무엇인가 하는 점이 문제가 된다. 속록류의 대
전체제 내 편입은 이미 『속대전』을 기점으로 마무리된 상태여서, 다시
중복작업으로 『대전속록』을 정리할 필요가 없었다. 실제 증보과정에서
는 『경국대전』과 『속대전』이 중심축으로 진행되었고, 여기에 정조대 새
로운 수교가 뒤따르는 구조가 되어, 사실상 여기서 "대전속록"은 『속대전』
을 지칭하는 것으로 이해된다.9) 따라서 이때 ① 『경국대전』, ② 『속대전』,
③ 보편補編 등으로 구성한다는 지침이 마련되었다.

4월 30일 "육전통편六典通編"이라는 가칭 역시 보인다.10) 이 역시
『수교집록』의 속편과는 층위가 다른 방향으로 진전되고 있었음을 의미
한다. 이것은 현전하는 『대전통편』의 체재體裁가 기획단계에서부터 상
당히 심도있게 검토되었기 때문이다. 7월 27일 초고본이 만들어지면서
"대전통편大典通編"이란 명칭이 왕명으로 정해졌고,11) 이후 1년 이상
산삭과정을 거쳐 정조 9년(1785) 9월에 최종 완성을 보게 되어, 대단히
신속하게 찬집이 이루어졌다.12) 이것은 영조연간 『수교집록』에 대한 속

---

9) 『속대전』찬집과정에서 "增修大典續錄"이란 명칭으로 시작되었다가, "續大
   典"으로 개명되었던 용례가 있어 주목된다. 이때 "증수대전속록"은 『경국대
   전』의 속록류를 합본하여 증보한다는 의미로 쓰였다. 이는 영조대 『속대전』
   이 "續典"으로 지칭되면서 三錄의 합본으로 이해된 것과 같은 맥락이다. 정
   조대 신료들도 『경국대전』-『속대전』을 이른바 "大全-補編"의 관계로 인식하
   여 『경국대전』이후의 속록류를 집대성했다고 인식하였다. 그러므로 "大典續
   錄"은 "經國大典의 凡續錄類"라는 뜻으로 사용되었으며, 여기서는 『속대전』
   을 지칭하였다. 『承政院日記』, 乾隆 9年(영조20) 6月 26日(壬申); 『續大典』
   「御製續大典卷首勉勅後昆」; "元典爲大全, 續典爲補編." 『大典通編』「大典
   通編序」.
10) 염정섭, 앞 글, 1998, 8쪽 재인용, 『日省錄』, 甲辰(정조8) 4月 30日(甲寅).
11) 『承政院日記』乾隆 49年(정조8) 7月 27日(庚辰); 염정섭, 앞 글, 1998, 9쪽 재
    인용, 『日省錄』, 甲辰(정조8) 7月 27日(庚辰).
12) 『正祖實錄』卷20, 正祖 9年 9月 丁巳(11日).

집을 만들자는 논의가 『증보전록통고』를 거쳐 『속대전』으로 확대되기까지 약 19년의 진통이 걸린 것과는 매우 대조적이다.[13]

(2) 구성방식

　『대전통편』의 전반적인 구성상 특징은 찬집과정에서 제시된, 『경국대전』-『속대전』-보편補編 원칙이 가장 큰 뼈대가 되었다. 그래서 『대전통편』은 결국 두 대전大典과 새로운 법조문이 누층적으로 결합된 구조를 담게 되었다. 정조 역시 『대전통편』편찬후 직접 쓴 제사題詞에서 『경제육전』, 『경국대전』, 『대전속록』, 『대전후속록』, 『수교집록』, 『속대전』 등 아조我朝의 전장典章이 많아 번거로우니 정수精髓만을 모아서 만들게 했다고 밝혀두었다.[14]

　『경제육전』은 이미 『경국대전』에 반영되었으며, 『전록통고』와 『대전통편』편찬시에도 연원으로 인정되었으나 실제 법제로 채택되지는 않았다.[15] 속록류는 『속대전』에 흡수되어서 새로이 여기서 수교를 초출抄出할 필요가 없었다. 곧 전반적인 틀을 『경국대전』과 『속대전』의 두 축으로 잡아도, 이전의 대부분의 법제는 이미 두 "대전"에 반영되었기 때문이다. 뿐만 아니라, 전반적인 체재를 대전으로 잡아나가면서 『경국대전』과 『속대전』을 두 기둥으로 사용하고, 여기에 당대의 법제를 반영하면 새롭게 초출初出한 수교도 대전으로 격상시킬 수 있었다.

---

13) 〈표21〉 『속대전』 및 『대전통편』의 찬집기간 비교

	최초편찬 논의	纂輯廳 설치	명칭확정	초고완성	인쇄	총기간
續大典	영조 2년 7월 2일	영조 20년 6월 26일	영조 20년 7월 6일	영조 20년 11월 28일	영조 22년 4월 11일	약 19년 9개월 10일
大典通編	정조 8년 3월 14일	정조 8년 3월 20일	정조 8년 7월 27일	정조 8년 7월 27일	정조 9년 9월 11일	약 1년 6개월 27일

14) 『大典通編』 「當宁御製大典通編題辭」.

15) 『典錄通考』 「凡例」; 『大典通編』 「大典通編序」.

『경국대전』은 '원原'자字, 『속대전』은 '속續'자, 새로 증보된 부분은 '증增'자로 구분하였다. 이것은 사실상 3개의 대전이 병렬적으로 등장하는 구조가 되어, 국초의 지침이 되는 『경국대전』을 축으로 하고 영조의 『속대전』을 그에 버금가는 위상으로 추인할 뿐만 아니라, 현왕의 법전 역시 같은 위치를 부여하는 방편으로 구현되었다.

더욱이 『대전통편』에서 증보된 조문에는 대문大文 '증'자와 세주細註 '증'자 두 종류가 확인된다. 『대전통편』을 이해하기 위해서는 『경국대전』(原)-『속대전』(續)-『대전통편』(增)의 세 대전의 축과 이들을 유기적으로 연결해 내는 세주 '증'자의 활용에 주목해 보아야 한다. 대문 '증'자는 영조후반~정조초반 새로운 수교가 산삭되어 "대전"의 체계 내로 편입시킨 경우이며, 세주 '증'자는 이전의 법제를 수정·보완한 내용이다.16) 특히, 세주 '증'자는 조선초부터 현재에 이르는 광범위한 시간을 총망라하여 조문에 산삭을 가하는데 활용되었다. 두 대전과 새로 보충된 내용 사이의 모순을 없애주고 유기적인 연결고리를 만들어주는 역할을 하였다. 이것은 법제 전반에 대한 검토 없이는 불가능한 작업이며, 대전류 사업의 특징을 보여준다.

결과적으로, 『대전통편』은 정조연간 수교를 집대성하기 위해 시작된 법제정비사업으로 처음에는 속록류 편찬사업으로 시작되었다. 그러다가 이전의 두 대전을 합본하는 형태가 추구되어 통고류 편찬사업으로 방향을 재수정하였다. 이후 법제간 회통에 힘쓰면서 사업 방향을 최종 대전류 편찬사업으로 전환하였다. 따라서 『대전통편』은 이전의 법제정비에서 나타난 속록류·통고류·대전류 편찬의 성격을 다소 복합적으로 띠게 되었다.

---

16) 염정섭, 「『대전회통』해제」 『대전회통』상, 서울대학교 규장각, 1998, 15쪽.

2) 증보조문의 성격

(1) 주요 변화상

조선시대 대전류에서 개별 아문衙門의 치폐치폐 현황을 살펴보면, 『경국대전』에서 만들어진 기본적인 체제가 『속대전』에서 상당 부분 수정되었다. 특히 조선후기의 신설 아문은 대개 이때 대전체계 내에 명문화되었다. 기로소耆老所, 비변사, 선혜청, 제언사堤堰司, 강화부江華府, 세손강서원世孫講書院, 숭인전崇仁殿, 세손위종사世孫衛從司, 군영아문, 훈련도감, 금위영, 어영청, 수어청, 총융청, 경리청經理廳, 호위청扈衛廳, 용호영龍虎營, 포도청捕盜廳, 관리영管理營, 진무영鎭撫營, 별군직청別軍職廳, 내사복시內司僕寺, 능마아청能麼兒廳, 의장고儀仗庫 등 총 25개 아문이 늘어났으며, 전연사典涓司, 소격서昭格署, 사온서司醞署 등 3개 아문만이 혁파되었다. 조선후기 새로운 흐름은 대개 이 시기에 반영되었다.

여기에 『대전통편』에 이르러 신설뿐만 아니라 혁파와 이관 등 보다 세밀한 아문간 조정이 이루어졌다. 준천사濬川司, 규장각奎章閣, 경모궁景慕宮, 숭덕전崇德殿, 숭령전崇靈殿, 선전관청宣傳官廳, 수문장청守門將廳, 수성금화사修城禁火司 등 총 8개 아문이 추가되었다. 또한 교서관校書館은 규장각으로, 장례원은 형조로, 귀후서歸厚署는 호조로, 풍저창豊儲倉은 장흥고長興庫로 4개 아문이 각각 이관되었다. 마지막으로 내자시內資寺, 내섬시內贍寺, 사섬시司贍寺,[17] 전함사典艦司, 충익부忠翊府, 사온서司醞署, 문소전文昭殿, 연은전延恩殿, 종학宗學, 사축서司畜署, 귀후서, 경리청經理廳, 파진군破陣軍, 전연사,[18] 수성금화사 등

---

17) 司贍寺는 『大典通編』「吏典」 및 「戶典」에서 "革罷" 표기가 되어있다.

18) 典涓司는 『續大典』「吏典」에서 이미 혁파되었으나, 『大典通編』에서 다시 「工典」으로 재분류되어 "革罷" 표기가 되어있다.

총 15개 아문이 폐지되었다.[19)]

〈표22〉 대전류의 아문衙門 및 직제職制 치폐置廢 현황

	經國大典	續大典	大典通編
	<屬衙門>內侍府,忠翊府,祥瑞院,宗簿寺,司饔院,內需司,掖庭署		<屬衙門:革罷>忠翊府
吏典	<京官職:정1품>宗親府,議政府,忠勳府,儀賓府,敦寧府<종1품>義禁府<정2품>吏曹,戶曹,禮曹,兵曹,刑曹,工曹,漢城府<종2품>校書館,司憲府,開城府,忠翊府<정3품>承政院,掌隷院,司諫院,經筵,弘文館,藝文館,世子侍講院,成均館,尙瑞院,春秋館,承文院,通禮院,奉常寺,宗簿寺,司饔院,內醫院,尙衣院,司僕寺,軍器寺,內資寺,內贍寺,司䆃寺,禮賓寺,司瞻寺,軍資監,濟用監,觀象監,典醫監,善工監,司宰監,掌樂院,觀象監,典醫監<종4품>宗學,修城禁火司,典設司,豊儲倉,廣興倉<종4품>典艦司,典涓司<정5품>內需司<종5품>昭格署,宗廟署,社稷署,平市署,司醞署,義盈庫,長興庫,氷庫<정6품>掌苑署,司圃署<종6품>養賢庫,典牲署,司畜署,造紙署,惠民署,圖畫署,典獄署,活人署,瓦署,歸厚署,四學一五部,內侍府<雜職>掖庭署<外官職>京畿,崇義殿,忠淸道,太一殿,慶尙道,全羅道,黃海道,江原道,咸鏡道,平安道<土官職>咸興府,平壤府,義邊大都護府,義州牧,會寧,慶源,鍾城,穩城,富寧,慶興,江界都護府	<新設>耆老所,備邊司,宣惠廳,堤堰司,江華府,世孫講書院,[各殿],[各陵],崇仁殿, <革罷>典涓司,昭格署,司醞署	<新設>瀋川司,奎章閣,景慕宮,[園/各園],[各墓],崇德殿,崇靈殿 <移管>敎書閣→奎章閣/掌隷院→刑曹/歸厚署→戶曹* <革罷>內資寺,內贍寺,司瞻寺,典艦司
戶典	<屬衙門>內資寺,內贍寺,司䆃寺,司瞻寺,軍資監,濟用監,司宰監,豊儲倉,廣興倉,典設司,平市署,司醞署,義盈庫,長興庫,司圃署,養賢庫,五部		<屬衙門:革罷>司瞻寺,司醞署 <移管>豊儲倉→長興庫
禮典	<屬衙門>弘文館,禮文館,成均館,春秋館,承文院,通禮院,奉常寺,校書館,內醫院,禮賓寺,掌樂院,觀象監,典醫監,司譯院,世子侍講院,宗學,昭格署,宗廟署,社稷署,氷庫,典牲署,司畜署,惠民署,圖畫署,活人署,歸厚署,四學,文昭殿/延恩殿 參奉		<屬衙門:新設>景慕宮官 <移管>校書館→奎章閣 <革罷>文昭殿,延恩殿,宗學,司畜署,歸厚署
兵典	<屬衙門>五衛,訓練院,司僕寺,軍器寺,典設司,世子翊衛司 <京官職:정1품>中樞府<정2품>五衛都摠府<정3품>五衛[義興衛,龍驤衛,虎賁衛,忠佐衛,忠武衛],兼司僕將[禁軍],內禁衛將[禁軍廳],訓練院<정5품>世子翊衛司<外官職>京畿,忠淸道,慶尙道,全羅道,黃海道,江原道,咸鏡道,平安道<雜織>破陣軍,隊卒彭排	<屬衙門:新設>世孫衛從司 <新設>羽林衛將[禁軍廳],世孫衛從司,軍營衙門,訓練都監,禁衛營,御營廳,守禦廳,摠戎廳,經理廳,扈衛廳,龍虎營[禁軍廳],捕盜廳,管理營,鎭撫營,別軍職廳,內司僕寺,能麽兒廳,忠壯衛將,忠翊衛	<新設>宣傳官廳,守門將廳,四山參軍 <革罷>經理廳,破陣軍,隊卒彭排

	<土官職>咸興府,平壤府,寧邊大都護府,鏡城大都護府,義州牧,會寧,慶源大都護府,鍾城,穩城,富寧,慶興大都護府,江界都護府	將,空闕衛將,儀仗庫,禁軍,騎步兵,禁軍,各營軍士	
刑典	<屬衙門>掌隸院,典獄署		<屬衙門:革罷>掌隸院
工典	<屬衙門>尙衣院,善工監,修城禁火司,典涓司,掌苑署,造紙署,瓦署		<革罷>典涓司,修城禁火司

- 『경국대전』과 『속대전』은 『대전통편』내 刪削 이전 형태 기준.

　그러므로『대전통편』은 두 대전에서 윤곽이 잡힌 체제를 산삭하여 조율하는 역할을 맡았다. 이는 기존의 법체계에 대한 집대성과 조정이라는 의미를 아울러 내포한다.

　두 대전을 중심으로 보완된 부분을 살펴보면,「이전」에서는 효孝를 강조하는 분위기가 감지된다. 수령으로 보임된 자에게 노친老親이 있으면 휴가를 허용하였으며,[20] 부모를 공양하기 위해 외직外職을 자원하는 걸군乞郡을 청할 때에는 양가養家나 생가生家를 위한 것을 막론하고 허용하였다.[21] 그밖에도 영조대 설치한 준천사는 실제 청계천 바닥에 토사土砂가 쌓여 재해를 유발하는 상황에 대한 대응이었을 뿐만 아니라,[22] 이는 조종祖宗을 계술하고 요순의 덕화德化를 과시하는 것은 왕정王政의 일환이었다.[23]

　「호전」은 본래『경국대전』에서는 횡간橫看과 공안貢案에 따라 쓴다고 하여, 국가의 재정이 미리 예산으로 편성되어있고 수세收稅 대상이 정확하게 파악되고 있음을 의미한다.『속대전』에서는「대동사목大同事

---

20)『大典通編』「吏典」差定.
21)『大典通編』「吏典」雜令.
22)『大典通編』「兵典」京官職, 濬川司.
23) 준천은 다음 참조. 염정섭,「조선후기 한성부 준천의 시행」『서울학연구』11, 서울시립대학교 서울학연구소, 1998; 윤정,「영조의『성학집요』진강과 정책적 활용: 탕평·균역·준천과의 상관성」『한국문화』38, 2006; 강문식,「영조대 준천시행과 그 의의」『영조의 국가정책과 정치이념』, 한국학중앙연구원출판부, 2012.

目」을 추가하여, 전세田稅의 금납화로 인한 변화상을 반영하도록 하였다. 또『대전통편』에서는『탁지정례度支定例』(영조25, 1749)를 준용한다고 하여, 국가재정의 운영체계를 보완하면서 이를 법전에 명문화하였다.24) 또 서적 발간시 임금에게 지시를 받도록 하는 등 적극적인 서적정책을 펼쳤으며, 신전新廛, 신계新契는 임금의 윤허가 필요하도록 하는 등 상업정책에도 간여하였다.25) 아울러 균역법으로 인한 세제稅制 변화도 반영되었는데,26)「공전」과도 연동되었다.27)

「예전」에서는『경국대전』의『국조오례의』준용 외에도,『속대전』에서 의주儀註는『속오례의』를 함께 적용한다는 문구가 삽입되었는데,『대전통편』에 와서 상례喪禮는『상례보편喪禮補編』을 함께 적용한다는 구절이 추가되었다.28) 영조중반에 집대성된『상례보편』을 대전大典체제 내에 편입시켰다.

평안도 및 황해도 등 북방지역에 대한 정책도 변화가 두드러진다. 이 지역에서는 과거 시험장이 설치되는 해에 중국 칙사勅使가 와도 시행하도록 하여,29) 시험 횟수가 줄어드는 것을 방지하고 이들 지역 인재 선발에 관심을 보이고 있다. 특히「병전」에서 이러한 정책의 실효성이 적극적으로 확인된다.

국가의 문서행정체계도 재정비하였다. 새보璽寶의 기능을 분리하여, 국가의 인장 관리에도 주의를 기울였다. 대보大寶는 사대문서에 사용하게 하고, 시명지보施命之寶는 교명敎命·교서敎書·교지敎旨 등에, 이덕보以德寶는 통신문서, 유서지보諭書之寶는 유서諭書에, 과거지보科擧

---

24)『經國大典』「戶典」經費;『續大典』「戶典」經費;『大典通編』「戶典」經費.
25)『大典通編』「戶典」雜令.
26)『大典通編』「戶典」魚鹽·外官供給.
27)『大典通編』「工典」舟車.
28)『續大典』「禮典」儀註;『大典通編』「禮典」儀註.
29)『大典通編』「禮典」諸科.

之寶는 과거관련 문서에, 동문지보同文之寶는 서적을 나누어줄 때 각기 구분하여 사용하였다.[30] 아울러 군문軍門에서 병조로 관문關文을 통용할 때, 군문에서는 해서楷書로, 병조에는 초서草書로 관문을 쓰도록 행정체계를 새롭게 하였다.[31] 중앙에서 내려가는 명령은 군사기밀로서 난독에 속하는 초서로 기재하고, 중앙에 보고되는 문서는 해서로 표기하여 보고내용이 명확하도록 하였다. 행정과 관련하여 「병전」에서는 관리가 여행시 노문路文을 지참하도록 제도를 정비하였다.[32]

「병전」에서는 일부 민생과 관련되는 조목이 보이는데, 사산참군四山參軍을 두어 소나무 도벌을 금하도록 하는 정책이 수반되었다.[33] 또 남한산성南漢山城의 장교와 군병 등에게는 특별히 전지田地 180결結을 급복給復하도록 하였다. 사실상 우대책이었다.[34] 비상시 수도를 지키는 최후의 보루가 되는 곳이기에 특혜를 베풀었다. 아울러 삼군문三軍門에서는 약방藥房을 두고 병이 있는 둔졸軍卒은 구호救護하고 치료하도록 하였다.[35] 황구黃口(5세 이하)와 아약兒弱(14세 이하)을 군역에 충정한 수령은 사안의 경중에 따라 논하였다.[36] 또한 백성의 전결田結에서 마초馬草를 거두어 모으는 것은 불허하였으며, 관청 곡식을 나누어 준 후, 그 양에 따라 마초의 비축만을 허락하고 위반하는 수령은 처벌하였다.[37] 군무軍務에 관한 일이나 대궐문에 허가없이 함부로 들어간 사람 외에는 곤장棍杖을 쓰지 않도록 하였다.[38]

---

30) 『大典通編』「禮典」璽寶.
31) 『大典通編』「禮典」用文字式.
32) 『大典通編』「兵典」路文.
33) 『大典通編』「兵典」京官職, 四山參軍.
34) 『大典通編』「兵典」復戶.
35) 『大典通編』「兵典」免役.
36) 『大典通編』「兵典」給保.
37) 『大典通編』「兵典」積芻.
38) 『大典通編』「兵典」用刑.

(2)「병전」의 재조명

①「형전」에서「병전」으로

조선후기 법제편찬은『경국대전』이후 변화된 현행법을 보다 상위의 국법체계 내로 편입시켜서 시행의 근거를 강화하는데 있었다. 이 과정에서『경국대전』이후의『대전속록』,『대전후속록』,『수교집록』,『신보수교집록』등 각종 속록류는『속대전』이라는 하나의 법전으로 재탄생하였고, 이제『경국대전』과『속대전』을 통합하는 것이 새로운 관건으로 대두했다. 정조연간 법제정비의 궁극적인 목적은 여기에 있었다.

이 과정에서 약간의 변화가 감지된다. 17세기 이래 강화되어온「형전」 대신「병전」이 주요하게 부각되었기 때문이다. 조선후기 제도의 변화에서 가장 큰 부분 중의 하나가 병제의 개편이었다. 다양한 분야에 걸친 변화상이 18세기 법제정비사업에 반영되었지만, 외형적인 틀이 가장 많이 바뀐 부분은 아무래도 병제兵制였다.[39) 그 변화상은 기실 뼈대를 이루는 부분은 대개 영조대 국법체계 내에 반영되기 시작했다.

먼저 병제는『신보수교집록』,『증보전록통고』등에 산입되었으며『속대전』을 통해서 골격이 갖추어졌다. 오위가 오군영으로 변화하는 과정은『신보수교집록』을 통해서 처음 수록되었고,『속대전』에는 우림위장羽林衛將, 세손위종사, 훈련도감, 금위영, 어영청, 수어청, 총융청, 경리청, 호위청, 금군청禁軍廳, 포도청, 관리영, 진무영, 별군직청, 내사복시, 능마아청, 충장위장忠壯衛將, 충익위장忠翊衛將, 공궐위장空闕衛將, 의장고, 금군禁軍, 각영군사各營軍士, 기보병騎步兵 등이 새롭게 편입되었다. 이렇듯 변화된 병제의 윤곽은『속대전』를 통해서 대체로 반영되

---

39) 조선후기 五軍營制는 다음 참조. 이태진,『조선후기의 정치와 군영제 변천』, 한국연구원, 1985; 오종록,「조선후기 수도방위체제에 대한 일고찰: 오군영의 삼수병제와 수성전」『사총』33, 역사학연구회, 1988; 육군군사연구소,「중앙 5군영의 확립」『한국군사사7: 조선후기Ⅰ』, 경인문화사, 2012.

었다. 반면에 항목상 분류만 보면,『대전통편』에서 새로이 수록된 경우
는 선전관청宣傳官廳, 수문장청守門將廳, 용호영(←금군청),[40] 사산참
군四山參軍 등에 불과했다.

〈표23〉 조선시대 중앙군제의 변화와 「병전」증보

	經國大典	續大典	大典通編
정1품	中樞府	中樞府	中樞府
정2품	五衛都摠府	五衛都摠府	五衛都摠府
정3품	五衛[義興衛,龍驤衛,虎貫衛,忠佐衛,忠武衛],兼司僕將[禁軍廳],內禁衛將[禁軍廳],訓練院	五衛[義興衛,龍驤衛,虎貫衛,忠佐衛,忠武衛],兼司僕將[禁軍廳],內禁衛將[禁軍廳],羽林衛將[禁軍廳],訓練院	五衛[義興衛,龍驤衛,虎貫衛,忠佐衛,忠武衛],兼司僕將[禁軍廳],內禁衛將[禁軍廳],羽林衛將[禁軍廳],訓練院,宣傳官廳
정5품	世子翊衛司	世子翊衛司	
종6품		世孫衛從司,[軍營衙門],訓練都監,禁衛營,御營廳,守禦廳,摠戎廳,經理廳,扈衛廳,禁軍廳,捕盜廳,管理營,鎭撫營	世孫衛從司,守門將廳,軍營衙門,訓練都監,禁衛營,御營廳,守禦廳,摠戎廳,扈衛廳,龍虎營(←禁軍廳),捕盜廳,管理營,鎭撫營
散職		別軍職廳,內司僕寺,能麼兒廳,忠壯衛將,忠翊衛將,空闕衛將,儀仗庫	別軍職廳,內司僕寺,能麼兒廳,忠壯衛將,忠翊衛將,空闕衛將,儀仗庫,
雜織	破陣軍,隊卒彭排	禁軍,各營軍士,騎步兵	禁軍,各營軍士,騎步兵

- 『속대전』宣惠廳과『대전통편』濬川司는 「吏典」인데,『大典會通』에는 「兵典」으로 편입하여 제외함.
- 굵은 표시는 신설 衙門.

대부분의 병제는 이미 영조대 편찬된『속대전』에 반영되었는데, 어째
서 정조대 편찬된『대전통편』에서 「병전」의 비중이 더 높게 나타나는
것일까? 여기에는 법전편찬의 상황과 목적이 다소 달랐기 때문이다. 법
전편찬에는 일정비율의 당대 현행법을 반영하는 것이 기본이지만, 이전
시기 미처 국법체계 내에 편입되지 못한 선왕의 법제도 수록해야 했다.
『속대전』의 반영법제는 성종대까지 거슬러 올라가는 반면에,『대전통편』
의 기본적인 반영내용은 영조후반부터이다. 물론 사안에 따라 각기 이전
시기를 다루기도 한다. 그래서 전자는 조선후기의 변화상을 다루는 것이

---

40) 영조중반 禁軍의 처우개선에 심혈을 기울여 禁軍廳을 龍虎營으로 개칭하였
   다. 이태진, 앞 책, 1985, 247~261쪽.

주목적이며, 후자는 정조 당대에 보완된 내용이 주를 이루게 되었다. 이는 국왕의 의도를 보다 적극적으로 『대전통편』에 반영하게 되는 계기가 되었다.

이 때문에 『대전통편』의 다양한 법제는 설령 선왕대 내용이라 할지라도 당대 정조의 의도대로 재해석되고 윤문되어 수록되었다. 그래서 실제 운영상의 미시적인 부분은 정조연간에 집중적인 보완과정을 거치게 되었다. 정조대 법제정비는 처음 『수교집록』 속편의 기획으로 출발하였기 때문에, 우선 『속대전』 이후의 누적된 수교를 집대성하는 것이 가장 기초적인 작업이었다. 그래서 영조후반~정조전반 새로이 만들어진 수교는 차곡차곡 정리되어 대문 '증'자로 구분되었으며, 이전의 법제를 개정하거나 보완한 내용은 세주 '증'자로 표기되었다.

『대전통편』에서는 육전 중 단연 「병전」의 증보율이 가장 높게 나타난다. 이것은 숙종대 『수교집록』이나 영조대 『신보수교집록』에서 「형전」이 각기 약 40%이상 차지하는 것과는 사뭇 다른 수치이다.[41] 정조는 『대전통편』을 만드는 과정에서도 "새로 첨가하는 조문은 신중하지 않을 수 없으니 사율死律에 관계되는 것은 하나도 넣지 않는다"고 하여 「형전」 증보가 중심이 아니었다.[42]

<표24> 『대전통편』 증보조문의 비율

	吏典	戶典	禮典	兵典	刑典	工典
大文 增字	138	56	90	176	44	6
細註 增字	198	91	105	324	70	24
소계	336	147	195	500	114	30

- 단, 大文 增字는 실록(吏典 212, 戶典 73, 禮典 101, 兵典 265, 刑典 60, 工典 12)과 해제(工典 11)가 다르나 본표에서 보정함(『正祖實錄』卷20, 正祖 9年 9月 丁巳(11日); 염정섭, 「『대전통편』 해제」 『대전통편』상, 서울대학교 규장각, 1998, 17쪽).

41) 구덕회, 앞 글, 2001, 12쪽 "<표2> 각전 수록 조항과 항목 수"; 구덕회·홍순민, 앞 글, 2000, 14쪽 "<표1> 각전 수록 조항과 항목 수".
42) 『國朝寶鑑』卷 71, 正祖朝 3, 9年 9月.

특히, 국왕은『대전통편』에서「병전」이 가장 세밀하다고 자평自評하였기에 그 주안점이 어디에 있었는지 자명하다.[43] 곧 정조연간 법제정비의 초점은「병전」이 중심이었다. 그리고 다음 비중은「이전」으로 제도적 수정이 요하는 부분에 대한 적극적인 보완이 이루어졌다. 반면에「형전」은 증보율이 5위에 그치고 있어, 대체로『속대전』에서 확립한 관형주의를 보완하는 선에서 마무리되었다.

〈표25〉숙종~정조연간 법제서의 육전六典 구성비율

	受教輯錄	新補受教輯錄	續大典	大典通編
吏典	115	204	242	138
戶典	161	229	122	56
禮典	130	145	198	90
兵典	181	176	256	176
刑典	402	611	282	44
工典	7	35	39	11

-『속대전』과『대전통편』은 大文을 기준으로 조문수를 처리함.

대문大文의 조문수는『속대전』「병전」이 256개,『대전통편』「병전」이 176개로 적지만,『대전통편』자체의 비중으로는「병전」이 압도적이다. 게다가 세주細註 324개까지 합산하면 수정한 곳은 총 500개가 되므로 결코 적지 않은 분량이다.

② 융정戎政의 정비

『대전통편』「병전」중 제도의 개편은 정조연간 비교적 중요하게 인식되었던 제도가 대거 편입되었다. 바로 당대 융정戎政의 방향을 반영하였다. 첫째,『대전통편』에서 구현되는「이전」의 지방관제의 변화는「병전」에서 확인되는 육군과 수군의 지휘권과 밀접한 연관 속에서 진행되었다.

---

43)『正祖實錄』卷19, 正祖 9年 2月 癸卯(23日).

국초부터 팔도八道의 관찰사가 행정·사법·군정의 3권을 장악하였는데, 18세기에도 이러한 흐름 속에서 조정되었다. 행정장관으로서 관찰사(종2품)와 군통수권자로서 병마절도사(종2품)의 지위가 동시에 부여되었다.

둘째, 육군陸軍에 더불어 수군水軍도 아울러 정비되었다. 우선 임진왜란을 계기로 만들어진 수군통제사水軍統制使의 직위를 필두로 각기 수군통어사 및 수군절도사가 조정되었다. 특히 북방지역을 제외한 다른 지역은 반드시 병마사를 뽑을 때 수사水使를 경험한 인물을 뽑도록 하여 수군을 강화하고자 하였다.

게다가 수군의 변선兵船제도 역시 확연히 바뀌었다. 국초『경국대전』에서는 대·중·소의 맹선猛船을 기준으로 구분하였는데,『속대전』에서는 보다 구체적으로 전선戰船, 방선防船, 병선兵船, 구선龜船, 해골선海鶻船, 소맹선小猛船, 사후선伺候船, 탐선探船, 거도선艍舠船, 급수선給水船, 협선挾船, 별소선別小船, 추포선追捕船 등으로 변하였다. 이는 각기 구체적인 용도에 따라 세분화된 것이다. 보다 군제가 세밀하게 정비되어, 병선의 제도는 이후『대전통편』에서는 달리 수정되지 않았다.

셋째, 정조연간 잦은 법제의 제정과정이 실록에 구체적으로 나타난다. 각 시기별로 다양한 분야에 걸친 절목節目(事目)이 만들어졌다. 절목에서도 비중은 여전히 군제와 관련된 사안을 증보하는 비중이 높게 나타난다.[44] 이는『대전통편』「병전」의 증보의 빈도가 다른 어느 법제서보다 높은 것과도 관련이 있다. 정조연간 무비武備[45]에 대한 관심이 그 어느 때보다 높았기 때문에 실무규정이 절목으로 정비되고, 당대의 분위기가

---

44) 實錄을 기준으로 정조연간 확인되는 事目(節目)은 52개에 달한다. 이 중 20개가 戎政에 관한 것으로 가장 비율이 높다. 본서 <표32> '정조연간 절목류와『대전통편』산입정도' 참조.

45) 실록에서 '武備'는 총체적인 戎政의 일환으로 사용되었다.『正祖實錄』卷8, 正祖 3年 8月 甲寅(3日)·戊午(7日)·11月 丁未(27日);『正祖實錄』卷12, 正祖 5년 10月 庚寅(21日) 등 참조.

자연스레 법제정비과정에서 대전에 반영된 것이다. 이는 대전의 편찬이
당시 법제정비의 흐름과 밀접한 연관관계 속에서 이루어졌기 때문이다.
이는 기왕에 알려진 18세기 문치주의文治主義와 더불어 국왕과 위정자
들의 무비에 대한 관심이 어느 때보다 높았음을 확인해 볼 수 있는 자료
이다.

　넷째, 무신武臣 선발기준의 확대이다.46) 더욱이 '시취試取'에서는 보
다 체계적인 인재선발을 규정하고 있다.『경국대전』이래의 제도가 기반
이 되고 있지만, 실제 57개 종류의 시험 중 16개만이 국초에 만들어진
제도였다.『속대전』에서 정비된 항목은 신설된 항목이 32개이고, 보완
된 항목이 2개이다.『대전통편』은 9개 항목이 신설되었고, 12개 항목에
걸쳐 수정되었으며, 기존의 6개 항목을 폐지(또는 조정)되었다. 대체로
영조연간 집중적인 변화가 보이고 이를 정조연간에 보완한 내용이다.

---

46)『大典通編』「兵典」試取.

〈표26〉『대전통편』「병전」'시취試取'의 항목

번호	내 용	經國大典	續大典	大典通編	번호	내 용	經國大典	續大典	大典通編
1	武科式年[初試/覆試/殿試]	○	○	○	30	吹螺赤	○		
2	都試	○	○		31	馬醫	○		
3	別試[初試/殿試]		○	○	32	宣傳官/武兼宣傳官/部將/守門將/禁軍/護衛軍官/忠翊衛		○	○
4	廷試[初試/殿試]		○		33	武藝砲手		○	
5	謁聖試[初試/殿試]		○		34	殺手		○	
6	重試[初試/殿試]		○		35	旗隊長		○	
7	權武科[殿試]			○	36	宿衛騎士		○	○
8	外方別科[初試(?)/殿試]		○	○	37	砲手		○	
9	觀武才[初試/覆試(殿試)]		○	○	38	文臣堂下官		○	
10	內禁衛	○		○[폐지]	39	武臣堂上官		○	
11	宣薦內禁衛			○	40	武臣堂下官		○	
12	禁軍		○		41	專經殿講			○
13	別侍衛/親軍衛	○		○[폐지]*	42	賓廳講		○	○
14	禁御兩營騎士			○	43	武經講		○	
15	甲士	○		○[폐지]*	44	能麽兒講		○	
16	都摠府堂下官/部將/宣傳官	○		○	45	各營將官		○	
17	內三廳出身		○	○	46	射講			○
18	內三廳南行		○		47	咸鏡道親騎衛		○	○
19	武藝	○		○[폐지]	48	平安道別武士		○	
20	堂上軍官		○		49	黃海道別武士		○	○
21	哨官		○		50	江原道別武士		○	
22	教鍊官		○		51	慶尙道別武士			○
23	破敵衛	○		○[폐지]	52	江華壯義旅		○	
24	壯勇衛	○		○	53	統營武士		○	
25	捉虎甲士	○			54	東萊別騎衛		○	
26	正兵旅帥/隊正	○			55	南漢軍官			○
27	當番正兵鍊才	○			56	水原/坡州 別驍騎士			○
28	當番水軍鍊才	○			57	諸道馬兵			○
29	隊卒	○		○[폐지]					

- 『大典通編』「兵典」試取에는 "內禁衛"와 "別侍衛/親軍衛"는 『經國大典』 조문이나 지금은 폐지한
  다고 하였으나, 다음 항목에서 "宣薦內禁衛"와 "禁御兩營騎士"으로 재설정함.

2. 『대전통편』체제의 구현

1) 『전률통보』의 법제일원화

(1) 구성방식

① 판본 검토

『대전통편』이 만들어지던 해에 바로 찬집에 들어간 법전이 바로 『전률통보典律通補』이다.[47] 초고본은 영조연간에 사찬으로 편찬된 것으로 알려져 있다. 하지만 현전하는 최종 완성본은 정조의 명命으로 진행되었고 편찬 목적 역시 국왕의 인식과 동일하기 때문에 『전률통보』의 내용에 주목해 보아야 한다.[48] 이 법전은 사찬인 『백헌총요百憲總要』을 증보하되,[49] 국가주도의 대전류 편찬인 『대전통편』의 흐름을 계승하는 작업이었다. 전자가 실무지침서로서 기능하였다면, 후자는 대전류로서 국가의 근간법제를 집대성하였다. 여기에 현행법만을 재정리한 『전률통보』가 등장하였다.

현전하는 판본은 서울대학교 규장각한국학연구원 소장 5종의 필사본이 있다. <奎 4306>본은 영조 37년(1761)에 만들어졌다고 하며, 그외 <奎 4774>, <奎 4456>, <奎貴 1377>, <古 5120-26> 등 4종은 정조 10년(1786) 전후의 판본이라고 한다.[50] 이는 전자와 후자의 항목 구성이 확연히 구분되기 때문이다.[51] 이외에도 추가적인 증보도 상당 부

---

47) 『典律通補』의 편찬 및 구성은 다음 참조. 심재우, 「『전률통보』해제」『典律通補』상, 서울대학교 규장각, 1998, 5~25쪽.
48) 『典律通補』는 영조 37년(1761)본과 정조 10년(1786)본이 있으나, 본격적인 수정과 최종완성본은 정조대에 만들어졌다. 심재우, 같은 글, 1998, 12쪽.
49) 심재우, 같은 글, 1998, 10쪽.
50) 심재우, 같은 글, 1998, 12쪽.

분 이루어져, 각 판본은 약간의 차이가 보인다. 대체로 <奎 4306>→ <奎 4774>→<奎 4456>→<奎貴 1377>→<古 5120-26> 등의 순서로 만들어진 것으로 보인다.52)

② 수록 범위

『전률통보』는 서명書名에서 보이는 것처럼 전전(大典類)과 율律(大明律)를 통합한 법전이다. 그래서 각기 절반정도씩 합쳐진 것으로 오해될 여지가 많으나 실상은 좀 다르다. 명목상 두 체계를 결합하는 것으로 규정되어있지만, 사실상 『전률통보』는 기존의 모든 법체계를 현행법을 중심으로 집대성하였다. 대전류와 『대명률』뿐만 아니라, 예제류禮制類에서 기타 법식法式에 이르기까지 전범위에 걸쳐 실제 운영되는 법제가 총망라되었다.

실제 『전률통보』에 각종 법제의 출전을 정리해 보면 <표28>과 같다. 대전류의 비중이 가장 크다. 세 개의 대전이 포괄되었을 뿐만 아니라, 정조연간 보완부분은 『대전통편』외에 새로이 추가된 내용을 '보補'자로 표기하였다. 또한 대전류가 주요 내용이었으나, 이외에도 『경국대

---

51) 두 가지의 판본을 살펴보면, 「吏典」에서 전자는 '爵品'이었는데 후자는 '官階'로 수정되었고, 「禮典」에서 '國恤'이던 것이 '喪禮'로 바뀌었다. 두 판본에 대한 상세한 비교는 다음 글 참조. 심재우, 같은 글, 1998, 23쪽, "<부표> 1761년 전률통보(A)와 1786년 전률통보(B)의 원편 항목 비교"

52) 〈표27〉 『전률통보』 판본별 특징

구분	奎 4306	奎 4774	奎 4456	奎貴 1377	古 5120 26
시기	영조 37년	정조 10년 전후	정조 10년 전후	정조 10년 전후	정조 10년
특징	-草稿本 -본문: 出典표기 -頭註: 현행시 행여부	-본문/목록에 出典표기	-본문/목록에 出典표기 -出典 사실을 원형 혹은 방형으로 묶어줌	-최종완성본 -정교한 정서본 -본문/목록에 出典표기 -出典 사실을 원형 혹은 방형으로 묶어줌	-필사본 -민간 유통본 -크기가 작음.

〈표28〉『전률통보』의 출전出典

	經國大典	續大典	大典通編	補完	기타	大明律
吏典	349	282	195	209	2	4
戶典	51	232	117	165	3	15
禮典	169	236	138	274	155	26
兵典	190	417	263	323	14	22
刑典	141	272	66	92	15	127
工典	21	35	29	15	0	9
補別編	59	3	11	81	61	0
소계	980	1,477	819	1159	250	203
비율	20%	30%	16%	23%	5%	4%
	4,685					203

- 기타: 경국대전주해[解], 무원록[無寃], 오례의[五禮], 속오례의[續禮], 흠휼전칙[欽恤], 상례보편 [補編], 통문관지[館志] 등
- 본표는 <부표8> '『전률통보』의 구성'의 小計를 토대로 작성.『국조오례의』,『속오례의』,『흠휼 전칙』,『상례보편』,『통문관지通文館志』 등 아국법이 포함되었다. 특히, 육전의 구성을 살펴보 면, 각기 대전류의 비중이 압도적이다. 그러므로 대전체계를 가장 중심에 두고, 아국법과 중국법 을 하나의 체계 속에서 묶어내고자 하는 시도로 볼 수 있다.

전주해』, 이는『대전통편』의 찬집으로 기존의 대전류가 하나의 체계 속 으로 이미 집대성되었기에 가능한 방식이었다. 곧『대전통편』을 축으로 하여 현행법만을 묶고 기타 법제를 비교하여『대명률』과 합본하였다. 『전률통보』에서 전반적인 아국법 대 중국법의 비율은 4,685 : 203으로 약 23 : 1로 나타난다. 오직「형전」에서만 아국법과『대명률』의 비율은 약 4.6 : 1로『대명률』의 비중이 가장 높게 나타난다. 이것은『대명률』의 실제 활용현황이 18세기에는 현저히 줄어들고 있었고, 형정에서조차 그 수용빈도가 아국법보다 적은 빈도를 나타내고 있음을 의미한다.[53] 그러 므로『전률통보』를 이해하기 위해서는「형전」과 같이『대명률』이 상당 히 활용된 예외적인 사례에 대한 검토도 필요하지만, 나머지 오전五典에 서 보이는 일반적인 대전류 우위현상도 살펴보아야 한다.

---

53) 조지만, 앞 책, 2007, 185쪽, 318~319쪽; 심재우, 앞 논문, 2007, 121~153 쪽; 김백철, 앞 책, 2016, 151쪽, 157쪽, 485~488쪽.

(2) 육전의 성격

① 대전류大典類 우위의 「호전」

『전률통보』「호전」은 '호적戶籍', '양전量田', '연분年分', '전세田稅', '대동大同', '균역均役', '조전漕轉', '잡세雜稅', '요역徭役', '창고倉庫', '조적糶糴', '비황備荒', '제전諸田', '녹과祿科', '외관공급外官供給', '해유解由', '잡령雜令' 등 총 17개 항목으로 구성되어있다. 이 중 '호적', '양전', '조전', '잡세', '창고', '제전', '녹과', '외관공급', '해유', '잡령' 등은 『대전통편』과 항목명까지 일치한다. 대체로 이를 계승하여 정리한 내용이다.

반면에 새롭게 설정된 항목도 눈에 띤다. '연분', '전세', '대동', '균역', '조적', '비황' 등은 이전에 독립적으로 분류되지 않던 소재를 항목화하고, 분산된 소재를 새로운 항목으로 묶음으로써 실무적으로 법전을 활용하는데 편리하도록 하였다.

출전상으로는 대전류와 이를 증보한 내용, 그리고 기타 아국법이 절대다수를 이루며, 협주挾註(小註) 등에서 15개 정도만 『대명률』을 인용하고 있다. 사실상 아국법으로 「호전」이 운영되고 있음을 보여준다. 이러한 현상은 「형전」을 제외한 다른 전典에서도 공통적으로 나타난다.

그런데 『대전통편』 중 가장 이해하기 어려운 부분은 '균역법'의 반영도이다. 균역법이 영조 20년대후반 타결되었기 때문에 이보다 앞서 편찬된 『속대전』에는 반영될 수 없었다. 『대전통편』에 이르러 비로소 대전체계 내로 명문화되었으나 그 반영도는 극히 소략하다. 기타 대동법이나 새로 설치한 규장각奎章閣 규정 등이 별도로 상세히 기재되어있는 것과 대조적으로 균역법은 하나의 항목으로 묶이지 못하고 지나치게 분산되어있다.

대동법은 숙종~영조대 집대성되어 『속대전』에 반영된 대표적인 세법이다. 『속대전』「호전」에서는 서두에서부터 「대동사목大同事目」을

〈표29〉『전률통보』「호전」의 구성

項目比교		出典비교					
大典通編	典律通補	경국대전	속대전	대전통편	보완	기타	대명률
1. 經費	1. 戶籍	6	10	3	1	0	2
2. 戶籍	2. 量田	7	7	1	1	0	1
3. 量田	3. 年分*	3	9	6	5	0	0
4. 籍田	4. 田稅*	4	17	12	17	0	0
5. 祿科	5. 大同*	0	18	4	10	0	0
6. 諸田	6. 均役*	0	0	3	5	0	0
7. 田宅	7. 漕轉	8	47	25	38	0	0
8. 給造家地	8. 雜稅	1	8	4	11	0	0
9. 務農	9. 徭役	1	12	3	11	0	3
10. 蠶室	10. 倉庫	0	10	5	6	0	4
11. 倉庫	11. 糶糴	0	18	6	13	0	0
12. 會計	12. 備荒*	0	9	9	6	0	0
13. 支供	13. 諸田	7	22	12	7	0	0
14. 解由	14. 祿科	10	14	3	8	0	0
15. 兵船載糧	15. 外官供給	1	4	1	3	0	0
16. 魚鹽	16. 解由	0	17	11	12	0	0
17. 外官供給	17. 雜令	3	10	9	11	3	5
18. 收稅		51	232	117	165	3	15
19. 漕轉							
20. 稅貢							
21. 雜稅							
22. 國幣							
23. 奬勸							
24. 備荒							
25. 買賣限							
26. 徵債							
27. 進獻							
28. 徭賦							
29. 雜令							

- ■ :『대전통편』과『전률통보』항목이 동일한 경우, * :『전률통보』신설 항목

여기에 추가하여,[54) 전세田稅의 금납화로 인한 변화상을 반영하도록 하였다. 그리고 『속대전』「호전」'요부徭賦'에서는 명확히 대동법의 시행

---

54) 『續大典』「戶典」經費.

사실이 명기되어있고, 관련세규도 자세히 기록되어있다. 공납이 대동법
으로 수정되어 해당 항목은 사실상 대동법을 설명하는 내용이다. 항목을
'대동'으로 고쳐도 손색이 없을 정도이다. 그래서 실제『전률통보』「호
전」'대동'과『속대전』「호전」'요부'는 대체로 일치하며 약간의 수정만
있을 정도이다. 뿐만 아니라, 정조초반 대표적인 업적인 규장각에 관한
규정도『대전통편』에 다양하게 반영되어있다. 그러나 초점은 「이전」에
중심을 두고 있으며,55) 사안에 따라 「예전」, 「형전」, 「병전」 등에 나누
어져 보충설명이 되어있다.56)

　　그러나 균역법은『대전통편』에서 매우 소략하다.57) 「호전」'어염魚
鹽'에서 어염선세魚鹽船稅의 규정이 나오고 「균역사목均役事目」의 적
용이 한 줄로 기재되었고, '외관공급外官供給'에서는 삼남지방 연읍沿邑
에서 인부대人夫代 및 쇄마가刷馬價를 미곡米穀으로 지급할 때 돈으로
대신 주어 균역청均役廳의 비축미備蓄米에 보탬이 되도록 한다고 하였
으며, 「공전」'주거舟車'에는 여러 궁가宮家와 각 관청의 선박은 모두
균역청에 속한다고 규정한 것이 전부이다. 영조후반~정조초반 균역법
에 대한 비판의식이 비등할 때의 분위기가 법전편찬에 반영된 것이다.58)
정조는 "균역은 선대왕(英祖)이 부세賦稅를 고르게 하고 신역身役을 감
해주고자 하는 뜻에서 만들었으나 법이 오래되어 폐단이 생겼다"고 보
았으나, 당장 이를 대체할만한 재정이 충분치 않아서 이정釐正하는 선에
서 그칠 수밖에 없다고 하였다.59)

---

55)『大典通編』「吏典」京官職, 從2品衙門, 奎章閣.

56)『大典通編』「禮典」藏文書·致祭·獎勸·京外官相見·用文字式;『大典通編』
　　「刑典」推斷;『大典通編』「兵典」廄牧.

57)『大典通編』「戶典」魚鹽·外官供給;『大典通編』「工典」舟車.

58)『英祖實錄』卷124, 英祖 51年 3月 庚午(22日);『正祖實錄』卷1, 正祖卽位年
　　6月 壬子(13日).

59)『正祖實錄』卷5, 正祖 2年 5月 癸亥(4日).

하지만 현실적으로 균역법이 시행되고 있는「균역사목」을 국법체계
내에 편입시키지 않을 수 없었다. 이미 영조대『여지도서輿地圖書』,
정조대『전률통보』, 순조대『만기요람萬機要覽』에는 별도의 항목을 세
워 반영하였다.[60] 특히『전률통보』에는 '균역'에 대해 대문大文으로 7개
의 조문을 설정하고, 이에 대한 48개의 상세한 세주細註까지 달렸다.[61]
전거典據도 기본적인 사안을 제외하면 대개『대전통편』이후 새롭게 보
충한 내용임을 표시하는 '보補'자가 달렸다. 이는『대전통편』의 불완전
성을 보완하는 목적이 상당히 컸음을 의미한다.

　실제『전률통보』의 출전비율을 살펴보면, 기존의 대전류에 대해 새로
이 보완한 비율이 무려 23%나 된다. 곧 대전체제하에서 법조문상 구현
되었던 다양한 층위의 내용이 실제 법집행에서는 많은 부분 실효성에 문
제가 제기되었고, 이를 보완하는데 주력하였다.

　이외에도 새로이 설정된 항목 중 '연분年分', '대동大同', '균역均役',
'조적糶糴' 등도『만기요람』에서 유사하게 항목이 만들어져 편입되었
다.[62]『만기요람』이 순조연간 실무행정을 위한 지침서로 편찬된 만큼,

---

60)『興地圖書』;『典律通補』「戶典」均役;『萬機要覽』財用編 3, 均役·結錢·移
　　劃·海稅·免稅結·軍官布·會錄·給代. ※『여지도서』에는 각 고을별로 '均稅'
　　항목이 각각 설정되어있고,『만기요람』에는 복수의 균역 관련 항목이 한곳에
　　순차적으로 배열되어있다.

61) 大文만 살펴보면 다음과 같다. "良丁之役, 減一匹. 公賤之貢, 減半匹. 而
　　以出於結役海稅, 收於軍官者, 給其代. ○結錢, 每結捧五錢. ○餘結收
　　稅, 依元結例. ○選武軍官, 每人收布一匹. ○船隻收稅, 鹽盆苔藿海衣田
　　漁箭, 亦收稅. ○船隻鹽盆藿田漁箭之屬, 每春初發送. 惠郞抽栍擲奸稅
　　案式年一改. ○以諸道會錄米木及軍作木, 留置該道以備給代不足之資."
　　『典律通補』「戶典」均役.

62) 〈표30〉『전률통보』「호전」과『만기요람』「재용편」의 관계

『典律通補』「戶典」	『萬機要覽』財用編
年分	年分
大同	戶曹貢物/大同作貢
均役	均役/結錢/移劃/海稅/免稅結/軍官布/會錄/給代/均役廳事例

한 시대 앞인 정조대 현행법을 체계적으로 정리한 『전률통보』가 주요한 대본이 되었을 것임은 짐작 가능하다.

② 『대명률』을 적극 활용한 「형전」

『전률통보』에서 『대명률』의 비중은 매우 소략한 편이지만, 유독 「형전」에서만은 활용비중이 큰 편이다. 그것은 육률六律로 구성된 『대명률』 중에서 형법과 관계되는 내용이 대거 「형전」으로 산입되었기 때문이다. 이때 다른 전典에는 주로 세주細註로 편입되는 양상을 보이지만, 「형전」에서는 『대명률』의 내용이 대문大文으로 반영되어 중심 조문의 한 부분을 이루기도 하였다. 이것은 형정에서 상당 부분 아국법의 비중이 증가하고 있다고 해도, 여전히 『대명률』이 일정 비율을 담당하고 있었음을 의미한다.

『전률통보』「형전」의 경우, 『대전통편』「형전」37개 항목과 『대명률』「형률」11개 항목을 중심으로 참고하여 총 33개의 항목으로 재편되었다. 먼저, 『대전통편』은 '추단推斷', '수금囚禁', '도망逃亡', '사령赦令', '간범姦犯', '검험檢驗', '청리聽理', '공천公賤', '사천私賤', '속량贖良', '금제禁制', '잡령雜令', '징채徵債'(호전) 등 12개 항목이 직접 반영되었다.

다음으로, 『대명률』은 '적도賊盜', '매리罵詈', '수장受贓', '사위詐僞' 등 4개 항목이 직접 활용되었다. 하지만 '살상殺傷', '고한辜限', '사화私和', '발총發塚', '실화失火'와 같이 명률의 조문이나 개념을 원용한 경우, '옥구도獄具圖', '오형도五刑圖', '명례名例'[63]와 같이 「형률」이외에서 가져온 경우도 보인다. 각 항목의 유래가 설령 서로 다르다 할지라도 실제 율문의 내용은 아국법과 중국법이 혼용되어 구성되는 경우가 많았다.

糶糴	糶糴

63) 단, 『전율통보』의 '명례'는 『대명률』「명례률」을 지칭하는 것이 아니라, 개념만 차용하여 아국법 체계를 설명한 것이다.

〈표31〉『전률통보』「형전」의 구성

항목비교			출전비교					
大典通編	大明律	典律通補	경국대전	속대전	대전통편	보완	기타	대명률
1. 用律	1. 賊盜*	1. 獄具圖*	1	1	1	1	4	6
2. 決獄日限	2. 人命	2. 五刑圖*	0	0	0	0	0	2
3. 囚禁	3. 鬪毆	3. 推斷	13	30	9	17	0	11
4. 推斷	4. 罵詈*	4. 囚禁	10	13	6	1	0	3
5. 禁刑日	5. 訴訟	5. 用刑	10	12	7	1	0	4
6. 濫刑	6. 受贓	6. 收贖	6	6	0	4	0	2
7. 僞造	7. 詐僞*	7. 逃亡	1	5	3	3	0	3
8. 恤囚	8. 犯奸	8. 赦令	0	5	1	0	0	3
9. 逃亡	9. 雜犯	9. 逆獄	1	9	4	1	0	5
10. 才白丁團聚	10. 捕亡	10. 綱常	0	1	1	1	0	0
11. 元惡鄕吏	11. 斷獄	11. 賊盜*	6	15	3	1	0	9
12. 銀錢代用	(名例)*	12. 受贓	0	0	0	0	0	1
13. 罪犯準計		13. 奸犯	0	4	0	0	0	5
14. 告尊長		14. 罵詈*	3	1	0	3	0	6
15. 禁制		15. 殺傷*	2	12	2	4	1	17
16. 訴冤		16. 辜限*	0	1	0	0	0	2
17. 停訟		17. 私和*	0	0	0	0	0	1
18. 賤妾		18. 復讎	0	0	0	0	0	2
19. 賤妻妾子女		19. 檢驗	1	5	2	3	0	2
20. 公賤		20. 發塚*	0	2	0	1	0	2
21. 私賤		21. 失火*	0	2	1	0	0	2
22. 賤娶婢産		22. 詐僞*	3	6	1	3	0	5
23. 闕內各差備		23. 訴告	4	4	1	1	0	4
24. 跟隨		24. 聽理	15	29	3	13	0	10
25. 諸司差備老跟隨奴定額		25. 徵債	4	6	1	2	0	2
26. 外奴婢		26. 公賤	17	27	6	8	0	0
27. 殺獄		27. 私賤	4	8	0	1	0	1
28. 檢驗		28. 分財	22	13	0	5	9	2
29. 奸犯		29. 贖良	4	9	0	2	0	0
30. 赦令		30. 禁制	7	27	11	7	0	3
31. 贖良		31. 雜令	0	16	3	7	1	7
32. 補充隊		32. 律名	6	0	0	1	0	4
33. 聽理		33. 名例*	1	0	0	1	0	1
34. 文記			141	272	66	92	15	127
35. 雜令								
36. 笞杖徒流贖木								
37. 決訟該用紙								

- ■ :『대전통편』과 항목이 동일한 경우, * :『대명률』과 항목이 동일하거나 개념을 원용한 경우

아울러 앞서 「호전」에서 흩어져있던 '균역'이나 '대동'에 관한 내용을 종합한 신설 항목이 필요했던 것처럼 「형전」에서도 형정 운영에 요긴한 사안을 재정리할 필요가 있었다. '역옥逆獄', '강상綱常', '수속收贖', '분재分財' 등이 해당한다. 평소 활용도가 높으나 적용 규정이 흩어져있거나 개념이 모호한 경우이다.

예컨대 '강상綱常' 항목은 『속대전』「형전」 '추단推斷'의 규정이 다소 모호한 부분을 보완한 것이다. 곧 '추단'에는 다양한 조문이 뒤섞여있어 어디까지가 명확히 강상죄의 범주로 볼 수 있을지 혼돈의 여지가 있었다. 또 강상죄는 대개 역모에 준해서 다루어졌으나, 죄질에 따라 엄격히 등급을 나누어 처벌하였다. 그래서 형법상 강상죄의 기준은 윤리적인 범주와 전혀 달랐다. 이것이 『전률통보』에서 독립 항목으로 '강상'을 설정한 이유이다.

더욱이 '강상'에는 대전류의 조문과 『대명률』의 조문이 모두 대문大文으로 한데 모아서 융합시켰다. 『대명률』은 조선에서 전체가 활용되지 않았기 때문에 적용 율문을 적시할 필요가 있었다.[64] 곧 강상죄의 구체적인 대상과 죄질 및 등급에 관한 규정이 『전률통보』를 통해서 재구성되었다. 이는 현행법의 운영상황을 가장 직접적으로 확인할 수 있는 자료이다.

2) 법제의 상시常時관리체계

정조연간 법제정비사업에는 당대 국법체계 전반을 다루는 『대전통편』이 찬집되었다. 또한 대전류와 『대명률』을 묶은 『전률통보』가 나왔으며, 예제를 정리한 『춘관통고春官通考』가 찬집되었다. 이로써 전典-예禮-율律의 삼법三法이 재정비되었다. 국법체계의 근간을 이루는 법제

---

64) 綱常罪의 실제 적용문제는 다음 참조. 김백철, 앞 책, 2016, 161~217쪽.

이외에 부수적인 법제도 정비되기 시작하였다.

첫째, 절목(사목)의 정리가 광범위하게 이루어졌다. 『정조실록』에는 이전 실록과 달리 각종 절목이 대거 세주細註로 기재되었다. 통상 실록에서 절목이 보이는 경우가 있으나, 정조대와 같이 빈번하게 절목을 모두 기입한 경우는 없었다. 후왕의 실록 편찬시에도 이러한 지침은 그대로 지켜졌다. 『정조실록』의 편찬방식은 비록 정조 사후에 확정되었으나, 정조대 법제정비의 제도적 틀을 준수한 것이다.

정조 당대에 이미 우의정 이병모李秉模는 "절목정식節目定式과 수교정식受敎定式 중 『대전통편』에 실리지 않은 것이 있고 반포한 뒤에 나온 새로운 정식도 있으니, 비국備局에서 편집 당상을 차출하여 삼가 『수교집록』의 예에 따라 일일이 수집하게 하고 이어서 매 3년마다 첨가해 편찬하여 영구히 계속해가는 것으로 정식을 삼아야 한다"고 하였다.[65] 이는 기실 대전류의 편찬 이후에도 3년간격으로 법규가 정리되는 체제가 만들어졌음을 의미한다. 곧 『정조실록』에 반영된 정교한 절목의 내용은 상시관리체제의 유산이었다. 따라서 약 1세기가 경과된 후에 나온 『대전회통』에서조차 정조후반 각종 조치가 고스란히 살아남아 실릴 수 있었다.

실록상의 절목을 산출해 보면 위와 같다. 정조 9년(1785) 『대전통편』 편찬이전의 절목과 『대전통편』의 내용을 비교해보면, 주로 무비武備와 규장각에 관련되는 내용이 직접적으로 반영되었고, 기타 절목은 시행세칙으로 간주되어 산입되지 않았다. 정조 원년(1777)에 서얼허통庶孽許通에 관한 절목이 만들어졌는데, 「통의절목通擬節目」으로 반영되었다.[66] 이 중 「유천기사절목有薦騎士節目」, 「초계문신강제절목抄啓文臣

---

65) 『正祖實錄』卷41, 正祖 18年 10月 癸未(29日).

66) 『正祖實錄』卷3, 正祖 元年 3月 丁亥(21日); 『大典通編』「吏典」限品敍用, 當宁(正祖) 元年 丁酉.

〈표32〉 정조연간 절목류와 『대전통편』 산입정도

연대	내용	구분	반영	연대	내용	구분	반영
정조1	帽稅事目	호전	×	정조14	漢旅新設節目	병전	
	(庶孼許通)節目	이전	○		分面節目*	병전	
	(成均館)圓點節目	예전	△	정조15	三學釐正節目	예전	
	宣鷹內禁衛事目	병전	△		粮餉釐整節目	호전	
정조2	扈衛廳革罷節目	병전	○		舟橋節目	병전?	
	推刷官革罷節目	형전	×		蓮花坊營屬民戶分契節目	?	
	有鷹騎士節目	병전	○	정조17	(平安道)各鎭給代節目	호전	
정조5	(奎章閣)故事節目	이전	△		禁旅節目	병전	
	抄啓文臣講製節目	예전	○		壯勇外營軍制節目	병전	
	抄啓文臣講製追節目	예전	△		粮餉釐整節目	호전	
	(直閣待敎會圈)節目	이전	△		華城協守軍制節目	병전	
	御眞奉審節目	예전	○		講製文臣追節目	병전	
	諸道馬兵都試節目	병전	○	정조18	楮竹田種養節目*	호전	
	濟州御史賣去事目	이전	×		惠慶宮誕辰陳賀節目*	예전	
	慰諭使事目	이전	×		書寫忠義遷轉節目	병전?	大典通編以後
정조7	京畿/湖西/湖南/嶺南/海西/關西/關北/關東]御使事目	이전	×	정조19	華城行宮整理修城穀饌雜節目	호전	
정조8	監門節目	병전	○		廣州府留守兼南漢守禦出鎭節目	병전	
	京獄檢驗事目	형전	△	정조20	廣州府設置添入節目	이전	
	交濟倉節目	호전	△		外整理所進節目	예전?	
정조9	兩湖作隊船節目	호전	△		漕運節目	호전	
	宣傳官廳節目	병전	×		帽蔘節目	호전	
	(長津鎭)節目	병전	×		華城實戶節目	호전?	
정조11	使行齎去事目	예전	大典通編以後	정조21	燕行節目	예전	
정조12	新定鄕軍節目	병전			蔘包節目	호전?	
	加髢申禁節目	형전			軍制協守追節目及守城節目	병전	
정조14	射講節目	병전		정조22	壯勇外營五邑軍兵節目	병전	

- ■: 병전, ○: 반영, △: 일부 취지 반영, ×: 미반영

講製節目」, 「어진봉심절목御眞奉審節目」, 「제도마병도시절목諸道馬兵
都試節目」, 「감문절목監門節目」 등은 실제로 『대전통편』의 구성에 영

향을 미친 절목이다. 결국 다양한 법제정리방식이 『대전통편』의 찬집에
도 활용되고 있었다.

비중이 가장 높은 부분은 「병전」이다. 정조연간 절목(사목) 중 군제와
관련된 경우는 다음과 같다. 「선천내금위사목宣薦內禁衛事目」(정조1,
1777), 「호위청혁파절목扈衛廳革罷節目」, 「유천기사절목」(정조2, 1778),
「제도마병도시절목」(정조5, 1781), 「감문절목監門節目」(정조8, 1784),
「선전관청절목宣傳官廳節目」, 「(장진진長津鎭)절목節目」(정조9, 1785),
「신정향군절목新定鄕軍節目」(정조12, 1788), 「사강절목射講節目」, 「한
려신설절목漢旅新設節目」, 「분면절목分面節目」(정조14, 1790), 「금려
절목禁旅節目」, 「장용외영군제절목壯勇外營軍制節目」(정조17, 1793),
「화성협수군제절목華城協守軍制節目」, 「강제문신추절목講製文臣追節
目」(정조18, 1794), 「광주유수부겸남한수어사출진절목廣州府留守兼南
漢守禦使出鎭節目」(정조19, 1795), 「군제협수추절목급수성절목軍制協
守追節目及守城節目」(정조21, 1797), 「장용외영오읍군병절목壯勇外營
五邑軍兵節目」(정조22, 1798) 등이다.

이상은 『대전통편』 「병전」 증보의 빈도가 다른 어느 법전보다 높은
것과도 관련이 있다. 정조연간 무비에 대한 관심이 그 어느 때보다 높았
기 때문이다.[67] 특히 절목의 반포는 『대전통편』 편찬 이후에도 지속적으
로 이루어지고 있어서 일종의 법제관리체계가 상시적으로 구축되어 운
영되고 있는 듯한 인상이 짙다.

둘째, 각종 법제 보완서가 편찬되었다.[68] 우선 각 아문의 연혁과 구체
적 행정사무를 다룬 『통문관지通文館志』, 『추관지秋官志』, 『규장각지

---

67) 정조대 능행은 다음 참조. 김문식, 「18세기후반 정조능행의 의의」 『한국학보』
88, 1997; 김문식, 「1779년 정조 능행과 남한산성」 『한국실학연구』8, 한국실
학학회, 2004.
68) 본서 <부표7> '정조연간 법제 편찬의 흐름' 참조.

奎章閣志』,『홍문관지弘文館志』,『탁지지度支志』등의 지류志類가 편
찬되어, 육전을 보완하였다. 지류志類는 대체로 연혁과 운영규정, 그리
고 실제사례를 부기하는 방식으로 편찬되어 해당 문제점에 대한 종합적
인 해법서와 같은 역할을 하였다.[69]

아울러 별도의 세칙細則도 간행되었다. 「흠휼전칙欽恤典則」과 「자휼
전칙字恤典則」은 한결같이 대전류의 「형전」과 「예전」을 보완하는 내용
으로 보다 세밀한 지침을 마련하여 운영상 문제점을 보완하는 역할을 하
였다. 조선전기 간행된 원대元代 법의학서 『무원록無冤錄』을 증보하여
『증수무원록增修無冤錄』이 여러 차례 간행되었다. 주로 살옥殺獄 관련
사안을 심리한 국왕의 판례집인 『심리록審理錄』도 편찬되었다.[70] 이 역
시 18세기 「형전」보완의 흐름을 구체적으로 반영한 법제서이다. 이외에
도 구체적인 주교사舟橋司의 업무를 다룬 『주교지남舟橋指南』이 편찬
되었는데, 국왕의 능행 행차를 돕는 기구에 대한 구체적인 지침서를 만
들어냈다.

각종 절목(사목)의 반포와 기타 법제서의 편찬은 『대전통편』을 보완
하기 위한 법체계 구현의 성격이 짙었다. 숙종대 이래 법제의 집대성과
국법체계의 위상이 주요 문제로 부각되었고, 영조대는 집대성된 법제를
새로운 체계 속에서 융합하여 하나로 통합하는 것이 주요 과제였다. 정
조대는 이제 법제정비의 기본 틀이 잡힌 상태에서, 『대전통편』를 중심
으로 국법체제를 정비하고 이를 뒷받침할 수 있는 상시적인 관리체계를
만들며, 구체적인 시행세칙을 편찬하여 국법체계를 확립하고자 하였다.
이러한 정비 노력은 『대전통편』체제의 구현과정으로 이해된다.

---

69) 志類의 이미 영조대부터 『度支定例』,『國婚定例』,『秋官志』,『東國文獻備
　　考』 등의 아문별(혹은 주제별) 서술이 기초가 되었으며, 정조대는 분야와 주
　　제를 더욱 발전시키고 확대해 나갔다.

70) 『심리록』 연구는 다음 참조. 심재우, 앞 책, 2009.

제2부

국법체계의 지향점

4장 국가의 사회변동 대응

1. 관권위상의 재조정

1) 흔들리는 사회질서

① 과거시험 부정방지책

조선후기 사회는 급격한 사회변동을 겪었다.[1] 사회윤리의식에서도 균열 현상이 포착된다. 첫째, 과장科場의 다양한 부정행위에 대한 처벌 조치가 단행되었다.[2] 『수교집록』에는 숙종 3년(1677) 부정을 한 시관試官이나 응시자는 처벌하였고,[3] 숙종 9년(1683) 각종 답안지 부정행위 및 대리작성에 대해 엄벌하였다.[4] 『신보수교집록』에도 숙종 22년(1696) 시

---

1) 조선후기 사회변동론은 다음 참조. 이태진, 「조선후기 양반사회의 변화」『韓國社會發展史論』, 일조각, 1992[『증보판 한국사회사연구』, 지식산업사, 2008 재수록].

2) 숙종후반 과거부정에 대한 입법조치는 다음 참조. 우인수, 「조선 숙종조 과거 부정의 실상과 그 대응책」『한국사연구』130, 한국사연구회, 2005, 83~121쪽.

3) "科場, 罪在試官, 則罪試官, 罪在擧子, 則罪擧子, 勿爲罷榜."『受敎輯錄』「禮典」科擧, 康熙 丁巳(숙종3); "凡科場, 罪在試官則罪試官, 罪在擧子則罪擧子, 勿爲罷榜."『續大典』「禮典」諸科.

4) "中外大小科場, 借述者, 代述者, 帶率隨從者, 不錄名攔入者, 符同易書用奸者, 首倡作亂罷場者, 朝官生進, 則邊遠充軍 勿揀赦前, 永停科擧. 幼學以下, 則限己身降定水軍, 永停文武科.……○書寫書吏等, 代寫冒入者, 或於朱草用奸者, 幷全家徙邊. 據康熙甲子九月日, 未科者及書寫書吏, 並皆水軍充定. 公私賤則絶島限己身爲奴."『受敎輯錄』「禮典」科擧, 康熙 癸亥(숙종9) 初定·康熙 甲子(숙종10) 改定; "學製陞補, 冒入寫手, 依大小科冒入之律減一等論

험장에 함부로 들어가거나 절차를 지키지 않아도 엄히 처벌하였다.[5] 숙종 24년(1698) 가족사항을 속이거나[6] 신분확인용 조흘첩照訖帖이나 호패가 없는 경우 정거停擧하였다.[7] 숙종 39년(1713) 답안지에 도장을 찍는 형태로 보안을 강화하였다.[8] 이밖에도 다양한 형태의 부정행위가 등장하여 단속이 이루어졌다. 『속대전』에는 이상의 수교가 대부분 집대성되었다.[9]

둘째, 과도한 정치색을 표방하는 것을 금지하였다. 과장에서 색목色目을 드러내지 못하게 하였다.[10] 이 조치는 유벌儒罰의 제한조치와 연동되었다. 성균관成均館이나 4학學 재임齋任을 유생이 함부로 벌하거나 유적儒籍에서 삭제하지 못하도록 규제하였다.[11] 이는 과장에서 당색黨

斷." 『新補受教輯錄』 「禮典」 諸科; "中外大小科場, 借述代述者, 帶率隨從者, 不錄名闌入者, 符同易書者, 首倡作亂罷場者, 朝官生進則邊遠充軍, 勿揀赦前. 幼學以下則限己身降定水軍. 冒入代寫者, 良人則水軍充定. 公私賤則絶島爲奴.……○大小科, 潛擦他人已入格之祕封, 換書己名以竊科者, 以一律論.……○科場試官儓從, 一切嚴禁." 『續大典』 「禮典」 諸科.

5) "學製時冒入, 與館學製冒入者, 徒三年. 應赴會試之人, 不待呼名, 徑入場中者, 限三年停擧." 『新補受教輯錄』 「禮典」 諸科, 康熙 丙子(숙종22); "監試科場會試闌入者, 邊遠充軍, 勿揀赦前." 『新補受教輯錄』 「禮典」 諸科, 雍正 乙巳(영조1).

6) "托以三鄕冒赴者, 拔去, 限三年停擧." 『新補受教輯錄』 「禮典」 諸科, 康熙 戊寅(숙종24).

7) "應赴之人, 無照訖號牌, 則停擧." 『新補受教輯錄』 「禮典」 諸科, 康熙 辛卯(숙종37); "謁聖儒生, 令四館坐於門前, 考其見號牌點入, 而三醫司及各司所屬人等, 聚會點考本司." 『新補受教輯錄』 「禮典」 諸科; "科場應赴人無照訖號牌者, 停擧." 『續大典』 「禮典」 諸科.

8) "監試官試時, 收卷作軸後踏印, 以絶擧子紛亂." 『新補受教輯錄』 「禮典」 諸科, 康熙 癸巳(숙종39).

9) 『續大典』 「禮典」 諸科.

10) "大小科場文字中, 語及色目, 或用奇僻之語者, 勿取." 『續大典』 「禮典」 諸科.

11) "儒生輩, 朝官付黃削籍之弊, 一切禁斷, 而如有犯者, 自成均館卽爲啓達, 令該曹定配, 黃墨並勿施, 當之者毋得引嫌." 『續大典』 「禮典」 雜令; "儒生封章

色을 드러내는 것을 엄단한 것과 같은 조치이다. 숙종대 이래 유벌은 당론黨論과 무관하지 않았고, 탕평의 걸림돌이었다. 공론公論을 핑계로 국왕과 배치되는 여론을 주장하여 재임조차 벌하는 경우가 다반사였다. 일련의 입법 자료는 붕당에서 탕평으로 전환하는 정국변동을 여실히 보여준다.

② 폭증하는 산송山訟

'산송'은 『신보수교집록』「예전」에서 처음 등장하는 항목이다. 곧 17~18세기에 이르러 산송이 주요한 사회적 문제로 비화되었기 때문이다. 해당 분류는 『속대전』단계에서 「형전」으로 옮겨졌으며, 항목도 『수교집록』이후 신설된 '청리聽理'에 합쳐졌다.

구체적인 형태를 살펴보면, 매장지를 확보하기 위해서 숙종대부터 이미 무덤에 오물이나 사람을 동원하여 행패를 부린 다양한 경우가 나타나고 있으며,12) 『속대전』에서는 이를 사대부의 늑장勒葬(명당에 억지로 장례지냄), 유장誘葬(사람을 꾀어 남의 땅에 장례지냄), 투장偸葬(남의 땅에 몰래 장례지냄) 등을 엄단하는 형태로 수록하였다.13) 또한 사대부 묘지의 범위를 구체적으로 법으로 명시하였는데,14) 법을 위반하여 묘지

時, 太學與四學生必躬進, 後始許照錄, 鄕儒不載儒籍, 而濫入者施以儒罰."『大典通編』「禮典」雜令; "館學齋任, 毋敢自罰自削."『大典通編』「禮典」雜令.

12) "穿壙處, 放火或投穢物作戲者, 依穢物灌入人口鼻律, 杖一百."『新補受敎輯錄』「禮典」山訟; "成墳, 放火或揷木者, 依延燒官民房屋律, 杖一百徒三年."『新補受敎輯錄』「禮典」山訟; "率婦女上山作挐者, 有家長, 則罪家長, 無家長而有率子, 則罪其子, 並定配."『新補受敎輯錄』「禮典」山訟, 康熙 甲午(숙종40); "發軍相鬪者, 發釖放砲放射者, 未曾傷人者, 則杖一百徒三年. 傷而不死者, 則杖一百流三千里."『新補受敎輯錄』「禮典」山訟, 康熙 丁酉(숙종43).

13) "士大夫, 勒葬誘葬偸葬之類, 各別痛禁, 犯者依奪入闤家律論, 該邑守令知而不禁者, 拿處."『續大典』「刑典」聽理.

14) "士夫墳山, 隨其先葬者官品, 限以步數, 除密邇處外, 並皆許人入葬. 如有廣

를 쓴 경우 우선 형추刑推부터 하였고,[15] 마을의 주산主山이나 인가 근처에 묘지를 써도 마찬가지로 처벌하였다.[16] 대체로『대명률』'발총發塚'을 조선의 실정에 맞추어 보완한 조치이다.

산송은 표면적으로 선조를 모시는 선산先山의 소유권문제로 비화된 듯하지만, 단순히 장례葬禮의 장소문제만으로 그치지 않았으며, 실질적으로 산림山林의 이용권을 사유화하는 경제적 문제와 연동되었다. 더욱 이 산송이 상한常漢과 사족士族 사이에 폭넓게 전개되면서 신분간 갈등과 이완현상이 적나라하게 드러났다.[17] 심지어 노비와 주인간 소송도 전개되었다.[18] 이 때문에 패소한 이후에도 계속 격쟁하거나 상언하는 경우가 많아서 엄벌에 처하였으며,[19] 점차 일반소송과 동일하게 취급되

占橫奪之弊, 則各別論罪."『新補受教輯錄』「禮典」山訟, 연대미상;"雖一人 家舍, 百步則不 得入葬."『新補受教輯錄』「禮典」山訟, 康熙 癸未(숙종29); "士大夫墳墓隨其品秩各有步數, 數禁偸葬者, 依法掘移."『續大典』「刑典」 聽理.

15) "法理應禁之地, 用山落訟者, 法理不當禁之地, 禁葬落訟者, 占穴於當禁之地, 以起訟端者, 勿論曲直, 姑先刑推."『新補受教輯錄』「禮典」山訟, 康熙 戊寅 (숙종24);"法理應禁之地, 占山落訟者, 法理不當禁之地, 禁葬落訟者, 並刑推 懲礪."『續大典』「刑典」聽理.

16) "有主山及人家近處偸葬, 禁斷."『新補受教輯錄』「禮典」山訟, 康熙 丙子(숙종22);"如有他人墳山至近之地及大村中冒占, 起訟之弊, 則指示地官, 刑推一次……."『新補受教輯錄』「禮典」山訟, 康熙 戊寅(숙종24);"有主山及人家近處偸葬者, 禁斷."『續大典』「刑典」聽理.

17) 山訟의 所志 통계처리와 체계적 분석은 다음 참조. 김경숙,『조선후기 산송과 사회갈등』, 서울대학교 국사학과 박사논문, 2002.

18)『特敎定式』, 奴主相訟, 今上 14年(정조14)<古951.009 T296>[『承政院日記』, 乾隆 55年(정조14) 2月 15日(丙寅); 정긍식 외, 앞 책, 2010, 150쪽];『受敎定例』, 65.奴犯主山, 正宗 14年<古5120-176>[정긍식 외, 앞 책, 2009, 190쪽].

19) "山訟擊錚 移京兆摘奸, 而誣訴則還送刑曹, 考律定罪."『新補受教輯錄』「刑典」訴冤, 康熙 甲申(숙종30);"而以山訟擊錚, 移送京兆, 摘發嚴處後, 還送刑曹."『新補受教輯錄』「刑典」訴冤, 康熙 甲申(숙종30);"凡山訟見屈後, 不爲 掘移, 誣罔擊錚者, 以詐不以實律論, 掘移納招後逃匿者, 以決後仍執律論, 官

어 사송 제한 규정이 적용되었다.[20] 조선전기 노비소송이 폭증했을 때 반복되는 소송을 막기 위해서 횟수나 연한을 제한하였는데, 이때 발생한 법규가 확대 적용되었다. 마치 노비소송이 신분문제뿐 아니라 재산권의 문제와 연동되어 나타난 것과 같은 양상이다.

③ 사회 불만세력 규제

조선후기 급변하는 사회경제적 변동에서 생계기반을 잃고 낙오하는 사회불만세력도 다수 확인된다. 첫째, 지방관 및 왕실에 대한 간민奸民의 도전에 대해 처벌하였다. 유생이 자기 고을의 수령에게 발악하거나 공자의 사당 혹은 관청 문밖에 모여서 곡하는 경우 장 100 유 3000리에 처하였다.[21] 능陵 위에 방화한 자와 전패殿牌를 훔치거나 태우는 등으로 변고가 생기게 한 자는 의금부로 이송하여 국문하였다.[22] 이는 모두 왕실과 국왕의 권위에 도전하는 행위로 간주되며, 이럴 경우 국왕 직속 의금부(王府)가 직접 조사하였다.[23]

吏之決折, 有違法理者, 以知非誤決律論."『續大典』「刑典」聽理; "因墳山爭訟, 以人臣不敢言之說白地誣人, 上言呈官者嚴訊, 得情於誣人惡逆本律減等除收贖, 杖一百島配."『續大典』「刑典」聽理.

20) "山訟與他訟一体, 俱訟体, 且計度數."『新補受敎輯錄』「禮典」山訟, 康熙□□(연대미상); "山訟與他訟一体, 具訟体施行, 而偸葬者, 百日內, 不得現出, 則令山主告官, 啓聞後, 自官掘移."康熙 己丑(숙종35); "因其山訟, 匿名投書於臺諫家者, 減死定配."『新補受敎輯錄』「禮典」山訟, 康熙 戊戌(숙종44); "山訟, 與他訟一體具訟體施行."『續大典』「刑典」聽理.

21) "儒生發惡於土主, 會哭聖廟或官門外者, 杖一百流三千里【註: 只參通文者徒配】."『續大典』「刑典」推斷.

22) 殿牌는 임금을 상징하는 牌로서 지방의 客舍에 '展'字를 새겨서 나무로 만들어 두었다. 이종일 역주,『대전회통연구: 형전·공전편』, 1996, 40쪽 註120;『續大典』「刑典」推斷.

23) 의금부 운영 전반은 다음 참조. 김영석,『의금부의 조직과 추국에 관한 연구』, 서울대학교 법학과 박사논문, 2013.

둘째, 명화적明火賊 처벌이다.24) 사회변동기 낙오된 유민遊民이 군도
群盜로 변한 경우가 많았기 때문이다.25) 조정은 명화적을 심각한 사회
문제로 인식하여 발본색원拔本塞源하고자 다양한 정책을 시행하였다.
우선 엄벌주의를 천명하여, 야간에 집단으로 약탈하는 경우 극형을 원칙
으로 하였고,26) 길에서 무리를 모아 약탈한 경우도 모두 명화적으로 논
하였으며,27) 명화적에 협조한 옥졸獄卒도 극형에 처하였다.28) 대개 『대
명률』의 '강도强盜', '백주창탈白晝搶奪', '겁수劫囚'를 원용하여 조선에
서 대체입법한 것이다.29)

일단 체포한 명화적은 엄중한 사법절차를 거치게 하였다.30) 아울러
적극적인 포상을 병행하였으며,31) 설령 명화적은 함부로 죽이더라도 일

---

24) 『대명률』에는 명화적이 보이지 않으나 주석서에는 明火로 표현하여 강도로
   취급한 설명이 보인다. 『大明律釋義』, 刑律, 盜賊, 强盜; 김백철, 앞 책,
   2016, 208쪽.

25) 사회변동기 群盜는 다음 참조. 정석종, 『조선후기 사회변동 연구』, 일조각,
   1990; 정석종, 『조선후기의 정치와 사상』, 한길사, 1994.

26) "明火作賊人家者……皆斬." 『新補受敎輯錄』「刑典」贓盜, 康熙 乙亥(숙종
   21) 購捕節目; "乘夜聚黨, 殺越人命者, 勿論得財與否, 不待時斬, 妻子爲奴."
   『續大典』「刑典」贓盜.

27) "聚黨遮截道路劫奪人財者, 論以明火……卽爲正刑." 『新補受敎輯錄』「刑典」
   贓盜, 康熙 乙亥(숙종21) 購捕節目; "【註】聚黨遮截於道路劫奪人財者, 亦以
   明火律論." 『續大典』「刑典」贓盜.

28) "明火賊符同獄卒……一體梟示." 『新補受敎輯錄』「刑典」贓盜, 康熙 乙亥
   (숙종21) 購捕節目.

29) 『大明律』「刑律」盜賊, 强盜·白晝搶奪·劫囚.

30) "捕盜廳罪人, 明火殺人者, 則自該廳推治. 事係三省者, 移送法曹." 『受敎輯
   錄』「刑典」賊盜, 康熙 辛酉(숙종7); "明火賊 停其親問, 仍行考覆, 而考覆官,
   必擇剛明秩高守令定送, 以爲審察獄情枉直之地." 『新補受敎輯錄』「刑典」贓
   盜, 康熙 乙亥(숙종21).

31) "其兄, 明火作賊之後, 其弟, 稱其兄病廢, 替告者, 其兄貸死, 其弟論賞." 『新
   補受敎輯錄』「兵典」賞典, 康熙 戊寅(숙종24); ○明火賊捉得三名以上者, 承
   服啓聞, 則勿論已正刑未及正刑, 捉捕者, 勿論出身良人, 並加資. 公私賤免

반적인 처벌을 적용받지 않았다.32) 다만, 『속대전』에 이르면 작당한 인원이 적은 경우 절도죄로 감형하였고, 출가한 딸도 연좌에서 제외하였다.33) 이는 억울한 사람을 없애기 위한 관형주의 원칙을 구현한 것이다.

셋째, 괘서掛書 사건이다. 『경국대전』에서는 익명서匿名書는 곧바로 태워버리도록 규정하였는데,34) 당률이나 명률의 율문을 아국법으로 대체입법한 사례이다.35) 조선후기에는 조정을 비방하는 괘서를 붙이는 방식이 여러 차례 나타났다.36) 괘서사건은 숙종대부터 이미 같은해 수교로만 4건이 확인될 정도이며, 익명서 죄인을 잡은데 대한 다양한 포상이 취해졌다.37) 이것이 『속대전』에서 '역적을 잡아서 고한 예'로 논상하도

賤, 捕捉一二名者. 出身, 六品遷轉. 閑良以下, 米布施賞." 『新補受教輯錄』 「刑典」贓盜, 康熙 乙亥(숙종21) 購捕節目; "捕明火賊五名以上, 承款啓聞則 勿論正刑未正刑. 指示捕捉人, 出身閑良加資, 公私賤免賤, 鄕吏驛吏免役, 指 捕一二名, 則出身遷六品職, 良賤米布施賞. 獷悍劇賊, 雖捕一名, 依捕强盜五 人例論賞." 『續大典』 「刑典」捕盜.

32) "除明火突入登時殺死者外, 不告官擅殺者, 依法抵罪【註: 依大明律, 已就拘執 以擅殺者, 杖一百徒三年】." 『新補受教輯錄』 「刑典」贓盜, 康熙 己卯(숙종21); "明火賊登時打殺者外, 不告官擅殺者, 依法抵罪." 『續大典』 「刑典」殺獄.

33) "【註】雖明火作賊, 同黨旣少, 物件不多, 又無殺越人命者, 依竊盜例, 絶島爲 奴. ○賊人妻子, 以私奴婢, 入於本主戶內者, 勿爲定屬. 出嫁女, 依逆賊出嫁 女例, 亦勿論." 『續大典』 「刑典」贓盜.

34) "匿名書, 雖係干國事, 父子之間, 亦不得傳說, 如有傳說者, 累日不燒者, 並依 律論." 『經國大典』 「刑典」推斷.

35) 『唐律疏義』 「鬪訟」投匿名書告人罪; 『大明律』 「刑律」訴訟, 投匿名文書告人罪.

36) 괘서 연구는 다음 참조. 배혜숙, 「을해옥사의 참여계층에 관한 연구: 나주괘 서사건을 중심으로」 『백산학보』40, 백산학회, 1992; 이상배, 『조선후기 정치 와 괘서』, 국학자료원, 1999.

37) "掛書罪人捕告者, 賞銀加階." 『新補受教輯錄』 「兵典」賞典, 康熙 辛卯(숙종 37); "公私賤中, 掛書人捕告者, 免賤給賞." 『新補受教輯錄』 「兵典」賞典, 康 熙 辛卯(숙종37); "公私賤中, 捕告掛書人者, 前後所生免賤, 死囚族屬中捕告, 則免罪 一體論賞." 『新補受教輯錄』 「兵典」賞典, 康熙 辛卯(숙종37); "臆料 疑人於掛書, 指名捕聽者, 雖非誣告, 設心妖惡, 極邊定配." 『新補受教輯錄』

록 하였다.38) 이 포상 규정 역시 『대명률』에서 은 10냥으로 규정된 것을
조선에서 상향조정하여 대체입법한 것이다.39)

넷째, 각종 소요를 일으킨 경우이다. 단순한 불만에서 벗어나 보다 구
체적인 물리적인 행동으로까지 전개되었다. 군읍에서 변란을 일으키면
사형에 처하였다.40) 심지어 이졸吏卒이 병마절도사를 죽이기를 모의하
는 극단적인 경우,41) 읍민邑民이 관장官長을 향하여 발포한 경우,42) 군
복을 입고 말을 타고 변란을 일으키거나,43) 하리下吏가 옥獄을 열어 죄
수를 풀어주는 행위44) 등이 구체적으로 적시되었다.

한편, 『대명률』에는 '모반대역謀反大逆', '모반謀叛', '격변양민激變良
民'에서 모두 변란變亂을 규정하고 있다.45) 그 중 '격변양민'이 상대적으
로 규모가 작은 소요부터 적시하고 있어 위의 여러 조문과 가깝다. 다만,

「刑典」推斷, 康熙 辛卯(숙종37).

38) "匿名書罪人捕告者, 以劇賊捕告例論賞." 『經國大典』 「刑典」 推斷.

39) 『대명률』'謀反大逆'에는 신고하여 체포하면 관직과 죄인의 재산을 상으로 주
고, '謀叛'에는 죄인의 재산을 상으로 주었는데, 대개 두 律을 준용한 것이다.
『大明律』 「刑律」 訴訟, 投匿名文書告人罪; 『大明律』 「刑律」 盜賊, 謀反大
逆·謀叛

40) "郡邑作變, 潰散下人, 首倡者, 梟示警衆. 之次罪人, 嚴刑定配." 『受教輯錄』
「刑典」 推斷, 崇德 癸未(인조21); "官家作變之人, 係是土豪武斷之類, 決杖一
百, 極邊全家徙邊." 『受教輯錄』 「刑典」 推斷, 膺齒 丙戌(인조24).

41) "吏卒謀殺兵使, 至於刃刺者, 謀首則直爲梟示. 之次罪人等, 並絶島定配. 通
引及唱門卒 極邊定配." 『新補受教輯錄』 「刑典」 推斷, 雍正 甲寅(숙종40).

42) "邑民向官長放砲者, 首倡人及放砲人, 梟示於作變處. 脅從人, 減死遠配." 『新
補受教輯錄』 「刑典」 推斷, 康熙 戊戌(숙종44).

43) "着軍服騎馬, 作變於官門者, 不待時處斬. 妻子並爲奴." 『新補受教輯錄』 「刑
典」 推斷, 康熙 庚子(숙종46); "軍服騎馬, 作變官門者, 不待時斬, 妻子爲奴
【註: 郡邑下人符同作變, 一齊潰散者, 首倡以一律論, 爲從減等, 杖一百流三
千里, 勿揀赦前】." 『續大典』 「刑典」 推斷.

44) "外邑下吏等, 互相符同, 放釋罪囚, 脅迫諸邑官人, 一時逃避者, 首倡梟示. 之
次罪人, 嚴刑定配." 『新補受教輯錄』 「刑典」 推斷, 康熙 甲子(숙종10).

45) 『大明律』 「兵律」 軍政, 激變良民; 『大明律』 「刑律」 盜賊, 謀反大逆·謀叛.

명률에는 '모반대역'과 '모반'은 주모자主謀者의 처벌을 중심으로 한데 비해, '격변양민'은 목민관의 책임을 묻는 것이 다르다. 따라서 명률만 참조하면 소요를 일으킨 백성의 처벌에 대한 세부규정이 미진하므로 조선에서 보완입법한 것이다. 아울러 명률에는 부민部民이 지부知府, 지주知州, 지현知縣을 죽이거나 군사가 지휘指揮, 천호千戶, 백호百戶를 죽이거나 이졸吏卒이 5품이상 長官을 죽이는 경우를 '십악十惡' 중 불의不義로 규정하였는데 이를 원용하여 조선에서 병마절도사 살해나 관장을 향해 발포하는 행위로 대체입법한 것이다.[46] 마지막 조문은 '겁수劫囚'를 대체한 사례이다.[47]

④ 공문서 위조범

국가 공문서 위조 등도 사형으로 처벌하였다.[48] 성명을 바꾸어 가지고 표류해온 중국인을 사칭하여 촌민을 속여서 미혹하게 하고 국가를 기망한 자는 때를 기다리지 않고 참수했으며,[49] 발졸撥卒이 어지御旨를 버려둔 경우에는 사형으로 논하였다.[50] 사사로이 전문錢文을 위조한 경우 장인과 조역인助役人을 모두 때를 기다리지 않고 참형에 처하였다.[51] 위조은을 만든 자도 아국법(속대전)의 '사주전율私鑄錢律'(참형)로

---

46) 『大明律』「名例律」十惡, 不義; 김백철, 앞 책, 2016, 499쪽 <부표8> '『대명률』과 조선의 강상' 참조.

47) 『大明律』「刑律」盜賊, 劫囚.

48) 위조범 유형과 처벌은 다음 참조. 조지만, 앞 책, 2007, 303~315쪽; 김은미, 『朝鮮時代 文書 僞造에 관한 硏究』, 한국학중앙연구원 고문헌관리학과 박사논문, 2008; 김성진, 「조선시대 공문서 위조 연구」, 강원대학교 사학과 석사논문, 2010; 조은정, 「영·정조대 공문서 위조의 실태와 정부의 대응」, 이화여자대학교 사학과 석사논문, 2014.

49) "變易姓名, 詐稱漂漢人, 誑惑村民, 欺罔國家者, 不待時斬." 『續大典』「刑典」推斷.

50) "撥卒棄置有旨者, 以一律論, 當該守令拿處." 『續大典』「刑典」推斷.

논하였다.52) 호패를 위조한 자는 아국법(경국대전)의 '인신위조율印信僞
造律'(참형)로 논하였다.53) 일련의 위조행위는 모두 국가의 행정력을 파
괴하고 공적 질서를 무너뜨리는 행위였기 때문이다.

본래 인신印信을 위조하여 새기는 자, 전문篆文을 모조하여 그린 자
는 모두 사형으로 논하였으나,54) 영조는 인신위조범의 경우 대신들과
논쟁을 벌이면서까지 정배에 그치도록 배려하였다.55) 그리고 이미 현종
대부터 재상의 서간書簡을 위조하였을 때도 사안이 중요한 경우에만 먼

---

51) "私鑄錢文者, 論以一罪, 法文所載, 不待時處斬."『受敎輯錄』「刑典」僞造,
康熙 戊午(숙종4); "私鑄錢文者, 匠人及助役人, 並不待時斬【註: 主接者, 同
謀分利者, 亦以一律論, 設爐未行者以次律論】. 捕告人依捕强盜例論賞."『續
大典』「刑典」僞造.

52) "僞造假銀之罪, 比諸私鑄銅錢, 尤重, 論以不待時處斬."『受敎輯錄』「刑典」
僞造, 康熙 壬申(숙종18); "打造假銀者, 以私鑄錢律論."『續大典』「刑典」僞
造. ※明律의 '私鑄銅錢'은 絞刑이지만, 我國法은 不待時斬刑으로 강화하였
다.『大明律』「刑律」詐僞, 私鑄銅錢; "私鑄錢文者, 匠人及助役人, 並不待時
斬."『續大典』「刑典」僞造.

53) "僞造號牌者, 以印信僞造律論."『續大典』「刑典」僞造. ※明律의 '僞造印信
曆日等'는 본인 斬刑, 포상금 은 30냥이지만, 我國法은 본인 참형, 가족 연좌,
포상금 범인재산 등으로 훨씬 강화되었다.『大明律』「刑律」詐僞, 僞造印信
曆日等; "僞造印信者, 印文雖未成處斬, 妻子永屬諸邑奴婢, 捕告者給犯人財
產."『經國大典』「刑典」僞造.

54)『經國大典』「刑典」僞造; "僞造印信, 刻造印信及模畫篆文, 情犯俱無可恕,
兩人並一罪論斷."『新補受敎輯錄』「刑典」僞造, 康熙 癸未(숙종29); "僞造
印信刻造者, 模畫篆文者, 並以一律論【註: 戶長印僞造者絶島爲奴, 勿揀赦前】."
『續大典』「刑典」僞造.

55)『承政院日記』, 雍正 3年(영조1) 11月 27日(辛酉)・雍正 7年(영조5) 11月 29
日(己亥);『英祖實錄』卷24, 英祖 5年 11月 己亥(29日);『承政院日記』, 雍正
10年(영조8) 12月 6日(己未)・雍正 11年(영조9) 12月 10日(丁巳);『英祖實錄』
권56, 英祖 18年 12月 戊戌(13日);『英祖實錄』卷96, 英祖 36年 11月 壬戌
(22日);『承政院日記』, 乾隆 12年(영조23) 11月 27日(癸丑)・乾隆 23年(영조
34) 11月 28日(辛未[辛亥]);『受敎定例』, 13.僞印未成, 英宗 34年<古5120-
176>[정긍식 외, 앞 책, 2009, 170쪽].

변경지방으로 정배하였다.[56] 사회변동의 과정에서 틈을 타서 이익을 도
모하는 간민奸民에 대한 효과적인 통제가 필요했지만, 형정에서 관형주
의 원칙도 저버리지 않았다.

⑤ 패초牌招와 전패殿牌

국왕의 권위와 관련된 수교가 적지 않게 확인된다. 첫째, 국왕의 부름
인 패초牌招에 응하지 않을 경우에 대한 처벌 규정이다. 『수교집록』에
는 패초에 불응하면 파직하였다가,[57] 추고로 경감되었고,[58] 『신보수교
집록』에는 태 50으로 강화되었다가,[59] 『속대전』에는 2품 이상은 종중추
고從重推考하고, 3품 이하는 의금부에서 추문하였다.[60] 17세기 이래 사
림이 조야朝野에 가득차면서 임금의 부름보다는 명예를 높이 평가하는
경향이 많았고 이것이 패초에 응하지 않는 것으로 나타났다.[61]

둘째, 지방에서 임금을 상징하는 전패殿牌를 훼손한 경우이다. 전패
작변은 현종대부터 역률로 다스렸으나,[62] 부수적으로 시행하던 읍호를

56) 『顯宗實錄』卷3, 顯宗 元年 7月 壬戌(9日); "宰相書簡僞造者, 不限年邊遠定
配." 『受敎輯錄』 「刑典」僞造, 康熙 己酉(현종10); "僞造宰相書簡, 關係重者,
邊遠定配." 『續大典』 「刑典」僞造. ※동일한 취지의 수교가 실록(현종1)과
법전(현종10)에서 서로 연대가 다르다.

57) "徑出闕直者, 牌招不進者, 並罷職." 『受敎輯錄』 「吏典」雜令, 嘉靖 甲申(중
종19); "牌不進人員, 通政以下, 毋論臺侍, 並罷職." 『受敎輯錄』 「吏典」雜
令, 연대미상.

58) "牌不進人員, 只推勿罷." 『受敎輯錄』 「吏典」雜令, 연대미상.

59) "……大小臣僚, 衆所共知外, 無端累次呈告違牌之人, 一切勘罪【依大明律,
違令, 笞五十】." 『新補受敎輯錄』 「吏典」雜令, 雍正 癸卯(경종3).

60) "凡牌招, 大官外, 雖有情病親納闕外, 違者, 二品以上重推, 通政以下禁推, 納
牌不進者, 二品以上推考, 通政以下罷職, 禁直徑出者, 通政罷職, 堂下官禁
推." 『續大典』 「吏典」雜令.

61) "朝綱解弛, 以呈告, 自以爲能事, 以違牌, 自以爲高致……." 『新補受敎輯錄』
「吏典」雜令, 雍正 癸卯(경종3).

내리거나 수령을 파직하는 것은 금지하였다.[63] 또 영조대는 종범은 감
사정배하였고,[64] 순조대는 역모가 아니면 체포하지 않고 본범本犯 외에
가족을 노륙孥戮하지 못하게 하였다.[65]

2) 강상죄綱常罪의 유형화

① 양방향의 상하질서

신유학의 저변이 사회전반으로 확대되자, 조정에서는 사대부가士大
夫家에 가묘家廟를 설치하고,[66] 혼인시婚姻時에도 『가례家禮』를 준수
하도록 하였다.[67] 『가례』는 이미 『경국대전』에도 문과 시험과목으로 수
록되었으나,[68] 이 수교는 『가례』의 확산정도를 상징적으로 보여준다.

---

62) "殿牌作變, 事係犯逆, 移義禁府, 發遣都事拿來, 依法推鞫."『新補受教輯錄』
「吏典」雜令, 康熙 辛亥(현종12); "陵上放火者, 殿牌作變者, 移義禁府設鞫."
『續大典』「刑典」推斷.

63) "殿牌作變, 邑勿爲降號, 守令亦勿罷職."『受教輯錄』「吏典」雜令, 康熙 辛
亥(현종12); "殿牌作變邑, 勿爲降號, 守令亦勿罷職."『續大典』「吏典」雜令.

64) "偸出 殿牌, 置之豕圈罪人, 首謀依逆律施行. 之次減死絶島定配."『新補受
教輯錄』「吏典」雜令, 乾隆 丙辰(영조12); "【註】爲從分輕重, 絶島或極邊定
配."『續大典』「刑典」推斷.

65) 『受敎定例』, 97.殿牌作變罪人止誅其身勿爲孥戮, 當宁 22年(순조22)<古
5120-176>[정긍식 외, 앞 책, 2009, 202쪽]; 『受敎謄錄』, 壬午 5月 25日 次
對<奎15142>『日省錄』, 壬午(순조22) 5月 22日(戊戌); 『純祖實錄』卷25,
純祖 22年 5月 戊戌(22日) 정긍식 외, 앞 책, 2010, 272쪽]; "【註】殿牌作變,
事關逆節外, 勿爲逮鞫, 本處不待時斬, 孥戮勿施."『大典會通』「刑典」推斷,
純祖壬午(순조22).

66) "士大夫家廟, 載在法典, 或廢而不立, 不知報本追遠之意, 各別申明擧行."『受
教輯錄』「禮典」祭禮, 嘉靖 丙午(명종1).

67) "婚姻一依家禮, 前期二三朔, 納幣旣行之後, 雖有兩家父母喪, 亦待三年, 違
者家長論罪."『受敎輯錄』「禮典」婚禮, 順治 戊戌(효종9); "婚姻一依家禮,
前期納幣之後, 雖有兩家父母喪, 亦待三年, 違者家長杖一百."『續大典』「禮
典」婚嫁.

유교 윤리는 그동안 일방적인 상하질서를 강조한다고 오해되어왔다.[69] 그러나 조선전기부터 강상綱常에 관계되는 죄는 존장尊長이나 주인이 비유卑幼나 노비奴婢를 해칠 때에도 동일하게 적용되었다.[70] 이러한 현상은 조선후기에도 다음과 같이 지속되었다.

첫째, 존장이 비유를 죽일 경우 엄벌에 처하였다. 숙종 5년(1679) 아비나 형이 아들이나 아우를 죽일 경우에도 교형에 처하였으며,[71] 숙종 7년(1681) 자녀를 죽이려고 모의만 했어도 유배하였다.[72] 숙종 21년(1695) 아들이나 사위를 데리고 동생이나 처나 자녀를 죽인 경우에도 부대시 참형에 처하였다.[73] 숙종 36년(1710) 계모가 남편을 부추겨서 자녀를 고의로 죽인 경에도 교형에 처하였다.[74]

다만, 숙종 10년(1684)부터 아비나 형이 아들이나 아우를 죽일 경우 본래 장도杖徒에 그치는 것이 본래 입법취지라고 하면서 일죄一罪로 논

---

68) "……講經國大典家禮, 錄名, 本曹試取."『續大典』「禮典」諸科, 式年文科覆試.

69) 戰國時代 孟子의 五倫(君臣有義, 父子有親, 夫婦有別, 長幼有序, 朋友有信)은 모두 상호간 적용되는 개념이다. 하지만 漢代 통일제국의 통치이념으로 유교가 탈바꿈하자, 董仲舒의 三綱(君爲臣綱, 父爲子綱, 夫爲婦綱)과 같이 階序관계가 강조되었으며, 점차 오륜도 삼강 개념에 종속되었다. 그러나 오륜의 상호적 개념은 완전히 사라지지 않아서 조선에서도 兩방향의 상하질서로 부활하였다.

70) 綱常罪의 구성과 성립요건은 다음 참조. 김백철, 앞 책, 2016, 173~186쪽.

71) "父母及同生兄之故殺子弟者, 以一罪論斷, 處絞."『受敎輯錄』「刑典」推斷, 康熙 己未(숙종5).

72) 『肅宗實錄』卷11, 肅宗 7年 5月 己未(7日); "謀殺子女罪人, 與已殺有異, 遠配."『受敎輯錄』「刑典」推斷, 康熙 辛酉(숙종7); "【註】謀殺子女而未行者, 遠地定配."『續大典』「刑典」殺獄.

73) "與其子婿, 戕殺其同生弟, 及妻與子女者, 兩人各殺一人, 則不可用殺一家三人之律, 幷不待時處斬."『新補受敎輯錄』「刑典」殺獄, 康熙 乙亥(숙종21).

74) "繼母嗾囑其夫, 故殺子女者, 不分造意隨從, 幷絞."『新補受敎輯錄』「刑典」殺獄, 康熙 庚寅(숙종36); "繼母嗾其夫故殺子女者, 以一律論."『續大典』「刑典」殺獄

하지 말고 본률로 논하되 사안에 따라 처리하도록 하였다.[75] 『대명률』
'모살조부모부모謀殺祖父母父母'에는 존장이 비유를 살해하면 고살법故
殺法에 따른다고 하였다.[76] 이는 일반적인 고살이 아니라,[77] '구조부모
부모毆祖父母父母'의 고살을 지칭하므로 장 60 도 1년에 해당한다.[78]
이는 『속대전』에도 반영되었다.[79] 일견 처벌이 약화된 듯하지만 실제로
는 조선 수교에서 가중처벌한 것을 다시 『대명률』 수준으로 환원한 조
치였다.

둘째, 노비의 생명보호이다.[80] 주인이라 하더라도 노비를 함부로 죽
일 경우에는 『대명률』에 따라 엄단하였다.[81] 해당 율문을 적용하면 노

---

75) "父殺子, 兄殺弟, 罪止杖徒, 制法本意, 而乙卯受教, 定爲一罪者, 盖出於欲懲
其惡, 非爲償其子之命也. 從今以後, 一依法文施行. 如有情節痛惡不可不別
樣處斷者, 則攸司之臣, 隨時稟定."『受敎輯錄』「刑典」推斷, 康熙 甲子(숙종
10); "父母殺子女, 用意兇慘者, 雖斷以一罪, 本律不至於死, 不當入於啓覆,
隨其情犯, 該曹臨時啓稟."『受敎輯錄』「刑典」推斷, 康熙 丙寅(숙종12)

76) "其尊長謀殺卑幼……已殺者, 依故殺法."『大明律』「刑律」人命, 謀殺祖父
母父母.

77) "故殺者, 斬."『大明律』「刑律」, 鬪毆及故殺人.

78) "其子孫違犯教令, 而祖父母父母, 非理毆殺者, 杖一百. 故殺者, 杖六十徒一
年."『大明律』「刑律」鬪毆, 毆祖父母父母; "依故殺法者, 謂各依鬪毆條內尊
長故殺卑幼律罪……如祖父母父母故殺子孫, 該杖六十徒一年."『大明律
集解』「刑律」人命, 謀殺祖父母父母.

79) "父母殺子女, 兄殺弟, 而其用意凶慘者, 並以鬪毆殺律論【註:……父殺子, 兄
殺弟, 罪止杖徒, 制法本意, 而先朝受教, 定爲一罪者, 蓋出於欲懲其惡, 非爲
償其子之命也. 從今以後, 一依法文施行, 如有情節痛惡, 不可不別樣處斷者
則攸司之臣, 隨時稟定】."『續大典』「刑典」殺獄. ※여기서도 투구살은 단순
히 '鬪毆及故殺人'의 絞刑을 지칭하는 것이 아니라, 杖徒刑이 되려면 '毆祖
父母父母'를 따라야 한다.

80) 노비를 살인한 경우에 대한 처벌은 다음 참조. 김백철, 앞 책, 2016, 168쪽.

81) "奴婢有罪, 其主不告官擅殺者, 用大明杖徒之律. 如當房人口悉放從良之語,
不用."『受敎輯錄』「刑典」推斷, 嘉靖 甲申(중종19); "不告官擅殺其奴婢者,
用大明律杖徒之法."『續大典』「刑典」殺獄.

비가 죄가 없으면 장 60 도 1년에 처하였고, 설령 노비의 죄가 있더라도 1등급을 감하여 장 100에 처하였다.[82] 또 부녀가 투기로 여비女婢를 죽이면 종로鐘路에서 형장을 친 후 정배하였다.[83] 비록 사형에 처하지는 않았지만, 노비에 대한 주인의 살인에도 형벌이 집행되었다.

심지어 노비가 주인을 배반할 경우 절도絶島에서 본역本役을 진 채로 살도록 하였는데,[84] 그 사유를 "주인에게 돌려보낼 경우 죽일 위험이 있다"고 하였다. 곧 노비의 신변 보호 차원에서 절도로 보낸 것이다. 아무리 노비라 하더라도 최소한의 인권은 보장하고자 노력하였다.

② 강상죄綱常罪의 처벌유형

『경국대전』에서 "죄를 범한 군사라도 강상綱常에 관계되는 것이 아니면 단지 근무일수를 깎고 본래 역으로 환속還屬한다"는 규정에서 단서가 보인다.[85] 국초부터 강상에 관계되는 윤리문제가 처벌시 감안되고 있었고, 이것이 17세기 이후 강상죄로 유형화되었다.[86] 이른바 사회윤리가 법제의 영역으로 수용된 것이다.

그런데 조선후기로 갈수록 강상죄로 처벌받는 경우는 윤리에 반하는

---

82) 다만 過失致死는 사안에 따라 용서한다는 구절이 보인다. 『大明律』「刑律」 鬪毆, 奴婢毆家長.

83) "因妬殺婢婦女, 鐘路決杖定配." 『受敎輯錄』「刑典」殺獄, 康熙 辛未(숙종 17); 【註】婦女因妬殺婢者, 鐘路決杖定配." 『續大典』「刑典」殺獄.

84) "叛主奴婢, 勿爲定配, 還給本主, 則擅殺奴婢者, 必將接跡而起, 依法例, 全家徙邊. 據康熙甲子九月日, 改以限己身仍本役絶島定配." 『受敎輯錄』「刑典」推斷, 康熙 己酉(현종10) 初定·康熙 甲子(숙종10) 改定.

85) "犯罪軍士, 非盜及係干綱常者, 削仕還屬." 『經國大典』「兵典」軍士還屬.

86) 조지만, 앞 책, 2007, 227~277쪽; 조윤선, 「조선후기 강상범죄의 양상과 법적 대응책」『법사학연구』34, 한국법사학회, 2006, 39~72쪽; 조윤선, 「조선후기의 사회윤리 강상범죄를 통해 본 사회상」『인문과학논집』35, 청주대학교 인문과학연구소, 2007, 191~210쪽; 김백철 앞 책, 2016, 161~217쪽.

모든 범죄 유형이 아니라, 몇 가지 특정 사건에 국한되어 정형화가 이루어졌다. 강상죄는 『속대전』에서 비로소 집대성되었고, 『백헌총요』와 『전률통보』에서 처음으로 '강상'이라는 독립 항목이 설정되었다.[87]

그 유형을 살펴보면 대체로 살인, 간음, 불효 등 3가지 유형으로 구분된다. 첫째, 사죄死罪(殺獄)이다. ㉠부모·남편·형제·친척 등을 죽인 경우,[88] ㉡노비가 주인을 죽이거나 관노가 관장을 죽인 경우,[89] ㉢고공雇

---

87) 『百憲總要』綱常; 『典律通補』「刑典」綱常.

88) 【친속살해사건】 『中宗實錄』卷81, 中宗 31年 4月 乙巳(21日); 『明宗實錄』卷16, 明宗 9年 6月 壬辰(26日); 『宣祖實錄』卷170, 宣祖 37年 正月 乙亥(24日); 『孝宗實錄』卷6, 孝宗 2年 4月 壬申(26日); 『肅宗實錄』卷7, 肅宗 4年 5月 辛酉(22日); 『肅宗實錄』卷9, 肅宗 6年 6月 乙亥(18日); 『肅宗實錄』卷24, 肅宗 18年 4月 癸卯(24日); 『肅宗實錄』卷15, 肅宗 10年 5月 乙酉(20日); 【대응입법】 "弑夫罪人, 旣已就服正刑, 三綱一體, 子女屬公, 破家瀦澤." 『受教輯錄』「刑典」殺獄, 萬曆 丁酉(선조30); "謀殺夫已行者, 雖只爲處斷, 罷守令降號瀦澤等事, 並皆擧行." 『新補受教輯錄』「刑典」推斷, 康熙 庚戌(현종11); "弑父母罪人, 徑斃, 雖不得正刑, 只除戮律, 破家瀦澤, 降邑號, 子女爲奴等事, 並令擧行." 『新補受教輯錄』「刑典」推斷, 雍正 癸丑(영조9); "……弑父母, 弑祖父母, 弑兄, 弑夫……弑姊, 弑舅姑. ○謀殺已行未行, 殺祖父母, 父母, 伯叔父母, 兄姊, 舅姑……【註: 以上三省推鞫】." 『新補受教輯錄』「刑典」省鞫; "綱常罪人 【註: 弑父母夫……】, 結案正法後, 妻子女爲奴, 破家瀦澤, 降其邑號, 罷其守令." 『續大典』「刑典」推斷.

89) 【殺主사건】 『中宗實錄』卷58, 中宗 22年 4月 庚戌(4日); 『中宗實錄』卷81, 中宗 31年 4月 乙巳(21日); 『中宗實錄』卷94, 中宗 36年 2月 丁丑(20日); 『明宗實錄』卷20, 明宗 11年 4月 戊戌(10日); 『明宗實錄』卷26, 明宗 15年 2月 癸卯(7日); 『宣祖實錄』卷127, 宣祖 33年 7月 己未(18日); 『宣祖實錄』卷162, 宣祖 36年 5月 辛巳(26日); 『光海君日記』卷49, 光海君 4年 正月 癸卯(8日); 『肅宗實錄』卷10, 肅宗 6年 8月 壬午(26日); 『肅宗實錄』卷12, 肅宗 7年 10月 辛巳(2日); 『肅宗實錄』卷14, 肅宗 9年 6月 癸巳(22日); 『肅宗實錄』卷24, 肅宗 18年 4月 癸卯(24日); 『肅宗實錄』卷51, 肅宗 38年 7月 甲申(3日); 【대응입법】 "弑主……○謀殺已行未行,……官奴婢謀殺官長.……【註: 以上三省推鞫】." 『新補受教輯錄』「刑典」省鞫; "奴弑主, 官奴弑官長……三省推鞫." 『續大典』「刑典」推斷.

工이 가장家長을 죽인 경우가 해당한다.[90] 살인은 강상죄로 분류되지 않더라도 사죄에 속한다. 윤리적 요소가 다소 가미되었다고 하더라도 일반적인 형정에 가중처벌의 의미가 부여되었을 뿐이다.[91] 아울러 노비, 관노官奴, 고공 등이 주인이나 고용인을 죽이면 역시 살인죄가 성립하고 여기에 현실적인 상하관계를 반영하여 가중치가 부과된 것이다.[92]

둘째, 간음죄이다. ㉣계모繼母와 간통하거나 친인척과 간음한 경우,[93] ㉤노奴가 여상전女上典과 간음한 경우가 해당된다.[94] 전자의 근

---

90) "雇工殺家長者, 不當輕施處斬之律, 三省推鞫."『受敎輯錄』「刑典」殺獄, 順治 庚寅(효종1); "雇工弑家長······○謀殺已行未行······【註: 以上三省推鞫】."『新補受敎輯錄』「刑典」省鞫; "雇工殺家長者······三省推鞫."『續大典』「刑典」推斷.

91) 김백철 앞 책, 2016, 161~186쪽.

92) "弑主······雇工弑家長······. ○謀殺已行未行,······官奴婢謀殺官長······【註: 以上三省推鞫】."『新補受敎輯錄』「刑典」省鞫; "奴弑主, 官奴弑官長. 雇工殺家長者······三省推鞫."『續大典』「刑典」推斷.

93) 【근친상간사건】『世宗實錄』卷22, 世宗 5年 10月 乙卯(8日);『世宗實錄』卷71, 世宗 18年 3月 丙戌(20日);『端宗實錄』卷1, 端宗 卽位年 6月 乙酉(24日);『端宗實錄』卷10, 端宗 2年 正月 丙辰(4日);『睿宗實錄』卷1, 睿宗 卽位年 9月 辛未(16日);『世祖實錄』卷33, 世祖 10年 4月 戊申(26日);『成宗實錄』卷74, 成宗 7年 12월 丙戌(17日);『成宗實錄』卷123, 成宗 11年 12月 癸丑(8일);『中宗實錄』卷100, 中宗 38年 6月 庚辰(7日);『明宗實錄』卷17, 明宗 9年 7月 庚申(22日);『肅宗實錄』卷7 肅宗 4年 5月 辛酉(22日);『肅宗實錄』卷56 肅宗 41年 9月 庚子(8日);【대응입법】"姊妹淫奸, 伯叔父母及姑淫奸, 舅婦淫奸【註: 以上三省推鞫】."『新補受敎輯錄』「刑典」省鞫; "······淫烝後母者, 淫姦伯叔母姑母姊妹子婦者······三省推鞫."『續大典』「刑典」推斷.

94) 【男奴女主간음사건】『成宗實錄』卷16, 成宗 3年 3月 壬戌(26日);『成宗實錄』卷163, 成宗 15年 2月 癸酉(16日);『中宗實錄』卷56, 中宗 20年 閏12月 甲戌(20日);『光海君日記』卷55, 光海君 4年 7月 丁未(16日);『顯宗實錄』卷18, 顯宗 11年 8月 辛丑(17日);『肅宗實錄』卷13, 肅宗 8年 9月 甲寅(10日);【대응입법】"婢夫之通奸妻上典者, 不待時斬."『受敎輯錄』「刑典」姦犯, 康熙 辛酉(현종7); "奴主淫奸······【註: 以上三省推鞫】."『新補受敎輯錄』「刑典」省鞫; "奴姦女上典者······三省推鞫."『續大典』「刑典」推斷.

친상간近親相姦은 현대사회에서도 지탄의 대상이며,[95] 후자는 전통시대 윤리규범에서는 사회기강에 정면으로 반하는 범죄였다. 양자를 병렬하여 둔 것을 보면, 여주인과 남노男奴의 간음은 근친상간과 동일한 범주로 인식한 것이다. 특히 정조는 간음 사건 자체를 임금에게 보고하도록 하였을 정도이다.[96]

셋째, 불효이다. ⓗ적모嫡母를 방매放賣한 경우,[97] ⓐ부모를 욕하거나 구타한 경우,[98] ⓞ아비의 시체를 화장한 경우이다.[99] 이는 당시 사회의 윤리의식에 반하는 문제였다. 우선, 살아있는 부모에 대한 방매를 처벌한 것은 타인의 인신매매도 처벌받으므로 부모에 대해서 가중처벌을 둔 것이다. 아울러『대명률』에서부터 화장火葬이나 수장水葬을 엄단하고 유교식 매장을 권장해왔고,[100] 명과 조선이 모두 유교윤리 정착에 힘

---

95) 近親相姦은 사회과학 용어일뿐 현재 법률상 명확한 처벌규정이 없다. 다만,
『민법』제809조는 近親婚을 금지하고 있고, 제815조는 혼인의 무효 사유로
인정하고 있다. 또한『성폭력범죄의 처벌 등에 관한 특례법』제5조에서는 친
족범죄에 대해 가중처벌을 규정하고 있다.

96)『特教定式』, 奸獄狀聞, 今上 8年(정조8)<古951.009 T296>[『承政院日記』,
乾隆 49日(정조8) 3月 19日(甲辰); 정긍식 외, 앞 책, 2010, 136쪽];『受教定
例』, 38.挽裳對飯, 正宗 7年<古5120-176>[정긍식 외, 앞 책, 2009, 179쪽].

97)【賣嫡母사건】『承政院日記』, 天啓 3年(인조1) 5月 17日(丙午);【대응입법】
"放賣嫡母者."『續大典』「刑典」推斷.

98)【부모구타사건】『世宗實錄』卷92, 世宗 23年 5月 丙辰(21日);『肅宗實錄』
卷37, 肅宗 28年 8月 辛卯(12日);『肅宗實錄』卷49, 肅宗 36年 12月 癸亥(3
日);【대응입법】"繼母淫奔, 至生二子, 而未告官之前, 任自毆打者, 其繼母
已與其父, 夫婦之道絶矣. 以子打母之律過重, 嚴刑二次, 減死絶島定配."『新
補受教輯錄』「刑典」推斷, 雍正 甲寅(영조10); "毆辱父母者."『續大典』「刑典」
推斷.

99) 숙종 11년(1685) 아비가 전염병에 걸려 죽어서 시신을 火葬했으나, 당시 朝
廷은 이를 강상을 훼손한 범죄로 치부하였다.【화장사건】『肅宗實錄』卷16,
肅宗 11年 8月 壬辰(4日);【대응입법】『受教輯錄』「吏典」雜令, 康熙 乙丑
(숙종11);『續大典』「刑典」推斷; 김백철, 앞 책, 2016, 180쪽.

100)『大明律』「禮律」儀制, 喪葬;『大明律』「刑律」盜賊, 發塚.

써왔다. 장례는 주요한 생활규범으로 정착되어 화장은 용인되기 어려웠다. 양자의 공통점은 생전生前이나 사후死後 부모에 대한 위해危害 행위는 반드시 징계한다는데 있다.

③ 강상죄의 등급

강상죄는 여러 등급으로 구분되었다. 첫째, 기수旣遂나 미수未遂를 가리지 않고 처벌하는 경우이다. 이때 본인은 사형에 처하고, 처자를 노비로 삼고, 집을 부수어 연못으로 만들고, 읍호를 내리고 수령을 파직하게 하였는데, 부모나 주인을 살해한 경우(㉠, ㉡)만 해당하였다.[101] 곧 오직 인명에 관계된 살인이나 살인모의만 강도 높은 처벌을 받은 것이다. 심지어 숙종대 영의정 남구만南九萬은 읍호를 강등하고 수령을 파직하는 것은 『경국대전』, 『대전속록』, 『대전후속록』에도 없는 율문이라고 비판하여 제한하고자 하였는데,[102] 실제 읍호에 대해서도 시간이 지나면 회복되었다.[103]

---

101) "綱常罪人所居官, 降罷." 『受敎輯錄』「吏典」雜令, 康熙 癸卯(현종4); "其父骸骨燒火者, 論以綱常罪人, 破家瀦澤, 妻子爲奴, 降邑號, 罷守令." 『受敎輯錄』「吏典」雜令, 康熙 乙丑(숙종11); "謀殺夫已行者, 雖只爲處斷, 罷守令, 降號, 瀦澤等事, 並皆擧行." 『新補受敎輯錄』「刑典」推斷, 康熙 庚戌(현종11); "㉠弑父母祖父母舅姑夫伯叔父母兄姊者, ㉡奴弑主, 官奴弑官長【註: 以上勿論已行未行】." 『續大典』「刑典」推斷; "綱常罪人【註: 弑父母夫, 奴弑主, 官奴弑官長者】, 結案正法後, 妻子女爲奴, 破家瀦澤, 降其邑號, 罷其守令." 『續大典』「刑典」推斷. ※『수교집록』에는 아비의 시신을 불태운 경우도 해당되었으나, 『속대전』에서는 삼성추국만 포함시키고 나머지는 제외되었다.

102) 『肅宗實錄』卷27, 肅宗 20年 9月 庚辰(15日).

103) "郡邑降號, 則依前以十年爲限, 革邑, 則五年爲限." 『受敎輯錄』「吏典」雜令, 康熙 乙丑(숙종11); "【註】縣令以上降縣監, 縣監勿革, 而序諸縣之末, 限十年復舊." 『續大典』「刑典」推斷. ※읍호승강의 구체적인 사례는 다음 참조. 임승표, 『조선시대 상벌적 읍호승강제 연구』, 홍익대학교 사학과 박사논문, 2001.

둘째, 기수만 처벌하도록 하는 경우이다. 고공이 가장을 죽인 경우(ㄸ), 계모나 친인척과 간음한 경우(ㄹ), 남노가 여상전과 간음한 경우(ㅁ)만 해당되었다.[104] 일반 형법으로도 살인과 간음은 사형에 처할 수 있는 범죄이다.

셋째, 삼성추국三省推鞫이 허용된 경우이다. 위의 8가지 유형(ㄱ∼ㅇ)이 모두 포함된다.[105] 처음에는 강상죄를 대역죄大逆罪와 동일하게 처리하고자 삼성추국을 진행했으나, 위와 같이 사안별로 처벌 수위는 각기 달랐다.

넷째, 강상죄를 범한 정리가 심히 중하여 장 100 유 3000리로 처벌한 경우이다. 경제적 이익을 위해서 부모 및 친족을 남이나 먼 친척으로 속일 때 적용되었다.[106] 이는 숙종대 수교의 전가사변에서 한 등급 감경한 조치이다.[107]

특히, 영조는 강상죄가 극형에 해당되지 않는 경우에도 한탄어린 하교를 내렸다.[108] 이것은 강상죄라 하더라도 일반 범죄와 별반 다를바 없

---

104) "ⓒ雇工殺家長者, ⓔ淫烝後母者, 淫姦伯叔母姑母姊妹子婦者, ⓜ奴姦女上典者, ⓗ放賣嫡母者, 毆辱父母者, ⓢ燒火父屍者【註: 以上已行並】, 三省推鞫." 『續大典』「刑典」推斷.

105) "弑父母祖父母舅姑夫伯叔父母兄姊者……三省推鞫." 『續大典』「刑典」推斷.

106) "誣罔陳告, 親母及同生兄弟, 爲他人奴婢, 以大明律干名犯義條, 子孫告祖父母父母而誣告者, 不待時絞." 『受敎輯錄』「刑典」告訴, 康熙 丙寅(숙종 12); "罪犯綱常情理深重者, 杖一百流三千里【註: 不奔父母喪者, 以其父謂之孼三寸以其母謂之三寸叔母, 爭訟奴婢者欲免庶名, 嫡母及外祖母謂之他奴婢者, 右等罪犯並用此律】." 『續大典』「刑典」推斷. ※『수교집록』의 不待時斬은 『속대전』에서 장 100 유 3,000로 재조정되었다.

107) "私奴欲叛其主入錄於戶籍之中, 指他人爲父及生存之父以死懸錄者, 欲免庶名, 嫡母及外祖母謂之他婢者, 論以罪犯綱常情理深重者, 全家徙邊." 『新補受敎輯錄』「戶典」戶籍, 康熙 戊午(숙종4)

108) "【註】噫, 人之秉彝, 本有其性, 豈有犯此律者, 而若有所犯, 敎化之不宣, 官吏之不及蘇瓊者, 然其犯者此律猶輕, 而末俗浮謗難信求諸古事, 於此等處亦不無抱冤者, 此其時京外執法之官, 其可泛以考律處之, 其宜深諒情僞者

이 신중한 심리審理를 강조하였고, 오히려 중한 죄로 인식하였기 때문에 철저한 조사를 요구하였다. 윤상倫常에 관련되는 죄목은 사소한 것도 중앙은 초기草記하고, 외방은 장계狀啓하여 임금에게 아뢴 후 처리하도록 하였다.[109] 강상죄는 단순히 신분제 유지를 위한 사회통제책이 아니었다.[110] 국가윤리규범의 해체를 염려하여 제정하였으나, 실제 처벌은 일반형법에 준하되 가중치를 부과하는 정도였으며, 모든 강상죄가 사죄死罪나 대역죄로 취급되지도 않았다.

④ 유사사례

실제로 법전에는 윤리적 측면이 반영된 것 같으나 강상죄에 포함되지 않은 경우가 적지 않았다. 첫째, 살인사건이다. ㉠처부모를 살해한 경우,[111] ㉡비부婢夫가 처의 상전을 죽이려고 한 경우,[112] ㉢남편을 죽인

也."『續大典』「刑典」推斷, 當宁 甲子(영조20).

109) "係關倫常罪人, 雖微罪, 京司草記, 外方狀聞, 待覆啓擧行."『大典通編』「刑典」推斷;『特敎定式』, 罪關倫常草記, 今上 3年(정조3)<古951.009 T296>[『承政院日記』, 乾隆 44年(정조3) 3月 15日(己亥);『秋官志』卷2, 詳覆部, 倫常; 정긍식 외, 앞 책, 2010, 118쪽].

110) 마치 유럽에서 이성을 중시여긴다고 공언하던 계몽주의시대 오히려 청교도 윤리가 강조되는 현상과 별반 다를바 없다. 특히 사회계약론을 주창한 루소는 자신의 소설『신 엘로이즈』(1761)에서 강한 종교색을 내세우며 종속적인 여성관을 이상적인 모델로 강조하였다(장 자크 루소(김종현 역),『신 엘로이즈』1~3, 책세상, 2010). 이는 당시 자유분방한 파리 여성에 대한 반발의 의미가 짙었다. 마찬가지로 綱常의 강조도 신분이완이 그만큼 컸기 때문이다. 따라서 유교의 綱常이나 청교도윤리는 사회변동기 각 사회의 대처방안으로 이해하는 것이 합리적이다.

111) "殺妻父母者, 依律文, 以殺緦麻親之罪, 罪之."『受敎輯錄』「刑典」推斷, 嘉靖 癸卯(중종38); "殺妻父母者, 以謀殺緦麻親律論."『續大典』「刑典」殺獄;『大明律』「刑律」人命, 謀殺祖父母父母.

112) "婢夫之謀殺妻上典, 已行未殺, 以凡人謀殺人律論斷. 太輕. 又不可比用雇工謀殺家長之律, 不限年邊遠定配."『受敎輯錄』「刑典」推斷, 康熙 壬戌(숙종8);

죄인의 간부姦夫와 공모한 경우113) 등의 살인사건은 모두 일반 사죄로 분류하여 사형에 처하였다.

둘째, 인륜에 반하는 엽기적인 행태이다. ㄹ산빈山殯(假葬)을 헐어내거나,114) ㅁ가매장된 시체의 의복이나 이부자리를 짤라내거나,115) ㅂ죽은 인체의 고기를 먹은 자116) 등은 『대명률』'강도율强盜律'로 논하여 참형에 처하였다.117) 당초에는 17세기 대기근 여파로 시신의 훼손이 발

"殺妻上典者, 不待時斬【註: 謀殺未行者, 不限年邊遠定配】." 『續大典』「刑典」殺獄

113) "弑夫罪人之奸夫, 同謀縊殺者, 結倘戕殺者, 不待時處斬." 『受敎輯錄』「刑典」推斷, 康熙 壬子(현종13). ※이 조문은 『속대전』에는 그대로 수록되지 않는데, 이미 간부나 살인만으로도 사형에 해당하기 때문이다.

114) 『承政院日記』, 康熙 46年(숙종33) 10月 8日(丙戌); "毀破山殯……墓寇凶惡之罪, 處絞." 『受敎輯錄』「刑典」推斷, 康熙 辛亥(현종12); "毀破山殯……並以强盜律論." 『續大典』「刑典」推斷.

115) 실록에는 숙종 23년(1697) 시신의 옷을 가져다 입어서 참형에 처한 기록이 보인다. 『肅宗實錄』卷31, 肅宗 23年 2月 辛卯(10日); "……剝取其所裸衣服, 墓寇凶惡之罪, 處絞." 『受敎輯錄』「刑典」推斷, 康熙 辛亥(현종12); "剝取架葬之衣衾者, 處以强盜之律, 不待時處斬. 而妻子爲奴. 告者論賞. 旣非應行律文, 不必更引强盜之律." 『新補受敎輯錄』「刑典」推斷, 康熙 乙亥(숙종21); "……剝取假葬衣衾者……並以强盜律論." 『續大典』「刑典」推斷.

116) 실록에는 숙종 25년(1699) 병의 치료를 목적으로 시신의 살점을 먹은 경우가 발생하여 不待時處斬에 처한 경우가 확인된다. 『肅宗實錄』卷33, 肅宗 25年 閏7月 乙丑(29日); "噉食死人之肉者, 處以强盜之律." 『新補受敎輯錄』「刑典」推斷, 康熙 丁丑(숙종23); "掘發葬屍, 割食其肉者, 依架葬剝取衣服之律, 施行." 『新補受敎輯錄』「刑典」推斷, 康熙 己卯(숙종25); "……噉食死人肉者, 並以强盜律論." 『續大典』「刑典」推斷.

117) 수교의 입법취지는 斬刑에 있으나, 강도율에는 次刑 규정이 있어 附記한다. 『대명률』'强盜'에는 재물을 얻지 못하면 장 100 유 3000리이며 재물을 얻으면 참형에 처하고, '盜賊窩主'에는 강도 窩主의 가담정도에 따라 장 100, 장 100 유 3000리, 참형으로 처벌하였다. 『경국대전』에는 강도로 사형에 처하지 않은 경우 刺字하고 처자는 관노비로 삼았고 재범은 교형에 처했다. 또 강도 와주로 사형되지 않은 경우도 자자하고 전가사변하며 삼범은 교형에 처했다. 『속대전』에는 자자형과 전가사변이 폐지되었고, 실효조문을 따르면

생하여 입법된 수교로 보이는데, 이후 산송山訟이 확대되면서 실력행사에 나서면서 준용될 개연성이 있었다. 실제 숙종 33년(1707)에는 산을 다투다가 산빈을 불태운 사건도 발생하였다.[118]

셋째, 신분을 초월하여 구타나 욕설을 한 경우이다. Ⓐ주인을 배반한 노비는 본역本役을 진 채 절도에 정배하였고,[119] Ⓞ출가한 자매의 노奴가 주인의 동생을 구타하면 『대명률』의 '기친朞親을 구타한 율'(교형)로 처벌하였다.[120] Ⓩ왕자王子, 군君, 대신大臣에게 추한 욕을 하면 먼 변경지방에 충군充軍하였다.[121] Ⓩ상천常賤(常漢·賤人)이 사족士族을 구타한 경우 장 100 도 3년에 처하였다.[122]

넷째, 존속에 대한 위해행위 처벌이다. ㉾친어머니나 친형제를 허위사실로 속여서 진고陳告하여 타인의 노비가 되게 한 경우 부대시 교형

徒流刑의 경우 평안도나 함경도 극변에 노비가 되었다. 『大明律』「刑律」賊盜, 强盜; 『大明律』「刑律」盜賊, 盜賊窩主; 『經國大典』「刑典」贓盜.

118) 『承政院日記』, 康熙 46年(숙종33) 10月 8日(丙戌).

119) "叛主奴婢, 勿爲定配, 還給本主, 則擅殺奴婢者, 必將接跡而起, 依法例, 全家徙邊. 據康熙甲子九月日, 改以限己身作本役絶島定配." 『受敎輯錄』「刑典」推斷, 康熙己酉(현종10) 初定·康熙 甲子(숙종10) 改定; "叛主奴婢, 仍本役絶島定配." 『續大典』「刑典」推斷.

120) "出嫁妹之奴, 歐其主同生娚者, 以本服朞親照斷." 『受敎輯錄』「刑典」推斷, 正德 庚午(중종5); "【註】依大明律, 歐家長之朞親者, 絞." 『增補典錄通考』「刑典」推斷, 受敎輯錄, 正德 庚午(중종5); "出嫁姊妹之奴, 毆其主同生者, 以本服期親照斷." 『續大典』「刑典」推斷; 『大明律』「刑律」鬪毆, 毆期親尊長. ※명률의 '毆期親尊長'에는 죄질에 따라 장 90 도 2년반, 장 100 도 3년, 장 100 유 3000리, 교형, 참형 등으로 나누었는데, 『增補典錄通考』에는 絞刑으로 註를 달았다.

121) "醜辱王子君大臣者, 邊遠充軍." 『續大典』「刑典」推斷.

122) "士族常漢之分, 甚嚴. 庶人賤口, 恃其豪勢, 毆打士族, 全家徙邊之律, 申明擧行. 而據其兩邊元情, 明卞曲直, 使無誤蒙重罪." 『受敎輯錄』「刑典」推斷, 嘉靖 甲寅(명종9); "常賤毆打士族, 事情明白者, 杖一百徒三年【註: 傷者, 杖一百流二千里】." 『續大典』「刑典」推斷.

에 처하였다.[123] 또 ㉣아들과 손자가 그 조부모와 부모를 고소하는 경우 곡직을 가리지 않고 법(경국대전)에 따라 인륜을 밝히도록 하였다(교형).[124] 양자 모두 직계존속의 패륜행위에 대한 강도높은 처벌이다. 『대명률』 '간명범의干名犯義'를에는 장 100 도 3년으로 규정하였는데,[125] 『경국 대전』에서는 '고존장告尊長'을 세워서 교형으로 대체입법하였다. 『속대 전』 역시 아국법을 준용하여 조선 형법을 적용한 것이다.

다섯째, 유가의 사당과 관련된 조문이다. ㉤공자를 모신 사당의 위패 를 때려 부수거나 훔쳐낸 자는 모두 참형에 처하였고,[126] ㉥노奴가 주인 집 사당의 위패에 방화한 경우 효수하였다.[127] 모두 유교적 이념을 상징 하는 제사와 관련된 것이다. 전자는 유교의 개창자로 일컬어지는 공자의 사당에 대한 위해행위가 국가기강을 어지럽힌다고 보았다. 실제 선조~ 인조대 여러 차례 발생한 사건을 바탕으로 입법한 것이다.[128] 후자는 주 註에서 『대명률』 '고소인방옥故燒人房屋'(장 100 도 3년)을 적용하여,[129]

---

123) "誣罔陳告, 親母及同生兄弟, 爲他人奴婢, 以大明律, 干名犯義條, 子孫告祖 父母父母而誣告者, 不待時絞." 『受教輯錄』 「刑典」 告訴, 康熙 丙寅(숙종 12); "以親母或親兄弟, 誣罔陳告爲他人奴婢者, 依子孫誣告祖父母父母之 律, 不待時絞." 『續大典』 「刑典」 告尊長.

124) "凡子孫, 告訴其祖父母父母者, 不卞曲直, 依法治罪, 以明彝倫." 『受教輯錄』 「刑典」 告訴, 萬曆 丙子(선조9); "凡子孫告訴其祖父母父母者, 勿辨曲直, 依 法論罪, 以明彝倫." 『續大典』 「刑典」 告尊長.

125) 『大明律』, 刑律, 訴訟, 干名犯義.

126) "聖廟位版打破罪人, 首倡者, 處斬. 隨從者, 杖一百流二千里." 『受教輯錄』 「刑典」 推斷, 順治 甲午(효종5); "聖廟位版打破偸出者, 並斬【註: 爲從, 杖一 百流二千里. ○位版失火私造者, 杖一百流二千里】." 『續大典』 「刑典」 推斷.

127) "乘夜放火於其上典家, 並其家廟神主燒燼者, 依放火故燒官民房室之律, 斬." 『新補受敎輯錄』 「刑典」 推斷, 康熙 乙未(숙종41); "奴放火其主家祠板 者, 絞." 『續大典』 「刑典」 推斷.

128) 『宣祖修正實錄』卷9, 宣祖 8年 11月 乙未(1日); 『宣祖修正實錄』卷14, 宣祖 13年 3月 庚子(1日); 『仁祖實錄』卷23, 仁祖 8年 11月 戊戌(23日).

129) "【註】只用故燒官民房屋律." 『續大典』 「刑典」 推斷; 『大明律』 「刑律」, 雜

실제로 함부로 사형에 처할 수는 없었다.

2. 경제구조의 재편

1) 세정의 방향

① 호적의 정비

사회변동기 경제구조 역시 변화를 피할 수 없었다. 국초부터 모든 백성은 국가의 호적戶籍에 등재되었으나,[130] 16세기 말~17세기 초 전란으로 사회기강이 와해되면서 규정도 유명무실화되었다. 따라서 17세기 전후복구사업의 급무는 인호와 토지의 회복이었다.『수교집록』와『신보수교집록』에는 인호人戶와 관련하여「통기사목統記事目」,「호패사목號牌事目」,「호적사목戶籍事目」[131] 등이 수록되었다. 이 사업은 두 가지 측면에서 영향을 미쳤다.

첫째, 백성의 활용이다. 국가의 모든 공적인 영역에서 신분증으로서 호적의 입적 사실을 증명하는 준호구準戶口와 호패號牌를 활용하게 하여서 국가가 개인의 신분을 공인公認해주는 역할을 하였다. 백성 하나하나에 대해 국가가 모두 파악하고 있으며, 자신의 신분에 위해危害가 가해지는 상황에서는 이를 근거로 본래 신분임을 주장할 수 있는 근거가 되었다.[132] 아울러 전지田地(토지)나 가사家舍(주택) 혹은 노비 등도 매

犯, 故燒人房屋. ※'故燒官民房屋律'은 '故燒人房屋'의 제1항의 제2형량을 적용한 것이다.

130)『經國大典』「戶典」戶籍.

131)『受敎輯錄』「戶典」戶籍, 康熙 乙卯(숙종1) 統記事目·康熙 丁巳(숙종3) 號牌事目·康熙 甲子(숙종10) 戶籍事目;『新補受敎輯錄』「戶典」戶籍, 戶籍事目.

매시 관에서 입안立案을 발급하여 공식적으로 국가에서 매매사실을 증명해주었다.133) 이는 정확한 문서에 의해서 개인의 자산과 소민을 보호하는 제도가 정착되었음을 의미한다. 이른바 근대 이후 비로소 국가의 개인에 대한 소유권 보장개념이 생겼다는 선험적 주장과 상당히 배치되는 사료이다.

둘째, 조정의 활용이다. 인구의 자연증가와 더불어 조정의 적극적인 파악 노력에 힘입어 호구 총수는 약 1세기동안 급격히 팽창하여 전란 이전 수준에 근접하였다.134) 18세기 『양역총수良役總數』(영조19, 1743), 『양역실총良役實摠』(영조24, 1748), 『부역실총賦役實總』(정조18, 1794) 등의 편찬으로 이어져 최대 가용한 호구의 파악이 완료되었으며,135) 중

---

132) "戶籍, 仍以奴婢冒錄者, 當身及里正監色, 並爲從重科罪【註: 仍以雇工爲奴婢冒錄者, 當身依壓良律, 全家. 里正監色, 則依大明律, 制違, 杖一百】." 『新補受敎輯錄』「戶典」戶籍, 康熙 壬午(숙종28); "虛增戶籍者, 依贓汚律科罪." 『新補受敎輯錄』「戶典」戶籍, 雍正 己酉(영조5); "借人戶牌現露, 則受者, 論以漏籍之罪. 與者, 杖一百徒三年. 士族常漢, 一體施行." 『新補受敎輯錄』「戶典」戶籍; "戶口戶牌中, 職役姓名不以實書, 因事現露, 則當身, 杖一百徒三年. 別文書別有司統首監考里正等, 論以制書有違律【註: 杖一百】." 『新補受敎輯錄』「戶典」戶籍, 戶籍事目.

133) "田畓買賣, 依法文, 官斜立案." 『受敎輯錄』「戶典」賣買, 順治 庚子(현종1); "凡奴婢買得, 斜出前所生, 以兩邊不當, 屬公, 冒法斜出官員, 論以制書有違之律." 『受敎輯錄』「戶典」賣買, 康熙 戊申(현종9).

134) 이태진, 「인구의 감소」 『한국사』30, 국사편찬위원회, 1998, 374~376쪽 <표1> 『조선왕조실록』과 『호구총수』에서 발췌된 조선시대 전국 호구수; 김백철, 『조선후기 영조의 탕평정치』, 태학사, 2010, 198쪽 <표25> 조선시대 호구총수에 의한 急減구간; 정연식, 『영조대의 양역정책과 균역법』, 한국학중앙연구원출판부, 2015, 25쪽 <그림1> 인구변동과 영역정책의 관계(1651~1750년).

135) 호구의 성격은 18세기 초반까지 인구의 자연 증감분을 감안하는 형태였으나, 균역법 실시 전후로 총액이 고정되어 그 성격이 바뀌었다. 이는 청 강희제의 盛世滋生丁銀의 실시에 비견된다. 차용진, 「淸代 '地丁銀'制 成立에 關한 一考察」, 성균관대학교 사학과 석사논문, 1983, 18~27쪽; 김선혜, 「淸

앙에서 파악한 호구는 각 군현별로 기록되어 『여지도서輿地圖書』(영조 33~41, 1757~ 1765)에 수록되었다. 이를 바탕으로 균역법 전국적인 실시와 보완이 가능하였다.136)

② 전세田稅의 표준화

전세의 운영방식이 크게 변화하였다.137) 전세는 조租·용庸·조調 중 가장 부담이 높았다. 15세기 세종대부터 전세를 개혁하여 풍흉을 구분하는 연분 9등(上之上~ 下之下)과 토질을 반영한 전분 6등(1~6等田)을 실시하였다. 이는 세금 부담의 형평성을 제고하고, 국고의 안정적 확충 효과를 가져왔다.138)

하지만 16세기 말~17세기 초 조선은 국제전쟁의 후유증과 기후변화에서 자유롭지 못했다. 이에 조정에서는 버려진 진전陳田을 농사 지을 수 있는 기경전起耕田으로 바꾸는 전후복구사업을 적극 추진하였다.139) 전토田土와 관련하여 「양전사목量田事目」, 「연분사목年分事目」, 「재상

初 地丁銀制 改革에 대한 一考察」, 숙명여자대학교 사학과 석사논문, 1994, 9~10쪽; 김백철, 『두 얼굴의 영조』, 태학사, 2014, 55~60쪽; 송양섭, 『18세기 조선의 공공성과 민본이념』, 태학사, 2015, 49~63쪽; 김백철, 「17~18세기 대동·균역의 위상」, 『국학연구』28, 한국국학진흥원, 2015, 70~71쪽.

136) 균역법은 다음 참조. 정연식, 『조선후기 '役總'의 운영과 양역변통』, 서울대학교 국사학과 박사논문, 1993; 최주희, 『조선후기 선혜청의 운영과 중앙재정구조의 변화 : 재정기구의 합설과 지출경비 과정을 중심으로』, 고려대학교 한국사학과 박사논문, 2014; 정연식, 앞 책, 2015.

137) 김백철, 앞 책, 2014, 56~57; 김백철, 앞 논문, 2015, 47~49쪽.

138) 김옥근, 「貢法」, 『조선왕조재정사연구』Ⅰ, 일조각, 1984, 212~238쪽.

139) "……量後, 願爲起耕者, 呈本曹, 受立案然後, 依法永作己物……"『新補受敎輯錄』「戶典」量田, 康熙 丁酉(숙종43) 量田事目; "山峽閑曠處, 費力作田之後, 以一張立案據執, 極爲無據. 今後則起耕爲主……"『新補受敎輯錄』「戶典」諸田, 雍正 己酉(영조5); "凡閒曠處, 以起耕者爲主【註: 其或預出立案, 不自起耕, 而憑藉據奪者, 及以其立案私相買賣者, 依侵占田宅律論……】"『續大典』「戶典」田宅.

사목災傷事目」, 「호조사목戶曹事目」, 「제언사목堤堰事目」 등이 각각의
사목으로 체계화되어 집록류에 수록되었다.140) 약 100여년간 토지 결수
는 상승곡선을 보여서 조선전기 수준까지 거의 회복하였다.141)여기에는
조정의 정책도 주요하였다.

첫째, 세율인하가 전격적으로 추진되었다. 이미 16세기 후반부터 연
분을 하지중下之中(6斗)이나 하지하下之下(4斗)로 하향하는 논의가 진
전되었으며,142) 17세기 이후 최저세율이 제도화되었고,143) 18세기에는
점차 4두로 고정되었다.144) 오늘날 이른바 '영정법永定法'으로 통칭되는
정책이다.

둘째, 양전量田 방식도 바뀌었다. 세종 26년(1444)에 1~6등전을 등
급에 따라서 측정하였다가(隨等異尺), 17세기부터 양전시 1등전의 자로
통일하고 각 등급에 맞추어 가감하는 방식으로 변화하였다.145) 토지결

---

140) 『受教輯錄』「戶典」諸田, 康熙 壬寅(현종3) 量田事目 ;『新補受教輯錄』「戶
典」諸田, 各年年分事目·嘉靖 癸亥(명종18) 災傷事目·康熙 癸巳(숙종39)
戶曹事目 ;『新補受教輯錄』「戶典」量田, 康熙 丁酉(숙종43) 量田事目·堤堰
事目.

141) 송찬섭, 「양전사업」, 『한국사』30, 국사편찬위원회, 1998, 416~420쪽.

142) 『宣祖實錄』卷5, 宣祖 4年 11月 丁亥(29日); 박종수, 「16,17세기 전세의 정
액화 과정」, 『한국사론』30, 서울대학교 국사학과, 1993, 57~123쪽.

143) 『宣祖實錄』卷200, 宣祖 39年 6月 壬戌(25日) ;『光海君日記』卷97, 光海君 7
年 11月 乙酉(13日)[中草本] ;『承政院日記』, 天啓 5年(인조 3) 8月 11日(丁亥) ;
『仁祖實錄』卷20, 仁祖 7年 2月 乙卯(29日) ;『仁祖實錄』卷31, 仁祖 13年 11
月 己巳(23日).

144) 『續大典』卷2, 戶典, 收稅 ;『萬機要覽』, 財用編2, 收稅, 各道收稅, 仁祖甲
戌(인조12).

145) 『만기요람』에는 효종 4년부터, 『신보수교집록』에는 숙종 43년부터) 양전사
목이 확인된다. 이 내용은 『속대전』에 상세히 수록되었다. "量田尺數, 從遵
守 冊定式, 以一等磨鍊造作, 兩端烙印, 下送監營, 使之依此, 造作行用."『新
補受教輯錄』「戶典」量田, 康熙 丁酉(숙종43) 量田事目 ;"凡田並用一等尺
打量【註: 二等以下尺度在原典, 而今不用】. 各等遞降, 解作結負【註: 一等

수는 조선전기에 생산력을 중심으로 측정하다가, 조선후기에 절대면적
과 생산력 일부를 결합하는 형태로 바뀌었다.[146]

결국, 17세기 전쟁과 대기근이 반복되는 상황에서 세율을 단순화할
필요가 있었으며, 이러한 표준화 작업은 18세기 대동과 균역에서 전세를
활용하게 되는 주요 요인이 되었다.

③ 대동법의 파급력

법제정비시 주요하게 인식된 경제적 변화는 세제稅制 개편과 경제법
규의 증가이다. 17세기 세제상 가장 두드러지는 변화는 대동법의 실시였
다.[147] 16세기말부터 약 1세기 이상 공납을 토지의 다과에 따라 쌀로 대
신 납부하는 개혁안이 18세기까지 점진적으로 추진되었다.[148] 갑술환국

一負, 以二等八五, 三等單七, 四等五五, 五等單四, 六等二五解之, 每等一
負, 減一束五把, 一等尺實積爲十負則二等田爲八負五束至六等田爲二負五
束, 餘等倣此……】." 『續大典』 「戶典」量田; 『萬機要覽』, 財用編2, 田結,
量田法.

146) 유형원은 생산량 단위의 結負法을 토지단위인 頃畝法으로 바꿀 것을 주장
하고 세종대 隨等異尺에 대해 비판적인 입장을 취하였는데, 재야의 비판을
조정에서 수용한 것이다. 『磻溪隧錄』卷1, 田制上, 分田定稅節目. 『磻溪隧
錄』卷6, 田制考說下, 國朝田制; 김백철, 앞 논문, 2015, 49쪽.

147) 한영국, 「대동법의 시행」, 『한국사』 30, 국사편찬위원회, 1998, 479~516쪽;
김옥근, 「세역의 토지집중」, 『조선왕조재정사연구』 I, 일조각, 1984, 239~
309쪽; 박현순, 「16~17세기 공납제 운영의 변화」, 『한국사론』38, 서울대학
교 국사학과, 1997, 2~46쪽.

148) "三南京畿嶺南, 設行大同【註: 湖西辛卯年(효종2), 京畿癸卯年(선조36), 湖
南壬辰年(효종3), 嶺南己未年(숙종5)】." 『受敎輯錄』 「戶典」徭賦, 三南大同
事目; "京畿, 江原道, 湖西, 湖南, 嶺南, 行大同法. 凡京司一應貢物之載於
貢案而定於五道者, 五道各營邑所需之出自民役者, 皆作米." 『續大典』 「戶
典」, 徭賦. ※단, 실록은 경기 광해군 즉위년(1608), 충청 효종 2년(1651), 전
라 沿邑 효종 9년(1658), 山郡 현종 3년(1662), 경상 숙종 3년(1677)으로 차이
가 있고, 영조 초반까지 지속적인 수정 보완이 이루어졌다. 한영국, 앞 글,
1998, 479~516쪽; 한국역사연구회 편, 『수교집록』, 청년사, 2001, 69쪽 註26;

(숙종20, 1764) 이후 숙종후반 탕평정국에 진입함으로써, 각종 세제개혁, 법제정비, 양역이정良役釐整 등이 추진되었는데, 대동법 역시 정국안정을 배경으로 전국단위의 확대가 이루어졌다. 대동법의 수정·보완은 18세기 영조초반까지도 지속되었다.[149)

조선후기 새로운 세제의 한 축인 공납貢納의 전세화田稅化가 『수교집록』부터 「삼남대동사목三南大同事目」으로 처음으로 국법체계 내에 명문화되었으며,[150) 『신보수교집록』에 가면 실제 집행과정에서 파생되는 다양한 문제점과 대책이 「이전」, 「호전」, 「예전」, 「형전」 등에 걸쳐 두루 제시되어있다.[151)

주로 대동미大同米의 징세와 관련된 조치가 다수 확인된다.[152) 대개 대동미는 1결당 12~16두정도로 통용되었는데,[153) 토지의 다과에 따라

---

149) 김백철, 앞 책, 2014, 54쪽 주128 표2 대동법의 확대과정.

150) 『受敎輯錄』「戶典」徭賦, 三南大同事目; "參用大同事目." 『續大典』「戶典」經費.

151) 〈표33〉 대동법 관련 수교 수록현황

		受敎輯錄	新補受敎輯錄
吏典	守令		1
戶典	徭賦	14	1
	解由		4
	收稅		2
	漕轉		3
	還上		3
禮典	獎勸		1
刑典	推斷		1

152) "田稅大同捧留, 及如爲任意許留者, 一切勘罷." 『新補受敎輯錄』「吏典」守令, 雍正 丙辰(영조12); "守禦廳所管, 廣州田稅大同, 捧未捧, 移文本廳, 知其實數後, 許出解由." 『新補受敎輯錄』「戶典」解由, 康熙 戊戌(숙종44); "正布價米及次歲幣木未收, 一依大同未收, 解由拘碍." 『新補受敎輯錄』「戶典」解由, 雍正 癸丑(영조9).

153) "逐年隨其時起, 田畬每結收米十二斗, 以爲京外一年之用……." 『受敎輯錄』「戶典」徭賦, 康熙 辛未(숙종17); "海西行詳定法, 倣大同之規, 每結收米十五斗. 以爲各其營邑一年之需, 進上價米, 納宣惠廳, 貢物價米. 納本曹, 亦

세금을 납부함으로써 백성의 부담이 현격히 줄어들었다. 같은 시기 중국의 세제 개혁의 방향과 상당히 유사했다.154) 공납은 대략 1/5 수준까지 경감되었다.155) 이 조치로 고을 단위의 공동납이 아니라 경제적 규모에 따라 개별적으로 세금을 납부하게 되었다.

대동미를 전錢이나 포布로 납부하는데 현물화폐 상호간 가격 차이에서 오는 이익을 취하거나 포목의 두께를 속이거나,156) 미납액이나 운송사고157) 등을 모두 경제사범으로 인지하였다.158) 방납 역시 집중적으로 단속하였다.159) 이는 현물화폐간 교환과 시기별 차이에서 오는 가격변

儲置其餘米."『續大典』「戶典」徭賦; 한영국, 앞 글, 1998, 479~516쪽.

154) 차용진, 앞 논문, 1983, 18~27쪽; 김선혜, 앞 논문, 1994, 9~10쪽.

155) 이정철,『대동법, 조선 최고의 개혁』, 역사비평사, 2012, 32쪽.

156) "田稅大同舊未收, 以錢布上納, 則其間必有牟利幻弄之弊, 一切嚴禁. 而限內不納尤甚守令, 拿問定罪【註: 依大明律, 制違, 杖一百】."『新補受敎輯錄』「戶典」收稅; "大同木上納中, 若有薄布, 該邑守令, 當繩以重律, 上納布中, 唐太所織者現露, 則該邑守令, 當勘以不勸農桑之罪【註: 依大明律, 制違, 杖一百】."『新補受敎輯錄』「戶典」收稅, 雍正 丙辰(영조12); "堂出納大同米, 布, 錢."『續大典』「吏典」, 京官職, 正一品衙門, 宣惠廳.

157) "【註】京畿田稅大同米陸運自納邑守令, 趁期領民納京倉, 托故不來及不爲畢納者, 以制書有違律論."『續大典』「戶典」漕轉.

158) "【註】田稅大同, 等內未收雖一石, 拘礙, 往未收米二十石, 木[卽木綿布]一同, 越一等, 次次加等, 越三等止. ○田稅大同, 等內致敗者, 越一等, 敗船劣米二十石, 木一同未收者, 依往未收例, 敗船地方官, 拯米全未納, 拘礙."『續大典』「戶典」解由.

159) "田稅大同防納者, 移送捕廳, 依賊例嚴治【註: 依受敎, 杖一百, 流三千里】."『新補受敎輯錄』「戶典」收稅; "經理廳以下各司, 料理爲名, 那移防納者, 痛加禁斷. 若有違者, 繩以重律【註: 依大明律, 制違, 杖一百】."『新補受敎輯錄』「刑典」禁制, 康熙 壬寅(현종3); "士夫之爲防納, 及還上料理之弊, 極可寒心, 爲先痛革. 此後犯者, 當該守令, 禁錮. 有司之臣, 繩以重律【註: 依大明律, 制違, 杖一百】."『新補受敎輯錄』「刑典」禁制, 雍正 癸丑(영조9); "【註】田稅大同移施防納者, 各別嚴防. ○田稅大同或作木上納時, 守令, 捧錢而以木換納者, 以貪汚律論, 禁錮終身."『續大典』「戶典」徭賦.

동이 경제활동에 미치는 영향이 컸음을 반증하는 자료로 이해된다.

각종 물류비용이 대동미 내에 포함되어 잡세가 줄어들었고,160) 산군 山郡 상황을 배려하는 정책이 취해졌다.161) 또 외방에는 대동저치미大同 儲置米를 보유하여 지방재원이 확충되었는데 이 때문에 횡령 방지를 위한 규제도 강화되었다.162) 중앙은 공인을 통한 구매대행이 실현되었다.163)

아울러 대동법 시행 이후 이를 원용하거나,164) 기존 제도가 폐지되거

---

160) "嶺南湖南湖西守令, 瓜滿遞易時, 迎送刷馬, 皆以大同米給價, 而州府則二 十疋, 郡縣以下十五疋, 新迎則元價外加給五斗, 湖南嶺南, 從其道里遠近, 加給疋數, 而遠不過七駄, 除挈眷邑, 亦以遠近邑, 減其疋數, 京畿則亦減疋 數, 不時遞易, 則刷馬出於民結, 而一從定式收捧, 濫用者繩以重律.……○ 春秋分等, 收捧米布上納, 而船馬價, 計減於元數內, 尤甚未納官守令, 入啓 處置."『受敎輯錄』「戶典」徭賦, 三南大同事目.

161) "山郡作木, 湖西六斗, 湖南八斗, 嶺南七斗, 而京中皆以五斗計用, 勿論山海 邑, 米布交給主人,"『受敎輯錄』「戶典」徭賦, 三南大同事目.

162) "濫用儲置米, 或侵用民結者, 論以贓律."『受敎輯錄』「戶典」徭賦, 三南大 同事目; "……分其邑之大中小殘, 留置餘米, 以爲刷馬及科外之役, 餘米不 足之邑, 以隣近有裕官充給, 別卜定, 則自京可備之物, 勿爲分定本道.…… ○南及京畿大同儲置米擅貸守令, 五十石以上拿問定配, 十石以上拿問科罪, 未捧千石以上, 亦爲拿問科罪, 分給與未捧中, 五百石以上罷職, 十石以上決 杖事, 令禁府擧行, 十石以下, 無論擅貸及分給與未捧, 並置而勿論."『受敎 輯錄』「戶典」徭賦, 康熙 辛未(숙종17); "大同儲置米擅分, 二百石以上未捧, 拿問定配【註: 依大明律, 制違, 杖一百】. 一百石以上未捧, 決杖. 百石以下 未捧, 從重推考【註: 依大明律, 違令, 笞五百】. 十石以下, 置之."『新補受敎 輯錄』「戶典」徭賦, 監賑事目; "【註】凡大同儲置米會減之規, 從大同事目." 『續大典』「戶典」, 徭賦.

163) "【註】本曹別卜定, 自本曹移送貢木及耗穀于宣惠廳, 惠廳以大同米出給貢人自 京備納, 別卜定, 大內修理時紙席價及支勅雜物之類."『續大典』「戶典」徭賦.

164) "【註】關西各邑勅庫遺在會計磨勘, 報備局, 或有私債加分那移反作等事, 守 令監色, 依大同事目例論."『續大典』「戶典」會計; "正布價米, 及次歲幣木 及國恤時別卜定, 黃海道生獐價, 並依大同例."『續大典』「戶典」解由; "外 方巫女錄案收稅【註: 每名稅木一匹, 依大同木例, 五升三十五尺爲準, 作役 價亦同】."『續大典』「戶典」, 雜稅.

나[165) 개편되었다.[166) 대동법은 『속대전』 찬집시 주요 내용으로 적극 반영되었다.[167) 후속 법전에서도 지속적으로 보완되었다.[168) 이외에도 염분鹽盆, 어전漁箭, 선세에 관한 수교가 확인되는데,[169) 이는 균역법의 어염선세로 정규 세목화되는 단서가 되었으며, 『대전통편』에 이르러 균역법의 규정으로 집대성되었다.[170)

---

165) "【註】大同行後, 官屯田, 仍舊不罷."『續大典』「戶典」, 諸田, 官屯田;"【註】原典, 皂隸自外方選上. 大同廳設行時, 盡罷, 爲步兵而自京給價雇立. 今各司, 通稱使令."『續大典』「兵典」京衙前;"【註】舊例, 諸邑鄕吏每歲輪次來京, 本曹分定諸司備炭木. 大同創設後, 革其法, 使京人預受價責應如例, 謂之其人."『續大典』「工典」京役吏.

166) "【註】大同行後, 旣定營官需, 而衙祿公須位仍舊免稅, 只收大同, 京畿則春等收米, 給本官."『續大典』「戶典」, 諸田, 廩田;"【註】凡給復田, 只出稅米而勿收大同米."『續大典』「戶典」徭賦.

167) 『續大典』「吏典」, 京官職, 正一品衙門, 宣惠廳; 『續大典』「戶典」, 諸田·徭賦·解由·雜稅.; 『續大典』「戶典」, 諸田, 官屯田; 『續大典』「兵典」京衙前; 『續大典』「工典」京役吏.

168) 『大典通編』「戶典」解由·漕轉; 『大典會通』「戶典」漕轉; 『大典會通』「兵典」, 京官職, 正一品衙門, 宣惠廳

169) "鹽盆, 京畿近地, 每盆一年四石, 其他遠道, 則或十五六石, 或二十餘石, 所納不同, 戶曹勿論遠近, 皆收四石, 各衙門諸宮家, 皆從戶曹例捧上."『新補受敎輯錄』「戶典」收稅;"勿論諸宮家各衙門　漁夫與江都船隻, 自各該房. 每船所捧, 計其稅多寡, 三兩或五兩之內, 量定三四錢, 納于本曹."『新補受敎輯錄』「戶典」收稅;"江都船隻魚箭鹽盆寺刹, 並勿許諸宮家各衙門侵占, 專屬本府, 逐年收稅, 以爲軍餉補用之地."『新補受敎輯錄』「戶典」收稅, 康熙 癸未(숙종29);"南海之牙山以上, 西海之箕島以上, 海筏礒草漁場處, 專江都收稅, 以爲待變之需, 而司饔院諸宮家船隻段, 半收稅."『新補受敎輯錄』「戶典」收稅, 康熙 癸未(숙종29);"捉魚所收稅之數　通計半減　而各處要路收稅, 則勿論某衙門, 一番收稅給帖文後, 雖行千里, 更不徵稅. 鹽盆魚箭收稅, 定式外, 官吏或犯, 則並罷職. 或有疊徵處, 則差人刑推定配. 地方官不爲擧行者, 隨現罷黜."『新補受敎輯錄』「戶典」收稅, 雍正 甲辰(경종4).

170) "魚監船稅, 本曹錄案收稅之規, 及宮房折受並革罷, 移屬均役廳, 各樣稅納及凡諸擧行, 用均役事目."『大典通編』「戶典」魚鹽, 英宗 庚午(영조26);"【註】均役廳, 結錢, 依大同例上納, 月限用本曹例, 免稅結條, 並依田稅例.

2) 상업경제의 징후

① 인삼교역

당시 사회경제여건의 변화에 따라 국경무역을 두고 벌어지는 상황에 대한 위기관리정책도 마련하였다. 외국과의 밀무역에 대한 제한조치가 주목된다. 숙종～영조연간 조치가 주류를 이루고 있어 밀무역의 금지대상 교역국은 청나라와 일본이었다. 가장 문제가 되는 품목은 인삼무역이었다.171) 왜관이나 대마도 등에서 인삼을 거래하는 것이 엄격히 통제되었을 뿐만 아니라, 청나라와 무역시에도 엄격히 통제하였다.172) 「비국절목備局節目」(숙종33, 1707)과 「금삼절목禁蔘節目」(숙종34, 1708)를 만들어 인삼의 밀무역을 통제하고 국가의 공무역의 범위 내에서만 허락하였다.173) 조정은 인삼의 생산지와 품질도 관리하였다.174)

選武軍官布, 依三局保布例, 魚鹽船稅, 所屬鎭一體施行, 等內十分一未收拘礙, 往五分一未收拘礙."『大典通編』「戶典」解由.

171) "蔘商落漏於成册者, 成册後窺避者, 無公文私自買賣私自防納者, 物件沒官, 全家徙邊. 據康熙戊子九月日, 改以並限已身 邊遠定配."『受敎輯錄』「刑典」禁制, 萬曆 丁未(선조40) 初定·康熙 戊子(숙종34) 改定; "蔘貨潛商, 不分首從, 一體論罪."『新補受敎輯錄』「刑典」禁制, 康熙 戊子(숙종34).

172) "東萊銅鐵及私鑄錢, 嚴禁."『新補受敎輯錄』「刑典」禁制, 康熙 戊寅(숙종24); "渡海譯官, 蔘貨潛賣於馬島者, 施以徒配之律. 發告人段, 還歸之後, 發告於本府道, 事理當然, 而密通倭人, 至刱前古 所無搜檢之擧, 不免貽辱於國家, 梟示之律, 斷不可容貸. 而潛商者, 旣施島配之律. 發告者, 嚴刑三次後, 定配於西北地, 勿揀赦前."『新補受敎輯錄』「刑典」禁制, 雍正 丁未(영조3).

173)『新補受敎輯錄』「刑典」禁制, 康熙 丁亥(숙종33) 鄙局節目·康熙 戊子(숙종34) 禁蔘節目.

174) "蔘間揷入雜物者, 爲先屬公, 次次買賣者, 依律論罪【註: 犯人, 依受敎, 刑推二次, 邊遠定配. 買賣者, 依大明律, 不應爲, 杖八十】."『新補受敎輯錄』「刑典」禁制, 康熙 甲申(숙종30); "人蔘膠付者, 封進官, 從重論責【註: 依大明律, 制違, 杖一百】. 進排人, 刑推. 造成者, 刑推二次後, 邊遠定配. 西北同."『新補受敎輯錄』「刑典」禁制, 康熙 己丑(숙종35); "關東列邑産蔘處, 指的封

이는 인삼이 중국과 무역에서 고가高價에 거래가 가능하여 국가의 결제수단으로 활용되었기 때문이다. 국제무역에서 인감과 더불어 대규모의 은화銀貨가 유통됨으로써 이를 반영한 다수의 수교가 확인된다.[175] 또한 은화와 더불어 소액권으로 상평통보常平通寶가 유통되었는데, 사주전私鑄錢을 통한 경제교란을 엄단하는 수교가 보인다.[176] 이는 당시 대동법의 발효로 동전 사용이 확대된 것을 뒷받침하는 조치이다.[177] 결국 이상의 조치는 항동안 국제전쟁으로 차단되었던 대외교역 시장이 적극적으로 부활하면서 나타난 현상이었다. 이것이 국내시장의 난전亂廛 발달과도 연동되어 나타났다.

② 난전亂廛 규제

원칙적으로 난전을 단속하는 아문은 삼법사三法司(형조-사헌부-한성부)[178]와 평시서 등이 번갈아가며 맡았으나, 단속권한은 시기별로 변하

標, 而如有冒禁, 犯耕放火之弊, 守令論罷, 監色定配." 『新補受敎輯錄』「刑典」禁制, 雍正 丁未(영조3); "人蔘膠付, 用奸造成者, 論以一罪, 而西北採蔘處. 如有若干付蔘者, 分付地方官, 一體論罪." 『新補受敎輯錄』「刑典」禁制, 雍正 庚戌(영조6); "藥材中人蔘, 以他雜物膠付, 造蔘潛賣, 現發蔘商, 以造銀錢罪, 一體定律." 『新補受敎輯錄』「刑典」禁制, 雍正 辛亥(영조7); "犯越採蔘納官云者, 不無疑晦, 官長, 減死勿限年絶島定配." 『新補受敎輯錄』「刑典」禁制, 乾隆 丙辰(영조12).

175) 『新補受敎輯錄』「刑典」禁制, 康熙 庚寅(숙종36)·丙申(숙종42)·丁酉(숙종43)·康熙(경종1)·雍正 己酉(영조5)·庚戌(영조6).

176) "盜鑄錢者, 勿論匠人奉足, 不待時斬. 依大黨之律, 捕告人論賞." 『新補受敎輯錄』「刑典」僞造, 康熙 乙亥(숙종21); "私鑄錢文接主人, 同以一律論斷. 設爐而未及鑄成者, 以次律論斷【註: 杖一百流三千里】." 『新補受敎輯錄』「刑典」僞造, 康熙 丙子(숙종22); "私鑄錢助役之人, 愚迷貧賤 之人, 則無不參酌之道." 『新補受敎輯錄』「刑典」僞造, 康熙 丙子(숙종22).

177) 김백철, 앞 논문, 2015, 60~65쪽.

178) 三法司(三司)는 明에서 刑部, 都察院(어사대), 代理寺를 의미하고, 조선에서 刑曹, 漢城府, 司憲府(또는 義禁府)를 지칭하였다. 조선초에는 형조, 한성부,

였다.[179] 숙종 39년(1713)부터 변화가 감지된다. 이때 난전을 연 자는 시전市廛 상인이 직접 잡아서 조사하고 치죄하도록 변경하였다.[180] 17세기 후반 국가 주도하에 유통경제의 회복이 이루어졌다.[181] 곧 16세기 발달한 장시場市가 국제전쟁의 여파로 붕괴되었는데, 이를 대동법을 비롯하여 국가에서 대규모 유통정책의 실시로 회복시켰다. 이때 조정에서 공인한 특수상인(貢人·市人)의 역할이 중요하였다. 이 과정에서 시전상인

의금부가 三司로 지칭되다가, 점차 세종대부터 형조, 한성부, 사헌부가 재판을 맡아 처리하였고 禁制까지 나서게 되었다. 숙종대부터 三法司 명칭이 확인된다. 【형조-한성부-의금부】『文宗實錄』卷8, 文宗 元年 6月 辛未(4日);『世祖實錄』卷12, 世祖 4年 4月 乙酉(28日);『成宗實錄』卷88, 成宗 9年 正月 丙子(13日);『世宗實錄』卷89, 世宗 22年 6月 庚辰(10日); 【형조-한성부-사헌부】『世宗實錄』卷40, 世宗 10年 閏4月 戊子(7日);『世宗實錄』卷47, 世宗 12年 正月 癸丑(12日);『世宗實錄』卷100, 世宗 25年 6月 戊戌(15日);『續大典』「刑典」禁制; 김백철, 앞 책, 2016, 421쪽 <표23> '조선-명의 중앙과 지방' 참조.

179) "禁吏憑依官令, 晝夜橫挐於閭里. 今後, 三法司出禁, 依前, 皆定時刻. 昏夜勿出禁吏."『受教輯錄』「刑典」禁制, 康熙 甲子(숙종10); "生鮮亂廛, 令三司, 輪回出禁, 亦令本署, 錄於市案, 一體差役."『新補受教輯錄』「刑典」禁制, 康熙 庚辰(숙종26); "亂廛事, 移送京兆."『新補受教輯錄』「刑典」禁制, 康熙 丙戌(숙종32); "出禁後, 成給勿禁帖者, 嚴明申飭."『新補受教輯錄』「刑典」禁制, 康熙 丁亥(숙종33); "亂廛之物折價, 不及贖錢者, 從輕重決笞, 而出禁, 三司一體爲之."『新補受教輯錄』「刑典」禁制, 康熙 庚寅(숙종36).

180) "亂廛人, 使市人捉告, 推治."『新補受教輯錄』「刑典」禁制, 康熙 癸巳(숙종39); "生鮮亂廛, 令三司, 輪回出禁, 亦令本署, 錄於市案, 一體差役."『新補受教輯錄』「刑典」禁制, 康熙 庚辰(숙종26); "平市則勿出亂廛, 市民刁蹬者, 嚴禁."『新補受教輯錄』「刑典」禁制, 康熙 辛卯(숙종37); "平市, 亂廛依前出禁, 而勿令有弊, 各別申飭."『新補受教輯錄』「刑典」禁制, 康熙 壬辰(숙종38); "三司禁亂, 或有疊出於彼此, 或有名目之不緊者, 曾前禁制條, 略爲減删, 開錄于左."『新補受教輯錄』「刑典」禁制, 연대미상; "法司禁亂輩, 藉重威勢, 與其徒黨, 狼藉屠肆者, 勿爲收贖, 從重勘處."『新補受教輯錄』「刑典」禁制, 雍正 丁未(영조3).

181) 백승철,『조선후기 상업사 연구』, 혜안, 2000, 104~216쪽.

특권도 허락받은 것이다.

그러나 단속이 늘 유효하지는 않았다. 난전을 무조건 제약하지 않았을 뿐 아니라,[182] 단속을 방해하는 행위에서부터 단속을 빙자하여 재물을 탐하는 사례까지 다양하게 나타나고 있다.[183] 오히려 날로 늘어나는 상품 수요는 난전의 팽창을 억제하지 못하였다. 이는 시전상인이 국가의 조세체계에 기여하고 있는 상황에서, 집록류 단계에서는 새로이 등장한 난전의 사회적 역할을 어떤 형식으로 재규정할 것인지를 완전한 합의에 이르지 못하였기 때문이다. 결국 18세기 영조대 균역법 실시 이후 공시순문貢市詢問과 공시당상貢市堂上이 상설화되면서 경제정책의 일대전환점이 마련되었고,[184] 정조연간 금난전권禁亂廛權의 폐지로 상업정책 기저가 보다 자유상업에 근접하는 형태로 바뀌었다.[185]

---

182) "禁條外, 禁亂, 一切嚴禁."『新補受敎輯錄』「刑典」禁制, 康熙 甲戌(숙종20).

183) "刑曹漢城府, 則一朔內, 六次出禁, 每一次, 毋過二條. 司憲府, 雖不一定日限, 間間出禁, 俾無如前無節之弊. 三司, 各以禁制條目, 造爲禁牌, 刻其禁目, 隨其所出, 給付禁吏, 以爲符驗, 俾無假稱作弊, 詐侵他物之弊."『新補受敎輯錄』「刑典」禁制; "各項禁制條目, 所掌憲府外, 不得任意出令他司出禁, 至於別肉神祀. 若不嚴禁, 則亦必有濫雜之弊, 三司一體出禁, 犯禁物件, 一切勿爲題給下人, 並爲燒火."『新補受敎輯錄』「刑典」禁制; "出禁之際, 必分禁制條輕重, 嚴明約條後, 定時出禁."『新補受敎輯錄』「刑典」禁制, 康熙 丁未(현종8); "法司, 或有禁條素無而勅出者, 或有在家而無時出禁者, 禁吏, 因緣作弊. 此一款, 洞可禁斷."『新補受敎輯錄』「刑典」禁制, 雍正 庚戌(영조7).

184) 김백철, 앞 책, 2014, 82쪽, 213~214쪽; 김백철, 앞 논문, 2015, 77~78쪽.

185) 김동철,「蔡濟恭의 經濟政策에 관한 考察: 특히 辛亥通共發賣論을 中心으로」,『부대사학』4, 부대사학회, 1980, 141~173쪽; 김성윤,『조선후기 탕평정치 연구』, 지식산업사, 1997, 253~276쪽; 김정자,『正祖代 通共政策의 施行에 관한 硏究』, 국민대학교 국사학과 박사논문, 2010, 145~167쪽.

3) 납속책

① 운영양상

조정에서는 전란이나 흉년이 들었을 때 부족한 전비戰費 마련과 기민
饑民 진휼을 위해서 곡식을 납부하면 상으로 관품이나 관직을 내려주었
다.[186] 17세기에는 다양한 형태의 「진휼사목賑恤事目」이 반포되었다.
먼저 인조~효종대는 노인직老人職을 공명첩空名帖으로 발급하는 정책
이 취해졌다.[187] 현종대부터 노인직 이외에, 추증첩追贈帖과 가설직加
設職도 허용되었으며, 출신出身(과거급제자)에게 가설직(만호)을, 승인
僧人에게 면역혜택을 부여하였다.[188] 특히 만호(종4품 관직)처럼 외방의
서반실직이 개방되었다.

법전을 집대성한 숙종연간에도 재해가 자주 발생하여 진휼대책으로
납속이 적극 시행되었다.[189] 숙종 9년(1683) 전라도에 납속공명첩, 승인
공명첩, 출신자 가설직(만호·첨사), 추증첩, 허통첩 등을 대량으로 내려
보냈다.[190] <표34>과 같이 전라도에만 통정대부가 1만명을 넘어섰다.
더욱이 승인통정僧人通政帖·승인가선첩僧人嘉善帖과 같이 승려도 품
계를 지닐 수 있도록 허용하였다.

---

186) 납속제는 고려부터 유래하여 선조~인조대 임진왜란이나 병자호란 등 전란
기에 대규모로 시행되었으며, 전후복구사업에도 비용마련을 위해 적지 않게
활용되었으며, 대기근의 발생으로 진휼정책에 적극 활용되었다. 납속의 전
체 운영양상은 다음 참조. 서한교, 『조선후기 납속제도의 운영과 납속인의
실태』, 경북대학교 사학과 박사논문, 1995.

187) 『承政院日記』, 崇禎 10年(인조15) 閏4月 11日(己酉); 『承政院日記』, 順治
7年(효종1) 8月 21日(壬寅). ※효종 원년(1650) 사목은 인조 23년(1645) 사
목을 준용한 것이다.

188) 『備邊司謄錄』, 庚子(현종1) 12月 4日, 募穀別單.

189) 『肅宗實錄』卷 17, 肅宗 12年 8月 丁丑(25日); 『承政院日記』, 康熙 20年(숙
종7) 9月 19日(戊辰).

190) 『承政院日記』, 康熙 22年(숙종9) 4月 7日(己卯).

〈표34〉 숙종 9년 전라도 관찰사의 납속인 보고

구분	帖名	인원수
納粟	嘉善	385인
	通政	13,311인
僧	嘉善	26인
	通政	76인
出身	萬戶	6인
	僉使	12인
追贈	右尹	1인
	判決事	4인
	察訪	17인
	通政	34인
	嘉善	3인
(庶孼)許通		7인

- 전거:『承政院日記』, 康熙 22年(숙종9) 4月 7日(己卯).

  승군僧軍은 조선초부터 부역에 종사하였고,[191] 임진왜란시 활약이 두
드러졌으며,[192] 전란이후에도 각종 사업에 광범위하게 동원되어,[193] 사
고史庫까지 담당하였다.[194] 이러한 맥락 속에서 승려에게도 공명첩이
허용된 것이다. 이후 18세기 국왕들은 사찰을 대규모로 중건重建하고
남한산성과 북한산성에 각각 치영緇營을 설치하여 방어 및 관리에 승군
조직을 적극 활용하였다.[195]

---

191)『太宗實錄』卷2, 太宗 元年 7月 庚戌(23日);『世宗實錄』卷59, 世宗 15年 2
    月 己亥(15日);『成宗實錄』卷159, 成宗 14年 10月 계해(4日);『明宗實錄』
    卷19, 明宗 10年 8月 庚寅(28日).
192) 양은용,「임진왜란과 호남의 불교의승군」『한국종교』19, 원광대학교 종교문
    제연구소, 1994, 1~34쪽.
193) 윤용출,「조선후기의 도역승군」『코기토』26, 부산대학교 인문학연구소, 1984,
    453~475쪽; 윤용출,「17세기 후반 산릉역의 승군 징발」『역사와 경계』73,
    부산경남사학회, 2009, 71~105쪽; 윤용출,「17세기 후반 산릉역의 승군 부
    역노동」『지역과 역사』28, 부경역사연구소, 2011, 203~238쪽.
194)『光海君日記』卷33, 光海君日記 2年 9月 乙丑(23日)[중초본].
195) 우정상,「남북한산성 의승방번전에 대하여」『불교학보』1, 동국대학교 불교

숙종 16년(1690)에도 노인직, 서얼허통, 가설직을 주로 발급하고, 출
신에게 가설직, 승려에게 면역혜택뿐 아니라 품계도 발급하였으며, 이외
에 보충대첩補充隊帖도 내렸다.196) 숙종 16년~17년(1690~1691) 진휼
청에서 전라도, 강원도, 평안도 3도에 걸쳐 납속한 양은 <표35>와 같
이 약 3만 석을 훨씬 넘어섰다. 이때 노인직과 중앙과 외방의 참상관에
대한 가설직이 허용되었고, 서얼자녀에 대한 허통이나 보충대 입속, 승
려의 환속후 군역 면제 등도 납속으로 해소해주었다.

<표35> 숙종 16년~17년 진휼청의 납속상황 보고

지역	내용	납속액
全羅道	通政 1,685명, 嘉善 21명, 實同知 3명, 許通 7명, 察訪 41명, 別坐 1명, 判官 1명, 萬戶 10명, 僉使 8명, 護軍 26명, 司直 7명	9,620석
江春道 [강원도]	통정 585명, 가선 95명, 主簿 6명, 사직 1명, 찰방 18명, 호군 ?명, 充隊 16명	2,472석
平安道	老職嘉善 517名, 통정 4,441명, 加設察訪 30명, 同知 11명, 僉知 359명, 호군 60명, 사직 3명, 첨사 35명, 만호 56명, 관관 26명, 주부 7명, 별좌 7명, 승인환속후 군역 면제자 2명, 허통 13명, 補充隊 145명	23,740석 5두

- 전거: 『承政院日記』, 康熙 29年(숙종16) 11月 23日(庚戌)·12月 23日(己卯)·康熙 30年(숙종17)
正月 3日(己丑), 『備邊司謄錄』, 辛未(숙종17) 正月 3日.

이상의 공명첩 유형을 살펴보면 다음과 같다. ㉠품계(관품)을 내리는
납속첩納粟帖을 발급하였는데, 진휼정책의 가장 주요한 수단으로서 대
개 사족과 양민을 포함하였다. ㉡가설직加設職(관직)을 운영하였는데,
주로 사족에게 허용되었으나 점차 양인에게도 개방되었다. 동지(동지중
추부사, 종2품), 첨사(첨절제사, 종3품), 판관(종5품), 별좌(5품), 호군(정4
품), 만호(종4품), 사직(정5품), 주부(종6품), 찰방(종6품) 등 관직이 허용

문화연구원, 1963; 윤기엽, 「북한산성의 僧營寺刹: 사찰의 역할과 운영을
중심으로」 『국학연구』25, 한국국학진흥원, 2014, 493~533쪽.
196) 『備邊司謄錄』, 庚午(숙종16) 8月 19日, 各樣空名帖募粟定式別單.

되었다. ㉢신분제한의 해소이다. 서얼허통, 승인환속자 면역, 보충대 등
이 해당한다. ㉣신분별로 명예를 높여주는 정책이다. 노인, 죽은 부모,
승려, 출신(과거급제자) 등을 대상으로 우대차원에서 노인직, 추증, 관품,
관직을 내렸다. 곧 조정의 기본 원칙은 중앙과 외방의 관료체계를 훼손
시키지 않는 선에서, 신분제 사회에서 명예를 높여주고 납속을 받은 것
이다. 그러나 실질관료로서 권력을 행사하지 못한다고 하더라도 명예관
료로서 권위를 누릴 수 있었으므로 궁극적으로 신분제의 이완을 초래하
였다.197)

② 납속정책의 변화

『신보수교집록』에는 숙종~영조연간 진휼책으로 기아棄兒 대책, 납
속진휼 등이 「예전」 '혜휼惠恤'을 주로 구성하고 있다. 이 중 납속책을
다루고 있는 것은 숙종 44년(1718) 「진휼사목」이다.

납속 정책은 다양한 부면에서 변화상을 확인해볼 수 있다. 첫째, 납속
가의 변동이다. 납속 가격은 각 수교에서 당사자 나이, 신분 차이, 공명
첩의 지위 등에 따라 결정되었다. 그런데 각 자료별 주요 납속가 변화를
살펴보면, 같은 가선대부일지라도 ㉮에서 미 2석이지만 ㉢에서 5석으로
바뀌었으며, 동지는 ㉰에서 미 10석이지만 ㉯에서 40석이다. 또한 절충
장군은 ㉱ 미 5석, ㉢ 7석, ㉯ 30석 등으로 변화하였다.

---

197) 현재 전국 山下에 가선대부(종2품 관품)나 통정대부(정3품 당상관품)를 새긴
　　 묘비명이 즐비하게 남아있으며, 심지어 『국어사전』에는 '첨지'(정3품 당상관
　　 직)를 "나이 많은 남자를 얕잡아 부르는 말"로 풀이하였는데, 이는 공명첩이
　　 얼마나 민간에 보급되었는지를 보여준다.

〈표36〉『신보수교집록』의 숙종 44년 「진휼사목」

구분	수교	비고
㉮	-진휼할 때 通政大夫(정3품 당상관)의 첩은 **50세 이상** 미 5석, 60세 이상 미 4석, 70세 이상 미 3석, 80세 이상이면 미 2석을 각각 내게 한다. -통정대부인데 嘉善大夫(종2품)의 첩을 받기를 원하면 미 2석을 내게 한다. -加設 察訪(종6품 관직)이나 主簿(종6품 관직)는 미 6석을 내게 하고 判官(종5품 관직)은 미 8석을 내게 한다. -가설직은 단지 **사족**에게만 허용하였다.	하위 가설직 /50세이상 제한 /가설직 양인제한
㉯	-同知(종2품 관직)의 첩은 미 40석을 내게 하고, 謝恩, 封爵, 贈職은 정관正官의 예에 따라 **사족과 양민**에게 모두 허용하며, **양민은 사족에 견주어 미 10석을 더 내게 한다.** 僉知(정3품 당상관)의 첩은 미 30석을 내게 한다. -折衝將軍(정3품 당상관)은 **60세 이상** 價米 30석, 70세 가미 4석, 80세 가미 2석으로 한다. -통정대부나 절충장군이 되었는데 가선대부를 받기를 원하면 미 3석을 내게 한다. 謝恩이나 처에게 封爵하는 것도 한결같이 정관의 예에 따라 **사족과 양민**에게 모두 허용하되, **양민은 10석을 더 내게 한다.** -가설직은 **천인과 군역을 지는 자에게 허용하지 않는다.**	고위 가설직 /謝恩封贈 허용 /老人職 병용 /가설직 천인제한 /양민10석 추가
㉰	-동지의 첩은 미 10석을 내게 하고 첨지는 미 8석을 낸다. -이상 동지와 첨지僉知(정3품)는 **사족이나 양민**을 막론하고 나이가 **40세** 이상이면 허용하되 **사은, 봉작, 증직은 제외한다.** -양민은 사족과 차이가 있으니 첨지나 동지의 직첩은 **모두 2석을 더 낸다.** -천인과 군역자는 허용하지 않는다.	고위 가설직 /40세이상 제한 /사은봉증 제한 /천인 제한 /양민2석 추가
㉱	-가선대부는 미 5석을 내고, 보충대는 남녀를 막론하고 미 9두를 낸다. -절충장군(관품), **호군(관직)**은 미 7석을, **사직(관직)**은 미 6석을 낸다. -이상은 **사족과 양민**을 막론하고 **나이가 40세 이상**이면 허용한다.	하위 가설직 /40세이상 제한
㉲	-절충장군은 **50세 이상**이면 미 5석, 60세는 미 4석, 70세 이상 미 3석, 80세 이상 미 2석을 내게 한다. -이상 **양민과 공사천**을 막론하고 아울러 허용한다.	50세이상 제한 /공사천 허용
㉳	-공천 160석 이상은 면천한다. -**가선대부(?)**가 미 145석을 내면 謝恩, 封爵, 贈職하고 加設同知를 제수한다. -**미 80석을 납부한 자(?)**와 절충장군으로 미 50석을 납부한 자는 사은, 봉작, 증직하고, 가설동지를 제수한다. -절충장군으로 미 40석이면 봉작하고 가설첨지에 제수한다. -절충장군이나 유학으로 미 33석을 내면 사은, 봉작, 증직은 제외하고 가설동지의 첩을 만들어 준다.	고위 가설직 /사은봉증 허용

대체로 재해의 정도에 따라 곡가穀價가 등귀騰貴하여 동일한 품계나 관직이라도 납속가가 달라졌음을 쉽게 짐작할 수 있다. 이에『신보수교

집록』에 수록된 숙종 44년(1718) 「진휼사목」은 최소 5차례 이상의 재해를 대상으로 내려진 수교를 모은 것으로 보인다. 실제 연대기와 대조해 보면 다양한 「진휼사목」이 확인되며 서로 유사한 궤적을 그렸다.[198]

〈표37〉 인조~숙종대 「진휼사목」현황

구분	인조15 /1637 /정축	인조23 /1645 /을유	효종1 /1650 /경인	현종1 /1660 /경자	현종2 /1661 /신축	현종3 /1662 /임인	현종4 /1663 /계묘
신보수교집록	○			○	○	○	○
승정원일기	●	○	○				
비변사등록				●			
목민심서				○			
구분	숙종2 /1676 /병진	숙종8 /1682 /임술	숙종9 /1683 /계해	숙종16 /1690 /경오	숙종21 /1695 /을해	숙종29 /1703 /계미	숙종44 /1718 /무술
신보수교집록					●		
승정원일기	○		○			○	
비변사등록				●			
목민심서			○				

- ○: 단순 언급, ●: 事目 현존

둘째, 나이 제한 규정이 점차 완화되었다. 양란과 같은 국가 비상사태를 제외하면 공명첩은 17세기 초반까지 노인직에 국한된 듯하다. 노인직

---

198) 『承政院日記』, 崇禎 10年(인조15) 閏4月 11日(己酉); 『承政院日記』, 順治 7年(효종1) 8月 21日(壬寅); 『承政院日記』, 康熙 15年(숙종2) 4月 19日(辛未)·康熙 22年(숙종9) 3月 13日(乙卯)·康熙 42年(숙종29) 3月 10日(乙卯); "各項條件, 依庚子壬寅壬戌年, 頒行事目擧行. 而窒碍難行事, 啓聞變通." 『新補受敎輯錄』「禮典」惠恤, 康熙 戊戌(숙종44) 賑恤事目; "在前, 辛丑以後至于丁丑, 前後事目中, 年歲月日限, 各自不同.……年歲段, 依癸卯年例, 以十二歲以下爲限. 日月段, 自丙子正月初一日, 至五月三十日以前爲限施行.……【以上康熙乙亥賑恤事目】." 『新補受敎輯錄』「禮典」惠恤, 康熙 乙亥(숙종21) 賑恤事目.

은 『경국대전』에서 80세 이상을 대상으로 했는데,[199) 인조~효종대 「진
휼사목」에는 60세 이상의 사족을 대상으로 납속으로 품계를 내려받는
것이 가능해졌다.[200) 특히 효종 7년(1656년) 노인직은 나이를 엄격히 준
수하게 하고 어기는 수령은 엄벌하였을 정도였다.[201)

그런데 숙종대 「진휼사목」에서 ㉲와 ㉮는 50세 이상, ㉯와 ㉭는 40
세 이상에게 각각 개방하였다. 따라서 60세, 50세, 40세 등으로 점진적
으로 규정이 완화되었으며, 노인직에 대한 공명첩이 점차 일반직으로 확
대되어 "노직통정老職通政" 등으로 불리던 호칭도 "납속통정納粟通政"
등으로 변화한 것이다.[202) 하지만 <표39>과 같이 나이 제한이 풀린 이
후에도 노인직이 함께 운영되는 경우가 많았다.

셋째, 관품뿐 아니라 점차 관직까지 개방하였다. 재해가 계속되었으
므로 납속첩을 활용할 대상자를 꾸준히 발굴할 필요가 있었다. 이에 품
계를 가지고 있는 사람도 다시 진휼곡을 내는 것을 장려하였다. 초기에
는 노인직에서 시작하였고, 이후 명예에 불과한 관품(품계)를 내려주는
정책을 취하였다가 외방의 하위직을 허용하였으며, 점차 군직軍職뿐 아
니라 중추부의 고위직도 가설직으로 확대하였다. 숙종 9년(1733) 병조에
서 납속納粟한 안숭원安崇元에게 2품 실직인 동지同知를 수여하였는데,

---

199) "年入十以上, 勿論良賤除一階, 元有階者又加一階, 堂上官有旨乃授." 『經
　　國大典』 「吏典」 老人職.

200) "與本司堂上相議, 率爾啓達, 因傳教, 求見賑恤廳事目, 年六十以上, 納米六
　　石者, 通政, 七十以上, 納米四石者, 通政, 八十以上, 納米二石者, 通政, 已
　　爲通政而納米五石者, 陞嘉善, 已爲嘉善而納米七石者, 陞資憲云." 『承政院
　　日記』, 崇禎 10년(인조15) 閏4月 11日(己酉); 『承政院日記』, 順治 7年(효종
　　1) 8月 21日(壬寅).

201) 『備邊司謄錄』, 丙申(효종7) 閏5月 25日.

202) 서한교는 兩亂과 같은 국가비상시 납속에 대한 實職 제수가 많았으며, 전란
　　이후에는 자연재해발생으로 저렴한 老人職이 납속에 용이했다고 전제하였
　　다. 또 노인직과 가설직 同時운영 사례도 설명하였다. 서한교, 앞 논문,
　　1995, 33~64쪽.

사간원에서 해당 당상堂上과 낭청郎廳에 대한 추고推考를 청하였다.[203] 그러나 반대여론에도 불구하고 납속책의 일환으로 중추부의 동지나 첨지를 가설직으로 자주 활용하였다.[204]

넷째, 이미 납속으로 관품을 지닌 사람에게도 추가납속을 권장하였다. 『비변사등록』에서는 현종 2년(1661) 상직통정賞職通政이나 상직절충賞職折衝은 미 40석을, 상직가선賞職嘉善은 30석을, 실첨지實僉知는 35석을 추가로 납속하면 가설동지를 주었다.[205] 『신보수교집록』에서도 ㉮에서 통정대부가 가선대부의 직첩을 받기를 원하면 미 2석을, ㉯에서는 통정대부나 절충장군이 가선대부(종2품)의 첩을 받기를 원하면 미 3석을 받았다. 그런데 ㉰에서는 가선대부가 가설동지가 되는데 미 145석이 필요했다. 동일 시기 수교가 아니라 하더라도 앞서 가선대부가 되는데 미 2,3석에 불과하던 상황과 확연히 다르다. 이것은 가설직이라 할지라도 관직의 가치는 관품과는 비할 바가 아님을 의미한다.

특히 가설직에는 부수적인 혜택도 주어졌다. 사은謝恩, 봉작封爵, 증직贈職 등도 납속의 주요 유인책으로 활용하였다. 사은, 봉작, 증직은 ㉰에서 제한하였으나 ㉯에 이르면 모두 개방하였다. 특히 아래 <표 38>에서 절충장군(정3품)의 미 40석과 미 33석을 비교해 보면, 오히려 가설직 품계를 동지보다 첨지로 낮게 받더라도 부수 혜택을 받을 수 있는 쪽을 선택하였고 가격도 훨씬 높았다. 임금을 뵙고 아내를 봉작하고 조상에게 증직하는 것을 가문의 영예로 인식하였기 때문이다.

---

203) 『承政院日記』, 康熙 22年(숙종9) 正月 5日(丁未).
204) 서한교, 앞 논문, 1995, 60쪽.
205) 『備邊司謄錄』, 辛丑(현종2) 2月 18日.

〈표38〉 납속가자納粟加資 추가 장려책

현재 관품	추가 금액	추가 관직	부수 혜택
(미보유자)	미145석		
(嘉善大夫)[종2품]	미80석	加設 同知[종2품]	謝恩·封爵·贈職
折衝將軍[정3품]	미50석		
折衝將軍[정3품]	미40석	加設 僉知[정3품]	謝恩·封爵·贈職
折衝將軍[정3품]	미33석	加設 同知[종2품]	×
幼學	미33석		

- ( ) : 수정 표시206)

    다섯째, 납속은 전 사회계층으로 확대되었다. 숙종 11년(1685) 신성중
辛聖重은 사족이 납속을 부끄럽게 여기고 상한만 납속에 응하고 있는데
도 사족에게만 가설직을 허용하는 것을 개탄하였다.207) 인조~효종대
「진휼사목」은 사족을 대상으로 하였으나,208) 나와 다 수교는 사족과 상
한을 모두 대상으로 하였다. 숙종 9년(1683) 신축년(현종2, 1661)의 「진
휼사목」을 인용할 때 첨지와 동지는 사족과 양민을 물론하고 허용하고
양민은 사족에 견주어 10석을 더 낸다고 인용하였는데,209) 이 내용은

---

206) 바의 원문은 <표36>와 같지만 가선대부가 145석을 납부하는 것과 80석을
    납부하는 결과가 동일해져서 내용상 착종이 있어 '?'로 표시하였다. 논리적
    으로 부합하기 위해서는 수교 앞부분의 공사천이 160석을 납속하면 면천하
    므로, <표38>과 같이 145석을 납부할 경우와 가선대부가 80석을 납부할
    경우로 바꾸어야 자연스럽다.

207) "而朝家, 雖有募粟空名之帖, 人皆飢民, 戶皆絶火, 絶無應募之人, 而至於加
    設職, 則朝家事目, 只許士族, 我國之俗, 士族之類, 則以納粟爲羞恥之事,
    故納粟之類, 不過常漢之輩."『承政院日記』, 康熙 24年(숙종11) 正月 23日
    (癸未).

208) "與本司堂上相議, 率爾啓達, 因傳敎, 求見賑恤廳事目, 年六十以上, 納米六
    石者, 通政, 七十以上, 納米四石者, 通政, 八十以上, 納米二石者, 通政, 已
    爲通政而納米五石者, 陞嘉善, 已爲嘉善而納米七石者, 陞資憲云."『承政院
    日記』, 崇禎 10年(인조15) 閏4月 11日(己酉);『承政院日記』, 順治 7年(효종
    1) 8月 21日(壬寅).

㉯의 수교 내용과 문장이 유사하다. 단지 신분제를 반영하여 양인이 사족보다 조금 더 부담했을 뿐이다.

심지어 ㉰에는 양민뿐 아니라 공사천公私賤이 함께 허용되었고, ㉱에는 공천公賤도 미 160석을 납부하면 면천까지 얻을 수 있었다.[210] 이러한 흐름은 앞서 승인僧人과 마찬가지로 공사천에게도 군역의무가 부과되는 속오군束伍軍의 탄생과도 밀접한 관련이 있다.[211] 점차 양인만 지던 군역에 천인이 가세하였다.[212] 이러한 신분변동의 전조 현상으로 납속 제한이 해제된 것이다.

숙종 45년(1719) 대리청정기代理聽政期에 이르면 납속자에게 영직影職(散職)이나 변장邊將으로 제수하기를 청하는 달사達辭가 일상적으로 보인다.[213] 이제 납속가자류에게 가설직을 내려주기 시작하면서 예전처

209) "取考辛丑年賑廳啓下事目, 則察訪別坐判官僉正副正通禮正僉知同知等加設實職, 竝許謝恩封贈, 一依正官例, 而通禮正等職則只許士族, 僉知同知則勿論士族良人竝許, 良民則比士族加納十石云."『備邊司謄錄』, 癸亥(숙종9) 2月 15日.

210) 公賤之納米一百六十石者, 令該院免賤."『新補受敎輯錄』「禮典」惠恤, 康熙 戊戌(숙종44). 賑恤事目.

211) 김우철,『조선후기 지방군제사』, 경인문화사, 2000, 23~53쪽; 육군군사연구소,「속오군제의 정비와 운영」『한국군사사8: 조선후기Ⅱ』, 경인문화사, 2012, 28~43쪽.

212) 읍지 자료 등에도 속오군의 존재가 확인된다.【束伍】『嶺南邑誌』第3册, 密陽·靑松·東萊·漆谷<奎 12173>;『嶺南邑誌』第7册, 盈德·義城·慶山·河陽·奉化<奎 12173>;『湖南邑誌』第1册, 羅州·長城·井邑<奎 12175>;『湖南邑誌』第2册, 玉果·同福·和順·綾州<奎 12175>;『湖南邑誌』第9册, 寶城·茂朱·鎭安·龍潭·長水·雲峰<奎 12175>;【束伍-雜色】『湖西邑誌』第10册, 淸州<奎 12176>;『湖西邑誌』第12册, 淸風<奎 12176>;『湖西邑誌』第13册, 扶餘·靑陽·石城<奎 12176>;『湖西邑誌』第16册, 舒川·大興<奎 12176>;【良軍-束伍】『湖西邑誌』第10册, 洪州<奎 12176>;【良軍-私軍】『湖西邑誌』第13册, 庇仁 <奎 12176>;『承政院日記』, 乾隆 40年(영조51) 正月 9日(丁巳).

213) "咸鏡監司狀達, 補充隊等價米收捧補賑, 納粟者, 補影職及邊將除授事."『承政院日記』, 康熙 58年(숙종45) 10月 21日(庚申).

럼 실직이 없는 품계만을 내려주지 않았다.214) 사족·양민의 품계 획득과
가설직 진출 등은 경제력에 기초한 신분의 수직상승에 일정한 영향을 미
쳤을 것이다.

더욱이 가설직은 점차 비사족에게 개방되었다. 앞서 살핀 ㉮와 ㉯에
서 가설직은 반드시 사족에게만 허용하였다. 이것은 노인직에서 관품 개
방으로, 다시 관품에서 가설직으로 확대되는 과정에서 최소한의 제한장
치가 작동된 셈이다. 그런데 숙종 9년(1683) 논란에도 불구하고 역관譯
官 변이창卞爾昌이 진휼청에 미 50석을 납부한 공으로 가설첨지첩加設
僉知帖을 받았다.215) 이 액수는 위의 사목 내 기준액보다 대체로 높은데
이 점을 고려한 듯하다.216)

한편 집록류의 수교는 반드시 연대순서로 수록되어있지 않으므로, 위
의 ㉮~㉲는 주요 내용을 비교하여 연대를 재검토할 필요가 있다. 첫째,
나이제한을 살펴보면 ㉲와 ㉮는 50세 이상 규정을 지니고 있는 반면에,
㉰와 ㉱는 40세 이상 제한을 두고 있어 전후 관계를 설정해볼 수 있다.
둘째, 부수혜택인 사은, 봉작, 증직은 ㉰에서 불허되었으나 ㉯에서 완전
히 개방되어 변화를 추론할 수 있다. 셋째, 관품과 관직의 개방정도를
고려해보면 ㉲는 관품만 개방한 데 비해 나머지 수교는 모두 관직까지

---

214) "時國大饑, 郡邑多設賑, 許令商人入粟, 庶人與之資級, 士族往往除正職.……
其庶人得資級者尤衆, 耕夫牧子 鬢玉帶絑, 遍滿於街路. 朝議雖急於救荒,
識者憂名器之日輕." 『肅宗實錄』卷30, 肅宗 22年 2月 丙午(20日).

215) 『承政院日記』, 康熙 22年(숙종9) 2月 7日(己卯)·13日(乙酉); 『備邊司謄錄』,
癸亥(숙종9) 2月 15日.

216) 정약용은 이 사건을 언급하면서 장차 주부主簿(종6품 관직) 미 300석, 직장
直長(종7품 관직) 미 200석, 봉사奉事(종8품 관직) 미 100석, 참봉參奉(종9
품 관직) 미 50석 이상을 납부하는 것을 이상적인 납속가로 제시하였다. 집
필시기인 19세기 이후는 기근의 규모와 빈도가 17세기에 비해서 상당히 줄
어들었기에 가능한 주장이었다. 실제 이정도 규모는 사진私賑으로 구분되었
다. 『牧民心書』, 賑荒, 勸分.

〈표39〉「진휼사목」의 납속가격 변화

구분	승정원일기		비변사등록			
	인조15	효종1	현종1		숙종16	
정1품	米7石 [資憲*]					
종2품	米5石 [嘉善*]	米5石 [嘉善*]	米50石 [同知]		米50石 [同知]	
정3품 당상관	米6石 [通政*]	米6石 [通政*]	米5석 [通政*]	米40石 [僉知]	米5석 [通政*]	米40石 [僉知]
정3품			米24石 [通禮·正]			
종4품			米21石 [副正]	米18石 [僉正]		
정5품			米15石 [判官]	米12石 [別坐]	米15石 [判官]	米12石 [別坐]
종6품			米12石 [察訪·主簿]		米12石 [察訪·主簿]	
비고	-60세 이상	-60세 이상	-老職 병용 -追贈 허용		-老職 병용 -追贈 허용	

구분	신보수교집록				
	마	가	라	다	나
정1품					
종2품		米2石 [嘉善]	米5石 [嘉善]	米10石 [同知]	米40石 [同知]
정3품 당상관	米5石 [折衝]	米5石 [通政]	米7石 [折衝]	米8石 [僉知]	米30石 [折衝*]
정4품			米7石 [護軍]		
정5품		米8石 [判官]	米6石 [司直]		
종6품		米6石 [察訪·主簿]			
비고	-50세 이상	-50세 이상 -외방참상	-40세 이상 -중앙참상	-40세 이상 -중앙당상	-사은봉중 -중앙당상

- ▓ : 가설직, * : 노인직, 0: 즉위년
- 전거 :『承政院日記』, 崇禎 10年(인조15) 閏4月 11日(己酉)·順治 7年(효종1) 8月 21日(壬寅),『備邊司謄錄』, 庚子(현종1) 12月 4日·庚午(숙종16) 8月 19日,『新補受敎輯錄』「禮典」惠恤, 康熙 戊戌(숙종44) 賑恤事目.

허용하였다. ⓘ와 ⓓ는 중추부 당상관의 관직까지 개방한데 비해, ⓐ는 외방의 참상관, ⓔ는 중앙의 참상관을 각각 개방하였다. 시기상 외방 참상관에서 중앙 참상관, 그리고 중앙의 당상관으로 개방이 확대되었을 것으로 보인다. 이상을 종합해보면, 『신보수교집록』에 수록된 수교는 <표 39>와 같이 ⓜ→ⓐ→ⓔ→ⓓ→ⓘ로 재구성할 수 있다.217)

③ 유청군有廳軍의 수포화收布化

납속자의 처우문제도 지속적으로 논의되었다. 납속가자納粟加資는 양반과는 다른 지위를 부여받았으나, 동시에 온전히 상한으로도 취급하지 않았다. 이것은 사회변동 과정에서 신분상승을 이룬 새로운 계층을 조정에서 합법적인 틀 내에서 어떻게 대우할 것인지 고민하게 만들었다.

『경국대전』에서는 병조 유청색有廳色에서 충순위忠順衛(왕실·고위 관료 자손), 충찬위忠贊衛(원종공신 자손), 충장위忠壯衛의 군사를 유청군有廳軍으로 통칭하여 관리하였다.218) 이후 광해군 7년 (1615) 납속, 군공, 전망자戰亡者의 아들로 5품 이하이거나 상직常職을 받은 사람을 충장위에 속하도록 개편하였는데,219) 이후 납속자는 충장위에 속하게 되었다. 조선전기에는 사족이 중심이 되는 영예로웠던 유청군도 임진왜란 이후 양반의 군역이 사라지자, 숙종~영조대는 오히려 직접 입번入番을 서야 하는 신역身役으로 이해되어 피역이 속출하였다.220)

---

217) 다만, 공명첩의 신분 규정은 戰爭이나 天變災異가 극심하면 양인은 물론이고 공사천까지 허용되었다가 다시 안정기에 도래하면 제한되었다. 따라서 신분제한정도에 따른 선후구분은 여기서 제외하였다.

218) 『經國大典』「吏典」, 京官職, 正二品衙門, 兵曹.

219) "京外軍功納粟戰亡者之子, 五品以下及賞職受帖者, 團聚爲兵, 稱爲忠壯衛, 疏其番次, 逐月相替."『光海君日記』卷97, 光海君 7年 11月 庚辰(8日)[중초본].

220) "忠翊衛謀避宿衛之任者, 京則漢城府, 外則監兵使都事, 詳細出修成册上府."『新補受敎輯錄』「吏典」功臣, 忠翊衛節目, 雍正 甲寅(영조10). ※忠翊衛 역시 원종공신 자손이 입속하는 곳이다.

숙종 3년(1677) 홍우원洪宇遠은 납속으로 신분이 변경된 후에도 여전히 유청군으로 차출하여 포를 징수하는 문제에 대해서 지적하였다.[221] 숙종 12년(1686) 이이명李頤命 등도 차자箚子를 올려, 곡식을 바치고 직첩職帖을 받은 자를 유청군 중 하나인 충장위에 충정充定시키는 폐단을 지적하였다.[222] 숙종 26년(1700) 좌의정 이세백李世白은 이미 납속으로 직첩을 받고서 끝내 군역을 면하지 못하는 자들의 원성이 크다고 하였고, 국왕도 면역이 옳다고 하였다.[223] 그러나 원칙적인 동의만 얻었을 뿐 실제 면역이 이루어지지 못하였다.

숙종~영조대 납속으로 첩帖을 받은 이들은 일반 양반과 구분하여 '납속納粟'이란 두 글자를 붙였다.[224] 영조 5년(1729) 이삼李森은 납속으로 가자加資된 이들이 호적에 '납속'을 표기하지 않고 피역避役을 도모하는 현실을 개탄하면서, 100여호 중에 10여호만이 역역에 응한다고 비판하였다.[225] 이러한 사태를 호적에 누락한 죄에 따라 전가사변에 처하자고 하였으나, 국왕은 이를 과중하다며 처벌 수위를 조절하였다.

영조연간 유청군은 여러 차례 실질적인 군사조직으로 재정비되었으며,[226] 심지어 『속대전』에는 유청군에 속하더라도 본래 군역에 대한 의

---

221) 『肅宗實錄』卷6, 肅宗 3年 正月 己亥(22일).

222) 『肅宗實錄』卷17, 肅宗 12年 8月 丁丑(25日).

223) 『承政院日記』, 康熙 39年(숙종26) 8月 5日(乙丑).

224) "納粟通政金承元"『承政院日記』, 康熙 40年(숙종27) 11月 8日(辛卯); "納粟察訪金萬昌"『承政院日記』, 康熙 44年(숙종31) 3月 27日(辛酉); "納粟通政朴戒宗"『承政院日記』, 康熙 49年(숙종36) 4月 2日(丁酉); "納粟嘉善金春生"『承政院日記』, 康熙 51年(숙종38) 1月 10日(甲午); "納粟通政金義善"『承政院日記』, 雍正 5年(영조3) 12月 16日(丁酉). "忠州納粟通政安士立"『承政院日記』, 雍正 7年(영조5) 4月 9日(癸酉[癸未]); "納粟通政崔永吉妻"『承政院日記』, 雍正 9年(영조7) 正月 7日(辛未).

225) 『承政院日記』, 雍正 7年(영조5) 5月 6日(庚戌).

226) 『英祖實錄』卷65, 英祖 23年 7月 辛卯(3日); 『承政院日記』, 乾隆 21年(영조32) 正月 壬辰(24日); 『萬機要覽』「軍政編」, 兵曹各掌事例, 有廳色, 英宗

무를 해결할 것을 요구하였다.227) 그런데 균역법이 타결되자, 영조 31년
(1735)부터 홍봉한洪鳳漢은 유청군 중 향촌에 거주자는 입번을 정지하
고 서울 거주자는 청廳을 만들어주는 방안을 주장하였고,228) 영조 38년
(1762) 유청군관有廳軍官에게 포포를 거두되, 방번防番[入番]은 유지하
여 대립을 허용하는 방식으로 타결되었다.229)『대전통편』에는 포를 거
두고 입번은 정지하는 형태로 최종 수록되었다.230) 유청군의 수포화는
각종 읍지 자료에서도 확인된다.231) 이러한 현상은 균역법에서 선무군
관포를 통해 중서층中庶層을 공인해준 조치와도 유사하다.

④ 납속실직의 제한

납속책은 주로 17세기 급격한 대기근에 대하여 조정이 능동적으로 진
휼수단을 확보하고자 추진되었다. 18세기 중반에 이르면 그 빈도는 현저
히 줄어들게 된다. 이에 납속책은 몇 가지 변화가 감지된다.

첫째, 조정에서 판매하는 공명첩의 제한 규정이 만들어졌다. 영조연
간부터 가설직 제한이 가시화되었다.232) 영조 즉위년(1724)부터 통정대
부나 절충장군은 정3품인데도 민간에 공명첩이 미 3~4석에 팔리고 있

丙子(영조32);『英祖實錄』卷111, 英祖 44年 7月 丙戌(1日).

227) "已入軍役者陸屬有廳, 則使之自代. 否則仍屬前役."『續大典』「兵典」, 軍
士還屬.

228)『承政院日記』, 乾隆 20年(영조31) 12月 23日(壬戌).

229) "請有廳軍官收布, 防番依前置之, 京中代定者……."『英祖實錄』卷99, 英祖
38年 4月 甲申(21日); "有廳軍上番置之, 自京代立事, 纔已定奪矣."『承政
院日記』, 乾隆 27年(영조38) 4月 25日(戊子).

230) "有廳軍停番收布一匹."『大典通編』「兵典」番上.

231) "忠順保有廳軍二名."『嶺南邑誌』第7册, 盈德<奎 12173>; "加入有廳軍二
名."『嶺南邑誌』第7册, 奉化<奎 12173>; "忠順衛一名."『湖南邑誌』第2册,
同福<奎 12175>; "兵曹忠順衛番錢百二十六兩."『湖西邑誌』第10册, 淸州
<奎 12176>.

232) 서한교, 앞 논문, 1995, 74~86쪽.

다고 비판하였다.233) 영조 7년(1731) 국왕은 납속으로 호군護軍(정4품 관직)이나 사직司直(정5품 관직)을 내리는 것은 불가하다면서, 통정대부(정3품당상 관품)와 절충장군(정3품당상 관품) 이외에 군직軍職(사직·호군) 및 찰방察訪(종6품 관직)의 첩문은 허락하지 않는다고 하였다.234) 곧 납속시 개인적 영예에 해당하는 관품은 내릴 수 있으나, 국가의 관료제에 문제를 야기하는 관직을 줄 수 없다는 취지였다. 이러한 조치는 실제로 『대전통편』에서 납속첩에 실직實職은 허용하지 않는다고 명문화하였다.235)

둘째, 개인이 자발적으로 진휼에 응하는 사진私賑에 대해서 별도의 포상정책이 입안되었다. 숙종 19년(1693) 황해감사黃海監司 이윤수李允修는 김효흥金孝興의 정조正租 300석, 조태산趙泰山의 태太 100석 등 대규모 진휼에 대해 포상을 건의하였다.236) 포상은 논란이 많아서 숙종 22년(1696)에 가서야 김효흥이 동리東里 첨사僉使로 하직下直한 기록이 확인된다.237) 그러나 당시까지도 여전히 비판여론이 비등하여,238) 8일간 거의 매일 신료의 반대 상소가 올려졌다.239) 이는 당대 위정자 일반은 진휼한 공에 대해서 예우를 넘어서 정직正職을 내리는 것은 부당하다고 인식하였기 때문이다. 같은해 미 40여석을 진휼에 낸 김도명金

---

233) 『承政院日記』, 雍正 2年(영조즉위년) 10月 22日(壬辰).

234) 『承政院日記』, 雍正 9年(영조7) 4月 11日(癸卯); "世豈有納粟司直護軍乎. 通政折衝帖文外, 軍職及察訪等帖, 一切勿許." 『新補受教輯錄』「吏典」雜令, 雍正 辛亥(영조7).

235) "納粟帖, 加勿許實職." 『大典通編』「兵典」京官職; "【註】空名帖同." 『大典會通』「兵典」京官職.

236) 『承政院日記』, 康熙 32年(숙종19) 5月 12日(乙卯)·13日(丙辰).

237) 『承政院日記』, 康熙 35年(숙종22) 3月 4日(庚申).

238) 『肅宗實錄』卷30, 肅宗 22年 3月 辛酉(5日).

239) 『承政院日記』, 康熙 35年(숙종22) 3月 5日(辛酉)·7日(癸亥)·8日(甲子)·9日(乙丑)·10日(丙寅)·11日(丁卯)·12日(戊辰).

道明에 대해서 가설동지加設同知(종2품 관직)를 내리려 했다가 절충장
군折衝將軍(정3품당상 관품)으로 변경한 조치도 확인된다.[240]

그러나 숙종 23년(1697)에는 사적私的으로 진휼賑恤한 공으로 김효
증金孝曾(김효흥?)에게 차령車嶺(東里?) 첨사를 내린 사례를 제시하면서
김후징金厚徵에게 선원전참봉璿源殿參奉을 제수하는 것을 논의하였
다.[241] 이때 관서關西의 김후징과 해서海西의 김효흥을 진휼의 공으로
일명一命을 받아 명기名器를 문란시킨 인물로 지적하고 있을 정도였
다.[242] 한 해전에 논란이 되었던 사안이 이후 오히려 정례定例로 활용되
었다. 이 사례는 납속공명첩과 별도로 '사진私賑'으로 인식되었다.

실제로 숙종 25년(1699)에도 사재私財를 출연하여 기민飢民을 구휼
했을 경우 포상褒賞 또는 조용調用하거나 증직贈職하는 방안에 대한 논
의가 전개되었다.[243] 또한 숙종 44년(1718) 「진휼사목」에는 "흉년에 사
사로이 진휼한 곡물이 145석 이상이면 해조에서 왕에게 아뢴다"는 규정
으로 정립되었다.[244] 이 해에 안지성安之成이 갑오년(숙종20, 1794)에
진휼감관으로 100석을 이식利殖해냈고, 자비곡自備穀 30석을 추가하여
가설동지(실직)가 되었다고 하였는데,[245] 약 130여석에 달하므로 이 사
건이 다듬어져서 수교로 만들어진 듯하다.

특히, 영조대는 납속실직納粟實職을 원칙적으로 금지하였으나 비상
시에 실직을 내린 기록도 확인된다. 영조 8년(1732) 「부민권분논상별단

---

240) 『承政院日記』, 康熙 35年(숙종22) 2月 3日(己丑).

241) 김효증은 김효흥의 誤記이다. 『승정원일기』의 원문(규장각본)과 탈초본(국
사편찬위원회본)을 대조해보면, 글자는 '曾'이 맞지만 내용상 이전 기록과
동일 인물로 보인다. 『承政院日記』, 康熙 36年(숙종23) 11月 3日(己卯).

242) 『肅宗實錄』卷30, 肅宗 22年 2月 丙午(20日).

243) 『承政院日記』, 康熙 38年(숙종25) 9月 18日(癸丑).

244) "年凶時, 私賑穀一百四十五石以上者, 令該曹稟處……." 『新補受敎輯錄』
「禮典」惠恤, 康熙 戊戌(숙종44). 賑恤事目,

245) 『承政院日記』, 康熙 58年(숙종45) 正月 23日(丙申).

富民勸分論賞別單」에는 1,000석 이상 납속하면 실직實職에 제수하였고, 영조 17년(1741)「북도부민권분논상별단北道富民勸分論賞別單」에는 600석 이상을 실직으로 하였다.[246] 이 경우 일반적인 납속공명과 다르며 대규모 사진私賑에 해당한다.

결국,『대전통편』에 이르면 납속실직을 금지하되,[247] 자원하여 납입한 경우 50석 이상은 임금에게 보고하여 시상施賞하고, 50석 이하는 본도本道에서 시상하도록 바뀌었다.[248]

4) 기아棄兒 대책

① 공인 절차

17세기 자연재해 급증으로 버려지는 아이들이 늘어나자, 국가차원의 대책마련에 부심하였다. 조정에서는 일단 기아棄兒를 양육하면 양자養子나 노비로 삼을 수 있도록 허락함으로써 양인과 공사천을 막론하고 우선 아이들이 버려져서 굶어죽는 것을 막는데 일차목표를 두었다. 기아 대책을 다룬 '혜휼' 항목은『수교집록』은「호전」에서 다룬 반면에,『신보수교집록』은「예전」으로 분류하였다. 이는 편찬자가 구휼을 바라보는 시각이 다소 달랐기 때문이다. 전자는 경제적 측면에서 이해한 것이고, 후자는 민생구호에 초점을 둔 것이다. 또한 납속정책은 국가에서 필요한 곡식을 확보하여 기민饑民에게 구휼미를 제공하고 단기간 이루어지는 정책인 반면에, 기아정책은 민간에서 구제하고 장기간에 걸쳐 운영되었다. 민간에서 이루어지는 만큼 조정의 관리감독이 절실하였다. 세부 규

---

246)『備邊司謄錄』, 壬子(영조8) 7月 5日·辛酉(영조17) 11月 21日; 서한교; 앞 논문, 1995, 77~79쪽.

247)『大典通編』「兵典」京官職.

248) "各道賑穀願納人, 五十石以上錄啓. 五十石以下自本道施賞."『大典通編』「戶典」備荒.

정은 다음과 같다.

첫째, 기아의 양육은 반드시 관청에 보고하여 입안立案을 받도록 하였다.[249] 버려진 아이의 출자를 알 수 없는 경우 서울은 한성부, 외방은 본 관아에 올리고 각각 동리인同里人에게서 초사招辭를 받아 입지立旨를 만들어주게 하였다. 이후 중앙은 한성부가, 외방은 감사가 최종 보고하였다. 거두어 기른 사람이 진휼청에서 입안을 받지 못하면 비록 한성부나 본 고을의 입지가 있더라도 시행하지 못하게 하였다.[250] 이는 조정의 승인 없이 사사로이 구제한다고 빙자하는 폐단이 없애기 위함이었다.

둘째, 기한을 정하여 친속이 찾으면 되돌아 갈 수 있게 하였다. 『수교집록』에는 3개월 이내에 친족이 아이를 찾으면 곡식으로 보상받고 돌려주고, 기간이 경과하면 영구히 부리도록 하였다.[251] 『신보수교집록』에는 2개월로 경과 기한이 줄어들었다.[252] 이 정책의 목적은 노비 확대가 아니라 기아 구제에 있었기 때문이다.

셋째, 양육으로 인해 빚어진 폐단에 대한 처벌도 강화되었다. 『신보수

---

249) "遺棄兒收養人, 限內呈官受立旨, 色掌捧佟音, 以防奸僞, 公私賤, 則官主並勿許推還." 『受敎輯錄』 「禮典」惠恤, 康熙 庚戌(현종11).

250) "遺棄兒流丐不知所自來者, 京中則呈漢城府, 外方呈本官, 各其洞里人等捧招, 立旨成給. 俾無假托飢餓, 圖爲日後免役之弊.……○立旨成給之後, 漢城府則並錄啓聞. 外方, 這這成册, 報于監營, 監營覈其虛實, 一一收捧, 而限日已過之後, 監司都合數, 並錄啓聞. 自本廳取考立旨, 成出日月, 無違格奸僞者, 立案成送, 分給以憑, 其間冒雜現露, 立旨違格成給者, 各其官吏及當身, 一体從重論罪【註: 依大明律, 制違, 杖一百】." 『新補受敎輯錄』 「禮典」惠恤, 康熙 乙亥(숙종21) 賑恤事目; "遺棄兒流丐 不知所自來者 呈當部 其洞里人處捧招後 轉報本廳 成給立案 俾無憑藉濟私之弊." 『新補受敎輯錄』 「禮典」惠恤, 雍正 壬子(영조8) 賑恤事目.

251) "遺棄小兒, 願育者, 具小兒容貌年歲告官, 明立文案收養. 本主父母族親等, 三朔前推尋, 則所養穀食倍償還給, 不償價物 三朔後推尋者勿聽, 永給願育人使役." 『受敎輯錄』 「禮典」惠恤, 嘉靖 丁未(명종2).

252) "遺棄兒饋餉未滿六十日者, 饋餉有始無終者, 勿施." 『新補受敎輯錄』 「禮典」惠恤, 雍正 壬子(영조8) 賑恤事目.

교집록』에는 서울과 외방의 세력가가 기아라고 칭탁하여 노비를 빼앗거
나 억지로 거두어 기르는 행태가 발생하여 처벌하였으며, 반대로 버려진
아이와 고공의 부류가 다른 사람에게 길러져 목숨을 건지게 되었으나 환
란이후 도리어 배반하는 경우도 처벌하였다.253)

② 양육 조건의 구체화

흉년이 들어 양육할 경우에는 양육기간이나 나이를 얼마로 할지가 관
건이었다. 첫째, 노비와 고공의 기준이다. 『수교집록』에 실린 현종 12년
(1671)과 숙종 11년(1685) 수교에는 15세 이하 영구히 노비奴婢로, 16세
이상 고공雇工으로 삼도록 하였다.254) 반면에 『신보수교집록』의 숙종
21년(1695) 및 영조 8년(1732) 「진휼사목」에는 계묘년(현종4, 1663)의
예에 따라 12세 이하를 한도로 삼도록 하였다.255) 13세 이상은 본인에

---

253) "京外豪勢之家, 托稱遺棄兒, 不問情願, 脅勒收養, 他人旣爲收養免死之後,
稱其奴婢, 不有立案, 威脅還奪者, 一倂從重科罪【註: 依大典, 據執他人奴
婢者, 杖一百徒三年】. ○遺棄兒與雇工之類, 旣得養活於人, 患難已過之後,
厭其服役, 橫叛悖逆者, 論以奴婢反主, 雇工背家長之律【註: 依受敎, 限己
身, 仍本役, 絶島定配】."『新補受敎輯錄』「禮典」惠恤, 康熙 乙亥(숙종21)
賑恤事目; "曾前遺棄兒收養後, 稱以本上典, 威脅還奪之弊, 間或有之. 今番
段, 嚴立科條, 或有犯禁人, 入啓論罪, 斷不饒貸【註: 依大典 據執他人奴婢
杖一百徒三年】."『新補受敎輯錄』「禮典」惠恤, 雍正 壬子(영조8) 賑恤事目.
254) "自辛亥正月初一日, 至七月三十日以前, 收養遺棄兒, 勿論良民公私賤, 幷
其後所生, 永爲奴婢, 以十五歲爲限, 十六歲以上 限己身作爲雇工, 其所生
幷還本役. 京則呈漢城府. 外則呈本官. 不受賑廳立案者, 勿施, 三南畿甸爲
先頒布, 豪勢家, 脅勒收養者, 以掠奪論, 符同官吏, 以枉法論, 救活後厭避
者, 以叛主論, 威勢還奪者, 以枉法論."『受敎輯錄』「禮典」惠恤, 康熙 辛亥
(현종12); "全羅道遺棄兒, 十五歲以下, 勿論良賤, 後所生, 幷以永作收養人
奴婢, 十六歲以上, 限己身, 作爲雇工, 其所生, 皆還本役, 而自賑恤廳, 考閱
立旨, 成給立案等事, 一如辛亥年例施行. 而期限, 則三月初一日爲始, 至五
月晦日定式."『受敎輯錄』「禮典」惠恤, 康熙 乙丑(숙종11).
255) "年歲段, 依癸卯年例, 以十二歲以下爲限. 日月段, 自丙子正月初一日, 至五

한해 고공으로 삼고, 그 소생은 모두 본래의 역으로 되돌리게 하였
다.256) 이는 현종 4년(1663) 수준으로 환원한 조치이다. 현종 12년(1671)
은 대기근과 전염병으로 약 100만명 이상이 사망한 해였으므로 한도가
올라간 것이다.257)

『속대전』단계에 이르면, 기아를 양육하면 아들이나 노비로 삼도록 허
용하되, 원칙적으로 3세 이전까지로 한정하였다. 이는 앞서의 12세 규정
보다 훨씬 하향 적용된 것이다. 하지만 예외적으로 흉년이 연속해서 심
할 경우 8,9세 혹은 15세를 한도를 조정할 수 있도록 하였다.258) 이는
인조 21년(1643)의 수교에서 과거에는 3세로 제한했는데 당시에 8,9세
가 되었다는 언급이나,259) 전술한 현종 12년(1671)과 숙종 11년(1685)
수교의 15세 규정을 반영한 것이다.

둘째, 양자養子로 삼는 규정이다. 인조 21년(1643) 수교와 『속대전』
에서 자식으로 삼거나 노비로 삼을 수 있다는 내용이 수록되었다.260) 심

月三十日以前爲限施行."『新補受敎輯錄』「禮典」惠恤, 康熙 乙亥(숙종21)
賑恤事目; "京外流丐, 令下之後, 限明年麥秋, 饋餉救活者, 勿論公私賤, 十
二歲以下, 則後所生, 並作 奴婢. 十三歲以上, 限己身, 作爲雇工."『新補受
敎輯錄』「禮典」惠恤, 雍正 壬子(영조8) 賑恤事目.

256) "當此凶荒, 父子不能相保, 塡棄, 溝壑者, 勿論良民公私賤, 許人收養, 永作
奴婢, 以爲救活人命之地. 年歲段, 依癸卯年例, 以十二歲以下爲限. 日月段,
自丙子正月初一日, 至五月三十日以前爲限施行."『新補受敎輯錄』「禮典」
惠恤, 康熙 乙亥(숙종21) 賑恤事目.

257) 이태진, 앞 글, 1998, 374~376쪽; 김백철, 앞 책, 2010, 198쪽; 정연식, 앞
책, 2015, 25쪽.

258) "【註: 收養遺棄兒, 以三歲以前爲限, 而若値連凶大無, 則或限八九歲, 或限
十五歲, 聽其兩邊情願一體聽許】."『續大典』「禮典」惠恤.

259) "遺棄兒, 三歲前收而養育者, 官給立案, 兒衣踏印……今此遺棄兒. 限八九
歲以前, 聽其兩邊情願, 許爲救活, 勿論良人公私賤, 其父母及色掌切隣, 詳
查捧招, 立案成給, 以爲後日憑考, 俾無奸僞之弊, 遺棄兒, 許人養育, 立案
成給一事, 自四月二十四日, 至五月二十日爲限, 定日外冒受者, 當以違格論
斷."『受敎輯錄』「禮典」惠恤, 崇德 癸未(인조21).

지어 공사천의 경우, 현종 5년(1664) 자식이 양인이 되도록 하는 수교도 『속대전』에 반영되었다.[261] 특히 『대전통편』단계에 이르면 걸식아동과 버려진 아이를 거두어 양육하는 절목에 「자휼전칙」을 적용하도록 명시하였는데,[262] 이 역시 숙종~영조대 절목이 집대성된 내용이다.[263]

한편 『경국대전』에서 양로연養老宴은 관원을 대상으로 하였으나,[264] 영조대는 그 대상이 관원의 부모를 비롯하여 일반 백성까지 확대되었고,[265] 이때 연회장 밖에서 걸아乞兒에게 식료품을 나누어주었다. 정조대 「자휼전칙」에 이르면 구걸하는 아이는 10세까지, 버려진 아이는 3세까지 진휼청에서 구호하도록 하였고,[266] 『대전회통』에서 더욱 늘어나서 유기된 아이도 7세까지 돌보도록 하였다.[267] 이러한 흐름은 기아를 점차 국가에서 직접 구제하는 방식으로 정책이 변화되고 있음을 보여준다.

---

260) "……長成後, 卽同己子己奴, 常行法例……." 『受敎輯錄』「禮典」惠恤, 崇德 癸未(인조21); "凶歲遺棄小兒, 許人收養救活爲子爲奴, 而小兒年歲限及收養月日限, 一從臨時事目" 『續大典』「禮典」惠恤.

261) "公私賤中, 奴與婢交嫁者, 收養遺棄兒, 論以良人." 『受敎輯錄』「刑典」贖良, 康熙 甲辰(현종5); "【註】公私賤交嫁者, 收養遺棄兒爲子, 長成後, 父母之主, 互相爭訟, 兩邊不當者, 勿爲屬公, 許其從良." 『續大典』「禮典」惠恤.

262) "行乞兒遺棄小兒收養節目, 用字恤典則." 『大典通編』「禮典」惠恤. 當宁 癸卯(정조7).

263) 『受敎輯錄』「禮典」惠恤, 嘉靖 丁未(명종2)·崇德 癸未(인조21)·康熙 丙午(현종7)·康熙 庚戌(현종11); 『新補受敎輯錄』「禮典」惠恤, 康熙 乙亥(숙종21) 賑恤事目·雍正 壬子(영조8) 賑恤事目.

264) "每歲季秋, 行養老宴【註: 大小員人年八十以上者赴宴……】." 『經國大典』「禮典」宴享.

265) 김백철, 앞 책, 2014, 216~219쪽.

266) "【註】行乞兒以十歲爲限, 道傍遺棄兒以三歲爲限, 五部牒報賑廳, 該廳留養……○行乞兒, 賑廳外倉門外空閒處, 別設土宇, 以爲留接之所, 照賑廳式例給糧. ○遺棄兒, 流丐女人中擇其有乳者, 每一人分授兩兒, 乳女一日每口, 計給米醬藿, 雖非流丐, 如有自願取養之人, 只授一兒, 量給米醬藿……." 『大典通編』「禮典」惠恤, 當宁 癸卯(정조7) 下敎.

267) "京外遺棄兒限七歲給料, 八歲停料." 『大典會通』「禮典」惠恤.

3. 사회신분제 변동

1) 역역驛役의 승계

① 양천교혼良賤交婚의 신분귀속

사회구조의 변화 속에서 다양한 신분계층의 분류도 전면적인 재조정
이 이루어졌다. 17세기를 거치면서 양인의 세제변화, 중서中庶의 관직진
출, 노비의 신분향상 등이 그동안 크게 주목되어왔다. 사회신분의 변화
상은 법제정비 과정에서도 반영되었다.

조선초기부터 양인과 천인의 혼인을 금지하였다.268) 하지만 현실에서
는 잘 지켜지지 않았다. 『경국대전』에는 '종모법'을 원칙으로 하였으나,
종모법의 적용범위는 왕대별로 각각 달랐으며, 더욱이 이 원칙을 양천교
혼 전체에 적용할지, 양반관료는 제외할지, 특수역은 어떻게 운영할지
등에 대해서 논의가 분분紛紛하였다.

조선후기 노비 자녀에 대한 신분귀속은 첨예한 논란거리였다.269) 이
때문에 현종~영조연간 노비종모법奴婢從母法이 수차례나 개폐되었다.
현종 10년(1669) 노비종모법 실시,270) 숙종 원년(1675, 갑인환국 이듬해)

---

268) 『高麗史』卷85, 志39, 刑法, 奴婢, 恭讓王 3年;『太宗實錄』卷10, 太宗 5年
   9月 甲寅(22日); 이종일, 「형전해설」, 1996, 347~348쪽.

269) 노비제 변화는 다음 참조. 平木實, 『조선후기 노비제 연구』, 지식산업사,
   1982; 전형택, 『조선후기 노비신분 변동 연구』, 일조각, 1989

270) 『顯宗實錄』卷16, 顯宗 10年 正月 甲辰(10日); "己酉(현종10)以後, 公私賤
   娶良妻所生, 從母許良, 而百日內未出立案及不入籍者, 還賤矣. 今後, 其母
   果是良人, 則勿論立案有無, 直使從母許良."『受敎輯錄』「刑典」贖良, 康熙
   甲辰(현종5?); "【註】顯宗己酉, 始命從良."『續大典』「刑典」公賤. ※강희
   갑진년(현종5, 1664) 수교에서 기유년(현종10, 1669)의 수교를 인용하고 있
   어 간지 오류이다. 대개 기유년 이후 조치로 보인다. 중추원본이나 『증보전
   록통고』에도 간지가 수정되어있지 않다.

폐지,271) 숙종 7년(1681, 경신환국 이듬해) 노비종모법 실시,272) 숙종 15년(1689, 기사환국) 폐지,273) 영조 6년(1730, 기유처분 이듬해) 노비종모법 실시274) 등으로 이어졌다. 대체로 환국 등 정국변화와 맞물려서 제도가 개폐開閉되었다. 종모법은 『속대전』단계에 가서야 확정되었다.

양천교혼은 다음의 두 가지 경우로 살펴볼 수 있다. 첫째, 양인 남편과 천인 아내 사이의 자녀 신분 문제이다. 태종대부터 공사천이 양인에게 시집갔을 경우 종부위량법從父爲良法을 적용하여 자녀를 양인으로 만들었고, 이 수교는 세종대 재확인되었다.275) 이는 양반 사족의 천첩賤妾 소생인 서얼庶孼을 고려한 조치였다. 더욱이 『경국대전』에는 양부良夫-천비賤婢 소생이 양인이 되는 다양한 길이 열려있었다.276)

---

271) "【註】肅宗乙卯, 還賤."『續大典』「刑典」公賤.

272) "己酉(현종10)以後, 公私賤娶良女所生, 曾因事目, 從良立案之後, 旋有還賤之擧, 民多稱冤. 令該院, 一依前定式, 還給已收之案."『受敎輯錄』「刑典」贖良, 康熙 辛酉(숙종7); "【註】肅宗辛酉, 又從良."『續大典』「刑典」公賤.

273)『肅宗實錄』卷21, 肅宗 15年 12月 乙亥(13日); "己酉(현종10)以後, 奴良妻所生許良之法, 革罷. 己酉以後, 入屬良役者外, 其餘未及屬良者, 還給本主."『受敎輯錄』「刑典」贖良, 康熙 己巳(숙종15); "【註】肅宗己巳, 還賤, 而已屬良役者勿論."『續大典』「刑典」公賤.

274)『英祖實錄』卷28, 英祖 6年 12月 庚申(26日);『英祖實錄』卷29, 英祖 7年 3月 戊子(25日); "【註】當宁庚戌, 又命辛亥正月初一日子時爲始所生, 並從母役."『續大典』「刑典」公賤;『特敎定式』, 奴婢從母法, 英宗 6年<古951.009 T296>[정긍식 외, 앞 책, 2010, 174쪽].

275)『世宗實錄』卷55, 世宗 14年 3月 甲申(25日).

276) "大小員人【註: 文武官, 生員, 進士, 錄事, 有蔭子孫, 及無嫡子孫者之妾子孫, 承重者】, 娶公私婢妻妾者之子女, 其父告掌隷院, 覈實錄案【註 : 無父則嫡母, 無嫡母則同生, 無同生則祖父母告. ○自己婢, 妻婢, 所生外, 皆贖身. 贖鄕吏, 驛吏, 鹽干, 牧子 等, 嫁自己婢所生, 於父役處定役, 不過仕路】, 移文兵曹, 屬補充隊."『經國大典』「刑典」賤妻妾子女; "辛亥十一月初一日以後, 壬子十一月初八日以前, 良人娶公私婢爲妻妾者之子女, 已接狀者, 許屬補充隊."『大典續錄』「刑典」賤妾子女, 弘治 5年(성종23) 11月 21日; "大典賤妾子女條, 大小人員之下, 及良人三字添入行用."『大典後續錄』, 刑

둘째, 양인 아내와 천인 남편 사이의 자녀 신분 문제이다. 양정良丁의
확대를 통해서 재정적 기반 확보뿐 아니라, 국가의 근간이 되는 백성을
보존하는데 종모법이 유리한지에 대해서 논쟁이 끊이지 않았기 때문이
다. 예컨대 『경국대전』과 『속대전』의 종모법은 그 적용 방식 전혀 달랐
다. 두 대전이 모두 종모법을 표방했으나, 『경국대전』은 주註에서 양녀
良女-천부賤夫의 소생에게는 적용되지 않는다고 하여서 노비가 양녀와
혼인하더라도 그 자녀는 천인에 불과하였다.[277] 종부법이나 종모법의
천명 사실만으로 양천교혼의 자녀 신분을 확인하기 어려우며, 실제 남녀
의 신분에 따라 중층적인 원칙이 운영되었다. 그런데 『속대전』에서는
양녀-천부 소생을 양인화하는 것을 핵심골자로 하였다.[278] 여기에는 양
천교혼에서 양녀-천부의 비중이 높다는 전제가 깔려있다.[279] 이는 실질
적으로 양천교혼 소생을 양인화하는 효과를 낳았다. 백성의 범주가 점차
확대된 것이다.

노비종모법은 집록류에서 변동성이 가장 높게 나타나서 동일한 사안
에 대해 전혀 다른 입법취지의 수교가 수십 차례나 반복되어 실려있다.
특히, 『수교집록』과 『신보수교집록』에는 노비자녀의 문제뿐 아니라, 역
역驛役의 승계여부에 상당한 관심을 표하는 수교가 상당수 확인된
다.[280] 역역은 역리驛吏·역녀驛女·역노驛奴·역비驛婢 등 4가지로 구분

典, 賤妾子女.

277) "凡賤人所係, 從母役【註: 唯賤人娶良女所生, 從父役. 僧人所生, 雖良亦從
賤】."『經國大典』「刑典」公賤. ※前作에서 大文에 근거하여 종모법으로 설
명했으나, 小註를 참고하여 바로잡는다. 김백철, 앞 책, 2016, 257~258쪽.

278) "公私賤娶良妻所生男女, 並從母役【顯宗己酉, 始命從良. 肅宗乙卯還賤.
辛酉又從良. 己巳還賤. 而已屬良役者勿論. 英宗庚戌又命辛亥正月初一日
子時爲始, 所生並從母役】."『續大典』「刑典」公賤.

279) 『英祖實錄』卷28, 英祖 6年 12月 庚申(26日)

280) 『受敎輯錄』「兵典」驛路, 康熙 甲子(숙종10) 備局事目;『成宗實錄』卷166,
成宗 15年 5月 甲辰(18日).

된다.281) 역리는 신량역천身良役賤이고, 역졸驛卒은 역노였다. 이들의 양천교혼으로 얻은 소생자녀 신분귀속이 매우 복잡했다. 양인을 역驛에 귀속시키면 지위가 하강하는 것으로 이해되었으나, 천인을 양인으로 만들어 역에 소속시키면 오히려 지위상승으로 이해되었다. 곧 역역의 중층적 성격 때문에 논란이 가중된 것이다. 이때 노비종모법은 역역을 결정짓는데 주요 변수로 활용되었다.

② 논의 과정

논쟁의 핵심은 역시 양인과 천인간 혼인 뒤 자녀의 귀속문제였다. 몇 가지 대별되는 방침이 논란이 되었다. 곧 ㉠"아들은 아비의 역을 따르고 딸은 어미의 역을 따른다"(男女分役), ㉡"모두 역驛에 소속시킨다"(驛制 强化), ㉢"모역을 따르게 한다"(從母法), ㉣"부역을 따르게 한다"(從父法)의 방침이 뒤섞여서 수차례나 번복되었다. 양천간 혼인에서 양부良夫-천비賤婢, 양녀良女-천부賤夫의 경우가 모두 문제가 되는 듯했으나, 실제 양인이 천인을 처나 첩으로 들일 경우 크게 문제가 되지 않았고, 자녀가 속량되는 길이 마련되었다.282) 문제는 주로 천인 남편이 양인 아내를 맞이할 경우였다.

『수교집록』의 역역驛役을 정리해 보면 다음과 같다. 첫째, "역리驛吏-양처良妻"(양인-양인), "역녀驛女-양부良夫"(양인-양인), "역노驛奴-천처賤妻"(천인-천인), "역비驛婢-천부賤夫"(천인-천인) 등과 같이 명백히 양인간, 천인간 혼인에서는 각기 양인, 천인으로 규정되었다. 오히려 논란이 되는 부분은 양천간 혼인 문제였다. 둘째, "역리驛吏-천처賤妻", "역녀驛女-천부賤夫", "역비驛婢-양부良夫" 등은 일천즉천一賤則賤의

---

281) 驛役의 상세한 연구는 다음 참조. 조병로, 『조선시대 역제 연구』, 동국대학교 사학과 박사논문, 1990, 87~130쪽.

282) 『經國大典』「刑典」賤妻妾子女.

원칙대로 부모 중 한쪽이 천인이면 자식도 천인으로 되었다. 이는 기존
에 양인화를 위해 도입된 노비종모법과 상반되는 정책이다.

그러나 한 가지 예외가 인정되었다. 바로 역노驛奴-양처良妻 사이의
소생을 모두 역리驛吏-역녀驛女로 한 것이다. 이는 역驛에 귀속시켜 역
제驛制를 강화하려는 추이와 양인화정책이 결합된 것이다. 이를 통해서
양녀良女와 혼인하여 얻은 소생의 양인화가 촉진되었다. 본래 노비종모
법 시행에 맞추어서 양인으로 삼았으나,283) 이미 노비종모법이 폐기된
숙종 16년(1690)에도 오히려 이 정책은 예외적으로 유지되었고,284) 심지
어 『신보수교집록』에도 같은 취지의 숙종 19년(1693) 수교가 실려있
다.285) 대개 종모법을 준용하여 아내의 신분에 따라 자녀의 신분이 결정
되었음을 의미한다.

다만, 같은 시기 신량역천인 역녀驛女의 소생이 양인이 되지 못했던
것과도 대조적이다. 오직 온전한 양인신분의 처를 얻은 경우로 국한하
였다. 이것은 양처良妻 소생문제가 오랫동안 논쟁거리였고, 수차례에
걸친 노비종모법의 개폐 속에서 사안별로 다른 적용을 받을 수 있었던

---

283) "驛奴娶良妻所生, 自顯宗朝己酉年, 從母許良後, 自壬子年, 男爲驛吏, 女爲
驛女." 『受敎輯錄』 「兵典」驛路, 康熙 壬子(현종13); "公私賤良妻所生, 從
母爲良之法, 旣行, 則驛奴良妻所生, 男陞驛吏, 女陞驛女一款, 亦當依壬子
年事目擧行, 自今式年爲始, 一遵事目, 形止案修正." 『受敎輯錄』 「兵典」驛
路, 康熙 辛酉(숙종7).

284) "驛女嫁公私賤所生, 依弘治受敎, 男爲驛吏, 女則勿屬驛之法, 己巳十二月
日, 從母許良之法, 旣已革罷. 驛女嫁公私賤所生 以驛奴婢錄案, 而驛奴之
良妻所生, 應爲驛奴婢, 而男陞爲驛吏, 女陞爲驛女." 『受敎輯錄』 「兵典」驛
路, 康熙 庚午(숙종16).

285) "驛婢勿論良賤夫所生, 並爲驛奴婢. 驛奴娶良女所生, 自壬子, 男爲驛吏, 女
爲驛女. 嫁公私賤所生男女, 依己酉事目, 從母許良. 而亦依弘治受敎, 男爲
驛吏, 女則勿屬驛. 男子不入辛酉形止案已屬他役者, 勿爲推尋. 已入辛酉
形止案已服驛役者, 仍爲屬役." 『新補受敎輯錄』 「兵典」驛路, 康熙 癸酉(숙
종19).

결과였다.

『신보수교집록』「병전」 '역로驛路'에서는 새롭게 영조연간 수교를 게재하지 않았으나, 노비종모법의 개폐 과정에서 노비종모법이 실시되었을 때의 수교를 제시하는 방식으로 연원을 높여 법의 근거를 높이고자 하였다.286) 내용을 살펴보면, 역리驛吏-공사천公私賤, 역노驛奴-양녀良女, 역노驛奴-공사천公私賤, 양부良夫-역비驛婢, 천부賤夫-역비驛婢 등은 <표40>과 같이 『수교집록』과 비교하여 자녀의 신분상 변화가 없었다. 그리고 역리驛吏-양녀良女나 양부良夫-역녀驛女의 경우는 『신보수교집록』에 수록되지 않아 신분이 확인하기 어렵다. 오직 공사천公私賤-역녀驛女의 경우, 『수교집록』에서 아들은 역노驛奴, 딸은 역비驛婢로 하여 일천즉천一賤卽賤의 원칙이 적용된데 반해, 『신보수교집록』에서 아들은 역리驛吏, 딸은 양녀良女로 모두 종모법이 적용되어 양인으로 인정되었다.287) <표40>을 살펴보면 양처와 역녀와 같이 양녀와 천인 간 혼인시 소생 자녀를 모두 양인으로 삼았다. 이는 노비종모법이 다시 시행되는 영조 7년(1731) 이전에 이미 특수역인 역역驛役에 대한 별도의 조치가 취해진 것이다.288)

---

286) 『新補受敎輯錄』「兵典」驛路, 康熙 癸酉(숙종19).
287) "驛女嫁公私賤所生, 並從母役, 爲驛奴婢, 有弘治受敎." 『新補受敎輯錄』「兵典」驛路, 康熙 戊戌(숙종44).
288) 한편, 숙종 44년(1718) 수교에는 착종이 있다. 역녀가 공사천과 혼인하여 낳은 소생은 모두 어미의 역을 따라 역노비로 삼는다고 하면서 이를 홍치연간의 수교에 있다고 하였다. 하지만 숙종 19년(1693) 수교에는 동일한 홍치연간의 수교를 인용하여 驛女가 公私賤에게 시집가면, 아들은 驛吏로 딸은 良女로 만든다고 하여 모두 정반대로 양인으로 규정하였다. 특히 이 조문은 『속대전』에는 「형전」으로 옮겨 '驛路'에서 종모법에 따라 양인으로 처우하도록 하였다. 수교가 전후 입법과 일치하려면 '驛女'가 '驛婢'가 되면 오류가 없어진다. 이에 숙종 44년(1718) 수교는 일단 논의대상에서 제외하였다. "驛女[驛婢]嫁公私賤所生, 並從母役, 爲驛奴婢, 有弘治受敎." 『新補受敎輯錄』「兵典」驛路, 康熙 戊戌(숙종44); "驛女嫁良夫所生, 男爲驛吏, 女勿屬驛.

〈표40〉『신보수교집록』역역驛役의 노비종모법 수용

夫	妻	구분	男	女	신분구분
驛吏	公私賤	從母法	公私賤	公私賤	양인[남]+천인[여]⇒천인
驛奴	公私賤	男女分役	驛奴	公私賤	천인[남]+천인[여]⇒천인
良夫	驛婢	從母法	驛奴	驛婢	양인[남]+천인[여]⇒천인
賤夫	驛婢	從母法	驛奴	驛婢	천인[남]+천인[여]⇒천인
驛奴	良女	從母法	驛吏	驛女	천인[남]+양인[여]⇒양인
公私賤	驛女	從母法	驛吏	良女	천인[남]+양인[여]⇒양인

〈표41〉 역역驛役 승계의 변화과정

구분	구분		수교집록		신보수교집록		속대전		비고
	夫	妻	男	女	男	女	男	女	
驛役[夫]	驛吏	良女	驛吏	驛女			驛吏	驛女	
	驛吏	公私賤	賤人	賤人	公私賤	公私賤	驛吏	驛女	지위상승
	驛奴	良女	驛吏	驛女	驛吏	驛女	驛吏	驛女	지위상승
	驛奴	公私賤	驛奴	賤人	驛奴	公私賤	驛奴	賤人	유지
驛役[妻]	良夫	驛女	驛吏	良人			驛吏	良人	유지
	良夫	驛婢	驛奴	驛婢	驛奴	驛婢	驛奴	驛婢	유지
	公私賤	驛女	驛奴	驛婢	驛吏	良女	驛吏	良人	지위상승
	賤夫	驛婢	驛奴	驛婢	驛奴	驛婢	驛奴	驛婢	유지

결국 <표41>를 살펴보면, 1차로『수교집록』내에서 양녀良女와 역노驛奴의 소생을 역리와 역녀로 삼아서 양인으로 지위를 상승시켰다. 2차로『신보수교집록』에서 역녀驛女와 공사천부公私賤夫의 소생에 대해 한 차례 신분상 지위변화가 감지된다. 3차로『속대전』으로 넘어가면서 역리驛吏와 공사천처公私賤妻의 소생도 신분상승이 이루어졌다. 따라서『수교집록』,『신보수교집록』,『속대전』에서 점진적으로 나타나는 역역계승 변화는 사회변동에 대한 조정 시책의 변화상을 고스란히 담고 있을 뿐만 아니라, 노비종모법이 반영되어 정착되는데 상당한 진통이 있었음을 보여준다.

……驛婢嫁良賤夫所生, 男女並屬驛奴婢." 『續大典』「刑典」公賤.

③ 역역驛役 귀속 논쟁의 배경

역역에 대한 다양한 수교가 나타나는 것은 양란이후 피폐된 사회를 회복하기 위해서 과연 어떠한 신분제 운영 방식이 사회발전에 기여할 것인가에 대한 지속적인 논의가 이어졌기 때문이다. 여기에는 국내외 사회적 배경이 중요하게 작용하였다. 우선, 대청외교의 긴장관계 속에서 북벌론이 대두되면서 적어도 숙종 초반까지는 군사력 증강이 시대적 과제인 것처럼 논의되었다.[289] 하지만 군액의 증가정책이 지속적으로 추진되었음에도 불구하고 장기간 대기근의 발생으로 오히려 양인의 수는 급격히 줄어들었다. 이를 해결하기 위한 다양한 시책이 약 1세기간 논의되었다.[290]

양역良役 자원의 부족현상은 다른 분야에서도 마찬가지였다. 각 분야의 신역身役 담당자를 확보하는 문제가 관건이 되었다. 그 중 역역驛役은 고단한 천역賤役으로 인식되어 양인들 사이에는 꺼리는 일이었기 때문에, 한번 역역에 속하면 종신토록 하고 자손들도 이를 계승하도록 하였다. 역역의 담지자가 부족할 때는 그 소생을 모두 역驛에 귀속시키는 방식이 취해졌고, 상황에 따라 능동적으로 조정된 것으로 보인다. 그래서 역의 인력이 부족할 때에는 모든 소생을 역에 속하게 하였고, 그렇지 않을 경우에는 아들과 딸을 각기 아비와 어미의 역역에 따르도록 한 것으로 보인다.

---

289) 조선후기 군제 변화상이나 대청관계는 다음 참조. 이태진, 앞 책, 1985; 노대환, 「숙종·영조대 對明義理論의 정치·사회적 기능」『한국문화』32, 서울대학교 한국문화연구소, 2003, 155~160쪽.

290) 17~18세기 양역변통논의의 추이는 다음 참조. 정연식, 『조선후기 '역총'운영과 양역변통』, 서울대학교 국사학과 박사논문, 1993; 정만조, 「조선후기의 양역변통론: 정치상황과 관련해 본 하나의 시론」『한국근세문화의 특성: 조선왕조후기(12) -군사·외교부문-』, 제26회 동양학 학술회의록, 1996. 10. 26., 333~341쪽.

그러나 역에 속한다는 방침을 정하여 역제강화 방침을 취한다고 해도 문제는 그리 간단하지 않았다. 여전히 역리驛吏-역녀驛女처럼 양인으로 할지, 역노驛奴-역비驛婢처럼 천인으로 할지가 문제였기 때문이다. 곧 역역驛役을 지운다는 의미가 역제를 강화하는 의미가 되기도 하지만, 양인화의 문제와도 맞물려 있었다. 양인을 늘리기 위해서 노비종모법을 따라 양처良妻와 천부賤夫 사이에 소생을 양인으로 하게 되면 그 수를 늘릴 수 있었다. 하지만 이를 역역에 적용시킬 경우 결과는 예상외로 다양하게 나타났다. <부표14>의 수교의 개폐현황은 사실 이 때문이다.

양인으로 만드는 방법도 두 가지였다. 역驛에 속하는 역리나 역녀가 되느냐 아니면 일반 양인이 되는지가 관건이었다. 전자의 경우 역역자원을 확보할 수 있었으나 사실상 양정良丁 확보와는 무관하였다. 후자는 양정 확보와 연동되었다. 노비종모법이 천명될 때에는 조정의 전반적인 법운영의 취지에 맞추어 역驛에 속하게 하되 점차 양인 신분을 부여하는 방향으로 진행되었다. 이 취지가 후퇴하였을 때는 단지 천인 신분으로 하되 여전히 역驛에 종사하도록 하였다. 노비종모법 논쟁은 실제 필요한 신역 자원의 확보가 목적이었기 때문이다.

하지만 소생 자녀를 온전한 양인으로 만드는 경우는 딸에게만으로 허용되었다. <부표14>를 살펴보면, 인조 21년(1643) 수교에서 역리驛吏-양처良妻의 딸을 양인으로 하여 역驛과 구분지었고, 또한 역녀驛女-양부良夫의 딸에게도 동일한 적용을 하는 경우가 보인다. 이는 비록 양인 간 결합이지만 아들에게만 역역驛役을 부여하고 딸은 역驛에서 분리시키는 조치라는 점에서 중요하다. 곧 양인과 혼인에서 낳은 딸도 혼인하면 양인 소생을 둘 수 있었다.

보다 주목되는 조치는 인조 21년(1643)~숙종 16년(1690)의 수교이다. 노비종모법이 시행되던 시기로 추정되는데, 심지어 역녀驛女-공사천부公私賤夫의 딸에 대해서 양인良人의 지위를 부여하였다. 어미의 신분

을 따라 양인으로 만들어주면서도 역驛에도 귀속시키지 않았다. 이 수교
가 주목되는 이유는 노비종모법하에서 양녀良女는 천인賤人과 혼인하
여 그 소생을 양인으로 만들 수 있었는데, 역녀의 딸이 양녀가 되면 양
인뿐 아니라 천인과 결혼하더라도 양인을 늘릴 수 있었기 때문이다. 소
생 자녀를 역驛에서 분리하여 양녀로 만듦으로써, 양역을 부담할 양인의
증대에도 기여할 수 있었다. 이것이 장기간 역역 논의에서 양녀의 지위
부여 문제가 끊임없이 대두한 원인이었다.

2) 서얼의 허통

① 출사의 상한

서얼허통庶孽許通은 조선초부터 논의가 분분하였다.[291] 태종 14년
(1414)부터 한품수직限品受職이 운영되었으며, 그 내용은 『속육전』에서
2품 이상 관원은 천첩자가 양민이 되는 것을 허락하고 5품까지 관직을
받을 수 있도록 한 것으로 확인된다.[292] 이 조치는 성종대 『경국대전』단

---

291) 서얼에 대해서는 다음 참조. 이상백, 「서얼차대의 연원에 대한 일문제」『진
단학보』1, 진단학회, 1934; 이상백, 「서얼금고시말」『동방학지』1, 연세대학
교 동방학연구소, 1954; 이태진, 「서얼차등고」『역사학보』27, 역사학회,
1965; 박천규, 「조선전기 서얼의 사회적 지위」『제8회 동양학학술회의록』,
단국대학교 동양학연구소, 1978; 배재홍, 「조선후기의 서얼허통」『경북사
학』10, 경북사학회, 1987; 이종일, 『조선시대 서얼신분변동사 연구』, 동국대
학교 사학과 박사논문, 1988; 배재홍, 「조선후기의 서얼허통」『경북사학』
10, 경북사학회, 1987; 배재홍, 「조선전기 처첩분간과 서얼」『대구사학』41,
대구사학회, 1991; 배재홍, 「조선후기 향촌사회에서 서얼의 존재양태와 형
전」『경북사학』15, 경북사학회, 1992; 배재홍, 『조선후기의 서얼 허통과 신
분지위의 변동』, 경북대학교 사학과 박사논문, 1995; 배재홍, 「조선시대 서
얼차대론과 통용론」『경북사학』21, 경북사학회, 1998; 김백철, 앞 책, 2010;
김백철, 앞 책, 2016.

292) 『太宗實錄』卷27, 太宗 14年 4月 己未(16日); 『世宗實錄』卷47, 世宗 12年

계에 이르면 '한품서용' 항목을 설치하고 문무관 2품 이상(宰相) 양첩자
손은 정3품까지, 천첩자손은 정5품까지 상한으로 출사하고, 6품 이상(參
上官) 양첩자손은 정4품까지, 천첩자손은 정6품까지 상한으로 하며, 7품
이하(參下官)나 관직이 없는 양첩자손은 정5품까지, 천첩자손과 천인
으로 양인이 된자는 정7품까지를 상한으로 규정하였다.[293] 이후 연산군
3년(1497) 2품 이상 관료의 첩자손姜子孫의 잡과雜科 허통이 이루어졌
으며,[294] 명종 8년(1553) 양첩자良姜子는 손대孫代부터, 천첩자는 증손
대부터 현직顯職을 제외하고 허통하였다.[295]

② 실력으로 쟁취한 허통

선조초반 이이李珥의 허통책이 논의되었고,[296] 임진왜란(선조25~32,
1592~1598) 당시에 보다 구체화되었다. 선조 25년(1592) 곡식을 모아
서 운반한 것이 500석이 넘으면 서얼허통이 가능했다.[297] 선조 26년
(1593) 「납속사목納粟事目」에는 서얼은 5석이면 겸사복兼司僕·우림위

2月 戊子(17日); 김백철, 앞 책, 2016, 271~272쪽.

293) "文武官二品以上良姜子孫, 限正三品, 賤姜子孫, 限正五品, 六品以上良姜
子孫, 限正四品, 賤姜子孫, 限正六品, 七品以下至無職人良姜子孫, 限正五
品, 賤姜子孫及賤人爲良者, 限正七品, 良姜子之賤姜子孫, 限正八品【註:
兵曹同 ○ 二品以上姜子孫, 許於司譯院, 觀象監, 典醫監, 內需司, 惠民署,
圖畵署, 算學, 律學, 隨才敍用】."『經國大典』「吏典」限品敍用; 김백철, 앞
책, 2016, 275쪽.

294)『燕山君日記』卷26, 燕山君 3年 8月 甲戌(5日); 배재홍, 앞 논문, 1998,
1025쪽.

295)『明宗實錄』卷15, 明宗 8年 10月 庚辰(7日)·戊子(15日); 김백철, 앞 책,
2016, 275~277쪽.

296)『宣祖實錄』卷17, 宣祖 16年 4月 乙丑(14日); 배재홍, 앞 논문, 1998, 1032쪽.

297) "一, 庶孽鄕吏有役人公私賤等, 次知盡力, 募粟募運, 百石以上者, 限五年,
三百石以上者, 限十年免役完護. 五百石以上者, 庶孽許通, 鄕吏及有役人,
己身免役, 公私賤從良."『宣祖實錄』卷33, 宣祖 25年 12月 乙卯(29日).

羽林衛 혹은 서반군직西班軍職 6품을 주고, 15석이면 허통許通하고, 20석이면 이전의 소생까지 허통하고, 30석이면 참하관 영직影職을 제수하고, 40석이면 6품(참상관) 영직, 50석이면 5품 영직, 60석이면 동반 9품, 80석이면 동반 8품, 90석이면 동반 7품, 100석이면 동반 6품(참상관)을 제수한다고 하였다.[298] 이후 서얼출신 금군을 허통시키거나 군사를 모으는 무재시취武才試取에 응하면 허통시키기도 하였다.[299] 또한 수급首級을 베는 군공軍功에 따른 허통도 추가되었다.[300] 곧 국가위기 상황에서 비상수단으로 강구된 것이다. 따라서 종전 이후에는 필요성이 급감하여 적극적인 허통책은 폐지될 수밖에 없었다.

새로운 변화는 인조반정 이후 정국수습책의 일환으로 나타났다. 인조 3년(1625) 「허통사목許通事目」에는 양첩자는 손대부터, 천첩자는 증손대부터 허통하도록 하고, 등과登科하면 요직要職(호조·형조·공조·각사各司의 낭관郎官)에 진출할 수 있도록 하였다.[301] 명종대 조치와 비교하면, 앞의 양첩자와 천첩자 규정은 동일하지만, 뒤의 요직 허용은 한층 진전된 것이다. 이로써 임시변통책에서 벗어나 제도화된 틀에서 허통방침이 마련되었다.

---

298) "庶孽, 則五石, 兼司僕羽林衛, 或西班軍職六品. 十五石, 許通. 二十石, 幷前所生. 三十石, 參下影職. 四十石, 六品影職. 五十石, 五品影職. 六十石, 東班九品. 八十石, 東班八品. 九十石, 東班七品. 百石, 東班六品."『宣祖實錄』卷35, 宣祖 26年 2月 辛丑(16日).

299) 『宣祖實錄』卷26, 宣祖 25年 5月 丁卯(8日);『宣祖實錄』卷39, 宣祖 26年 6月 丁酉(14日).

300) "庶孽則二級許科, 公私賤則三級許科. 此蓋倣近規, 庶孽一級許通, 二級除職. 公私賤一級免賤, 二級許通, 三級除職之例也."『宣祖實錄』卷40, 宣祖 26年 7月 己巳(17日); "鄕吏公私賤, 則免役免賤. 良人, 則爲禁軍. 兩班品官, 則除職. 庶孽, 則許通. 若斬魁首而來納, 雖力不能斬, 而以賊中情狀及所在處來告官軍, 致令登時捕獲者, 則別加優等論賞."『宣祖實錄』卷52, 宣祖 6月 壬戌(15日).

301) 배재홍, 「조선후기의 서얼허통」, 1987, 112~116쪽.

17세기 전란과 기근이 빈번히 발생하면서 납속허통은 주요한 제도로
자리를 잡았다. 『수교집록』에는 서얼은 허통 이후에야 비로소 자급을
올려줄 수 있고,302) 과거 응시할 때에도 반드시 '허통許通'을 기록하게
하였으며,303) 허통 이후 무과 응시 자격을 얻었다.304) 『신보수교집록』
에는 서얼허통 비용으로 양첩자는 미 3석, 천첩자는 미 5석을 제시하였다.305)

③ 조건없는 허통의 실현

그러나 법제만큼 실효성이 높지 않았다. 이러한 문제는 숙종대 다시
수면 위에 올라 주요 논쟁거리가 되었다. 그 결과 숙종 22년(1696) 서얼
의 납속허통법이 폐지되었다.306) 처음 납속허통을 만들었을 때에는 한
품서용限品敍用(서얼금고법)에 묶인 서얼의 관직진출 활로를 모색하기
위해서 납속을 허락하였으나, 이후 「허통사목」이 만들어진 후에는 오히
려 납속이 제약조건이 되었다. 그래서 납속제도를 폐기하고 곧바로 허통
하도록 개혁한 것이다.307)

각 시기별로 허통의 논의가 지속되었지만, 끊임없이 재현되는 이유는
완전한 개방이 아니라 중앙정계의 일부를 조금씩 개방하는 완만한 정책

---

302) "庶孽, 雖有論賞之事, 未許通者, 切勿許加資." 『受敎輯錄』 「吏典」 官職, 順
　　治 乙酉(인조23).
303) "庶孽許通後, 赴擧, 必以許通錄名." 『受敎輯錄』 「禮典」 科擧, 順治 庚子(현
　　종1).
304) "庶孽之未許通者, 亦不可以良役許其赴擧." 『受敎輯錄』 「禮典」 科擧, 康熙
　　乙巳(현종6).
305) "庶孽許通, 良妾子, 納米三石. 賤妾子, 納米五石." 『新補受敎輯錄』 「禮典」
　　惠恤, 康熙 戊戌(숙종44) 賑恤事目. ※해당수교는 숙종 22년 이후 폐지되었
　　으므로, 이 사목의 연대도 재검토가 필요하다.
306) 『肅宗實錄』 卷30, 肅宗 22年 8月 丙戌(3日); "庶孽許通納米赴擧之規, 永爲
　　革除." 『續大典』 「禮典」 諸科.
307) 배재홍, 앞 논문, 1987, 128쪽.

을 취하였기 때문이다. 숙종 22년(1696) 서얼의 칭호를 '업유業儒', '업무業武' 등으로 바꾸었다. 본디 '업유'는 조선전기에는 유생儒生을 칭하는 용어였으나, 서얼의 지위상승으로 양반의 용어 중 일부를 점유하면서 유생은 '유학幼學'으로 구분하고 서얼은 '업유'로 지칭되었다.308) 이때 양첩자良妾子, 천첩자손賤妾子孫까지 해당 직역職役에 부치고 다음대부터 양반으로 간주하였다.309)

이후 보다 진전된 조치가 취해졌다. 숙종 34년(1708) 서얼 자신에게 한정하고 아들대부터 바로 양반이 되도록 개정하였다.310) 『신보수교집록』에서는 숙종 34년(1708) 서얼 자신의 경우, 명백히 사족과 신분을 구분하여서 과장科場에서 '유학'을 쓰지 못하여 '업무'나 '업유'로 구분하였으나, 아들이나 손자부터는 사대부를 지칭하는 '유학'을 사용하는 것이 허락되었다.311) 이는 사실상 서얼의 신분상승이 이루어졌음을 의미한다.312) 이 조치는 『속대전』에 그대로 반영되었다.313)

『대전통편』에는 양천첩자손良賤妾子孫에 대해 「통의절목通擬節目」을 두고 보다 구체적으로 진출 가능한 관직을 명시하였다.314) 아비의 품

---

308) 이준구, 『조선후기 신분직역변동연구』, 일조각, 1993, 35~61쪽.

309) 『增補文獻備考』卷187, 選擧考4, 科制4, 肅宗 22年.

310) 『新補受敎輯錄』「戶典」戶籍, 康熙 戊子(숙종34).

311) "士夫之賤孼, 科場帳籍之時, 冒稱幼學之類, 明査降定軍保. 漏落現出者, 當該官從重科罪【註: 依大明律, 制違, 杖一百】."『新補受敎輯錄』「戶典」戶籍, 康熙 戊子(숙종34); "親庶孼者, 稱以業武業儒, 業武業儒之子若孫, 以幼學書之, 似無所妨."『新補受敎輯錄』「戶典」戶籍, 康熙 戊子(숙종34).

312) 이준구, 앞 책, 1993, 35~61쪽.

313) "【註】儒稱業儒, 武稱業武 ○士夫妾子冒稱幼學者, 降定軍保."『續大典』「禮典」諸科.

314) "【註】文科之隷芸館, 武科之薦守部, 依前勿改. 文參上, 許戶刑工三曹. 該司判官以下, 雖蔭武無礙.……○文武堂下官限府使. 堂上官, 許牧使. 生進蔭官, 許郡守. 有治續者, 許府使. 未生進及引儀出身, 限縣令. 有治續者, 許郡守. ○文參上直講, 武參上中樞, 並無礙.……○五衛將, 文蔭武皆無礙. 武

계에 따라 상한선이 제시되었다. 중앙에는 문무과 급제후 교서관校書館 분관이나 수문장 및 부장 추천을 허락하였고, 또한 인조대 수교를 반영하여 호조, 형조, 공조 등 요직에 진출하도록 하였다. 아비의 신분에 따라서 중앙은 판관判官(종5품), 직강直講(종5품), 중추부中樞府 도사都事(종5품)[315] 등이, 외방은 목사(정3품), 우후虞侯(종3품), 부사(종3품), 군수(종4품), 현령(종5품) 등이 허용되었다. 능력에 따라 상한선은 초월할 수 있었다.

순조대는 한층 제도를 보완하여 「서얼소통경정절목庶孼疏通更定節目」을 제정하였다.[316] 이에 따라 대관직臺官職이 개방되었고,[317] 종2품까지 진출이 가능해졌다. 철종대는 승문원과 선전관 등 청직淸職에 대한 진출이 마침내 현실화되었다.[318] 고종대에도 허통의 전교가 내려졌을 뿐만 아니라, 서북인西北人·송도인松都人·서얼·의원醫員·역관譯官·서리胥吏·군오軍伍 등도 주요 관직에 등용하되 오직 재주에 따라 거용할 것임을 천명하였다.[319] 이러한 흐름은 고종 31년(1894) 갑오개혁을 계기

臣亦許虞侯……." 『大典通編』 「吏典」 限品敍用, 當宁 丁酉(정조1); 『正祖實錄』 卷3, 正祖 元年 3月 丁亥(21日).

315) 원문에는 中樞로만 표기되어있으나 앞의 對句가 直講이므로 품계가 같은 都事로 표기하였다. 다만 한국법제연구원 역주본은 都事(종5품)와 經歷(종4품)으로 풀이하였다. 아마도 도총부나 훈련원의 副正(종3품)이 불가하므로 종4품부터 범위를 설정한 듯하다. 실록에 실린 절목에는 副正을 제한하는 문구가 중추 앞에 있으므로 종3품을 경계로 經歷(종4품)을 포함시킨 설명도 가능하다. 하지만 최종 법전 등재시 해당 문구가 뒤로 옮겨졌으므로 中樞는 直講(종5품)과 互文을 이룬다. 이에 여기서는 都事(종5품)만 취하였다.

316) 『正祖實錄』 卷3, 正祖 元年 3月 丁亥(21日); 『大典會通』 「吏典」 限品敍用, 純祖 癸未(순조23) 庶孼許通更定節目.

317) 실제 사례로는 이미 영조후반 서얼의 臺諫 진출이 확인된다. 김백철, 앞 책, 2010, 172쪽.

318) 『哲宗實錄』 卷3, 哲宗 2年 4月 辛未(15日).

319) 『承政院日記』, 同治 3年(고종1) 正月 18日(庚申); 『高宗實錄』 卷1, 高宗 元年 正月 庚申(18日); 『承政院日記』, 光緖 8年(고종19) 7月 22日(丙午).

로 신분철폐안이 최종 마무리되었다.320) 이는 조선후기 서얼허통의 일
관된 정책흐름을 보여주는 사례이다. 결국 조선후기 왕정은 사회의 변동
에 능동적으로 대응하면서 서얼의 허통문제를 점진적으로 해결해나갔다.

3) 신공의 감면

조선초기 토지 개혁과 양인화 정책의 연장선에서 사사寺社의 전토와
노비를 몰수하는 정책이 취해졌다. 이때 속공屬公된 전국의 사사노비寺
社奴婢는 처음에는 중앙 각사에 입번入番하다가 점차 신공身貢을 허락
받았다.321) 이들이 조선후기 외방에 독립적으로 거주하면서 농사를 짓
고 신공을 납부하는 시노비寺奴婢의 유래이다.322) 공노비는 생활환경이
일반 농민과 유사했기 때문에 농민 정책이 변동될 때마다 함께 고려대상
으로 논의되었다.323)

17세기 흉년이 반복되는 상황에서 농민의 세금을 경감하는 조치가 취
해졌는데, 이때 농민의 세금에 해당하는 공노비의 신공도 함께 감경되었
다. 『수교집록』 '요부徭賦'에는 공노비의 신공을 감하는 조치가 세 차례
나 확인된다.324) 이러한 조치는 숙종~영조대에도 지속되었다.325) 곧 농

---

320) 『高宗實錄』卷31, 高宗 31年 6月 癸酉(28日).

321) 김백철, 앞 책, 2016, 300~303쪽.

322) 寺奴婢는 寺社奴婢를 혁파한 데에서 비롯되었으므로 '사노비'로 읽어야 옳
을 듯하나, 학계에서는 各司 소속으로 '시노비'로 읽고 있어 관행을 따른다.
그 유래는 다음 참조. 김인규, 「태종대의 공노비 정책과 그 성격: 태종 17년
공노비추쇄사목 14조를 중심으로」 『역사학보』136, 역사학회, 1992 43~73
쪽; 이성무, 『조선양반사회연구』, 일조각, 1995, 331쪽; 김백철, 앞 책,
2016, 232~236쪽.

323) 노비 문제는 다음 참조. 平木實, 『조선후기 노비제연구』, 지식산업사, 1982;
전형택, 『조선후기 노비신분 변동 연구』, 일조각, 1989; 지승종, 『조선전기 노
비신분연구』, 일조각, 1995; 김용만, 『조선시대 사노비연구』, 집문당, 1997.

324) "御營軍中, 內司奴, 減貢." 『受敎輯錄』 「戶典」 徭賦, 順治 癸巳(효종4);

민과 경제적 조건이 유사했던 외방에 거주하는 공노비를 국가에서 동일한 차원에서 보호해야할 백성으로 인식하였기 때문이다.326)

특히, 『대전통편』에는 영조대 양역변통과 함께 추진된 노비 신공의 감면과정이 다음과 같이 상세히 실려있다. 영조 24년(1748) 노비의 윤달 신공을 감하였다.327) 대개 양역의 총액을 조사하고 중앙재정을 개편하던 시기였다. 균역법 타결 이후에는 영조 31년(1755) 「시노비감포절목

"各司奴婢身貢, 各減半疋, 楮貨價亦爲特減, 永爲定式."『受敎輯錄』「戶典」徭賦, 康熙 丁未(현종8); "內司奴婢身貢, 各減半疋. 尙衣院奴婢, 與他各司奴婢, 一體減貢. 各衙門直貢奴婢, 亦爲一體施行."『受敎輯錄』「戶典」徭賦, 康熙 丁未(현종8).

325) 〈표42〉효종~영조대 노비신공 감면

연도	신공 감면 내용	전거
효종 4년	御營軍 內司奴 신공 경감	『受敎輯錄』「戶典」徭賦, 順治 癸巳(효종4)
현종 8년	半疋 감액	『受敎輯錄』「戶典」徭賦, 康熙 丁未(현종8)
숙종 3년	일부 경감	『肅宗實錄』卷6, 肅宗 3年 5月 乙未(20日)
	1疋半에서 1疋로 경감	『肅宗實錄』卷6, 肅宗 3年 11月 庚寅(17日)
숙종 7년	三色 신공 전액 면제	『肅宗實錄』卷12, 肅宗 7年 9月 壬申(23日)
숙종 13년	전액 탕감	『肅宗實錄』卷18, 肅宗 13年 5月 戊子(11日)
숙종 23년	전액 탕감	『肅宗實錄』卷31, 肅宗 23年 5月 壬辰(13日)
숙종 39년	미납분 정지, 새해 납부액 1/3로 경감	『肅宗實錄』卷54, 肅宗 39年 9月 壬申(28日)
숙종 44년	미납분 정지, 새해 납부액 1/3로 경감	『肅宗實錄』卷62, 肅宗 44年 10月 乙卯(11日)
영조 5년	1/2로 경감	『英祖實錄』卷22, 英祖 5年 6月 甲申(11日)
영조 20년	1/3로 경감	『英祖實錄』卷60, 英祖 20年 9月 己丑(15日)
영조 22년	제주 신공 1/2로 경감	『英祖實錄』卷63, 英祖 22年 6月 丁亥(23日)
영조 24년	閏月 신공 감면	『大典通編』「戶典」徭賦, 英宗 戊辰
영조 31년	신공 半疋 감경	『英祖實錄』卷83, 英祖 31年 2月 辛未(27日) 『承政院日記』, 乾隆 20年(영조31) 2月 27日(辛未) 『萬機要覽』「財用編」奴婢貢給代 『特敎定式』, 奴婢減布, 英宗 31年
영조 44년	北關 신공 경감	『英祖實錄』卷110, 英祖 44年 5月 甲辰(17日)
영조 50년	女婢 신공 전감	『英祖實錄』卷127, 行狀, 英祖 50年 甲午 3月 『大典通編』「戶典」徭賦, 英宗 甲午 『萬機要覽』「財用編」奴婢貢給代

- 본표는 다음 자료를 보완하여 작성함(김백철, 앞 책, 2010, 249쪽 <표31> '숙종대 노비 신공 감액사례').

326) 김백철, 앞 책, 2010, 248~249쪽.

327) "減奴婢閏朔貢."『大典通編』「戶典」徭賦, 英宗 戊辰(영조24).

寺奴婢減布節目」을 제정하여, 균역법에서 일반 백성의 세금을 1/2로 줄인 정책을 공노비에게도 적용하여 신공의 절반을 감경하였다.328) 영조 50년(1774) 여비女婢 신공을 폐지하기에 이른다.329) 이러한 조치로 자연히 양민과 세금 부담 비중이 비슷해지는 상황에까지 이르게 되었다.330)

더욱이 추쇄가 점차 사라졌는데 이는 도망노비가 아니더라도 추쇄과정에서 민폐에서 자유롭지 못했던 상황을 해소시킨 것이다.331) 외방 노비에 대한 중앙의 간섭이 점차 완만해지는 것을 의미한다. 또한 노비를 관리하던 장례원마저 혁파하고 면천이나 소송 업무는 형조로 이관하였다.332) 이는 양민과 동일한 사법기관에서 다루게 되는 것을 의미하였다.

정조는 선왕(숙종-영조)의 은택으로 신공을 올리는 공노비가 사실상 양민과 동일한 지위를 얻게 되었는데도 '노비'란 이름 때문에 폐단이 줄어들지 않는다고 보았다.333) 그래서 이 문제를 해결할 방안을 공식적으로 신료들에게 논의할 것을 지시하였는데, 순조대 이 뜻을 계승하여 대부분의 공노비를 혁파하였다.334) 이같은 조치는 조선후기 사회에서 완만하게 공노비의 지위상승이 이루어져 양민화가 이루어졌음을 의미한

---

328) 『英祖實錄』卷83, 英祖 31年 2月 辛末(27日); "奴婢貢各減半匹."『大典通編』「戶典」徭賦, 英宗 乙亥(영조31); 『萬機要覽』「財用編」奴婢貢給代.

329) 『英祖實錄』卷127, 附錄, 英祖大王行狀, 英祖 50年 甲午 3月; "婢貢全減." 『大典通編』「戶典」徭賦, 英宗 甲午(영조50); 『萬機要覽』「財用編」奴婢貢給代

330) 김백철, 앞 책, 2010, 249~252쪽; 김백철, 앞 논문, 2015, 79쪽.

331) 『肅宗實錄』卷6, 肅宗 3年 正月 丙申(19日); 『肅宗實錄』卷54, 肅宗 39年 9月 壬申(28日); 『英祖實錄』卷30, 英祖 7年 10月 丙午(16日); 『正祖實錄』卷5, 正祖 2年 2月 丁酉(6日).

332) 『英祖實錄』卷104, 英祖 40年 10月 甲辰(26日); 【註】掌隸院, 今革."『大典通編』吏典, 京官職, 掌隸院; "【註】掌隸院革屬本曹之後, 關係寺奴婢者, 戶曹句管. 免賤相訟等事, 本曹句管."『大典通編』刑典, 公賤.

333) 『正祖實錄』卷32, 正祖 15年 3月 癸卯(29日).

334) 『純祖實錄』卷2, 純祖 元年 正月 乙巳(28日).

다.335) 곧 장기적인 신분변동과정의 흐름 속에서 18세기말 공노비 혁파
의 배경으로 상정해 볼 수 있다.336)

---

335) 고종 23년(1886) 사노비 세습이 금지되었고, 고종 31년(1894) 갑오개혁때
　　신분제 해방으로 이어졌다. 『承政院日記』, 光緒 12年(고종23) 正月 2日(丙
　　申); 『高宗實錄』卷31, 高宗 31年 6月 癸酉(28日).

336) 전형택, 『조선후기 노비신분 변동연구』, 서울대학교 국사학과 박사논문,
　　1986, 90~132쪽, 215~237쪽[전형택, 『조선후기 노비신분연구』, 일조각,
　　1989].

5장 백성 중심의 형정

1. 휼형의식恤刑意識

　형정刑政은 조선후기 법전편찬 흐름에서 가장 비중이 높은 분야이다. 이미 『수교집록』 및 『신보수교집록』과 같은 집록류에서 비중이 약 40%를 육박하였다.[1] 대부분의 조치는 『속대전』을 통해서 흡수되었다. 영조대 이후 휼형恤刑 의식이 천명되면서 미묘한 변화가 감지된다.[2] 『경국대전』에는 서문에서 추상적으로 서주西周 이상사회를 표방하였으나 『속대전』에서는 구체적으로 휼형의 표방하에 악형 폐지까지 열거하였다. 특히 『속대전』이나 『대전통편』에는 본문에도 국왕의 하교를 부기하여 입법취지를 명확히 밝혀두었다.[3] 이는 형정 운영방식의 일대 전환을

---

1) 구덕회, 앞 글, 2001, 12쪽; 구덕회·홍순민, 앞 글, 2000, 14쪽.

2) 영조대는 대개 恤刑이나 寬刑으로 사법개혁의 지향점을 설명하였다. "雖若有殊, 而恤刑軌民則前聖後聖, 同一揆也.……而況除壓烙, 減全徒, 德意藹然."『續大典』「續大典序」; "今此纂輯時, 只存大典所載全家律二條餘, 皆以杖流改之. 予於二百年後, 始爲改正, 而務從寬緩者, 欲遺一分之惠, 以表予心也, 副吾民望. 予之意者, 只此寬字, 貽厥元良者, 亦一寬字, 卿與諸郎, 須知此意."『英祖實錄』卷59, 英祖 20年 7月 辛巳(6日).

3) "【註】噫, 人之秉彝, 本有其性, 豈有犯此律者, 而若有所犯, 敎化之不宣, 官吏之不及蘇瑗者, 然其犯者此律猶輕, 而末俗浮謗難信求諸古事, 於此等處亦不無抱冤者, 此其時京外執法之官, 其可泛以考律處之, 其宜深諒情僞者也."『續大典』「刑典」推斷, 英宗 甲子(영조20) 下敎; "獄者, 所以懲有罪, 本非致人於死. 而祁寒盛暑, 凍餓疾病, 間有非命致死. 其令中外官吏, 淨掃圄圄, 療治疾病, 無家人護養者, 官給衣糧, 如有懈緩不奉行者, 嚴加糾理."『續大典』

의미하였다.

1) 형벌 개정

① 악형 폐지

사법개혁 중 가장 두드러지는 정책은 악형惡刑 폐지이다.[4] 당시 폐지된 형벌을 살펴보면 다음과 같다. 영조 원년(1725) 압슬형壓膝刑을 폐지하였고,[5] 절도범이 아니면 족장足杖을 금지하였다.[6] 영조 5년(1729) 추국 죄수의 왼손에 수갑(杻)을 채우는 것을 없앴다.[7] 영조 8년(1732) 포도청에서조차 전도주뢰剪刀周牢를 집행할 수 없도록 규제하였다.[8] 영조 9년(1733) 낙형烙刑을 폐지하였고,[9] 수령이 치사율이 높은 원장圓杖을 사용하는 것을 금단하였으며,[10] 난장亂杖까지 없애버렸다.[11] 특히 원장

「刑典」恤囚, 英宗 乙卯(영조11) 下教; "凡殺人之律, 雖有疑端, 推官惟期承款不爲細究, 詳覆之後, 三覆審愼. 蓋所以恤刑, 而若係殺人則其不克愼, 三尺爲準, 是豈王者之道, 曾前參以情法, 減律之類, 雖不條列于續典, 此則俱在該曹謄錄. 凡此啓覆, 參情法考前例, 莫曰承款, 務爲消詳, 稟旨裁決."『續大典』「刑典」殺獄, 英宗 甲子(영조20) 下教;【註】雖有特教, 執法之臣爭執, 勿爲擧行."『大典通編』「刑典」推斷, 英宗 己卯(영조35) 下教.

4) 김백철, 앞 책, 2010, 160쪽 <표22> '악형폐지 일람' 참조.

5) 『英祖實錄』卷3, 英祖 元年 正月 丁巳(18日); "除壓膝刑."『續大典』「刑典」推斷, 當宁 甲辰(영조1).

6) 『英祖實錄』卷8, 英祖 元年 11月 辛酉(27日); "竊盜外足杖者……並以濫刑律論."『續大典』「刑典」濫刑. ※'濫刑律'은 『經國大典』'濫刑'을 지칭한다.

7) 上遂命見在鞫囚, 只加右杻, 今後但依舊例."『英祖實錄』卷21, 英祖 5年 正月 乙卯(10日); "除鞫囚左杻."『大典通編』「刑典」推斷, 英宗 己酉(영조5).

8) 『英祖實錄』卷31, 英祖 8年 6月 乙亥(20日); "左右捕盜廳之剪刀周牢刑, 革罷."『新補受教輯錄』「刑典」用刑, 雍正 壬子(영조8); "捕盜廳剪刀周牢之刑, 嚴禁."『續大典』「刑典」濫刑.

9) 『英祖實錄』卷35, 英祖 9年 8月 庚午(22日); "除烙刑."『續大典』「刑典」推斷, 當宁 癸丑(영조9).

이나 난장은 수차례나 엄단하는 하교를 내렸다. 영조 16년(1740) 이미 사문화된 자자형刺字刑을 없애도록 하였다.12) 영조 17년(1741) 군문軍門이 아닌데도 곤장棍杖을 사용하는 것을 금하였다.13) 특히 군문일지라도 비장裨將 따위가 곤장을 사용하지 못하게 하였다.14) 영조 40년(1764) 형추刑推할 때 칼(枷)을 풀도록 하였으며,15) 영조 46년(1770) 주장朱杖을 금하였다.16) 정조 4년(1780)에는 죄수를 매다는 것을 금지하였다.17)

이밖에도 정조 당대에 실행한 금법의 연원을 찾아서 정당성을 강화하고자 노력하였다. 먼저, 태배형笞背刑은 이미 영조대부터 한당漢唐에서 없어졌다고 인식하면서 다른 형벌을 금지하는 전거로 사용되었다.18) 이

---

10) 『英祖實錄』卷36, 英祖 9年 12月 甲寅(7日); "守宰不得用圓杖." 『英祖實錄』卷70, 英祖 25年 10月 己亥(24日); "守令用圓杖, 永爲嚴禁." 『新補受敎輯錄』 「刑典」用刑, 雍正 甲寅(영조10); "……守令之用圓杖者……以濫刑律論." 『續大典』「刑典」濫刑. ※'濫刑律'은 『經國大典』'濫刑'을 지칭한다.

11) 『英祖實錄』卷36, 英祖 9年 12月 甲寅(7日); 『英祖實錄』卷106, 英祖 41年 11月 甲午(23日); 『英祖實錄』卷115, 英祖 46年 6月 壬辰(18日); "除亂杖刑." 『大典通編』「刑典」推斷, 英宗 庚寅(영조46).

12) 『英祖實錄』卷51, 英祖 16年 4月 丁亥(17日); "除刺字刑." 『續大典』「刑典」推斷, 當宁 庚申(영조16).

13) 『英祖實錄』卷54, 英祖 17年 7月 癸未(21日); "命自今以後, 用棍衙門, 非軍務及攔入, 不得用棍." 『英祖實錄』卷70, 英祖 25年 10月 己亥(24日); "非軍兵衙門, 而用棍者, 禁斷." 『新補受敎輯錄』「刑典」用刑, 연대미상; "軍務外用棍者……並以濫刑律論." 『續大典』「刑典」濫刑; "軍務事及闕門闌入人外, 毋得用棍." 『大典通編』「兵典」用刑. ※'濫刑律'은 『經國大典』의 '濫刑'을 지칭한다.

14) "各營裨用棍者, 繩以重律." 『續大典』「刑典」濫刑.

15) 『特敎定式』, 刑推時解枷, 英宗 40年<古951.009 T296>[『承政院日記』, 乾隆 29年(영조40) 6月 11日(辛卯); 정긍식 외, 앞 책, 2010, 94쪽].

16) 『英祖實錄』卷114, 英祖 46년 4月 乙丑(18日); "朱杖撞問." 『大典通編』「刑典」推斷, 英宗 己卯(영조35). ※여기서는 실록을 취하였다.

17) "侵害輕囚, 懸枷鎖手, 備極毒楚, 尤豈非殺無赦之罪乎." 『正祖實錄』卷9, 正祖 4年 5月 甲申(6日); "禁獄囚懸枷之罰." 『大典通編』「刑典」推斷.

것이 정조대 『대전통편』에 수록되면서 세종대 금지한 수교로 명기되었
다.[19] 또한 코나 발뒤꿈치를 베는 형벌 역시 세종대 금지한 수교로 부기
되었으며,[20] 교형을 방망이로 집행하는 것을 금지하는 조문도 효종대
수교로 추가되었다.[21]

흉형의식은 조선시대에 마치 민본의식만큼이나 통시대적으로 표방되
었다. 하지만 여기에는 기본취지를 공유하면서도 시대성을 반영하는 요
소가 적지 않다. 특히, 신체형은 15세기 세종대와 18세기 영조대 인식차
가 뚜렷하다. 세종대는 절도를 예방하기 위해 경면黥面(刺字)이나 단근
斷筋을 행하는 것에 아무런 꺼리낌이 없었을 뿐더러 도리어 목숨을 보
존시켜준다는 논리를 폈다.[22] 반면에 영조대는 자자형의 경우 이미 사
라졌는데도 법전에 남아있다고 공식적으로 폐지하도록 하였고, 신체를
훼손하는 어떠한 형벌도 용납되지 않았다. 이것은 인권 의식이 약 3백년
사이에 현격히 달라졌기 때문이다.

② 남형濫刑 방지

『경국대전』에서는 대표적 아국법인 '남형률濫刑律'을 세웠는데,[23] 후
왕들은 그 정신을 계승하여 죄의 경중에 따라 형벌 집행에 신중을 기하
고 군신君臣이 모두 준수토록 하였다.

---

18) 『英祖實錄』卷3, 英祖 元年 正月 丁巳(18日).
19) "除笞背刑." 『大典通編』 「刑典」推斷, 世宗 庚戌(세종12)
20) 『世宗實錄』卷105, 世宗 26年 閏7月 辛丑(24日); "禁劓鼻刖足." 『大典通編』
    「刑典」推斷, 世宗 甲子(세종26). ※단 실록의 하교는 노비주인이 함부로 혹
    형을 가하지 못하도록 규제한 것이므로 연원으로는 적절하지 않다.
21) 『孝宗實錄』卷9, 孝宗 3年 11月 庚寅(22일); "禁處絞人椎殺." 『大典通編』 「刑
    典」推斷, 孝宗 壬辰(효종3).
22) 김백철, 앞 책, 2016, 213~217쪽.
23) "官吏濫刑, 杖一百徒三年, 致死者, 杖一百, 永不敍用." 『經國大典』 「刑典」
    濫刑.

첫째, 관리의 남형을 제재하였다. 선조 34년(1601) 수령이 부하를 때려죽이면 영구히 서용하지 않았다.[24] 현종 5년(1664) 엄형嚴刑은 별도의 판부없이 함부로 형추刑推할 없게 하였다.[25] 영조 7년(1731) 대소신료를 막론하고 노비 추쇄나 채권 추심을 위해서 형벌을 사용하는 것을 엄단하였다.[26]

심지어 봉명사신奉命使臣일지라도 제한을 받았다. 숙종 8년(1682) 봉명사신은 2품 이상 재신으로 의정부나 사헌부 소속일 때만 외방에서 사법권을 행사하도록 제한하였다.[27] 숙종 11년(1685) 봉명사신이 사적인 일로 사람을 죽이면 목숨으로 갚도록 하였다.[28] 영조 25년(1749) 윤기倫紀나 살인사건이 아니면 재상이나 시종신이라도 남형할 수 없도록 규제하였다.[29] 심지어 어사御使의 서계에 탐장貪贓으로 논하였더라도 관찰사가 직접 조사한 후 임금에게 보고하도록 하였다.[30]

---

24) "守令打管下, 或有致死者, 永不敍用, 自有其律, 檢屍有妨事體, 不宜檢屍."『受教輯錄』「刑典」檢驗, 萬曆 辛丑(선조34).

25) "嚴刑別判付外, 循例刑推."『受教輯錄』「刑典」推斷, 康熙 甲辰(현종5); "凡罪人拷訊嚴刑, 別判付外, 並循例刑推."『續大典』「刑典」推斷.

26) "勿論大小使臣, 如有推奴徵債, 而任意用刑, 害及殘民, 道臣瓜遞上來後, 陳達請罪, 御史亦爲廉問書啓."『新補受教輯錄』「刑典」禁制, 雍正 辛亥(영조7); "京外官吏, 法外用刑者, 雖邂逅致斃勿爲分揀, 其聽使下屬不坐."『續大典』「刑典」濫刑.

27) "外方奉使之人, 正二品以上政府憲府外, 用刑事, 嚴禁."『受教輯錄』「刑典」濫刑, 康熙 壬戌(숙종8); "外方奉使者, 正二品以上及議政府司憲府官外, 毋得用刑."『續大典』「刑典」濫刑.

28) "奉命使臣, 以私事殺人者, 亦爲償命."『受教輯錄』「刑典」濫刑, 康熙 乙丑(숙종11); "雖奉命使臣, 以私事殺人者, 亦償命."『續大典』「刑典」濫刑;『特敎定式』, 使臣濫殺, 肅宗 11年<古951.009 T296>[『承政院日記』, 康熙 24年 (숙종11) 2月 3日(癸巳); 정긍식 외, 앞 책, 2010, 200쪽].

29) "關係倫常及殺人侵民外, 雖重宰侍從之臣, 毋得法外濫刑. 犯者, 道臣隨現嚴繩, 掩置不聞道臣, 一例嚴繩."『英祖實錄』卷70, 英祖 25年 10月 己亥(24日)

30) "御史書啓, 貪贓被論者, 觀察使親按啓聞, 勿委査官."『續大典』「刑典」推斷.

둘째, 국왕조차 사법체계를 초월하여 사법권을 행사하는 것을 경계하였다. 영조 35년(1759) 결안結案을 기다리지 않고 군문에 효수하거나 전지傳旨로 죽이거나 역률逆律을 추시追施하는 것을 모두 금지하였다.[31] 정조 즉위년(1777)에도 결안이 작성되지 않았는데 역률을 적용하거나 사죄死罪 다음의 형벌로 결안이 작성되었는데도 극형을 추가하는 것을 모두 금지하였다.[32]

특히, 영조는 주장朱杖을 금지할 때 설령 임금의 명이 있어도 법을 집행하는 관료는 쟁집爭執하여 거행하지 않아야 한다고 강조하였다.[33] 정조 역시 고문으로 자백(勝款)을 강요하거나 기한이 되기 전에 형을 집행한 경우 처벌하였다.[34] 설령 군문에서 효수할 죄인일지라도 임전시臨戰時가 아니면 자백을 받은 뒤에 비로소 임금의 전지傳旨를 받아야 한다고 규정하였다.[35] 국왕이 분노로 인해서 독단으로 처벌하는 상황을 경계한 내용이다.

결국, 국가의 공권력을 최일선에서 사용하는 관리와 형정의 정점에 있던 국왕조차 모두 일정한 법식을 준수할 것을 강제한 것이다. 이러한 상황에서 민간의 사적인 형벌까지 모두 아국법(경국대전)의 '남형률'로

---

31) "命除不待結案正法, 令軍門梟示, 傳旨正法, 追施逆律之法."『英祖實錄』卷94, 英祖 35年 8月 丙申(19日); "罪人未結案, 而傳旨正法者, 身已死, 而追施逆律者, 非軍法梟示者, 並禁除."『大典通編』「刑典」推斷, 英宗 己卯(영조35)

32) "自今以後, 未結案而用逆律者, 身已死而追施孥籍者, 結案次律而請加極律者, 竝除之."『正祖實錄』卷2, 正祖 卽位年 9月 己巳(1日); "未結案而用逆律, 結案於次律而加極律者, 禁除."『大典通編』「刑典」推斷.

33) "禁朱杖撞問【註: 雖有特敎, 執法之臣, 爭執勿爲擧行】."『大典通編』「刑典」推斷, 英宗 己卯(영조35); "此後雖有命, 執法之臣爭之, 執法之臣如或怯而勉承."『英祖實錄』卷114, 英祖 46年 4月 乙丑(18日). ※실록과 법전의 입법연대가 일치하지 않는다. 다만 영조는 유사한 수교를 반복해서 내리는 경향이 있으므로 법전은 최초 수교를 채택했을 개연성이 있다.

34) "【註】拷掠, 限滿前用刑者, 官員勘罪."『大典通編』「刑典」推斷.

35) "軍門梟示罪人, 非臨敵時, 則先捧侤音, 次捧傳旨."『大典通編』「刑典」推斷.

처벌한 것은 당연한 결과였다.36)

2) 감옥 제도

① 인신구속人身拘束 제한

첫째, 인신을 구속할 수 있는 직수아문直囚衙門 규정이다. 인조 3년
(1625) 칠사七司(병조·형조·한성부·사헌부·승정원·장례원·종부시)를
제외하고 사람을 구류할 수 없도록 하였다.37) 칠사는 『경국대전』에서
규정한 중앙의 직수아문에 해당한다. 숙종 12년(1686) 『경국대전』의 직
수아문(칠사·관찰사·수령)과 비변사와 포도청을 제외하고 금지하였
고,38) 숙종 18년(1692) 가벼운 죄는 비변사가 치죄하고 무거운 죄는 형
조를 거치도록 하였다.39) 숙종 37년(1711) 내사옥內司獄이 혁파되었
다.40) 이상의 조치는 모두 『속대전』에 집대성되었다. 『속대전』단계에서
직수아문은 중앙 칠사와 외방 관찰사 및 수령, 새로 추가된 비변사와 포
도청 등이 해당되었다.41)

---

36) "……私門之用刑者, 以濫刑律論." 『續大典』 「刑典」 濫刑. ※'濫刑律'은 『經
國大典』의 '濫刑'을 지칭한다.

37) "各司囚禁, 兵曹等七司外, 皆移刑曹囚之, 不得直囚. 違者, 從重推考【註: 七
司, 兵曹, 刑曹, 漢城府, 司憲府, 承政院, 掌隷院, 宗簿寺】." 『受敎輯錄』 「刑
典」 推斷, 天啓 乙丑(인조3).

38) "大典所載, 直囚衙門外, 備邊司, 左右捕盜廳, 直囚. 諸各司, 及新設軍門都
監, 並移刑曹, 毋得直囚." 『受敎輯錄』 「刑典」 推斷, 康熙 丙寅(숙종12); "大
典直囚衙門外, 備邊司捕盜廳直囚, 其餘各司及軍門移文本曹囚, 違者重推.."
『續大典』 「刑典」 囚禁.

39) "輕者自備局治罪, 重者移刑曹嚴刑定配." 『受敎輯錄』 「刑典」 雜令, 康熙 壬
申(숙종18).

40) "罷內司獄." 『新補受敎輯錄』 「刑典」 推斷, 康熙 辛卯(숙종37); "罷內司獄."
『續大典』 「刑典」 囚禁, 肅宗 辛卯(숙종37).

41) "原典直囚衙門外, 備邊司捕盜廳直囚, 其餘各司及軍門並移文本曹囚, 違者

둘째, 구류간拘留間 일원화 조치이다. 영조 즉위년(1724) 각 관청의 구류인拘留人을 풀어주었다.[42] 영조 원년(1725)부터 전옥서典獄署 이외의 구류간을 사옥私獄으로 규정하고 혁파하고자 노력하였다.[43] 영조 8년(1732) 전옥서, 의금부, 형조, 한성부에 구류된 사람을 석방하고, 법사法司의 구류를 금지하는 정식定式을 세웠다.[44] 이듬해(영조9, 1733)에는 사헌부와 포도청의 폐단을 지적하면서 "각 관청에서 사람을 구류하는 폐단을 일체 금한다"는 하교를 내려 인신구속을 제한하였다.[45] 일련의 조치는 법에 허용된 직수아문조차 구류를 제한하였다는데 그 특징이 있다. 영조대 위정자들은 형정의 공정한 운영을 위하여 인신구속을 단일화하고자 노력하였다. 정조대에도 사법기관의 구류가 완전히 없어지지는 않았으나, 의정부를 통해서 엄격히 구류를 감독하였다.[46]

셋째, 수감 요건의 강화이다. 일단 수감된 사람은 바로 수도기囚徒記를 작성하고 증거를 따져 억울하게 잡혀왔으면 담당 관원을 파직하였다.[47] 특히 포도청은 죄수의 이름을 빠짐없이 기록하고 죄인을 조사하

重推."『續大典』「刑典」囚禁.

42) 『英祖實錄』卷1, 英祖 卽位年 9月 甲子(24日)

43) 『英祖實錄』卷7, 英祖 元年 8月 戊辰(3日);『英祖實錄』卷68, 英祖 24年 閏7月 乙亥(23日)[김백철, 앞 책, 2010, 164쪽];『特敎定式』, 罷拘留間, 英宗 元年<古951.009 T296>[『承政院日記』, 雍正 3年(영조1) 8月 3日(戊辰); 정긍식 외, 앞 책, 2010, 166쪽].

44) 『英祖實錄』卷31, 英祖 8年 6月 庚申(5日).

45) "又敎曰, 各衙門之有拘留間者, 實爲謬弊, 故向以革罷之意, 分付刑曹矣. 以直囚衙門言之, 如憲府不無其弊, 至於捕廳强竊盜外, 因他事, 亦有拘留者, 自政院各別申飭, 凡係直囚各衙門之或有拘留者察推."『英祖實錄』卷34, 英祖 9年 5月 癸巳(13日);"各衙門拘留人之弊, 一切防禁【註: 非大段公事則本曹京兆, 亦勿拘留. ○諸宮家, 私着庫拘留者入啓論罪. ○犯馬犯禁者外, 因私事拘留知家者, 亦禁斷.】"『續大典』「刑典」囚禁.

46) 『特敎定式』, 飭拘留, 今上 16年(정조16)<古951.009 T296>[『承政院日記』, 乾隆 57年(정조16) 11月 19日(甲寅); 정긍식 외, 앞 책, 2010, 152쪽].

47) "凡囚禁人直擧罪名懸錄囚徒, 其泛稱犯罪者本曹勿施, 如誣以他罪, 枉囚現

여 월일을 별도로 써서 문서를 작성하도록 강제하였다.[48] 형정 전반을 관장하는 형조에서는 도형徒刑, 유형流刑, 부처付處, 안치安置, 정속定屬할 사람을 장부에 기록하고, 다른 관청 및 지방에서도 정배할 죄인을 형조로 공문을 보내어 장부에 기록하여 참고하게 하였다.[49]

② 옥수獄囚 처우개선

옥수의 처우도 개선되었다. 휼수恤囚 정책은 고려말 사법개혁까지 연원이 올라가며,[50] 『경국대전』에서도 몹시 춥고 대단히 더울 때 사건이 강상綱常·장도臟盜에 관계되어 남자 장 60 이상과 여자 장 100 이상 이외에는 모두 속전贖錢으로 대신하도록 하였다.[51]

영조는 즉위초부터 경미한 죄수에 대한 석방을 자주 시행하였다.[52] 날씨가 더워지면 감옥의 청결에 힘쓰게 하였다.[53] 양호할 집안 사람이 없으면 관에서 옷과 양식을 주도록 했다.[54] 『신보수교집록』과 『속대전』

露則當該官員罷職."『續大典』「刑典」囚禁.

48) "捕廳詳錄罪囚名字, 別書推月日, 作爲文案以憑後考."『大典通編』「刑典」捕盜; 『特敎定式』, 誣罪枉囚, 英宗 21年<古951.009 T296>[『承政院日記』, 乾隆 10年(영조21) 3月 2日(甲戌); 정긍식 외, 앞 책, 2010, 236쪽].

49) "凡徒流付處安置定屬人, 本曹置簿, 他司及外方定配罪人, 亦移文本曹置簿, 憑考檢擧."『續大典』「刑典」推斷.

50) 김백철, 앞 책, 2016, 218~223쪽.

51) "隆寒極熱時【註: 自十一月初一日至正月晦日, 自五月初一日至七月晦日】, 事干綱常臟盜, 男人杖六十以上, 女人杖一百以上外, 其餘杖一百以下收贖, 自願受杖者聽."『經國大典』「刑典」恤囚.

52) 『英祖實錄』卷1, 英祖 卽位年 9月 甲子(24日); 『英祖實錄』卷7, 英祖 元年 7月 丙辰(21日); 『英祖實錄』卷12, 英祖 3年 9月 辛巳(27日); 『英祖實錄』卷31, 英祖 8年 9月 庚申(5日); 『英祖實錄』卷102, 英祖 39年 12月 壬子(30日); 『特敎定式』, 歲時輕囚放, 英宗 26年<古951.009 T296>[『承政院日記』, 乾隆 15年(영조26) 12月 28日(丁酉); 정긍식 외, 앞 책, 2010, 74쪽]; 『受敎定例』, 8.歲時輕囚放, 英宗 26年<古5120-176>[정긍식 외, 앞 책, 2009, 168쪽].

53) 『英祖實錄』卷102, 英祖 39年 7月 癸未(28日).

에서는 혹독한 추위와 심한 더위로 얼거나 굶주리며 병들어 죽는 경우가
있다고 전제하고, 중앙과 지방의 관리에게 감옥을 깨끗이 청소하고 질병
을 치료하게 하였다.[55] 이것은 실제 세종의 수교로 『속육전』에도 수록
되었다가, 영조의 수교로 부활한 것이다.[56] 영조연간 세종대를 모범으로
문물제도의 정비를 적극 추진한 흐름이 형정까지 영향을 미친 것이다.[57]

　더욱이 중수重囚(逆獄·死罪)가 아닌데 신병身病이 중한 경우 월령의
月令醫가 진찰하여 전옥관典獄官에게 보고하고 전옥관은 이를 형조에
보고하여 잠시 석방하였다.[58] 또한 숙종 31년(1705) 수교에서 사형수 외
에 친상親喪을 당하면 성복成服때까지 임금에게 품의하여 석방하였
고,[59] 정배 죄인이나 승중상承重喪도 역시 마찬가지였다.[60] 『속대전』에

---

54) 『英祖實錄』卷37, 英祖 10年 3月 壬寅(26日); 『英祖實錄』卷51, 英祖 16年 5
　　月 丙辰(17日); 『英祖實錄』卷102, 英祖 39年 7月 癸未(28日).

55) "獄者, 所以懲有罪, 本非致人於死, 而祁寒盛暑, 凍餓疾病, 間有非命致死, 其
　　令中外官吏, 淨掃圄圉, 療治疾病, 無家人護養者, 官給衣粮, 如有懈緩不奉行
　　者, 嚴加料理." 『新補受教輯錄』「刑典」恤囚, 雍正 乙卯(영조11); 『續大典』
　　「刑典」恤囚, 當宁 乙卯(영조11).

56) 『世宗實錄』卷28, 世宗 7年 5月 庚午(1日); 『文宗實錄』卷12, 文宗 2年 2月
　　辛卯(27日), 續刑典; 김백철, 앞 책, 2014, 304쪽 註219; 김백철, 앞 책, 2016,
　　221쪽 註180.

57) 김백철, 앞 책, 2010, 28~52쪽.

58) "典獄所囚重囚外, 罪名稍輕, 而身病極重者, 待獄官文報, 月令看審後啓請保
　　放." 『新補受教輯錄』「刑典」恤囚; "重囚外, 罪名稍輕, 而身病極重者, 月令
　　看審, 報典獄官, 典獄官報本曹, 保授姑放." 『續大典』「刑典」恤囚.

59) "死囚外, 遭親喪者, 限成服, 啓稟保放." 『新補受教輯錄』「刑典」恤囚, 康熙
　　乙酉(숙종31). ※해당 수교는 규장각본에는 없고 중추원본과 한역연본에만
　　동일한 수교가 숙종 27년(1701)과 숙종 31년(1705)으로 중복 수록되어있다.
　　반면에 규장각본 『증보전록통고』「신보수교집록」에는 숙종 31년(1705) 수교
　　만 실려있어 중추원본 편찬과정의 착종으로 보인다. "死囚外, 遭親喪者, 限
　　成服, 啓稟保放." 『增補典錄通考』「刑典」恤囚, 康熙 乙酉(숙종31) 「古
　　5120-3」; 『受教輯要』「新補受教輯錄」, 朝鮮總督府中樞院, 1943, p.429.

60) "除死罪外, 在謫在囚之遭親喪者, 許令歸葬. 承重孫, 在謫遭喪者, 一體許令

서는 본가에 돌아가서 장례를 치르고 3개월이 지난 후에는 돌아오게 하
는 형태로 수록되었다.[61] 단, 역옥에 관련되거나 연좌되어 정배된 죄인
은 제외하였고, 도망하면 장 100에 처하고 다시 정배하였다.[62] 해당조문
은 정조연간에도 그대로 준수되었다.[63]

3) 감형 정책

① 사죄死罪 감형

법전에 사형에 해당하는 경우라도 가급적 형량을 낮추어 인명을 구하
고자 노력하였다. 첫째, 직접 살인죄를 저지르지 않은 경우이다. 영조초
반부터 법전에 사형에 처하는 율이 명시되어있더라도 대개 삼복三覆 과
정에서 정상을 참작하여 감형하였다.[64] 이러한 분위기 속에서『속대전』
에는 실제 사람을 해하지 않은 경우에 해당하는 국경 밀무역이나 외국인
을 빙자하여 뇌물을 수수한 자에 대해서 형량을 낮추어 유배형으로 재조
정하였다(減死定配).[65]

歸葬."『新補受教輯錄』「刑典」恤囚, 康熙 乙酉(숙종31).

61) "死囚外, 遭親喪者, 限成服啓稟保放【註: 定配罪人遭親喪及承重喪者, 給暇
歸葬, 過三月後, 還發配所】."『續大典』「刑典」恤囚.

62) "逆獄干連及緣坐定配罪人, 毋得給由, 逃亡者杖一百還配."『續大典』「刑典」推斷.

63)『特教定式』, 時囚給由過葬, 今上 10年(정조10)<古951.009 T296>[『承政院
日記』, 乾隆 51年(정조10) 7月 19日(庚申); 정긍식 외, 앞 책, 2010, 188쪽];
『受教定例』, 44.定配罪人遭親喪關係逆獄外給由, 正宗 10年<古5120-176>
[정긍식 외, 앞 책, 2009, 182쪽].

64)『英祖實錄』卷36, 英祖 9年 12月 丁巳(10日);『英祖實錄』卷39, 英祖 10年
12月 丁巳(16日);『英祖實錄』卷40, 英祖 11年 12月 丁丑(12日);『英祖實錄』卷
46, 英祖 13年 11月 丁丑(24日);『英祖實錄』卷47, 英祖 14年 12月 己卯(1日);
김백철, 앞 책, 2010, 182쪽 註263 <표23> '영조대 삼복시 감형 사례' 참조.

65) "在我境潛賣禁物者, 減死定配."『續大典』「刑典」禁制; "憑藉彼人, 居間受
賂者, 減死定配."『續大典』「刑典」禁制.

둘째, 가족의 복수復讐로 살인한 경우이다. 아버지가 타인에게 구타 당하여 상처가 중해서 그 아들이 그 사람을 구타하여 죽음에 이르게 하 거나 한 경우,66) 아버지가 피살되어 재판하게 되었으나 기다리지 않고 함부로 원수를 죽인 경우67) 모두 사형을 감하여 정배하였다(減死定配). 또한 아내가 남편의 원수에 복수하고 어미가 아들의 원수에게 복수하여 원수를 함부로 죽인 경우에는 『대명률』 ‘자손이 살인범을 함부로 죽인 율’(장 60)을 적용하였다.68) 이외에도 딸이 겁간劫姦당하여 부모가 범인 을 죽였을 경우에도 『대명률』 ‘사형에 처해야 할 자를 제멋대로 죽인 율’(장 100)을 적용하여 감형하였다.69) 심지어 정조대 『전률통보』에는 ‘복수’가 별도의 항목으로 신설될 정도였다.70)

여기서 적용한 율문은 대개 『대명률』 ‘부조피구父祖被毆’에서 조부모 나 부모가 살해당했을 때 감형하는 규정을 조선에서 남편이나 아들까지 확대하고 심지어 딸이 겁간당한 경우까지 적용한 것이다. 한편으로 남 편, 아들, 딸과 같이 명률에 없는 대상을 조선에서 늘려서 보완입법의 성격이 있다. 다른 한편으로 죽은 아버지의 복수로 살인하면 명률에는 교형·장 60·무죄 등으로 사안별로 다양한 형벌이 있는데, 조선에서는 아국법의 감사정배減死定配, ‘부조피구’의 장60과 ‘죄인거포罪人拒捕’의 장 100로 형량을 재조정하였기에 대체입법의 성격도 있다. 곧 이것은 조

---

66) “其父被人毆打傷重, 而其子毆打其人致死者, 減死定配.”『續大典』「刑典」 殺獄.

67) “其父被殺, 成獄不待究覈, 擅殺其讎人者, 減死定配.”『續大典』「刑典」殺獄.

68) “妻復夫讎, 母復子讎, 擅殺其讎人者, 依子孫擅殺行兇人律, 杖六十.”『續大 典』「刑典」殺獄; 『大明律』「刑律」鬪毆, 父祖被毆.

69) “未嫁女, 爲人劫姦, 其父母毆殺其人於姦所者, 以應死而擅殺律杖一百.”『大 典通編』「刑典」殺獄; 『大明律』「刑律」, 捕亡, 罪人拒捕. ※‘應死而擅殺律’ 은 ‘罪人拒捕’의 제3항을 적용한 것이다.

70) 『典律通補』「刑典」復讐. ※복수살인은 다음 참조. 조지만, 앞 책, 2007, 268~ 277쪽.

선후기 중국법이 아국법으로 대체되는 현상을 보여준다.

　반면에 의리를 제외한 경제관계에 대해서는 엄단하였다. 살인사건은
모두 관에 고해야 하는데도 뇌물을 받고 사사로이 화해한 자는『대명
률』의 '사화율私和律'(장100 도3년)에 따라 처벌하였다.[71] 또한 피살인
의 친족이 정범正犯의 가사家舍를 때려부수고 재물을 약탈한 경우에는
『대명률』의 '강도률強盜律'로 논하고 빼앗은 재산은 되돌려 주도록 하
였다.[72] '강도률'은 재물을 얻지 못하면 장 100 유 3000리이며, 재물을
얻으면 수범首犯과 종범 모두 참형에 처하였다.[73] 앞서의 친족살인에
대한 복수를 감형한 것과 처벌이 다른 이유는 단지 경제적 행위로 보았
기 때문이다.

　② 연좌제緣坐制 완화

　점진적으로 연좌제에 제한 정책이 추진되었다.[74] 첫째, 역모에 가담
하지 않은 아들을 선처하였다. 부자가 공모하거나 혹은 각각 흉모를 꾸
미지 않았다면, 사정을 알고 동참했다는 자백을 받아 연좌률로 처벌하지
못하게 하였다.[75]『대명률』에서 역적의 식솔에 대한 처형 범위는 "직계

---

71) "殺獄受賂私和者, 依本律勘罪."『續大典』「刑典」殺獄.

72) "殺人正犯人家, 打破家舍, 搶奪財産者, 論以強盜之律, 所奪財産, 並皆還
　　償."『受敎輯錄』「刑典」殺獄, 崇禎 壬申(인조10); "被殺人親屬, 打破正犯家
　　舍, 奪財産者, 以強盜律論, 所奪財産還給."『續大典』「刑典」殺獄.

73)『大明律』「刑律」, 盜賊, 強盜.

74) 장병인은 조선초기에도 대규모 반역에서만 제한적으로 연좌제가 시행되었다
　　고 평가하였다. 장병인, 「조선초기의 연좌율」『한국사론』17서울대학교 국사
　　학과, 1987, 248~266쪽.

75) "逆賊父子, 或事件各異, 或各出凶謀, 同爲兇逆者外, 勿以知情同參取服於其
　　子, 直以連坐律施行."『新補受敎輯錄』「刑典」推斷, 雍正 庚戌(영조6); "【註】
　　父子俱爲惡逆, 或事件不同, 各生兇謀者外, 勿以知情, 同參取服, 直施緣坐
　　律."『續大典』「刑典」推斷.

부자 16세 이상"인 반면에, 『속대전』의 주註를 적용하면 부자간이라도 직접 가담하지 않았으면 죽일 수 없게 된다. 아울러 경종 2년(1722) 환관宦官이 역모에 가담했을 경우에도 양자養子는 유배에 그치도록 제한선을 두었다.76) 당시 궁내 변란을 반영한 수교로 보인다.77)

둘째, 출가한 딸은 연좌를 금지하였다. 현종 9년(1668) 모반대역에도 출가한 딸은 연좌하지 않도록 하였다.78) 숙종 38년(1712) 수찬修撰 권담權詹은 『경국대전』을 근거로 "근세에 출가한 딸이 연좌됨은 법의法意가 아니다"고 하였고, 지경연사知經筵事 조태채趙泰采는 "출가한 딸도 법에 연좌가 없는데, 손녀가 연좌됨은 더욱이 법 밖이다"고 하였다.79) 영조 4년(1728)에는 이인좌李麟佐의 출가한 자매에게 확대 적용되었다.80)

셋째, 역모에 가담하지 않은 처첩妻妾도 선처하였다. 영조 5년(1729)에는 거병擧兵하지 않은 경우 처첩은 주륙誅戮하지 못하도록 하였다.81) 『속대전』에는 "역적 수괴首魁의 처첩은 사형에 처한다"고 천명하되,82) 병력을 동원하지 않으면 본률에 따른다고 제한하였다.83) 해당 『대명

---

76) "宦官犯逆緣坐, 養父養子, 俱非血屬, 似不合緣坐, 而但不可全然無罪遠地定配." 『新補受教輯錄』 「刑典」 推斷, 康熙 壬寅(경종2); "【註】宦官養子, 本非血屬, 犯逆緣坐, 不合法意, 亦不可無罪, 遠地定配." 『續大典』 「刑典」 推斷.

77) 『景宗實錄』卷5, 景宗 元年 12月 己卯(23日)·乙酉(29日); 『景宗實錄』卷6, 景宗 2年 正月 己丑(3日)·辛卯(5日)·壬辰(6日).

78) "謀反大逆, 出嫁之女, 無追坐之法, 强盜出嫁之女, 追坐一款, 勿施." 『受教輯錄』 「刑典」 推斷, 康熙 戊申(현종9).

79) 『肅宗實錄』卷51, 肅宗 38年 4月 甲寅(2日). ※ 『경국대전』에는 해당 내용이 없는데, 연좌대상이 적시되지 않았음을 오히려 근거로 제시한 듯하다.

80) 『英祖實錄』卷18, 英祖 4年 5月 庚申(10日).

81) "命逆孥, 非擧兵者, 妻妾兄弟, 毋坐誅." 『英祖實錄』卷21, 英祖 5年 2月 乙酉(10日).

82) "逆賊擧兵者外, 兄弟妻妾, 勿爲坐罪." 『新補受教輯錄』 「刑典」 推斷, 雍正 己酉(영조5); "擧兵逆魁兄弟妻妾坐誅." 『續大典』 「刑典」 推斷.

83) "【註】非擧兵則只依本律." 『續大典』 「刑典」 推斷.

률」 '모반대역'에는 처첩을 공신가 노비로 삼는다고 하였으므로,[84] 본률을 적용하면 사형을 면하여 노비에 그치게 된다. 심지어 『대전통편』에는 아예 역옥일지라도 처는 사형하지 못한다고 명시하였다.[85]

넷째, 거병하지 않은 경우 형제도 사형을 면하였다. 영조 5년(1729) 거병하지 않은 경우 형제도 주류를 금하였고, 이것이 『신보수교집록』과 『속대전』에서 모두 처첩과 더불어 형제도 동일하게 규정하였다.[86]

다섯째, 강도의 출가한 딸도 연좌를 금하였다. 본래 명화적明火賊으로 밤에 인명을 살육하면 부대시 참형에 처하고, 처자는 노비로 삼도록 하였다.[87] 하지만 출가한 딸은 역적의 출가한 딸의 예를 따라서 연좌하지 못하도록 하였다.[88] 따라서 역적의 아내, 역적이나 강도의 출가한 딸은 모두 연좌를 금하였다.

여섯째, 가족을 대신 가두는 것을 금단하였다. 이미 현종 4년(1664)부터 도망 중인 죄인의 아들, 동생, 조카, 손자 등을 잡아두지 못하게 하였으며,[89] 영조 37년(1761) 다시 직접 범죄를 저지르지 않은 가족에 대한 대리구속을 금지하였다.[90]

일곱째, 기타 범죄는 주모자(首犯)만 엄형을 가하고 종범은 형벌을 감

---

84) 『大明律』「刑律」贓盜, 謀反大逆.

85) "【註】雖劇逆其妻, 勿爲正法." 『大典通編』「刑典」推斷.

86) 『英祖實錄』卷21, 英祖 5年 2月 乙酉(10日); 『新補受敎輯錄』「刑典」推斷, 雍正 己酉(영조5); 『續大典』「刑典」推斷.

87) "乘夜聚黨, 殺越人命者, 勿論得財與否, 不待時斬, 妻子爲奴." 『續大典』「刑典」贓盜.

88) "謨反大逆, 出嫁之女, 無追坐之法. 强盜出嫁之女, 追坐一款, 勿施." 『受敎輯錄』「刑典」推斷, 康熙 戊申(현종9); "【註】出嫁女, 依逆賊出嫁女例, 亦勿論." 『續大典』「刑典」贓盜.

89) "在逃罪人, 子弟及姪孫, 勿爲囚禁, 別爲跟捕." 『受敎輯錄』「刑典」推斷, 康熙 癸卯(현종4).

90) "以父母代子, 以兄代弟, 以妻代夫, 次知囚禁者並嚴禁. 犯者, 以制書有違律論." 『大典通編』「刑典」囚禁, 英宗 辛巳(영조37).

면하였다. 관리가 불법으로 형신하여 사람을 죽게 한 경우 엄벌에 처했지만, 단지 명령을 수행한 부하는 책임을 묻지 않았다.[91] 심지어 외국사신이 지나갈 때 참람되게 길을 막고 호소하여 국가의 위신을 크게 실추시킨 경우에도 주모자만 타도他道로 정배하였다.[92]

결과적으로, 연좌제를 모두 폐지한 것은 아니지만, 제한 규정을 두어서 무고한 피해를 줄여보고자 하였다. 이는 무신란戊申亂(영조4, 1728) 진압과정에서 영조가 일관되게 표방한 원칙이기도 하였다. 국왕 자신에 대한 전국반란에서조차 연좌율 적용을 금지하는 파격적인 조치를 시행하였고, 이 원칙을 일관되게 확대시켜 나갔다.[93]

아울러 역모에 대한 무고죄誣告罪는 참형으로 엄단하였다.[94] 비록 사후 처벌이지만 무고자에 대한 엄단을 통해서 억울한 연좌를 막고자 하였다. 『대명률』 '무고誣告'에는 무고당한 사람이 죽으면 사형에 처하도록 하였으나, 아국법(경국대전)의 '난언범상亂言犯上' 규정을 적용하여 부대시 참형으로 처벌하였다.[95] 이 역시 대체입법뿐 아니라 아국법을 준용한 사례로서 중요하다.

---

91) "濫刑殺人, 廳使下人, 一依律文不坐." 『新補受教輯錄』 「刑典」 濫刑, 嘉靖 戊申(명종3); "京外官吏, 法外用刑者, 雖邂逅致斃勿爲分揀, 其聽使下屬不 坐." 『續大典』 「刑典」 濫刑.

92) "客使出來時, 遮道呼訴者, 他道遠地定配【註: 只論首倡】." 『續大典』 「刑典」 禁制.

93) 『英祖實錄』 卷17, 英祖 4年 4月 癸未(3日); 『英祖實錄』 卷22, 英祖 5年 4月 己亥(25日).

94) "逆獄誣告罪人, 以大典亂言干犯於上情理切害之法, 不待時處斬." 『受教輯 錄』 「刑典」 推斷, 順治 壬辰(효종3); "誣告謀逆者, 不待時斬." 『續大典』 「刑 典」 推斷. 무고죄 운영양상은 다음 참조. 서정민, 『한국 전통형법의 무고죄』, 민속원, 2013.

95) 『大明律』 「刑律」 訴訟, 誣告; "凡亂言者, 啓聞推覈……若干犯於上情理切害 者斬." 『經國大典』 「刑典」 推斷.

③ 전가율全家律 폐지

전가사변율全家徙邊律의 점진적 폐지이다. 이미 중종대 『대전후속록』편찬 과정에서 대대적인 재정비가 이루어져 21개 조문이 삭감되었다.[96] 『수교집록』에는 숙종 10년(1684) 14건, 숙종 14년(1688) 2건이 감형된 사실이 확인된다. 게다가 숙종 42년(1716)부터 전가율 개정이 추진되어,[97] 이듬해(숙종43, 1717) 20개 수교가 재조정되었다.[98] 이러한 상황이 『속대전』에도 압축적으로 표기되었다.[99]

숙종대 시작된 형률체계의 재검토 작업은 영조대 이르러 정치명분까지 담아냈다. 영조는 전가율은 변방을 강화하기 위해 백성을 이주시키는 정책의 일환이었으나 변방이 이미 백성들로 가득차있어 불필요하다면서 전면 폐지를 명하였다. 더욱이 전가율 폐지를 『속대전』의 서문과 「형전」에 구체적으로 명시하여 관형정책의 일환임을 천명하였다.[100]

---

96) 『中宗實錄』卷21, 中宗 9年 12月 丁酉(9日); 김백철, 앞 책, 2016, 385쪽.

97) 『肅宗實錄』卷58, 肅宗 42年 12月 癸卯(17日).

98) 『肅宗實錄』卷59, 肅宗 43年 正月 壬戌(7日).

99) "【註】肅宗戊辰(숙종14), 丁酉(숙종43), 次第減定若干條." 『續大典』「刑典」推斷.

100) "今此全家徙邊之律, 初出於實邊之計, 先王聖意, 亦欲其喫緊懲創, 變爲善人也. 今則邊民已滿, 無所事於實邊……今此纂輯時, 只存大典所載全家律二條餘, 皆以杖流改之. 予於二百年後, 始爲改正, 而務從寬緩者, 欲遺一分之惠, 以表予心也, 副吾民望. 予之意者, 只此寬字, 貽厥元良者, 亦一寬字, 卿與諸郞, 須知此意." 『英祖實錄』卷59, 英祖 20年 7月 辛巳(6日); "盡除全家徙邊律 【註……英宗甲子(영조20), 盡除本律以杖流施行】." 『續大典』「刑典」推斷.

2. 형정의 체계화

1) 절차법 강화

① 재판절차

사법절차가 재정비되었다. 일찍이『경국대전』'결옥일한'에서 옥사의
판결은 사건의 경중에 따라 30일, 20일, 10일로 구분하여 신속하게 처리
하도록 정하였다.101) 이같은 '삼한三限' 규정은 당률이나 명률에 없는
내용을 고려 말부터 사법개혁의 일환으로 보완입법한 사례에 해당한
다.102) 여말선초 전민변정田民辨正에 관한 소송이 폭증하면서 신속한
재판을 이끄는 것이 급무였기 때문이다. 이러한 흐름이 이어져서 사송
절차가 보완되었다.

첫째, 사송詞訟103)의 처리일정을 엄격히 관리하였다. 대체로『경국대
전』의 '결옥일한'을 보완하는 성격이 짙다. 명종대는 매달 각사各司의
판결상황을 보고하게 하였고, 선조대는 10일 간격으로 줄어들었다.104)

---

101) "凡決獄, 大事限三十日, 中事二十日, 小事十日."『經國大典』「刑典」決獄日
限. ※決獄日限은 대개 형사사건에 많이 사용되지만, 자료에 따라 民事 재판
도 포함되어, 명백히 구분되지 않았다. 김백철, 앞 책, 2016, 229쪽 註223.

102) 김백철, 앞 책, 2016, 225~226쪽.

103) 詞訟 역시 주로 민사소송에 많이 사용되지만 때때로 형사사건도 포함되었
다.『大明律』'軍民約會詞訟'에서는 刑事 사건을 포괄하는 용어로 사용되었
으며, 決獄日限의 중층적 사용과 유사하다.『大明律』「刑律」訴訟, 越訴·告
狀不受理·軍民約會詞訟·教唆詞訟;『大明律』「刑律」斷獄, 元告人事畢不
放回.

104) "凡訟畢決月日, 每朔具移于法司, 法司考其勤慢依律治罪, 以斷滯訟之弊."
『受教輯錄』「刑典」決獄日限, 嘉靖 壬子(명종7); "決訟各司, 所決度數, 每
十日錄啓, 初十日有故, 後十日, 並錄以啓, 違者罪之."『受教輯錄』「刑典」
決獄日限, 萬曆 癸酉(선조6).

숙종대는 최대 30일(경국대전)을 넘기지 못하도록 규제하였다.105) 이러한 취지가 『속대전』에는 10일마다 기록하여 임금에게 보고하되,106) 유고有故가 있으면 5일 전에 보고하게 하였다.107) 『대전통편』에는 아예 5일로 변경되었다.108)

아울러 고의로 지연시키는 행위를 엄단하였다. 명종대부터 민간이나 관리가 송사訟事를 지연시키면 강력히 처벌하였고,109) 숙종대는 관리의 체옥滯獄을 엄단하였다.110) 『속대전』에는 사송아문의 결송일자를 매달 형조에 보고하게 하여서 관리의 태만怠慢 여부를 감독하였다.111)

둘째, 사송의 한도 규정이 구체화되었다.112) 소송이 늘어남에 따라 『속

---

105) "近來, 推緘之積滯, 誠爲痼弊, 至於捧傳旨之後, 憲府無行公之員, 過三十日未勘, 則移送刑曹照勘, 恐無所妨, 政院, 臨時啓稟分付事, 定式." 『受敎輯錄』「刑典」推斷, 康熙 乙丑(숙종11).

106) 典獄署는 10일 간격으로 拘留人을 右議政(議政府)에게 보고하였다. 『特敎定式』, 濫囚, 英宗 16年<古951.009 T296>[『承政院日記』, 乾隆 5年(영조 16) 5月 7日(丙午); 정긍식 외, 앞 책, 2010, 204~205쪽].

107) "詞訟衙門決等公事, 每十日錄啓【註: 有故則次旬五日前擧行】." 『續大典』「刑典」決獄日限.

108) "時囚, 每五日錄啓." 『大典通編』「刑典」恤囚; 『特敎定式』, 五日啓錄, 今上 2年(정조2)<古951.009 T296>[『承政院日記』, 乾隆 43年(정조2) 9月 28日(甲寅); 『正祖實錄』卷6, 正祖 2年 9月 甲寅(28日); 정긍식 외, 앞 책, 2010, 118쪽].

109) "謀欲延訟, 趍不就訟, 或理順拒逆者, 另加摘發治罪." 『受敎輯錄』「刑典」決獄日限, 嘉靖 壬子(명종7).

110) "中外官僚, 大小獄訟, 趍不處決, 滯囚經年, 或有一不訊之處, 則査覈論罪事, 定式." 『受敎輯錄』「刑典」決獄日限, 康熙 己巳(숙종15); "滯獄官, 論罪【註: 依大明律, 制違, 杖一百.】, 監色推論." 『新補受敎輯錄』「刑典」決獄日限, 康熙 戊寅(숙종24).

111) "決訟月日, 每朔具移本曹, 考勤慢處之【註: 京外官獄訟趍不處決滯囚經年者, 查問罷職】." 『續大典』「刑典」決獄日限.

112) 결옥일한의 三限, 三度, 三年의 형성 과정은 다음 참조. 김백철, 앞 책, 2016, 224~231쪽.

대전』단계에서 '청리聽理' 항목이 별도로 신설되었다.113) 우선 '삼도三度'를 적용하여, 3심 중 2심을 승소한 경우 더이상 소송을 할 수 없도록 관련 규정을 정비해 나갔다.114) 다음으로 일반 소송은 '삼년三年'으로 제한하되,115) 특별한 경우 30년 내지 60년 한도 규정도 추가되었다.116)

---

113) 조윤선은 『속대전』의 '聽理'를 분석하여, 民의 적극적인 법의식의 성장으로 節次法의 근거가 마련되었으며, 三審制의 마련은 민의 공정한 법집행의 절차에 대한 간절한 소망이 받아들여진 것으로 평가하였다. 조윤선, 「『續大典』 刑典「聽理」 條와 民의 法의식」 『한국사연구』88, 한국사연구회, 1995, 10쪽.

114) "凡過限之事, 三度得伸, 相訟者, 論以非理好訟, 全家徙邊……."『受教輯錄』「刑典」決獄日限, 嘉靖 癸丑(명종8); "……至於三度不勝, 已在斷訟之例, 冒法更呈, 强爲爭訟, 亦並治罪."『受教輯錄』「刑典」聽理, 嘉靖 丁巳(명종12); "三度得伸云者, 接訟三度之內, 一隻再伸之謂也, 再度見屈之後, 更爲起訟者, 以非理好訟, 依律定罪……."『受教輯錄』「刑典」聽理, 順治 辛卯(효종2); "……二度得勝之後, 則更勿接訟."『受教輯錄』「刑典」聽理, 康熙 壬寅(현종3); "凡訟, 再度得伸者, 更勿聽理事, 定式……."『受教輯錄』「刑典」聽理, 康熙 戊申(현종9); "……三度以後, 該曹勿爲聽理."『受教輯錄』「刑典」聽理, 康熙 乙丑(숙종11); "此邊二度得勝之後, 彼邊設或更勝, 累度者, 一切勿施."『受教輯錄』「刑典」聽理, 康熙 丁卯(숙종14); "短訟連三次得決, 勿許聽理."『新補受教輯錄』「刑典」聽理, 康熙 辛卯(숙종37); "三度得伸云者, 接訟三度之內, 一隻再伸之謂也, 再度見屈之後, 更爲起訟者, 以非理好訟律論【註: 一落一勝則更訟, 二度得勝之後, 則勿許更訟. ○甲者二度得勝後, 乙者設或更勝, 累度勿施……○再度得伸者屬公, 亦涉聽理, 勿爲屬公.○短訟連三次得伸者, 勿許聽理】. 一般奴婢, 其族屬雖換面相訟, 覈計得決度數, 兩度得伸後, 勿聽. 落訟上言者, 三度以後, 則該曹勿受理."『續大典』「刑典」聽理.

115) "弘治三年五月十九日承傳內, 決訟日限條註, 誤決如父子嫡妾良賤分揀等項, 情理切迫事, 許卽訴他司. 其餘, 決折堂上官房掌遞代後, 更訴, 遞代後過三年者, 勿聽之法, 乃國家斷訟之限……"『受教輯錄』「刑典」決獄日限, 嘉靖 乙卯(명종10); "……相訟屬公奴婢, 過三年, 則勿聽【註: 以三十六朔爲限 ○原典, 凡誤決如父子嫡妾良賤分揀等項情理迫切事, 不待決折堂郎遞改, 許卽訴他司者, 亦在三年定限內, 過三年勿聽."『續大典』「刑典」聽理.

116) "相訟得決度數相等, 而事在六十年以前者, 不可更爲接訟, 以時執者爲主."『新補受教輯錄』「刑典」聽理, 康熙 丁卯(숙종13); "驛奴婢內奴婢, 連三十

이러한 흐름은 조선후기 사송의 표준이 되었다.

② 단계별 조사과정의 분리

영조연간에는 중앙과 외방에 각기 분산된 사법권을 통일적으로 재편하는 것이 핵심 과제였다. 사실상 경찰임무를 수행하는 포도청捕盜廳(성종~중종대),[117) 토포영討捕營(인조대)은 『경국대전』이후 출현하여 법전에도 없는 관사였다.[118) 이들을 각각 관찰사와 형조의 지휘체계 아래

年入錄案中者, 勿爲聽理."『新補受敎輯錄』「刑典」聽理, 康熙 癸未(숙종29); "內奴婢驛奴婢, 明是叛主投驛者, 定以三十年限. 太近, 投屬驛案後, 發覺, 相訟得決, 而逃避過三十年, 則不可論以三十年之限, 一依凡訟, 以六十年定限."『新補受敎輯錄』「刑典」聽理, 康熙 壬辰(숙종38); "內奴婢入於宣頭案, 驛奴婢入於形止案者, 連十式年無頉, 則雖本主, 勿許接訟事, 遵行已久. 今又變改, 則只益眩亂而難以奉行, 三十年定式, 依前施行."『新補受敎輯錄』「刑典」聽理, 康熙 丁酉(숙종43); "逃亡已過三十年者, 續案磨勘時, 可據文書上送該曹, 憑考頉下."『續大7典』「刑典」聽理; "凡久遠田民相訟, 一定大小限施行【註: 六十年謂之大限, 三十年謂之小限……】內奴婢入宣頭案, 驛奴婢入形止案, 而稱以本主推尋者, 用小限, 事在三十年以前【註: 十式年無頉】則勿聽【註: 若反主投屬, 本主相訟得決, 而逃避過三十年者, 不可以過限論, 用六十年大限】. 或稱祖上逃奴婢, 或稱奴良妻所生爭訟, 而非當身現存者, 用大限, 事在六十年以前則勿聽【註: 其冒占良人及他人奴婢爭訟者, 各依本律論】. 事在六十年以前, 連二代良役者, 雖自己奴婢亦勿聽, 橫侵者以壓良爲賤律論【註: 雖連二代良役而或投屬或已入訟辨者, 勿論代數】. 相訟得決度數相等, 而事在六十年前者, 以時執者爲主."『續大典』「刑典」聽理

117) 포도청은 다음 연구 참조. 차인배, 『朝鮮時代 捕盜廳 硏究』, 동국대학교 사학과 박사논문, 2008.

118) 鎭營將은 17세기 鎭管체제를 복구하되 巨鎭 단위를 鎭營으로 개명하여 고위무신을 추가로 파견한 것이다. 이후 진영장은 토포사까지 겸직하였다. 그러나 평화가 지속되면서 전쟁준비만 할 수 없었기 때문에 평시에는 도적을 잡는 임무를 주로 수행하였다. 『英祖實錄』卷53, 英祖 17年 正月 壬午(16日); 『續大典』「兵典」外官職; 육군군사연구소, 「지방군 개편과 지역방어체제의 정비」『한국군사사8: 조선후기Ⅱ』, 경인문화사, 2012.

로 되돌려서 사법체계 내에서 관리·감독하는 것이 영조연간 『속대전』 편찬시 급무였다. 이러한 구체적인 조치는 다음과 같다.

첫째, 외방의 토포영 권한을 제한하였다. 영조 2년(1726) 청주 영장營將이 자백받는 과정에서 도적 8명이 죽는 사고가 발생하였다. 이 사건은 당대 위정자에게 사법체계의 문제를 되새기게 했다. 당시부터 관찰사가 최종 조사하여 국왕에게 보고하도록 절차를 변경하는 방안이 논의되었으나, 간사한 죄인이 자백을 번복할 것을 우려하여 제도의 토포사와 관찰사에게 신칙하고 안핵어사按覈御史를 파견하는 선에서 그쳤다.119)

그런데 『신보수교집록』과 『속대전』을 살펴보면 사법권한에 변화가 감지된다. 이미 숙종대부터 도적을 잡으면 1차로 해당 고을에서 신문한 후 토포사에게 보내게 하였으며,120) 2차로 토포영에서 죄수를 취복하고, 3차로 관찰사가 재조사한 후 임금에게 보고하도록 하였다.121) 각 읍 수령과 각도 관찰사의 사법권한을 중시여긴 조치이다.

둘째, 중앙의 포도청 권한도 제한하였다. 송사訟事일지라도 중앙의 법사는 범죄자를 조사하여 체포할 수 없게 했다.122) 만약 포도청에 고발된 사람이 10리 밖에 있으면 반드시 임금에게 계청한 후 잡아오도록 했

---

119) 『英祖實錄』卷9, 英祖 2年 正月 癸卯(10日).

120) "凡盜賊之見捉者, 自其邑爲先窮問取服後, 移送討捕使. 而討捕使之直爲捉囚, 不使本官推覈者, 守令之不善奉行營將號令, 並治罪." 『新補受敎輯錄』「刑典」贓盜, 康熙 己卯(숙종25); "盜賊就捕者, 自其邑窮問取服後, 移送討捕使. 違者, 以制書有違律論." 『續大典』「刑典」捕盜; 『大明律』「吏律」, 公式, 制書有違.

121) "諸道治盜, 只委之於討捕使, 非詳愼之道, 自討補營刑訊取服然後, 監司親問決之, 似爲可. 上從之, 遂以爲常式." 『肅宗實錄』卷27, 肅宗 20年 11月 丁卯(3日); "罪囚自討捕營就服後, 使道臣究問勘處." 『英祖實錄』卷34, 英祖 9年 5月 癸巳(13日); "賊人承款考覆, 討捕使勿爲直啓, 觀察使親問結案後修啓." 『續大典』「刑典」捕盜.

122) "凡訟, 一隻在外方, 則就訟於隻在官, 京法司, 勿爲推捉." 『續大典』「刑典」聽理.

다.123) 포도대장은 자기책임 구역을 넘어서 외방에서 도적을 잡을 때에
는 반드시 범죄의 증거를 구비하여 근거가 있는 자를 체포해야 했다.124)
만약 범죄 실정이 드러나지 않았지만 반드시 사실조사를 해야 할 경우
포도대장에게 질문하도록 하였다.125) 체포된 사람은 모두 해당 고을에
가두고 관찰사가 최종 조사하여 형을 집행하거나 석방하게 하였다.126)

심지어 승복절차도 개편되었다. 본래 숙종 20년(1694) 수교에는 포도청
에서 승복했다가 형조에서 불복하면 다시 포도청에서 안문按問하게 하였
으나,127)『속대전』에서는 포도청에서 신문訊問을 거쳐 형조로 압송되어
자백을 번복하더라도 돌려보내지 않고 다시 날짜대로 형조에서 신문하게
하였다.128) 곧 자백을 번복하면 1차 조사를 담당한 기관에서 재조사할 수
없고, 별도의 형조가 직접 2차 조사를 하도록 개정한 것이다. 이를 통해서
포도청의 권한은 제한되고 형조의 조사권한이 강화되었다. 마치 외방에서
토포영을 제한하고 관찰사의 권한을 강화한 것과 같은 맥락이다.

③ 국왕의 감독강화

국왕의 사법권한이 재천명되었다. 첫째, 국왕의 사면권 행사이다. 사
면때마다 죄인의 방면放免 여부를 중앙은 형조와 의금부에서, 외방은 관
찰사가 등급을 기록하여 임금에게 보고하도록 하였다.129) 유지宥旨 전

---

123) "捕盜廳被告之人, 在十里外則必啓請後捕來."『續大典』「刑典」捕盜.
124) "捕盜將, 外方捕盜時, 須揀贓證俱備, 閱實有據者捕之."『續大典』「刑典」
捕盜.
125) "如不卽輸情, 必須覈實者, 亦質問於捕盜將."『續大典』「刑典」捕盜.
126) "一應所捕人, 囚所在官, 令觀察使分揀決放."『續大典』「刑典」捕盜.
127) "賊人, 捕廳承服之後, 移送刑曹. 不服者, 移送捕廳. 三服處斷, 而移送刑曹
之賊人, 大將親爲按問後, 入啓移送."『新補受敎輯錄』「刑典」贓盜, 康熙
甲戌(숙종20).
128) "捕盜廳承服罪人, 移送本曹, 變辭者勿爲還送, 日次嚴訊取服."『續大典』「刑
典」推斷.

의 일은 임금의 재가를 받도록 하였다.[130]

둘째, 국왕의 사수死囚 판결권한이다. 국초부터 사죄의 권한을 국왕에게 귀속시키는 정책을 시행하였는데, 이것을 재천명한 것이다.[131] 중앙과 외방에서 만약 사형에 해당되는 죄를 범한 자가 있으면 비록 용서할 수 있는 정상이 있더라도 반드시 임금에게 보고하여 처리하고 함부로 사형을 경감할 수 없도록 하였다.[132]

셋째, 왕명으로 시행한 사법절차는 모두 국왕의 철저한 감독을 받았다. 국왕 직속 사법기관인 의금부는 곧바로 해당 율문을 주청해야 하고 가감加減하지 못하도록 제약하였다. 만약 율문이 맞지 않으면 승정원에서 추문推問하게 하였다.[133] 임금이 행재소에 있을 때는 의금부와 당상관이 모여서 죄인의 구술을 듣고 조서를 작성하되 관인을 찍지 않고 행재소로 보고하여 임금의 재가를 얻어야 한다고 규정하여,[134] 국왕의 재가를 필수로 하였다.

④ 공판중심주의

첫째, 직접 진술의 채택이다. 인조 3년(1625) 이래 공초供招를 받을

---

129) "每赦令時, 罪人放未放, 京則本曹義禁府, 外則觀察使, 分等錄啓."『續大典』「刑典」赦令.

130) "凡宥旨前事, 啓請上裁."『續大典』「刑典」赦令.

131) 김백철, 앞 책, 2016, 187~191쪽.

132) "外執法之官, 按罪之時, 如有罪犯死律者, 則稟啓處置, 勿爲擅斷減死."『新補受敎輯錄』「刑典」推斷, 康熙 乙巳(현종6); "京外執法之官, 按罪之時, 如有罪犯一律者, 雖情有可原, 必啓稟處置, 毋得擅斷減死."『續大典』「刑典」推斷.

133) "王府事體極嚴且重, 凡於議處之啓直請照律, 而近來參酌照律之請, 旣曰, 參酌則輕重低仰在下不在法, 有乘於讞獄之體, 今後禁府面啓, 毋得以參酌照律爲請事."『新補受敎輯錄』「刑典」推斷, 康熙 乙卯(숙종1); "王府議讞, 直請照律, 勿以參酌爲請, 擬律不合者, 承政院察推."『續大典』「刑典」推斷.

134) "【註】行在時, 禁府留都堂上, 開坐捧招, 以白文啓目於行所, 議處命下後, 隨駕長官, 踏印以入."『續大典』「刑典」推斷.

때 구술口述만 증거능력으로 인정하였다.[135] 이것은 대리작성 및 증거
조작을 막기 위한 조치이다. 법정 내 진술만 인정함으로써, 일견 공판중
심주의 면모를 보는 듯하다.

둘째, 무죄추정의 원칙을 천명하였다. 영조 8년(1732) 국왕은 죄 없는
사람을 죽이는 것보다는 차라리 실형失刑하는 것을 꺼리지 않을 것이라
고 천명하였다.[136] 또한 영조 20년(1744) 임금은 자백이 있기 전에는 형
벌을 줄 수 없다고 강조하였다. 더욱이 이 때문에 "자백했다"면서 죄의
성사여부를 제대로 살피지 않아서 인명의 피해가 생길 수 있다는 점도
간과하지 않았다.[137] 심지어 파옥破獄했더라도 본죄의 자백을 기다렸다
가 참형에 처하였다.[138] 죄인의 자백을 기다려서 형을 집행하여, 함부로
인명을 살상하지 않도록 처분하였다.

셋째, 증거능력을 인정하는데 엄격한 기준을 세웠다. 숙종 7년(1681)
살인자가 귀머거리나 벙어리일 경우 추문할 수 없다고 하여 자백을 받지

---

135) "罪人捧招, 皆以口傳取招, 勿許文字書之."『受敎輯錄』「刑典」推斷, 天啓
　　乙丑(인조3); "罪人原情, 口傳取招, 勿許文字書納."『新補受敎輯錄』「刑典」
　　訴冤, 康熙 甲申(숙종30); "罪人原情, 口傳取招, 勿許文字書納."『續大典』
　　「刑典」推斷.

136) 『英祖實錄』卷32, 英祖 8年 11月 丁未(24日).

137) 『承政院日記』, 乾隆 9年(영조20) 11月 25日(戊戌); "凡殺人之律, 雖有疑端,
　　推官惟期承款, 不爲細究, 詳覆之後, 三覆審愼, 盖所以恤刑, 而若係殺人,
　　則其不克愼, 三尺爲準, 是豈王者之道, 曾前參以情法, 減律之類, 雖不條列
　　于續典, 此則俱在該曹謄錄, 凡於啓覆, 參情法考前例, 莫曰承款, 務爲消詳,
　　稟旨裁決."『續大典』「刑典」殺獄, 當宁 甲子(영조20).

138) "明火賊自外打破獄門者外, 自內脫枷枉破獄門逃躱者, 刑鎖等, 使討捕使,
　　依治盜之例, 取服啓聞, 梟示. 當該守令, 營門決杖. 而決杖守令之托病圖遞
　　者, 監司不得啓罷."『新補受敎輯錄』「刑典」贓盜, 康熙 己卯(숙종25); "賊
　　人破獄逃躱者, 待其本罪承服, 依律斬【註: 刑獄鎖匠符同見囚賊人, 脫枷枉,
　　破獄門逃躱者, 査得其事狀, 依治盜例訊問取服, 啓聞斬. 當該守令, 營門決
　　杖. 未決杖前, 觀察使勿得罷黜. ○越獄罪人, 他死囚, 若先發告, 則減死定
　　配】."『續大典』「刑典」逃亡.

않고 바로 처단하는 것을 금지하였다.139) 영조 역시 살인사건은 매우 중
대하므로 미성년자(15세 이하)는 증인으로 삼지 못하도록 하였다.140)

아울러 강상뿐 아니라 실정을 밝히는데도 문제가 된다고 하여 가족간
증언도 금지하였다. 자식이 부모에 대해, 손자가 조부모에 대해, 어미가
자식에 대해, 처가 남편에 대해 증언하는 것을 인정하지 않은 것이다.141)

⑤ 국문鞠問 과정의 감독강화

점차 사건의 중요도가 높은 국문鞠問에 대해 제한규정을 마련하고자
하였다.142) 첫째, 국청鞠廳의 성립요건을 제한하였다. 『속대전』에는 ㉠
존속尊屬 구타 및 살해, ㉡임금을 속이는 일, ㉢신축·임인년 옥사의 재
론(국왕 정통성) 외에는 국청을 여는 것조차 허락하지 않았다.143)

둘째, 형신 도구를 제한하였다. 국문 대상은 역모 혹은 그에 준하는
범죄가 다수이므로 형벌의 남용이 가장 우려되는 재판이었다. 이미 인조
원년(1623)부터 삼성추국에서 신장訊杖의 규격을 엄격히 규제하였
다.144) 영조 21년(1745) 형신은 하루 1회만 하도록 하고 최대 2회까지만

---

139) 『受敎輯錄』 「刑典」 殺獄, 康熙 辛酉(숙종7); 『續大典』 「刑典」 殺獄.

140) "殺獄, 關係甚重, 必須詳愼, 年未滿兒【註: 十五藏以下】, 勿以爲證." 『續大
典』 「刑典」 殺獄. ※조선은 16세부터 성인으로 身役을 진다.

141) "外方刑獄文案, 或有使子孫證其父母祖父母, 妻妾證其家長, 不顧法典之本
意, 殊甚無謂, 申諭各道." 『受敎輯錄』 「刑典」 推斷, 康熙乙丑(숙종11); "以
母證子, 以妻證夫, 前後推官推考." 『新補受敎輯錄』 「刑典」 推斷, 康熙丁丑
(숙종23); 『特敎定式』, 以子證父, 肅宗 11年·以母證子以妻證夫, 肅宗 22年
<古951.009 T296>[정긍식 외, 앞 책, 2010, 156~158쪽].

142) 국청의 제도적 측면은 다음 참조. 오갑균, 『조선시대 사법제도 연구』, 삼영
사, 1995.

143) "凡關係惡逆, 誣上不道, 干犯大訓者外, 勿爲設鞫【註: 文字間非直犯惡逆,
則抉摘捏合. 毆之於犯上不道之律者, 一切禁之."】 『續大典』 「刑典」 推斷,
當宁 乙丑(영조21).

144) "訊杖, 推鞫, 則廣九分, 厚四分. 三省, 則廣八分, 厚三分. 長依大典, 用營造

허용하였다.145) 정조 2년(1778)에는 「흠휼전칙欽恤典則」이 이루어져 신문과정에서 가혹한 형신이 일어나지 않도록 규제하였다.146)

셋째, 국청은 합의제를 원칙으로 하였다. 추국죄인은 형추刑推, 나포拿捕, 사문查問을 청하려면 국청에서 완전히 합의한 후 임금에게 아뢰고, 참가한 대관臺官이 독단으로 청할 수 없도록 규제하였다.147) 또한 『대전통편』에서는 형조에서 중죄수重罪囚에 관한 사건을 완결할 때에는 3명의 당상관이 합좌하여 거행하도록 규정하고 있다.148)

2) 살인사건

① 삼복三覆 절차

삼복은 멀리는 고려에서부터 국왕이 대소신료와 삼복을 심리한 기록이 확인된다.149) 조선에서는 중앙과 외방의 상세 규정이 두루 갖추어졌다.

첫째, 중앙의 삼복 절차이다. 법전과 실록을 대조해보면, 조선초기 사형수 심의는 대개 형조의 속사屬司인 상복사詳覆司가 실무적인 문안을 준비하였고,150) 형조가 의정부에 보고하면 의정부 주관으로 상복詳覆이

尺." 『受敎輯錄』 「刑典」 推斷, 天啓 癸亥(인조1); "凡推鞫訊杖, 廣九分, 厚四分. 三省, 則廣八分, 厚三分【註: 用營造尺】." 『續大典』 「刑典」 推斷.

145) "凡刑訊, 一日一次. 推鞫, 雖嚴重, 毋過二次." 『續大典』 「刑典」 推斷, 當宁乙丑(영조21).

146) 『正祖實錄』卷5, 正祖 2年 正月 癸酉(12日); "【註】棍制, 一遵欽恤典則施行." 『大典通編』 「兵典」 用刑. ※ 「흠휼전칙」는 다음 연구가 상세하다. 심재우, 「정조대 『흠휼전칙』의 반포와 형구 정비」 『규장각』22, 서울대학교 규장각, 1999.

147) "推鞫罪人, 請刑請拿請查, 鞫廳完議以啓, 參鞫臺官, 毋得獨啓." 『續大典』 「刑典」 推斷.

148) "本曹重囚完決時, 三堂合坐擧行." 『大典通編』 「刑典」 推斷.

149) 『高麗史』卷85, 志29, 刑法, 恤刑, 文宗 元年 8月; 김백철, 앞 책, 2016, 192쪽.

150) "掌詳覆大辟之事." 『經國大典』 「吏典」, 京官職, 正二品衙門, 刑曹, 詳覆司.

이루어지고 국왕에게 최종 보고하여 마무리하였다.[151]

그런데『경국대전』이 반포된 이후에 삼복제도의 미묘한 변화가 나타났다. 성종후반부터 의정부가 주관하던 '상복'(舊制)은 점차 국왕이 주도하에 대소신료가 폭넓게 참여하는 '삼복'(新制: 初覆-再覆-三覆)으로 재편되었다.[152] 형조에서 문안을 갖추어 승정원에 올리면, 국왕은 의정대신을 비롯하여 삼사와 중앙의 주요 아문 장차관長次官 및 당상관을 두루 포함시켜 심리를 진행하였다.[153]

이런 상황에서 사형수를 감형하기 위해서는 참여한 대소신료가 납득할 수 있는 논리가 뒷받침되어야만 했다.[154] 영조연간에는 팔도에 심리사審理使를 파견하여 원억冤抑을 해결하게 하였다.[155] 아울러 삼복을 시행하다가 의문이 생기면 안핵어사를 급파하여 재조사를 명하여 이미 올라온 결안結案만을 준거로 심리하지 않았다.[156] 심지어 친속살해와

---

151) "京外死罪, 本曹報議政府詳覆."『經國大典』「刑典」推斷;『成宗實錄』卷145, 成宗 13年 閏8月 戊寅(20日).

152) 재복은 문서 검토로 대체하였고 실제 논의는 초복과 삼복에서 이루어졌다. 영조대『승정원일기』에는 삼복이 완전히 정착되어 각기 서로 다른 날짜를 선택하였고, 초복에서 논의하던 내용을 이어서 삼복에서 마무리하는 형태로 운영되었다. 김백철, 앞 책, 2016, 197~198쪽.

153) 김백철, 앞 책, 2016, 199쪽 註69 <표11> '삼복시 아문별 입시 현황' 참조.

154)『영조실록』에는 마치 유교적 덕치의 발로로 국왕이 일방적으로 감형한 것처럼 결과만 기재되어있으나,『승정원일기』의 삼복시 대화에는 올라온 결안結案뿐 아니라,『대명률』과 아국법을 함께 확인한 후에 법률 적용이 적합한지를 논의해서 대소신료 다수가 납득하면 형을 확정하고 한 사람이라도 이의를 제기하면 재논의하였다.

155) 영조대 심리사는 독자적인 사법권능을 행사하여 일견 明代 提刑按察司使에 비견해 볼만하다. 이들의 심리 결과는 삼복에 활용되었다.『英祖實錄』卷61, 英祖 21年 正月 乙酉(13日)·丙戌(14日)·丁酉(25日)·2月 辛亥(9日);『承政院日記』, 乾隆 11年(영조22) 11月 庚戌(19日); 張晋藩,『中國官制通史』, 中國人民大學出版社, 1992, pp.569~574; 張晋藩 外,『中國法制通史 7: 明』, 法律出版社, 1998, p.506.

같은 강상범죄일지라, 법조문대로 일방적인 사형 판결을 내리기보다 원인을 규명하여 감형하였다.157)

둘째, 외방의 절차이다. 살인사건은 『경국대전』단계에는 '추단推斷'에서 다른 사건과 함께 취급되다가, 『수교집록』부터 별도로 '살옥殺獄' 항목이 신설되어 『속대전』에 수용되었다.158) 『경국대전』에서는 외방은 1차로 관찰사가 차사원差使員을 정하여 그 고을 수령과 함께 추문推問하고, 2차로 차사원 2인을 정하여 고핵考覆하게 하고, 3차로 관찰사가 직접 물은 뒤 임금에게 아뢰도록 하였다.159) 또한 『속대전』에서는 각 고을의 수령이 인접고을 수령과 함께 추문하며, 매월 세 차례 시행하도록 하고,160) 관찰사가 도道 내의 강직剛直하고 명석明晳한 수령과 함께 조사하되, 해결이 어려우면 임금에게 보고하여 형조로 이첩하도록 보완하였다.161)

실제로 영조는 살인사건에 대해 "매우 중대하니 반드시 상세하고 신중하게 해야 하므로" 엄격한 법절차를 밟도록 하였고,162) 이미 마련된 문안으로 삼복하는 것보다 초심初審을 담당하는 형조, 관찰사, 유수留守

---

156) 『英祖實錄』卷8, 英祖 元年 11月 丁巳(23日); 『英祖實錄』卷92, 英祖 34年 11月 己酉(26日); 『英祖實錄』卷92, 英祖 34年 11月 辛亥(28日); 『英祖實錄』卷106, 英祖 41年 11月 甲午(23日).

157) 김백철, 앞 책, 2010, 182쪽 註263 <표23> '영조대 삼복시 감형 사례' 참조.

158) 조선전기 삼복의 변화는 다음 참조. 김백철, 앞 책, 2016, 192~198쪽.

159) 『世宗實錄』卷50, 世宗 12年 2月 庚午(4日); "死罪, 三覆啓. 外則觀察使定差使員, 同其邑守令推問, 又定差使二員考覆, 又親問, 乃啓." 『經國大典』「刑典」推斷; 김백철 앞 책, 2016, 195쪽.

160) "外方獄事, 同推一月三次, 而推官有故, 道臣移定." 『新補受教輯錄』「刑典」推斷, 康熙 乙未(숙종41); "外方死囚各邑同推, 每月三次擧行." 『續大典』「刑典」推斷.

161) "外方殺獄, 觀察使同道內剛明守令查治, 其難決者啓移本曹稟處." 『續大典』「刑典」殺獄.

162) "殺獄, 關係甚重, 必須詳愼." 『續大典』「刑典」殺獄.

등이 죄인이 자백하기 전에 내용을 상세히 살펴서 완결짓는 것이 중요하
다고 역설하였다.163)

② 검시 제도

검험檢驗은 두 차례에 걸쳐 시행되었다.164) 먼저 초검初檢의 경우,
중앙은 한성부의 오부五部 관원이, 외방은 지방관이 시체가 있는 곳에
가서 상태를 확인하고 입안立案을 하였다.165) 다음으로 복검覆檢의 경
우, 중앙은 한성부의 당하관이 맡고, 외방은 관찰사가 검시관을 파견하
여 진행하였다. 두 차례의 과정은 참여자가 각기 다르고 결과도 서로 모
르게 하였다.166) 초검과 복검이 불일치할 경우 3~4차례 추가로 검험하
게 하였다.167)

아울러 죄인도 죽으면 검험을 시행하였다.168) 죄인이 물고物故되면
해당 아문에서 이문移文하고, 한성부가 검시하여 단자單子를 올려 임금
에게 보고하였고,169) 정배 죄인이 죽어도 지방관이 직접 가서 검시하고
순영巡營(監營)에 보고하면 관찰사가 임금에게 아뢰도록 하였다.170)

---

163) 『英祖實錄』卷66, 英祖 23年 11月 癸丑(27日).
164) 김백철, 앞 책, 2010, 185쪽 註282 <표24> '검시 과정' 참조.
165) "凡檢屍, 京則當部官, 外則地方官, 親往停屍處檢驗後, 立案成給." 『續大典』
　　「刑典」檢驗.
166) 『正祖實錄』卷17, 正祖 8年 3月 壬子(27日), 京獄檢驗事目.
167) "初覆檢實因, 病患致死後, 刑曹入啓……若有違端則四五檢無妨." 『受敎輯
　　錄』「刑典」檢驗, 萬曆 甲辰(선조37); "初覆檢實因 若有疑端則三四檢." 『續
　　大典』「刑典」檢驗.
168) 김백철, 앞 책, 2010, 186쪽
169) "啓下罪人物故, 該衙門移文, 漢城府檢屍後, 單子入啓." 『續大典』「刑典」
　　檢驗.
170) "定配罪人物故, 則地方官親往檢驗, 報巡營, 轉啓以聞." 『續大典』「刑典」
　　檢驗.

③ 고의성

고의성 여부를 주요한 기준으로 삼았다. 첫째, 고살故殺에 보고기한保辜期限을 적용하였다. 이는 피해자가 사건 이후 치료 중에 사망하더라도 고의적인 살인으로 보아서 처벌한 것이다.[171] 그런데 『대명률』에서 보고기한 내 사망에 이르면 투구살鬪毆殺로 처벌하는데,[172] 고살과 투구살은 같은 사형의 범주일지라도 각각 참형과 교형으로 1등급이 차이가 난다.[173] 조선에서는 고살에 보고기한을 적용하여 율문의 전후 구성과 형량을 수정하였으므로 보완입법을 행한 것이다.

둘째, 장애인이 살인한 사건에 대해서 감형하였다. 영조 2년(1726) 미치고 실성한 사람(顚狂失性)은 살인하더라도 사형을 감하여 정배하도록 하였다.[174] 일견 오늘날 심신미약 상태의 범죄에 대해서 치료감호를 선고받는 것과 유사하다. 특히 해당 조문의 소주小註에는 농아나 귀머거리일 경우에도 미치고 실성한 사람과 동일하게 감형하도록 하였는데,[175] 이것은 독질篤疾의 유형 중 미친 사람(顚狂)도 포함되어있기 때문이다.[176] 모두 장애인의 대표 유형으로 본 것이다.

셋째, 미성년자의 살인사건도 검토대상에 포함되었다. 숙종 43년(1717) 이웃집 아이가 서로 장난치다가 넘어져서 죽게 되었으나 범인의

---

171) "故殺人者, 皆用辜限." 『續大典』「刑典」殺獄.
172) "辜限內, 皆須因傷死者, 以鬪毆殺人論." 『大明律』「刑律」保辜期限.
173) "凡鬪毆殺人者, 不問手足他物金刃, 並絞. ○故殺者, 斬." 『大明律』「刑律」人命, 鬪毆及故殺人.
174) "顚狂失性殺人者, 減死定配." 『新補受敎輯錄』「刑典」殺獄, 雍正 丙午(영조2); "顚狂失性, 而殺人者, 減死定配." 『續大典』「刑典」殺獄.
175) "【註】殺人者耳聾口啞, 無以推問則不爲取服, 徑先處斷, 有乖常法, 亦依此律." 『續大典』「刑典」殺獄.
176) "篤疾者, 顚狂, 癱癩, 瞎兩目, 折兩肢, 兩手無大指 或折一肢又瞎一目也." 『大明律附例』「名例律」老少廢疾收贖[『大明律附例』上, 서울대학교 규장각, 166쪽].

나이가 10세 미만이면 그 죄를 용서하였는데, 이것이 집록류와 『속대
전』에 반영되었다.177) 『대전통편』에는 10세 이상 15세 이하인 자가 장
난으로 인하여 살인한 경우 차율次律(流刑)로 등급을 감한다고 하였
다.178) 모두 고의적인 살인이 아닌 경우이다. 이것은 『대명률』의 '희살
戲殺' 개념을 전제로 하되,179) 조선에서 구체적인 나이 규정을 추가하여
보완입법한 사례이다.

④ 집행시기

사형의 집행에도 법규가 구체화되었다. 첫째, 집행하는 달이 확립되
었다. 명종 9년(1554) 이래 사형수에 대한 계복啓覆은 추분秋分 이후에
승정원에서 즉시 임금에게 품의하여 음력 9월과 10월 안에 택일하여 거
행하며 죄인에 대한 형집행은 반드시 음력 12월을 기다리게 하였다.180)
대개 당률과 명률에는 추분 이후에 사형을 집행하도록 한 규정하였는
데,181) 이를 조선 수교로 대체입법한 것이다.

둘째, 집행하는 시간대가 정해졌다. 현종 11년(1670) 이후 날이 어둡
기를 기다려서 집행하는 것은 법의法意에 어긋나므로 야미명례夜未明
例에 따라 아침을 기다려서 하도록 하였다.182) 그런데 야미명은 당률에

---

177) "與其隣兒相爲戲言, 轉至相詰, 顚仆致死, 犯者十三歲兒, 特爲放送." 『新補
受敎輯錄』 「刑典」殺獄, 康熙 丁酉(숙종43); "隣兒, 因戲相詰, 顚仆致死, 而
犯者, 年未十歲則分揀." 『續大典』 「刑典」殺獄.

178) 【註】 十歲以上十五以下, 因戲殺人者, 次律減等." 『大典通編』 「刑典」殺獄.

179) 『大明律』 「刑律」人命, 戲殺誤殺過失殺傷人.

180) "啓覆, 依議得秋分後立春前, 幷啓聞施行." 『受敎輯錄』 「刑典」推斷, 嘉靖
甲寅(명종9); "啓覆, 秋分後卽爲啓稟, 以九十月間擇日擧行, 而罪人行刑, 則
必待季冬啓覆後立春前." 『受敎輯錄』 「刑典」推斷, 康熙 壬戌(숙종8); "凡
死罪啓覆, 秋分後承政院爲啓稟, 以九月十月內, 擇日擧行, 而罪人行刑則必
待季冬." 『續大典』 「刑典」推斷.

181) 『唐律疏義』 「斷獄」立春後秋分前不決死刑; 『大明律』 「刑律」斷獄, 死囚覆
奏待報.

수록된 표현인데, 이를 참고하여 아국법을 보완한 것이다.[183]

3) 소원訴冤 제도

① 운영방식

국초부터 신문고申聞鼓(격고) 운영되어 백성의 억울함을 해소하고 노력하였다.[184] 첫째, 운영규정은 1차로 담당관사에 접수하고, 2차로 사헌부에 접수하며, 그래도 해결이 안 되면 3차로 신문고를 치도록 하였다. 이것이 『경국대전』'소원訴冤'에 고스란히 반영되었다.[185]

둘째, 접수대상이다. 『경국대전』'결옥일한'에는 진고를 허용하는 접수사안이 명시되어있다.[186] 이것이 『수교집록』에 '사건사四件事',[187]

---

182) "罪人薄昏行刑, 有乘於法事, 今後卽夜未明, 勿刑事申明分付." 『新補受敎輯錄』「刑典」禁刑日, 康熙 庚戌(현종11); 『英祖實錄』卷42, 英祖 12年 9月 甲午 (3日); "薄昏行刑, 有乖法意, 依夜未明例, 待朝行刑." 『續大典』「刑典」推斷.

183) "【疏】議曰……其大祭祀, 及致齋, 朔望, 上下弦, 二十四氣, 雨未晴. 夜未明. 斷屠月日, 及假日, 並不得奏決死刑." 『唐律疏義』「斷獄」立春後秋分前不決死刑.

184) 신문고 연구성과는 다음 참조. 한우근, 「申聞鼓의 설립과 그 실제적 효능에 대하여」『이병도박사화갑기념논총』, 일조각, 1956[『한우근전집』7, 한국학술정보, 2001 재수록, 1~51쪽]; 오세홍, 「조선초기 신문고 운영과 영향」, 한국교원대학교 교육대학원 석사논문, 2002, 1~61쪽; 김남돌, 「朝鮮初期 申聞鼓의 設置와 運營」, 안동대학교 교육대학원 석사논문, 2005, 4~31쪽; 김영주, 「신문고 제도에 대한 몇 가지 쟁점: 기원과 운영, 기능·제도의 변천을 중심으로」『한국언론정보학보』39, 한국언론정보학회, 2007, 250~283쪽; 김백철, 앞 책, 2016, 334~358쪽.

185) 『太宗實錄』卷2, 太宗 元年 8月 丁巳(1日); 『太宗實錄』卷3, 太宗 2年 正月 己酉(26日); "訴冤抑者, 京則呈主掌官, 外則呈觀察使, 猶有冤抑, 告司憲府, 又有冤抑則擊申聞鼓." 『經國大典』「刑典」訴冤.

186) "【註】凡誤決, 如父子嫡妾良賤分揀等項情理迫切事, 許卽訴他司." 『經國大典』「刑典」決獄日限.

187) "擊登聞鼓上言, 刑戮及身, 父子分揀, 嫡妾分揀, 良賤分揀事外, 勿許捧入."

『신보수교집록』에 '신사건사新四件事'로 각각 보완되었다.[188] 이것이 『속대전』 '소원'에서 다음과 같이 집대성되었다. 곧 ㉠자신이 죽게 된 경우, ㉡부자父子·적첩嫡妾·양천良賤 분간(이상 '사건사'), ㉢자손이 부조父祖를 위하는 경우·아내가 남편을 위하는 경우·동생이 형을 위하는 경우·노비가 주인을 위하는 경우, ㉣지극히 원통한 사정이 있는 경우(이상 '신사건사') 등은 격고擊鼓나 격쟁擊錚을 통해서 국왕에게 직접 억울함을 호소할 수 있도록 허용하였다.[189] '사건사'와 '신사건사'는 실제 신문고 운영과정에서 판례를 모아서 축조한 조문이다.[190]

이외의 일로 격쟁이나 격고하면 모두 엄중히 형장을 집행하고 들어주지 않도록 하였다.[191] 사안이 미세하여 외방의 도道나 중앙의 관사에서 처리할 수 있는데도 임금에게 상언하면 『대명률』 '월소율越訴律'(태 50)에 따라 논하고 사리가 중한 경우에는 『대명률』 '상서사불실율上書詐不實律'(장 100 도 3년)에 따라 논하였다.[192] 한편으로 형량 활용사례를 통

『受教輯錄』 「刑典」 告訴, 嘉靖 丁巳(명종12).

188) "孫爲祖父母, 妻爲夫, 弟爲兄者, 及至冤極痛者, 勿爲嚴刑……." 『新補受教輯錄』 「刑典」 訴冤, 康熙 甲申(숙종30). ※'사건사'의 대상은 조선전기(경국대전)부터 등재되었으나 '사건사'라는 용어는 조선후기(수교집록)부터 법전에서 쓰였다. 또 '신사건사'의 대상은 조선후기(신보수교집록)에 법제화되었으나 '신사건사'라는 용어는 현대 연구자가 사용한 것이다.

189) "擊申聞鼓者, 刑戮及身, 父子分揀, 嫡妾分揀, 良賤分揀等項, 四件事, 及子孫爲父祖, 妻爲夫, 弟爲兄, 奴爲主其他至冤極痛事情則例刑取招, 此外幷嚴刑, 啓達勿施." 『續大典』 「刑典」 訴冤.

190) 김백철, 앞 책, 2016, 352~354쪽.

191) "擊錚者, 非四件事者, 並爲嚴刑." 『受教輯錄』 「刑典」 告訴, 康熙 戊午(숙종4); "四件事外, 嚴刑濫登聞, 別爲論罪." 『新補受教輯錄』 「刑典」 訴冤, 康熙 丁亥(숙종33); "四件事外, 擊錚之弊, 尙多紛紜, 則三坐一問, 豈可防弊乎. 姑置." 『新補受教輯錄』 「刑典」 訴冤, 康熙 戊子(숙종34).

192) "事係微細, 可呈該道及該司, 而冒濫上言者, 依越訴律論, 事理重者, 依上書詐不實律論." 『續大典』 「刑典」 訴冤; 『大明律』 「刑律」 訴訟, 越訴; 『大明律』 「刑律」 詐僞, 對制上書詐不以實; 이종일 역주, 『대전회통연구: 형전·공전편』,

해서 명률의 조선화 과정을 확인할 수 있으며, 다른 한편으로 비상상황 이외에는 정상적인 사법체제를 활용하게 하였음을 알 수 있다.

② 신문고의 영향

한편으로 신문고는 부민고소 금지논쟁을 촉발시켰다.[193] 이에 절충안을 찾는데 고심하였다. 『경국대전』단계에서 한편으로는 '결옥일한'에서 부자, 적첩, 양천 분간 등의 절박한 사안은 판결에 불복하여 다른 관사에 재심리를 요청하는 것을 허용하였으나,[194] 다른 한편으로는 '원악향리元惡鄕吏' 항목을 만들어서 지방에서 농간을 부리는 다양한 부류를 구체적으로 명시하여 엄벌에 처하였다.[195] 이러한 흐름이 『속대전』'소원'에서는 고을 백성이 수령의 형장을 맞아 죽은 경우 격쟁하면 관찰사로 하여금 조사시켜서 죄가 수령에게 있으면 수령을 처벌하게 하고, 무고이면 아국법(경국대전)의 '부민고소율部民告訴律'(장 100 도 3년)로 논하였으며,[196] 비리非理로 소송을 좋아하여 격쟁하면 장 100 유 3000리에 처하는 형태로 보완되었다.[197] 그러므로 신문고는 법전의 '결옥일한', '소원',

1996, 135쪽 註453, 註454 재인용.

193) 김백철, 앞 책, 2016, 346~350쪽.

194) 『經國大典』「刑典」決獄日限.

195) "元惡鄕吏【註】操弄守令專權作弊者, 陰受貨賂差役不均者, 收稅之際橫斂濫用者, 冒占良民隱蔽役使者, 廣置田莊役民耕種者, 橫行里閭侵漁營私者, 趨附貴勢邀避本役者, 避役在逃隱接村落者, 假仗官威侵虐民人者, 良家女及官婢作妾者."『經國大典』「刑典」元惡鄕吏; "守令遞代之際, 官吏乘間擅用官物者, 杖一百流三千里. ○各邑書員操縱作弊者, 依元惡鄕吏例論."『續大典』「刑典」元惡鄕吏.

196) "邑民被守令杖死, 而擊錚者, 先行按查, 罪在守令則罪之, 如係誣罔則以部民告訴律論."『續大典』「刑典」訴冤; "關係宗社及非法殺人外, 吏典僕隷告其官員者, 品官吏民告其觀察使守令者, 並勿受, 杖一百徒三年."『經國大典』「刑典」訴冤.

197) "非理好訟擊錚者, 杖一百流三千里."『續大典』「刑典」訴冤.

'원악향리' 항목의 형성에 두루 영향을 미친 것이다.

　다른 한편으로 격고와 격쟁는 상호 연동되어 운영되었다.[198] 법전에는 격고와 격쟁이 함께 등장하는데, 양자가 거의 같은 성격의 소원제도이기 때문이다. 대궐에 신문고(격고)가 설치되면 임금의 행차에서 호소하는 격쟁은 금지되었으며, 신문고가 폐지되면 격쟁은 허용되었다. 이 때문에 법전에도 격고와 격쟁은 같은 규정을 공유한 것이다. 조선전기에 격고가 점차 사라지자, 조선후기에 격쟁이 그 자리를 메꾸었다. 더욱이 영조대는 상언上言[격쟁]뿐 아니라, 신문고(영조47, 1771)가 복설되었고,[199] 순문詢問까지 함께 운영되었으며,[200] 정조대는 사안별로 상언과 격쟁으로 분화되기에 이른다.[201] 곧 조선후기 소원제도는 격고, 격쟁, 상언, 순문 등으로 획기적으로 확대되었다.

3. 소민小民 보존

1) 사회약자 구제

① 성폭행 방지법

　첫째, 특수강간은 엄단하였다. 마치 도적은 밤의 명화적明火賊을 가중처벌하는 것과 같이, 간범은 낮의 범죄를 더욱 엄단하였다. 효종 2년(1651) 대낮에 겁간劫姦하면 수창자(首犯)는 효시하고 종범은 전가사변

---

198) 김백철, 앞 책, 2016, 334~358쪽.

199) 『特敎定式』, 設申聞鼓, 英宗 47年<古951.009 T296>[『承政院日記』, 乾隆 36年(영조47) 11月 23日(己酉[己未]); 정긍식 외, 앞 책, 2010, 106쪽].

200) 김백철, 앞 책, 2010, 181~231쪽.

201) 한상권, 『조선후기 사회와 소원제도』, 일조각, 1996, 23쪽; 백철, 앞 책, 2016, 357~358쪽.

하였다.202) 숙종 8년(1682)에도 양반 처녀를 길가에서 겁탈하면 부대시 참형에 처하였다.203) 오늘날 야간에 주거침입을 하는 경우나 2인 이상 합동으로 범죄를 저지르는 특수강간에 대해 가중처벌하는 것과 유사한 개념이 조선에서는 대낮이나 길가 범죄에 적용되었다.204)

둘째, 수범은 피해자의 신분에 상관없이 모두 사형에 처하였다. 현종 12년(1671) 양반 처녀를 겁간劫姦하면 수범과 종범을 가리지 않고 참형에 처하고, 상한常漢 처녀를 겁간하면 상률常律로 다스리도록 하였다.205) 그런데 『대명률』에는 신분에 관계없이 강간은 교형이므로,206) 일반형률을 적용한다면 상한 처녀를 겁간해도 교형이다. 실제로 숙종 10년(1684)에 이르러 상한 처녀를 겁간한 정범正犯(수범)은 교형에 처하고 종범은 극변에 노비로 삼게 한다는 수교가 반포되었다.207) 곧 양반이나 상한 처녀를 겁간하면 모두 수범은 사형에 처하되, 종범의 처벌은 피해자의 신분에 따라 달라졌다.

셋째, 미수범의 처벌이다. 숙종 28년(1702) 양반 처녀의 겁탈은 성사 여부와 상관없이 수범과 종범을 모두 참형에 처하고, 상한 처녀를 겁탈

---

202) "掠奪場市物貨, 白晝劫奸者, 首倡梟示, 爲從全家徙邊. 據康熙甲子九月日, 改以爲從者, 限己身, 沒爲他道官奴."『受敎輯錄』「刑典」賊盜, 順治 辛卯(효종2) 初定·康熙 甲子(숙종10) 改定; "白晝場市掠奪物貨者, 劫姦女人者, 並首倡斬, 爲從限己身島配."『續大典』「刑典」賊盜. ※숙종 10년 전가율 일괄 개정에 따라 종범만 관노로 삼도록 바뀌었다.

203) "兩班處女, 路中劫勅奸騙者, 不待時斬."『受敎輯錄』「刑典」姦犯, 康熙 壬戌(숙종8).

204) 『성폭력범죄의 처벌 등에 관한 특례법』제2장 제3조(특수강도강간 등), 제4조(특수강간) 참조.

205) "兩班處女劫奪罪人, 不分首從處斬. 常女劫奪罪人, 依常律擧行."『受敎輯錄』「刑典」姦犯, 康熙 辛亥(현종12) 初定.

206) 『大明律』「刑律」犯奸, 犯奸.

207) "據康熙甲子九月日, 常漢女劫奪, 正犯絞. 爲從, 改以限己身極邊爲奴."『受敎輯錄』「刑典」姦犯, 康熙 甲子(숙종 10) 改定.

하려다 실패한 경우 유 3천리에 처하였다.[208] 양반을 우대한 것처럼 보이지만 상한도 중국법과 동일한 수준이었다. 심지어 대한민국의 현행법도 미수범은 별도로 구분하고 있는 실정이다.[209] 상한 처녀에 대한 범죄는 명률 '간범'의 일반 형률을 적용받았고, 여기에 현실의 신분제가 고려되어 양반 처녀에 대한 범죄에 가중 처벌이 이루어진 것이다.

넷째, 여성의 강간여부를 확인하여 피해자를 구제하였다. 근친상간近親相姦의 경우 남녀의 형벌은 동일하게 적용되지만, 여자가 겁간을 당했으면 남자만 참형에 처하였다.[210] 또 비부婢夫가 처의 상전을 강간하면 남자만 참수하였다.[211]

이상은 모두 여성을 약자로 간주하여 취해진 조치이다. 양반이나 상한 처녀에 상관없이 직접 강간한 수범은 모두 사형에 처하였다. 또 종범이나 미수범의 경우, 상한 처녀에 대한 범죄 처벌은 일반 형법(명률)에 해당하고, 양반처녀에 대한 범죄 처벌은 신분제를 고려하여 조선에서 가중 처벌을 행한 것이다. 대한민국의 현행법이 강간으로 죽음에 이를 때만 최고 양형이 사형까지인데 비해서 조선시대 강간범은 사형에 처하였다는 점이 대조적이다. 이것을 단순히 전근대 사회의 혹형으로 재단할지, 여성의 보호의식이 더 강했다고 평가할지는 논의가 필요하다.

---

208) "常漢女劫奪, 未成奸者, 流三千里. 兩班處女劫奪者, 勿論奸與未成, 不分首從, 皆斬."『新補受敎輯錄』「刑典」姦犯, 康熙 壬午(숙종28); "士族妻女奪者, 勿論姦未成, 首從皆不待時斬【註: 士族妾女劫奪者, 同律. ○常賤女子劫奪, 成姦者, 絞. 爲從, 限已身極邊爲奴. 未成者, 杖一百流三千里."『續大典』「刑典」姦犯.

209) 『형법』제300조(미수범) 참조.

210) "士族姦緦麻以上親及緦麻以上親妻者, 不待時絞, 姦大功以上親良妾者絞, 常賤之姦妻母者斬, 姦同母異父姊妹者絞, 姦從父兄弟妻者杖一百流三千里【註: 男女同. 強者, 男斬, 女不坐, 並依本律】."『續大典』「刑典」姦犯.

211) "婢夫姦妻上典者, 男女, 皆不待時斬【註: 强姦, 成者, 男同律, 女不坐】."『續大典』「刑典」姦犯.

② 부인, 노인, 어린이, 장애인

부녀자, 노인, 어린이, 장애인(篤疾·廢疾·殘疾) 등에 대한 감형이나 우대 조치는 멀리는 당률에서부터 연원이 확인되며, 고려에서도 당률을 국내 실정에 맞게 조율해나갔다. 조선 역시 당률과 명률을 참고하여 대체입법을 지속적으로 행하였다.[212] 구체적으로 살펴보면 다음과 같다.

첫째, 부인 범죄이다. 신체적인 처벌을 제한하였다. 현종 12년(1671) 임신한 여인은 70세 노인의 예를 따라서 형추刑推할 수 없도록 하였다.[213] 설령 사죄에 해당하더라도 출산까지 기다렸다가 형을 집행하게 하였다.[214] 심지어 부녀자는 역모가 아니면 국문을 받지 않도록 하였으며,[215] 칼(枷)도 채우지 못하도록 하였다.[216]

둘째, 노인과 미성년자 범죄이다. 『경국대전』에서부터 나이 70세 이상 15세 이하는 강도나 살인이 아니면 가둘 수 없다고 대원칙을 밝혔다.[217] 이러한 기조는 더욱 확대되었다. 역모사건에서 역적의 아비는 사죄에 해당하지만 80세이면 형벌을 감하여 멀리 떨어진 외딴 섬으로 정배하고, 2~3세 아이(⇒黃口)로 귀양을 보내야 할 경우에는 정배하지 않는다고 하였다.[218] 『대명률』을 적용한다면 아비는 사형인데 감

---

212) 김백철, 앞 책, 2016, 247~250쪽.

213) "孕胎女人刑推, 有違法例, 依年七十例, 收贖." 『受教輯錄』「刑典」推斷, 康熙 辛亥(현종12); "孕胎女, 依年七十例, 除刑推收贖." 『續大典』「刑典」推斷.

214) "【註】懷孕者亦待産行刑, 而不用産後百日之例." 『續大典』「刑典」姦犯.

215) 『英祖實錄』卷62, 英祖 21年 12月 辛亥(14日); "婦女, 身犯大逆, 自主陰計, 緊援逆招者外, 勿問." 『續大典』「刑典」推斷; 조지만, 앞 책, 2007, 280쪽 재인용.

216) 『特教定式』, 女人勿枷, 英宗 23年<古951.009 T296>[『承政院日記』, 乾隆 12年 (영조23) 12月 11日(丁卯); 정긍식 외, 앞 책, 2010, 72쪽]; 『受教定例』, 6.女人勿枷, 英宗 23年<古5120-176>[정긍식 외, 앞 책, 2009, 168쪽].

217) "【註】年七十以上十五以下, 非强盜殺人, 則勿囚. 犯盜者免刺." 『經國大典』「刑典」囚禁.

218) "逆賊緣坐流中, 二三歲兒, 勿爲定配." 『受教輯錄』「刑典」推斷, 天啓 甲子

하여 절도에 안치하였고, 아이도 형량에 따라 감형하였다. 더욱이 살인사건으로 죄인을 오랫동안 가두었다 하더라도 나이가 80세가 찼고 증거와 증인이 모두 없어졌으면 사형을 감하여 정배하도록 감형조치를 취하였다.[219]

또한 강도 주범이 사형에 이르지 않은 경우 장 100을 집행하고 절도에 유배하여 노비로 삼았는데, 14세 이하는 장형을 금하고 절도에 유배하여 노비로 삼았다.[220] 어린아이가 비록 강도죄를 범하였으나, 장형을 당하면 목숨을 보장할 수 없었기 때문이다. 심지어 14세 어린아이(⇒兒弱)가 사죄를 범했을 경우에도 감형하여 절도에 유배하도록 하였다.[221]

셋째, 장애인 정책이다. 『경국대전』에는 군인軍人, 민인民人, 노비가 독질이나 폐질이면 모두 역을 면제해주었다.[222] 『속대전』에는 악용 사례에 대한 처벌 규정이 보완되었다.[223] 아울러 귀머거리, 벙어리, 실성한 사람은 살인죄를 범하였을지라도 추문과정에 한계가 있으므로 정배형에

(인조2); "逆賊父年八十以上者, 雖幸免當被之律, 不可以律無明文而置之, 絕島定配."『新補受教輯錄』「刑典」推斷, 雍正 己酉(영조5); "逆賊父年八十者減律絕島定配, 二三歲兒應在放流者勿爲定配."『續大典』「刑典」推斷.

219) "殺獄久囚罪人, 年滿八十證援俱絕者, 減死定配."『大典通編』「刑典」殺獄.

220) "强盜窩主律不至死者, 杖一百, 絕島爲奴【註: 賊人十四歲以下, 絕島永屬爲奴】."『續大典』「刑典」贓盜.

221) 『英祖實錄』卷90, 英祖 33年 12月 壬戌(4日).

222) "軍士年滿六十者, 篤疾癈疾者, 免役. ○有篤疾癈疾, 或年七十以上親者一子, 九十以上者諸子, 免役."『經國大典』「兵典」免役; "奴婢年十五以下六十以上者, 篤疾癈疾者, 所生三口以上貢役者, 免貢役."『經國大典』「刑典」公賤; 김백철, 앞 책, 2016, 247~250쪽.

223) "……虛稱篤癈疾, 冒出公文避役, 容隱閑丁者, 雖或一名, 守令, 罷職. 監考色吏, 全家徙邊, 並勿揀赦前."『受教輯錄』「兵典」軍制, 萬曆 甲辰(선조37);"假稱免賤免役篤疾……圖出立案, 數外侍丁之類, 査出, 當身及一族首奴色吏刑推. 容隱不出 詐僞現著, 依法論斷,"『受教輯錄』「刑典」公賤; "【註】……虛稱篤癈疾, 冒出公文, 容隱閑丁者, 雖一名, 守令罷職, 監·色杖一百充軍."『續大典』「兵典」免役.

그치게 하였다.224)

2) 경제적 보호

① 궁방宮房의 규제

『수교집록』「호전」에는 '제전諸田'에서 궁방절수宮房折受 제한 조치
가 눈에 띤다.225) 곧 왕실이나 세력가의 침탈을 막고자 한 것이다. 숙종
대 궁방절수는 신료와 국왕 사이에 상당한 입장 차이가 있었다.226) 하지
만『수교집록』의 조문은 절수를 최소로 유지하여 선왕先王의 지침을 준
수하는 선에서 타협하였다. 심지어『신보수교집록』에는 궁방의 수세까
지 규정되었고,227) 불법으로 절수한 경우 엄격히 처벌하였으며,228)『대
전통편』에서는 궁방의 절수 한도를 규제하였다.229)

---

224) "殺人罪人, 耳聾口啞, 無以推問, 則不爲就服, 徑先處斷, 有乖常法, 減死定
配."『受敎輯錄』「刑典」殺獄, 康熙 辛酉(숙종7); "顚狂失性, 而殺人者, 減
死定配【註: 殺人者耳聾口啞, 無以推問則不爲取服, 徑先處斷, 有乖常法,
亦依此律】."『續大典』「刑典」殺獄.

225) "宮家免稅, 大君公主四百結, 王子翁主二百五十結, 爲定限."『受敎輯錄』「戶
典」諸田, 康熙 癸卯(현종4); "宮家折受處, 明其四標, 如有民田混入之事,
則各別痛禁."『受敎輯錄』「戶典」諸田, 康熙 戊申(현종9); "兩西田畓, 諸宮
家, 切勿許折受."『受敎輯錄』「戶典」諸田, 康熙 己酉(현종10).

226) 『肅宗實錄』卷19, 肅宗 14年 4月 乙丑(23日)·4月 癸丑(11日).

227) "宮家折受田畓, 一結稅米二十三斗, 昌原則每一負, 捧租二斗."『新補受敎
輯錄』「戶典」收稅, 康熙 乙亥(숙종21); "諸宮家免稅卜定處收稅, 依朝家常
賦一結不過米十八斗例, 收捧."『新補受敎輯錄』「戶典」收稅, 康熙 丁酉(숙
종43).

228) "戊辰以後代受處, 盡爲出給, 而此後宮家代受, 勿許."『新補受敎輯錄』「戶
典」諸田, 康熙 乙亥(숙종21); "舊宮折受, 旣已停止, 新宮則二百結定數. 此
外則更不折受."『新補受敎輯錄』「戶典」諸田, 康熙 己卯(숙종25); "誣罔陳
告, 折受諸宮家各衙門者, 一一移送法曹, 各別論罪【註: 依大明律, 投獻官
豪, 杖一百徒三年】."『新補受敎輯錄』「刑典」禁制, 雍正 戊申(영조4).

궁방전 규제는 각 아문에게도 영향을 미쳤다. 『속대전』은 각 아문의 면세 한도를 규제하였고,[230] 『대전통편』은 각 영營 및 아문衙門의 둔전이나 절수도 궁방처럼 반드시 호조에서 임금의 승인을 얻도록 규정하였다.[231]

더욱이 정조대는 다방면에서 토지 규제가 이루어졌다. 양반호兩班戶의 민전民田 침탈에 대한 방지책도 보완되었다.[232] 또한 능침에 가까운 사찰에 대한 창건을 엄금하고, 원당願堂 역시 일체 혁파하도록 하였다.[233] 이는 대체로 왕실에 의한 사찰 남설을 막는 조처였다. 서원書院의 위토전位土田 역시 본도本道에서 사사로이 내 준 경우 엄중히 치죄하도록 하여, 민전民田 침탈을 사전에 막고자 하였다.[234]

② 공사채公私債 규제

농업을 기반으로 하는 사회에서는 춘궁기를 넘기는 문제 때문에 곡식을 빌리는 행위가 일상화되었고, 이것이 사채 형성이 기본 요인이었다. 조선전기 공채의 대규모 운영은 세종대 환곡을 기점으로 폭발적으로 증가하였다가 소강상태로 접어들었다. 이후 17세기에 접어들면서 전후복

---

229) "郡主四百結【註: 舊宮則一百結】." 『大典通編』「戶典」宮房田.

230) "【註】各衙門免稅田, 毋過定限而收稅, 每一結, 米二十三斗." 『續大典』「戶典」諸田.

231) "【註】營衙門, 屯田及折受, 必依宮房例, 下本曹覆啓稟處." 『大典通編』「戶典」諸田.

232) "勿論空垈及圃田, 許民造家, 本主防塞抵毁者, 以制書有違律論." 『大典通編』「戶典」給造家地.

233) "陵寢至近之地, 創寺刹者嚴禁, 陵官不禁者重勘." 『大典通編』「禮典」寺社, 英宗 庚寅(영조46) 下敎; "京各司各宮房願堂, 一切革罷, 已建者撤毁, 未建者嚴禁." 『大典通編』「禮典」寺社, 當宁 丙申(정조즉위년) 下敎.

234) "均田定界時, 各邑書員輩, 摧剝殘民, 多數聚斂者, 以隱結之律勘之【註: 依受敎, 全家徙邊】." 『新補受敎輯錄』「戶典」量田, 康熙 乙亥(숙종21); "書院請位田, 而本道私自與受者, 隨現重繩." 『大典通編』「禮典」雜令.

구와 진휼 등의 명목으로 조정의 환곡 운영이 재기되는 가운데, 대동법의 시행으로 막대한 자본금까지 확보되면서 국가 주도의 유통경제가 활성화되는 새로운 전기가 마련되었다.235) 자연히 공채의 규제에 대한 필요성으로 나타났다. 곧 전통적으로 이자가 대출금을 넘지 못하는 자모정식子母停息이 존재하였으나 이를 공채의 수익 향상을 위해 제한을 풀어주었다.236) 사채 역시 공채의 적극적인 이식행위를 모방하는 현상이 적지 않았다. 이에 공사채는 전통적인 기민구휼의 곡식 대출 문제가 아니라, 오늘날 펀드를 연상케 하는 형태로 진화하였다.237) 이러한 상황에서 조정의 대응은 기민하지 않을 수 없었다.

첫째, 추심행위를 제한하였다. 대출문서에도 반드시 증필證筆이 있어야만 공인된 문서로 인정하였다.238) 부채로 인해서 함부로 사람을 끌고와서 침학하는 행위를 금단하였다.239) 공채의 족징族徵도 금지하였다.240)

둘째, 채권의 유효기간을 설정하였다. 숙종대는 공사채 모두 3년이 넘은 이자는 인정하지 않았다.241) 영조대는 10년 이자는 1년만 인정하였

235) 한영국, 앞 글, 1998, 179~516쪽; 백승철, 앞 책, 2000, 104~216쪽.

236) "子母停殖之法, 只用於受債之人. 至如監官別將輩之捧授公貨者, 則勿用此規." 『受敎輯錄』「戶典」徵債, 康熙 甲子(숙종10).

237) 김백철, 앞 논문, 2015, 60~65쪽.

238) "凡負私債, 有具證・筆文記者許徵, 過一年不告官者勿聽." 『經國大典』「戶典」徵債; "出債成文, 必具證筆者聽理, 諺文及無證筆者, 勿許聽理." 『受敎輯錄』「戶典」徵債, 康熙 乙卯(숙종1); "私債成文, 諺文及無證筆者, 勿聽." 『續大典』「戶典」徵債.

239) "公家負債者, 親父子外, 侵及一族事, 一切禁斷." 『受敎輯錄』「戶典」徵債; "宗班爲徵私債, 縱其宮奴, 捉致負債人於私門, 任自刑杖, 民不勝怨苦. 若有不遵朝令, 私自侵徵者, 入啓重治." 『受敎輯錄』「戶典」徵債, 康熙 壬申(숙종18).

240) "公家負債者, 親父子外, 侵及一族事, 一切禁斷." 『受敎輯錄』「戶典」徵債, 연대미상; 『特敎定式』, 公債勿徵族, 肅宗 15年<古951.009 T296>[정긍식 외, 앞 책, 2010, 156쪽].

고,242) 심지어 공채는 15년, 사채는 20년을 각각 한도로 정하고, 채무자가 죽으면 모두 탕감하였다.243) 『속대전』에는 아예 사망하면 탕감하는 것으로 반영되었다.244) 오늘날 면책 조항을 보는 듯하다.

셋째, 이자 상한선을 설정하였다. 공채는 10%로 한정하고, 사채는 물화의 종류에 따라 20%(銀·布·錢) 내지 50%(米)가 허용되었다.245) 대개 춘궁기에 쌀을 빌릴 경우 50% 이자를 가을에 갚는 관행은 인정하되, 경제가 발전하면서 순수 이식利殖 행위가 늘어나자, 공채는 10%, 사채는 20%로 제한한 조치이다.246) 『속대전』 단계에는 공사채를 불문하고 20%를 넘기면 처벌하였다.247)

---

241) "公私徵債, 三年之外, 不得計捧邊利, 濫徵者, 繩以法律." 『受敎輯錄』 「戶典」徵債, 康熙 癸亥(숙종9); "出債未報, 迫於侵督, 以田畓折價以給, 或以子女許爲奴婢者, 嚴加痛禁. 而田畓代捧, 子女爲奴婢者, 刑推定配." 『新補受敎輯錄』 「戶典」徵債, 康熙 甲辰(현종5); "徵債利息, 只以三年爲限." 『新補受敎輯錄』 「戶典」徵債, 康熙 丁卯(숙종13); "雖累年未捧, 三年邊利之外, 不得濫徵……限三年, 支計徵給." 『新補受敎輯錄』 「戶典」徵債, 康熙 乙未(숙종41).

242) "……雖十年只徵一年利, 而利 與甲利者, 刑推定配." 『新補受敎輯錄』 「戶典」徵債, 雍正 丁未(영조3).

243) "公債限十五年, 私債限二十年, 非當身現存者, 並蕩減." 『新補受敎輯錄』 「戶典」徵債, 雍正 丙辰(영조12).

244) "凡身死人, 米麴布貨雜物虧欠者, 免徵." 『續大典』 「戶典」徵債; 【註】負私債者, 身死則勿捧邊利." 『續大典』 「戶典」徵債.

245) "……十兩債錢一年邊利二兩, 十斗穀物一年邊利二斗式, 限三年, 支計徵給." 『新補受敎輯錄』 「戶典」徵債, 康熙 乙未(숙종41); "勿論米布銀錢, 京外各衙門, 一從還上例, 什一生殖. 民間, 則米穀用什五, 銀錢布, 則什二生殖. 如或違越者, 則施以杖一百之律." 『新補受敎輯錄』 「戶典」徵債, 康熙 丁酉(숙종43).

246) "凡徵債, 錢則什二, 穀什五, 公債俱以什一取利……." 『新補受敎輯錄』 「戶典」徵債, 雍正 丁未(영조 3).

247) "凡徵債, 勿論公私, 過什二者杖八十徒二年【註……私與甲利者, 杖一百定配, 雖十年, 只徵一年利, 違越者, 杖一百】." 『續大典』 「戶典」徵債.

넷째, 각종 화폐간 환전차를 통해서 사적인 이익을 도모하는 것을 금단하였다. 대동법의 시행으로 현물화폐와 법정화폐의 교환체제를 구축하였다. 당시 화폐는 계절, 지역, 물종 등에 따른 교환가치의 차이가 발생하였다.248) 실제로 폭리를 취하고자 봄에 전錢으로 빌려주고 가을에 곡식으로 받는 경우, 이자는 곡식으로 받고 원금은 전으로 받는 경우, 곡식을 빌려주고 전으로 받는 경우 등을 처벌하였다.249) 관에서 은자를 빌려줄 때에도 본색本色(원금)과 이자를 모두 은자로 받도록 규정하였다.250) 이것은 각자의 가격차뿐 아니라, 전술한 이자상한이 다른 문제(사채 곡식 50%, 기타 20%)도 연동되었기 때문이다.

3) 사법적 보호

① 공권력 남용 제한

사회변동이 진전되어 전통적인 신분관계는 균열이 일어나고 있었으나 여전히 전통적인 지위를 악용하는 사례가 적지 않았다. 조정에서는 서인庶人이 불법적인 핍박을 받지 않도록 보호하는 조치를 취하였다. 이것은 한편으로 취약계층에 대한 배려인 동시에, 다른 한편으로 서인의 지위가 성장한 것을 공인한 것이다.

---

248) 양진석, 『17,18세기 환곡제도의 운영과 기능 변화』, 서울대학교 국사학과 박사논문, 1999, 217~245쪽; 김백철, 앞 논문, 2015, 65쪽.

249) "鄕中殖穀之家, 乘春貸穀, 以錢折直, 及秋以穀徵捧, 半年內坐獲倍蓰 之利, 使民發告, 嚴治其人, 屬公其貨."『新補受敎輯錄』「戶典」徵債, 康熙 丁酉(숙종43); "穀給利者, 勿捧其錢然後, 庶可禁已加利之患, 各別嚴禁, 而若復如此, 施以徙 邊律."『新補受敎輯錄』「戶典」徵債, 雍正 丁未(영조3); "【註】以穀給債, 以錢捧利者, 許負債者發告. 犯者, 杖一百流三千里, 其貨, 屬公. 私與甲利者, 杖一百定配."『續大典』「戶典」徵債.

250) "軍門貸銀子, 本利以本色捧納."『新補受敎輯錄』「戶典」徵債, 康熙 己卯(숙종25).

첫째, 금령禁令 규정을 구체화하였다. 공적인 영역과 한계를 분명히 하였다. 도성都城 사법기구의 근간이 되는 삼법사三法司(형조·사헌부·한성부)라 할지라도 자기 집에서 금령을 내릴 수 없고 어둡고 깊은 밤에 금령을 낼 수 없도록 하였다.[251] 또 관할지역인 서울과 금표禁標 밖에는 금령을 낼 수 없었다.[252] 법률로 제정된 금조禁條 이외에 다른 조문을 만들어 낼 수 없으며 시각을 정했으면 그 시각을 넘어설 수가 없었다.[253] 더욱이 금리禁吏가 금령을 빙자하여 함부로 사람을 잡는 경우에는 장 100에 처하였다.[254] 금리를 사칭하고 여리閭里에서 난폭한 행위를 하는 자는 멀리 정배하는 율로 논하였다.[255]

둘째, 백성 일반의 포도청 송치를 제한하였다. 유생은 비록 추국해야 하는 중죄라 하더라도 포도청으로 송치하지 않았는데, 해당 주에는 다시 서인庶人도 강도와 절도 이외는 역시 송치하지 않으며, 비록 강도와 절도라도 마땅히 자세하게 살펴야 한다고 명시하였다.[256] 따라서 사족과 서인을 모두 포함하여 백성 일반에 대한 사법권의 남용을 막는 조치였다.

② 사적인 불법행위 규제

첫째, 주택을 빼앗는 범죄를 처벌하였다. 여염집을 빼앗아 들어간 자는 도 3년으로 정배하였고,[257] 그것을 빌렸다거나 전세를 내었다고 변명

---

251) "禁吏憑依官令, 晝夜橫挐於閭里. 今後, 三法司出禁, 依前, 皆定時刻, 昏夜 勿出禁吏."『受敎輯錄』「刑典」禁制, 康熙 甲子(숙종10);"三法司【註: 本 曹司憲府漢城府】, 毋得在家出禁, 毋得昏夜出禁."『續大典』「刑典」禁制.

252) "京城禁標外, 毋得出禁."『續大典』「刑典」禁制.

253) "禁條外, 毋得創出他條, 量定時刻, 毋得踰越."『續大典』「刑典」禁制.

254) "禁吏, 憑依橫拿者, 杖一百."『續大典』「刑典」禁制.

255) "【註】假稱禁吏閭里作挐者, 論以遠配之律."『續大典』「刑典」禁制.

256) "以儒爲名者雖係關鞫情, 勿送捕廳【註: 庶人則强竊盜外, 亦勿送, 雖强竊 盜, 亦宜審察】"『續大典』「刑典」捕盜.

하는 경우에도 같은 율을 적용하였다.258) 더욱이 중앙은 매월 오부五部의 책임자가 범법유무를 조사하여 한성부에 보고하고 한성부는 입궐하여 임금에게 보고하도록 하였다. 외방은 관찰사가 조사여서 모두 처벌하도록 하였다.259) 집을 헐고 향리에서 내쫓는 것을 일체 금단하였으며,260)『대전통편』에는 더욱 보완하여 민가民家를 강제로 허물면『대명률』'자신의 방옥房屋을 고의로 태운 율'(장 100)로 논하였다.261)

둘째, 사족이나 관리의 위압적인 행동을 규제하였다. 호강豪强한 품관品官이 향촌을 억압하고 백성을 침범하고 학대하는 경우에는 장 100 유 3000리에 처했다.262) 향전鄕戰을 하는 자는 피차를 막론하고 모두 장 100을 친 후 먼 곳으로 정배하였다.263) 수령이 민가民家와 백성의 무덤에 가시울타리를 치는 경우에는『대명률』의 '제서유위율制書有違律'(장 100)로 논하였다.264)

'제서유위'는 '위령違令'이나 '불응위不應爲'와 더불어 조선에서 가장 흔히 사용되는 명률이다. 동시에 본래 명률의 규정과 조선의 적용방식이

---

257) "閭閻家舍, 驅出本主勒入者, 論以侵占他人房屋之律. 漢城府及當部官員, 掩置不報者, 論以制書有違律."『受敎輯錄』「刑典」禁制, 康熙 乙卯(숙종1); "閭家奪入者, 徒三年定配."『續大典』「刑典」禁制.

258) "【註】 其稱借貰者, 同律."『續大典』「刑典」禁制.

259) "【註】 每朔, 部官擲奸其有·無報漢城府入啓, 而掩置不報者, 以制書有違律論. ○外方則令觀察使査出, 一體勘罪."『續大典』「刑典」禁制.

260) "毀家出鄕, 依仁祖受敎, 一切禁斷."『受敎輯錄』「刑典」禁制, 康熙 丙午(현종7); "毀家出鄕者, 一切禁斷."『續大典』「刑典」禁制.

261) "【註】 勒毀民家者, 以故燒自己房屋律論."『大典通編』「刑典」禁制;『大明律』「刑律」雜犯, 放火故燒人房屋. ※'故燒自己房屋律'은 '放火故燒人房屋'의 제1항의 제1형량을 적용한 것이다.

262) "豪强品官武斷鄕曲, 凌虐百姓者, 杖一百流三千里."『續大典』「刑典」禁制.

263) "鄕戰者, 勿論彼此, 幷依全家徙邊之律."『新補受敎輯錄』「刑典」推斷, 雍正 壬子(영조8); "鄕戰者, 勿論彼此, 杖一百遠地定配."『續大典』「刑典」禁制.

264) "守令棘民家民塚者, 以制書有違律論."『續大典』「刑典」禁制;『大明律』「吏律」, 公式, 制書有違.

사뭇 달라서 그동안 학계에서 대표적인 오용誤用 사례로 이해해왔다. 그러나 국초에는 '제서유위'와 '위령'의 적용은 엄격하였다.265) 점차 입법이 증가하면서 ㉠각종 정책을 반포되는 과정에서 ㉡해당 수교를 어기는 행위를 ㉢제서制書를 위반하는 경우로 처벌하였다.266) 후대에는 해당 수교를 어긴다는 문구가 생략되고 곧바로 조정 정책에 반하면 '제서유위'로 처벌하게 된 것이다(㉠-㉡-㉢⇒㉠-㉢). 따라서 '제서유위'의 적용은 오용이라기보다는 명률의 조선화 과정을 보여주는 사례이다.

셋째, 인신매매를 엄단하였다. 아동兒童를 유인하여 숨겨두었다가 장정壯丁이 되기를 기다려 노비로 삼은 자는 극형의 차형인 장 100 유 3000리에 처하고, 가까운 이웃사람이 알면서도 신고하지 않은 경우에는 한 등급을 감하여 처벌하며, 이를 보고하지 않은 관리는 엄중히 추문하였다.267)

더욱이 스스로 몸을 판자는 『대명률』의 '매처율賣妻律'(장 100 도 3년)로 논하여 양인 보존에 힘썼다.268) 게다가 백성을 천거하여 궁인宮人이 되게 하면 천거한 사람은 도배徒配하였고, 양반의 서녀庶女를 궁인이 되게 하면 극변에 정배하였다.269) 이 때문에 궁녀는 단지 중앙 각사

---

265) 『太宗實錄』卷24, 太宗 12年 8月 戊午(6日); 『太宗實錄』卷26, 太宗 13年 9月 丁丑(1日).

266) "大小人員無號牌者, 除啓聞, 依前受敎, 以制書有違論." 『太宗實錄』卷26, 太宗 13年 12月 癸丑(8日); "其不從敎旨之罪, 誠宜痛懲. 許令憲司考其各司未畢決辭由, 房掌行首, 以制書有違律論罪." 『太宗實錄』卷27, 太宗 14年 4月 乙巳(2日).

267) "誘匿兒童待壯爲奴婢者, 杖一百流三千里, 管領切知而不告者, 減一等, 不報官吏, 重推." 『續大典』「刑典」私賤.

268) "自賣其身者及買者, 論以賣妻之律." 『新補受敎輯錄』「刑典」推斷, 康熙 庚午(숙종16); "自賣其身者, 以賣妻律論." 『續大典』「刑典」禁制; 『大明律』「刑律」盜賊, 略人略賣人. ※'賣妻律'은 '略人略賣人'의 제6항에 해당한다.

269) "薦百姓爲宮人者, 徒配其人矣. 不悛舊習, 以兩班之庶女薦囑爲宮人所薦者, 極邊定配." 『新補受敎輯錄』「刑典」推斷, 雍正 己酉(영조5). ※규장각본은

의 하인만을 뽑아서 입궁시키도록 규정하였다.[270]

‘康熙 己酉’(현종5, 1664)로 되어있으나, 한역연본은 중추원본에 근거하여 ‘雍正 己酉(영조5, 1729)’로 교정하였다. 이는 『증보전록통고』의 연도와 일치하므로, 여기서도 후자를 따랐다. 『增補典錄通考』「형전」推斷, 新補受敎 輯錄, 雍正 己酉(영조5) <古 5120 3>.

270) “宮女抄擇, 只以各司下典選入.”『受敎輯錄』「刑典」雜令, 康熙 甲辰(현종 5); “宮女只以各司下典選入.”『續大典』「刑典」公賤.

6장 국왕의 문무文武 주도권 회복

1. 관료제도의 재편

1) 인사개혁

① 이조낭관吏曹郎官 통청권通淸權

『수교집록』에서부터 눈에 띄는 관료제 변화는 이조吏曹 및 청직淸職 낭청郎廳에 대한 인사권 문제이다. 숙종 9년(1683) 이조에 비록 공무公務를 수행하는 낭청이 없더라도 장관長官이 다른 당상관堂上官과 함께 서로 통청通淸을 의논하도록 하였다.1) 숙종 11년(1685)에는 이조 낭청은 당상관이 스스로 골라 의망擬望하며, 당하관 청직 의망은 이조 낭청으로 하여금 후보자를 정하게 하되, 당상관과 낭청이 가부를 상의하며, 낭관이 없을 때는 당상관이 서로 통청을 의논하게 하였다.2) 사림의 정계 진출 이래 당하관은 자천自薦을 통해 권력기반을 갖추었는데, 당하관(정랑·좌랑)은 당상관과 가부可否를 상의하도록 규정하였다. 더욱이 당하관 부재시 이조 판서가 당상관과 논의하도록 하여, 당하관의 독자적인

---

1) "本曹雖無行公郎廳, 長官與他堂上, 相議通淸." 『受敎輯錄』 「吏典」官職, 康熙 癸亥(숙종9).

2) "本曹郎廳, 則堂上自爲選擬, 堂下淸望, 則使郎廳, 依前通塞, 堂上郎廳相議可否, 無郎官時, 堂上相議通淸." 『受敎輯錄』 「吏典」官職, 康熙 乙丑(숙종11); "本曹郎廳·堂上選擬, 堂下淸望則使郎廳依前通塞, 堂上郎廳相議可否, 無行公郎官時長官與他堂上, 相議通淸." 『大典通編』 「吏典」京官職, 肅宗 乙丑(숙종11).

인사 권한을 용인하지 않았다.

하지만 위 수교의 입법취지는 시기별 전혀 다르게 인식되었다. 첫째, 탕평정국하 국왕을 대리하는 재상에게 인사권이 집중되는 경향을 반영하였다.[3] 해당 조문의 『수교집록』 간행은 숙종후반 탕평정국하에서 이루어졌고, 점차 당상관의 개입을 높이는 성격을 띠고 있다.[4] 초기연구에서 낭관권郎官權 형성에 당상관이 개입하지 않는 점을 주요 특징으로 평가해왔다.[5] 따라서 위 수교는 탕평론의 제창과 군주주도의 정국운영이 가시화된 시대상을 반영한다. 영조대 『속대전』에는 전랑법銓郎法 혁파로 계승하여 이조 낭관이 통청을 주장하는 것이 금지되었다.[6]

둘째, 붕당정치를 뒷받침하는 수교로 이해되기도 했다.[7] 정조즉위초 법리해석상 역전현상이 나타났다. 『대전통편』에는 역설적이게도 정조초반 범청류 주도 정국에서 숙종의 수교를 재수록하면서 영조가 폐지한 전랑법을 오히려 복구하였다.[8]

그러나 정조대 "전랑법의 부활"의 의미는 당상관과 논의를 전제로 당

3) 인사권 재상집중 경향은 다음 참조. 이근호, 『조선후기 탕평파와 국정운영』, 민속원 2016.

4) 숙종대 왕권의 위상은 다음 참조. 이상식, 『숙종의 정권운영과 왕권 연구』, 고려대학교 사학과 박사논문, 2005.

5) 최이돈, 「16세기 낭관권의 형성과정」 『한국사론』14, 서울대학교 국사학과, 1986, 5쪽.

6) "吏曹郎官, 以曾經三司通融差出, 革其主張通淸之弊【註: 假郎廳, 毋得啓下】." 『續大典』「吏典」京官職; 박광용, 「탕평론과 정국의 변화」 『한국사론』, 서울대학교 국사학과, 1984, 199쪽.

7) 구덕회, 앞 글, 2001, 13쪽.

8) "復吏郎通淸之制.……予則曰我朝士大夫之淬礪名行, 以其有官方之不雜也." 『正祖實錄』卷1, 正祖 卽位年 5月 己亥(29日); "吏郎之復古, 亦屢朔矣. 古之設置吏郎者, 使吏議掌堂上通塞, 吏郎掌堂下通塞." 『正祖實錄』卷2, 正祖 卽位年 9月 己丑(21日); "復銓郎法." 『大典通編』「吏典」京官職, 當宁 丙申(정조즉위년); 김성윤, 『조선후기 탕평정치 연구』, 지식산업사, 1997, 159~168쪽.

하관이 참여할 수 있도록 하는 선에 그친 것으로 평가된다. 이것은 기실 제한적 전랑법의 부활이며, 숙종대 수준의 허용을 의미한다. 또한 시행 당시부터 한시적 허용임을 강조하였다.9) 정조 13년(1789) 국왕의 국정 주도권이 고양된 상황에서 영조대 정책으로 복귀하였다.10) 결국 동일한 수교일지라도 시대별 정치상황에 따라 전혀 다르게 인식한 것이다.

② 승진체계 재정비

첫째, 『경국대전』체제를 명분으로 구임관久任官 제도를 복원하였 다.11) 긴요한 관사의 관원은 30개월동안 근무일수를 지키도록 하였 다.12) 관상감 교수, 승문원 이문학관吏文學官, 치종교수治腫敎授 등은 45개월에 자리를 옮기도록 하였다.13) 중앙은 형조·호조·한성부·의금 부·장례원 등의 낭관과 사헌부 감찰은 6개월동안 구임하게 하였다.14) 외방은 당하관 수령은 30개월, 당상관 수령은 20개월, 변방 수령은 1년

---

9) 【註】姑許群請, 隨時沿革."『大典通編』「吏典」京官職, 當宁 丙申(정조즉위 년). ※이는 만세불변의 원칙을 "大典"에 등재한다는 원칙과는 일정 부분 괴 리가 있으며, 『대전통편』의 현재 지향성을 보여준다.

10) 『正祖實錄』卷28, 正祖 13年 12月 己未(8日); "罷銓郎法."『大典會通』「吏 典」京官職, 正宗 己酉(정조13).

11) "各司久任官, 依大典, 遷轉安徐. 如監察守令陞品官及凡擇差處, 勿論久任." 『受敎輯錄』「吏典」官職, 嘉靖 丙午(명종1); "各司久任官, 遷轉安徐【註…… 而如監察守令陞品官及凡擇差處, 勿拘】."『續大典』「吏典」考課

12) "緊司官員久任, 以三十朔爲限, 限內有效者, 論賞陞品, 無實效者, 當有論責 之擧."『新補受敎輯錄』「吏典」京官職, 雍正 丁未(영조3); "【註】久任以三十 朔爲限."『續大典』「吏典」考課.

13) "觀象監敎授, 吏文學官, 以四十五朔遷轉, 治腫敎授, 亦依此例."『新補受敎 輯錄』「吏典」京官職, 雍正 甲辰(경종4).

14) "刑戶曹, 京兆, 禁府, 監察, 隸院等, 郎官, 六朔前, 不得移差, 若有不得已處, 自詮曹觀勢備擬, 而望下幾朔懸註, 各別擇差, 以爲久任之地."『新補受敎輯 錄』「吏典」京官職, 雍正 辛亥(영조7); "刑戶曹, 京兆, 禁府, 監察, 掌隸院, 郎官, 六朔前母得遷轉."『續大典』「吏典」考課.

동안 옮기지 못하게 하였다.[15] 이는 다음 승진제도에도 영향을 미쳤다.

둘째, 참하관參下官(7품)에서 참상관參上官(6품)으로 승진하는 절차를 체계화하였다. 승륙陞六은 의금부 도사都事를 비롯하여,[16] 별검別檢 체아직遞兒職이나,[17] 이문학관이나 제술관,[18] 혹은 장녕전 참봉[19] 등은 대개 30개월을 근무한 이후에야 승진이 가능하도록 제도화하였다. 법전에는 각 아문별로 일수가 점차 세분화되었으나,[20] 빈도가 가장 높은 공통 근무일은 30개월 기준이다.[21] 이것은 구임관제 복구와 연동되어 이

---

15) "堂下守令三十朔, 堂上守令二十朔, 邊地守令周年後, 始得遷轉他職."『續大典』「吏典」考課.

16) "義禁府都事, 參下則仕滿三十朔, 直出六品."『受敎輯錄』「吏典」官職, 康熙 壬寅(현종3).

17) "別檢七遞兒, 依禁府都事例, 仕滿三十朔, 直出六品."『受敎輯錄』「吏典」官職, 康熙 庚戌(현종11).

18) "吏文學官六員內二員, 陞爲參上. 遞兒初授滿三十朔, 陞授參上. 又滿三十朔, 通計前後六十朔, 陞出六品. 製述官中參下人員, 亦同."『受敎輯錄』「吏典」官職, 康熙 壬戌(숙종8);『肅宗實錄』卷35, 肅宗 27年 正月 辛亥(23日). ※체아직으로부터 30개월뿐 아니라 통산 60개월로 규정함으로써 다양화 징후가 보인다.

19) "長寧殿參奉一員, 改以別檢, 文臣差出, 三十朔出六."『新補受敎輯錄』「吏典」京官職, 康熙 辛丑(경종1).

20) 승륙 기준이 대전류에서 30개월 이외에 15개월, 20개월, 24개월, 45개월 등으로 분화되었다.【15朔】『續大典』「吏典」, 京官職, 正一品衙門, 備邊司;『大典通編』「兵典」京官職, 從六品衙門, 守門將廳;『大典會通』「吏典」京官職, 從六品衙門, 各陵;【20朔】『續大典』「兵典」京官職, 正三品衙門, 五衛, 忠武衛;『續大典』「兵典」京官職, 軍營衙門, 訓鍊都監·扈衛廳;『續大典』「兵典」京官職, 散職, 內司僕寺;『大典會通』「吏典」京官職, 正一品衙門, 議政府;【24朔】『續大典』「兵典」京官職, 正三品衙門, 宣傳官廳;『大典會通』「兵典」京官職, 正三品衙門, 五衛, 忠武衛;【45朔】『續大典』「兵典」京官職, 散職, 能麾兒廳;『大典通編』「吏典」考課;『大典會通』「吏典」京官職, 正一品衙門, 宗親府.

21) "【註】原典經歷都事, 今並作參上參外都事. 參外仕滿九百陞六品."『續大典』「吏典」京官職, 從一品衙門, 義禁府;"【註】假引儀從除授-次第不計仕陞兼引

루어진 조치이다.

더욱이 승진을 엄격히 하였을 뿐 아니라, 일단 6품 이상을 월품越品해서 서용敍用하면 다시 낮은 관직을 줄 수 없도록 지위를 보장하였다.[22] 시정기時政記를 바치지 않은 사관史官은 승급이 제한되었다.[23] 아울러 참하관이 과거에 합격하면 6품 승급을 허락하였다.[24] 처음에는 과거 합격자가 나이 50이면 되면 6품으로 올렸으나,[25] 다시 분관分館 규정이 추가되었다.[26] 충의위忠義衛 역시 자궁資窮에 이르렀으나 아직 6품 실직을 거치지 않았는데 과거에 등과하면 삼관에 분관된 뒤에 6품으로 올려주었다.[27]

儀, 仕滿三十朔陞六品."『續大典』「吏典」, 京官職, 正三品衙門, 通禮院; "【註】假監役, 從授次第不計仕陞實官, 通計假官, 仕滿九百, 陞六品."『續大典』「吏典」, 京官職, 從三品衙門, 繕工監; "【註】並受司果以下遞兒祿, 仕滿九百陞六品."『續大典』「吏典」, 京官職, 權設職; "蔭官三十朔陞六品時, 申計日之令【註: 桂坊參外官亦同】."『續大典』「吏典」考課; "【註】監役官四員, 分掌都城標內東西南北道, 蔭官初仕受遞兒軍職祿, 仕滿九百陞六品."『續大典』「兵典」京官職, 散職, 四山參軍; "文臣參下, 司錄訓導別檢察訪, 仕滿三十朔陞六."『大典通編』「吏典」考課; "【註】槐院國子參外各一員差守直官, 仕滿九百陞六."『大典通編』「吏典」京官職, 耆老所.

22) "六品以上陞敍, 則越品後, 不得通用, 參下官陞敍, 限六品通用."『受敎輯錄』「吏典」官職, 康熙 乙丑(숙종11).

23) "官遷轉時, 時政記, 如未畢修, 勿許陞出六品."『受敎輯錄』「吏典」官職, 康熙 甲子(숙종10); "翰林, 每都右位一員, 待其修史, 許陞六品."『續大典』「吏典」考課.

24) "重試參下官, 依參上官加資准職例, 陞出六品."『受敎輯錄』「吏典」官職, 順治 丁酉(효종8); "【註】參外, 雖乙科以下, 並陞六品."『續大典』「吏典」, 諸科.

25) "登科者, 年滿五十, 則雖已有資, 亦出六品."『受敎輯錄』「吏典」官職, 康熙 戊午(숙종4).

26) "分館前, 不得通說書, 分館前, 不得以年五十陞六."『新補受敎輯錄』「吏典」京官職, 雍正 丁未(영조3); "新及第年滿五十者, 分屬三館後陞六品."『續大典』「吏典」諸科.

27) "忠義衛, 資窮而未經六品實職登科者, 分屬三館後, 六品遷轉."『受敎輯錄』

셋째, 당하관堂下官(정3품 하계)에서 당상관堂上官(정3품 상계)으로 승진하는 절차도 엄격히 규정하였다. 정3품 당하관에서 당상관으로 올라가기 위해서는 반드시 실직實職을 거치도록 하여 인사절차를 체계화하는 방향으로 재조정되었다.28) 당상관의 품계는 자궁資窮이면서 준직準職을 거친 자에게만 내릴 수 있었다.29)

결과적으로, 관료체계 내에서 누적된 경력을 쌓아 권력의 중심으로 진출할 수 있도록 하였다. 인사체제의 정비는 국왕의 관료장악과 지지기반 확대를 뒷받침하였다. 전반적으로는 안정적인 관료체계를 구축하여 왕정의 초석을 놓고자 하였다. 18세기 관료체제의 강화를 통해 탕평정국의 기반을 마련한 사례로 이해된다.

2) 국왕 중심 제도개혁

① 규장각奎章閣

『대전통편』에서 가장 주목되는 부분은 규장각의 설치이다. 규장각은 정조대 실질적인 국왕의 개혁을 뒷받침했던 세력의 중심축이었다.30) 규

「吏典」官職, 嘉靖 壬子(명종7); "功臣嫡長上護軍登科者, 參外陞六品, 參上加資."『續大典』「吏典」諸科. ※충의위는 공신적장손이 속하는 곳이고, 『속대전』에서 상호군은 정3품 체아직이므로 수교의 취지가 『속대전』에 반영되었다.

28) "未准職則雖資窮, 勿許陞堂上."『受敎輯錄』「吏典」官職, 天啓 甲子(인조2); "資窮而未經準職者, 勿許陞堂上."『續大典』「吏典」除授.

29) "堂上賞加, 資窮准職者外, 不得濫授."『受敎輯錄』「吏典」官職, 順治 丁亥(인조25).

30) 규장각은 다음 참조. 설석규, 「규장각 연구(상·하)」『대구사학』29·31, 대구사학회, 1986; 이태진, 『왕조의 유산』, 지식산업사, 1994; 정옥자, 『정조의 문예사상과 규장각』, 효형출판, 2001; 배현숙, 「규장각 조직에 관한 연구」『동양학』37, 단국대학교 동양학연구소, 2005; 한영우, 『문화정치의 산실, 규장각』, 지식산업사, 2008; 김문식 외, 『규장각: 그 역사와 문화의 재발견』, 서울대학

장각에 관한 각종 조치는 「이전」, 「예전」, 「형전」, 「병전」 등에 상호 유기적으로 연동되어 반영되었다.

「이전」에는 종2품아문 맨처음에 규장각을 설정하고, 종2품 제학提學을 최고 책임자로 두었다. 그 역할은 열성列聖의 어제御製, 어필御筆, 고명顧命, 그리고 당저當宁의 어진御眞, 어제, 어필를 봉안한다고 규정하였다.[31] 더욱이 교서관校書館까지 외각外閣으로 편입시켜 서적의 인새와 반포 기능까지 규장각 관할에 두었다.

「예전」에는 "『선원보략璿源譜略』을 규장각에 안치할 때에는 각신閣臣 2인이 함께 봉심奉審해야 한다"고 규정하였다.[32] 왕실의 상징을 규장각에 보관한다는 상징적인 의미가 있었다. "규장각에 모신 임금의 초상화는 매년 봄 가을 첫달에 왕세자가 현직·전직 각신을 거느리고 좋은 날을 택해 봉심하며 4계절의 첫달 보름에는 현직·전직 각신이 봉심한다"는 규정이 들어있다.[33] 이것은 규장각의 본래 기능이 어진과 어제 보관이긴 하지만, 국왕의 존엄을 상징하는 행사를 규장각을 중심으로 진행하고 이를 차기 왕위계승자 왕세자가 직접 주관하는 것을 이름한다. 또 왕세자가 주관하지 않을 때는 각신이 대리하여, 각신의 위상을 드러내주는 조문이다. 한편, 규장각 서적의 출입기록을 철저히 할 것을 규정하여, 여느 관서의 기록물과 차별화하였다.[34]

교출판문화원, 2009.

31) "敬奉列聖御製御筆顧命, 當宁御眞御製御筆." 『大典通編』 「吏典」京官職, 從二品衙門, 奎章閣.

32) "源譜略奉安奎章閣時, 宗簿寺堂郎, 與閣臣二員, 進詣奉安." 『大典通編』 「禮典」藏文書.

33) "奎章閣奉安御眞每歲春秋孟朔, 王世子率時原任閣臣, 涓吉奉審, 每四孟朔望日, 時·原任閣臣奉審." 『大典通編』 「禮典」奉審.

34) 이 규정은 『속대전』에서 홍문관 서책을 館中에서만 열람하도록 한 조치를 준용한 내용으로서 규장각을 홍문관의 위상으로 위치시키고자 한 의도가 드러난다. "弘文館書册出納時, 用象牌, 雖官員, 只於館中披覽, 毋得擅出闕門外."

규장각에는 초계문신抄啓文臣을 두었다. 참상관參上官 및 참하관參下官 중 승문원承文院에 분관分館된 사람을 37세 이하에 한하여 뽑아서 의정부에 통하여 임금에게 보고하며, 40세가 되면 그만두게 하였다.[35] 이들에게는 매월 초하룻날 규장각에서 임금에게 여쭈어 친시일親試日로 정하고, 20일은 친강일親講日로 정하며, 시관試官은 규장각 전현직 각신을 열서列書하여 임금에게 아뢰어 낙점落點을 받도록 하였다.[36] 또한 각신은 상견례相見禮 규정도 별도로 두었다.[37] 이는『경국대전』에서 관료의 상견례 규정을 정리한 것을 각신에게도 확대한 내용이다.[38]

게다가 아문의 위상 역시 실제 등급보다 우대하였다. 규장각에서 대신아문大臣衙門(정1품)에 보낼 때 관문關文을 사용하도록 하였고, 각 관청 및 각 도道에서 규장각 보낼 때는 첩정牒呈을 이용하도록 하였다.[39] 관문은 동등이하 아문에 사용하는 것이고, 첩정은 동등이상 아문에 보내는 형식이다.[40] 규장각은 종2품 아문임에도 불구하고, 그 위상이 1품아문과 동등하게 부여된 것이다.

『續大典』「禮典」藏文書; "凡內閣書籍, 有命入或請出之時, 必塡其書名於牙牌, 而請出時, 則必書請出閣臣姓名."『大典通編』「禮典」藏文書.

35) "奎章閣抄啓文臣, 以參上參外中槐院分館人, 自政府限三十七歲以下抄啓, 而年滿四十則減下."『大典通編』「禮典」獎勸.

36) "每月初一日, 內閣稟定親試日, 二十日稟定親講日, 試官自內閣, 列書時, 原任閣臣入啓受點."『大典通編』「禮典」獎勸.

37) "內閣直閣待敎於提學就前拜, 則提學擧手答揖, 於直提學就前拜, 則直提學鞠躬答揖. 待敎就前鞠躬揖, 則直閣鞠躬答揖. 直提學就前鞠躬揖, 則提學鞠躬答揖. 一二提學, 一二直提學, 一行並揖."『大典通編』「禮典」京外官相見.

38) 『經國大典』「禮典」京外官相見.

39) "內閣公移, 雖大臣衙門必皆通關, 若各司各道報內閣, 則皆具書目牒呈."『大典通編』「禮典」用文字式.

40) "凡中外文字, 同等以下用關, 以上用牒呈, 七品以下用帖."『經國大典』「禮典」用文字式.

각신 및 규장각의 위상에 관한 조문은 「형전」에서도 뚜렷히 보인다. 각신에게는 전·현직을 막론하고 형신刑訊할 수 없도록 하였고, 항쇄項鎖를 채울 수도 없었으며, 각신은 임금의 전지傳旨없이는 의금부에서 잡아 가둘 수도 없었다.41) 이는 규장각이 국왕권을 직접적으로 뒷받침하는 친위세력임을 입증하는 자료이다. 더욱이 「병전」에서도 각신은 임금이 사용하는 내사복시內司僕寺의 말을 타는 것을 허락받을 정도였다.42)

② 왕실의례 정비

영조대부터 국왕 주도로 의례儀禮가 재정비되었다. 왕실 전례는 『춘관지春官志』(영조20, 1744/[증보]정조5, 1781), 『속대전』「예전」(영조22, 1746), 『속오례의』(영조22, 1746)를 비롯하여 『국혼정례國婚定例』(영조25, 1749), 『속오례의보續五禮儀補』(영조27, 1751), 『상례보편』(영조28~영조34, 1752~1758), 『대전통편』「예전」(정조9, 1785), 『춘관통고春官通考』(정조12, 1788), 『국조오례통편國朝五禮通編』(순조10, 1810) 등으로 지속적으로 편찬되었다. 그중 상징성이나 정치적 파장이 커서 법전에까지 반영된 경우를 살펴보면 다음과 같다.

첫째, 국왕 친임親臨 의례이다. 영조는 열성列聖의 중단된 전통을 계술繼述하는 차원에서 친경례親耕禮, 시학의視學儀, 대사례大射禮, 양로연養老宴 등을 부활시켜 국왕 자신의 권위를 재정립하였다.43) 그중 친

---

41) "【註】 閣臣勿論時原任勿請刑, 勿項鎖, 時任拿推者, 政院先捧閣職遞差傳旨, 該府勿爲拿囚, 開坐捧供後, 出送待命所, 原任勿用此例." 『大典通編』「刑典」 推斷.

42) "動駕時及奉命時, 閣臣許乘內廐馬." 『大典通編』「兵典」廐牧.

43) 【친경례】 『英祖實錄』卷48, 英祖 15年 正月 甲戌(27日); 『英祖實錄』卷57, 英祖 19年 3月 壬午(28日); 『英祖實錄』卷79, 英祖 29年 正月 丙寅(10日); 『英祖實錄』卷103, 英祖 40年 2月 辛卯(9日); 『英祖實錄』卷108, 英祖 43年 正月 己丑(24日)·2月 庚申(26日);【시학의】 『英祖實錄』卷33, 英祖 9年 2月 丙辰(4日) ; 『英祖實錄』卷55, 英祖 18年 4月 壬寅(13日);【대사례】 『英祖實錄』卷57, 英

경례가 가장 상징성이 큰 국왕 의례로서 법전에 수록되었다. 친경시 수확 곡식은 『속대전』「호전」에서 다루고 있으나, 구체적 의주儀註는 『대전통편』에 비로소 명기되었다.[44]

둘째, 왕실 사당의 정비이다. 영조는 사친을 위해서 육상묘毓祥廟[45]에 매년 전배展拜하는 것을 법전에 등재하였고,[46] 육상궁毓祥宮 고비考妣의 묘지기까지 급복하였다.[47] 정조 역시 이를 본받아서 사도세자思悼世子의 사당인 경모궁景慕宮을 봄·가을로 전배하게 하였고,[48] 종묘와 동일하게 출입시간과 의복을 맞추었으며,[49] 심지어 법전의 독립적인 항목으로 만들었다.[50] 양자는 모두 국왕의 사친에 대한 효를 나타내면서

祖 19年 閏4月 乙卯(2日);『英祖實錄』卷103, 英祖 40年 2月 庚寅(8日);【양로연】『英祖實錄』卷57, 英祖 19年 3月 辛巳(27日) ;『英祖實錄』卷116, 英祖 47年 4月 乙亥(5日); 지두환,『조선전기 의례연구: 성리학 정통론을 중심으로』, 서울대학교출판부, 1994, 137~165쪽; 김백철, 앞 책, 2014, 71, 216쪽.

44) 『親耕儀軌』(영조15) <奎 14937>;『親耕儀軌』(영조43)<奎 14541>;"親耕時, 盡百畝之制, 收黍稷稻粱, 以供粢盛."『續大典』「戶典」籍田;"親耕禮, 本曹每歲首草記稟旨, 有下敎則擧行."『大典通編』「禮典」雜令.

45) 영조 원년(1725) 淑嬪의 사당을 지었고, 영조 20년경 毓祥宮[廟?]으로 정하였으며, 영조 28년(1752) 昭寧墓를 昭寧園으로, 毓祥廟를 毓祥宮으로 개칭하였다. 그러나 연대기는 육상묘와 육상궁을 혼용하는 경우가 많아서 『속대전』의 이중표기도 이 때문인 듯하다.『英祖實錄』卷8, 英祖 元年 12月 丙戌(23日);『英祖實錄』卷127, 英祖大王行狀.

46) "【註】毓祥廟展拜, 每年季春稟行."『續大典』「禮典」奉審.

47) "【註】毓祥宮考妣墓直給復."『續大典』「戶典」徭賦.

48) "【註】宗廟景慕宮展拜, 以孟春孟秋稟定."『大典通編』「禮典」奉審;"景慕宮每年春秋奉審, 本宮提調與戶曹及本曹堂郞同爲進去, 修改則工曹堂郞亦參……○景慕宮每五日, 入直官奉審."『大典通編』「禮典」奉審;"景慕宮牆, 本曹判書與本宮提調春秋巡審【註: 牆垣修築, 依官牆例自三軍門擧行】."『大典通編』「兵典」擲奸.

49) "宗廟外大門依闕門例, 入直部將親監開閉【註: 景慕宮同】."『大典通編』「禮典」雜令;"宗廟守僕廟內所着之服, 春秋看審, 自戶曹題給【註: 大門內常着及闕中出入時則並紅衣 ○景慕宮同】."『大典通編』「禮典」雜令.

도 왕과 왕후의 예제를 사용하지 않는 절제 속에서 군주의 대의명분을 뒷받침하였다.

셋째, 왕실의 진전眞殿을 정비하였다. 『속대전』에는 전주의 경기전慶基殿(태조 御眞), 영흥의 준원전濬源殿, 경성(한성) 영희전永禧殿(태조·세조·원종·숙종·영조·순조 어진), 강화의 장녕전長寧殿(숙종·영조 어진), 만녕전萬寧殿(영조 어진), 수원의 화녕전華寧殿(정조 어진) 등이 이때 수록되었다.51)

넷째, 서울 인근 왕실의 소외된 묘소도 정비하였다. 영조~정조대 활성화된 능행陵幸이 활발히 이루어졌는데,52) 이 과정에서 여타 원묘園墓 제도가 재정비되었다. 뚜렷한 후손이 없던 순회묘順懷墓(明宗의 子, 順懷世子), 소현묘昭顯墓(仁祖의 子, 昭顯世子), 민회묘愍懷墓(昭顯世子 嬪 姜氏), 의소묘懿昭墓(英祖의 孫, 懿昭世孫), 효창묘孝昌墓(正祖 子, 文孝世子) 등에도 수위관守衛官을 2인씩 배치하였다.53) 사도세자 추도사업의 일환으로 영우원永祐園의 승격도 이루어졌다.54)

다섯째, 팔도에 선왕조先王朝의 시조묘始祖廟도 정비하였다. 이미 『경국대전』에서부터 경기도에 숭의전崇義殿을 세워서 고려의 여러 군주도 치제하였다.55) 여기에 『속대전』에서는 평안도 숭인전崇仁殿을 등재하

50) "掌守衛宮廟." 『大典通編』 「吏典」京官職, 從五品衙門, 景慕宮.
51) 『續大典』 「吏典」京官職, 從六品衙門, 各殿.
52) 김문식, 「18세기후반 정조능행의 의의」『한국학보』88, 일지사, 1997, 39쪽 "<표1>정조의 능행일지(1776~1800)".
53) 『大典通編』 「吏典」京官職, 各墓, 順懷墓·昭顯墓·愍懷墓·懿昭墓·孝昌墓.
54) 사도세자의 묘소는 영조연간 垂恩墓로 지칭되다가 정조 즉위년(1776) 永祐園으로 승격하여 『대전회통』에 수록되었다. 이후 정조 13년(1789) 顯隆園으로 바뀌었다가, 고종 36년(1899) 隆陵으로 승격되었다. 【垂恩墓】『英祖實錄』卷122, 英祖 50年 5月 甲子(12日); 【永祐園】『正朝實錄』卷1, 正朝 卽位年 3月 辛卯(20日); 『大典通編』 「吏典」京官職, 園, 永祐園; 【顯隆園】『正朝實錄』卷28, 正朝 13年 10月 己未(7日); 『顯隆園園所都監儀軌』<奎 13627>, <奎 13628> ; 『高宗實錄』卷39, 高宗 36年 9月 1日(陽曆).

여 기자(고조선)를 모셨으며,56) 개성부에 고려 태조도 추가하였다.57) 또
『대전통편』에서는 경상도 숭덕전崇德殿(신라시조묘), 평안도 숭령전崇
靈殿(東明王)도 수록하였다.58)

③ 인사권의 재조정

국왕의 인사권이 직·간접적으로 강화되었다. 첫째, 시종신의 인사는
반드시 군주의 확인을 거치도록 하였다. 군주를 가까이에서 보필하던 삼
사三司·춘방春坊이나 교육을 총괄하던 국자國子의 장장長은 지방관으로
임명하고자 할 경우, 사전에 임금에게 계청啓請하여 후보자를 정하도록
하였다.59) 아울러 대리청정시 세자시강원世子侍講院의 관리를 모두 춘
추관春秋館에 배정하였는데,60) 이는 차기 국왕의 권력기반을 만들어주
는 역할을 하였다.

둘째, 인사상 특례에 해당할 경우에도 임금에게 허가를 받도록 하였
다. 대신에게 물어서 차출할 때 파직된 자와 해유解由되지 않은 자를 의
망擬望하면 이조에서 임금에게 품의하도록 하였다.61) 이것은 『속대전』
「형전」에서 관료에 대한 사법절차 집행시 모두 국왕에게 하나하나 지시
를 받아서 하도록 한 조치와 같은 맥락이다. 인사권에 대한 국왕의 직접
적인 장악도가 어느 정도가 되는지를 보여주는 사례이다.

셋째, 국왕권과 긴밀한 관련이 있는 아문의 인사권을 엄격히 관리하

---

55) 『經國大典』卷1, 吏典, 外官職, 京畿, 崇義殿.
56) 『續大典』「吏典」外官職, 平安道, 崇仁殿.
57) "麗太祖春秋祭需, 自開城府備送."『續大典』「禮典」祭禮.
58) "【註】新羅始祖廟, 在慶州."『大典通編』「吏典」外官職, 慶尙道, 崇德殿;
    "【註】東明王廟, 在平壤."『大典通編』「吏典」外官職, 平安道, 崇靈殿.
59) "三司春坊國子長, 外任啓請備擬."『大典通編』「吏典」除授.
60) "代聽時, 春坊實兼官, 皆兼帶春秋銜."『大典通編』「吏典」京官職.
61) "凡問于大臣差出時, 罷職及解由未出人, 破格備擬, 本曹啓稟."『大典通編』
    「吏典」除授.

였다. 형정을 주관하는 대표적인 아문인 의금부義禁府와 형조刑曹의 당
상관은 서로 겸직할 수 없도록 분리시켰다.[62] 이는 두 기관의 분리를 통
해서 사법체계를 일정한 견제 속에 둔 것이다. 전자가 임금에 의한 특별
사법기구라면 후자는 일반적인 형정을 다루는 기구로서 역할이 다른데
실무자가 동일하면 역할과 경계가 모호하므로 국왕직속기구의 사법권을
구분하였다. 또한 무신武臣 의금부 판사는 반드시 병판을 거치도록 하
여, 요직을 거친 인물을 등용하였다.[63] 일련의 조치는 "왕부王府"로 별
칭되던 의금부의 위상을 강화하기 위한 것이다.

넷째, 군주를 보필하는 대신의 자격 요건을 높였다. 중추부中樞府는
영사(정1품)는 대신(삼정승) 이상이고, 판사(종1품)는 이판·예판·병판 등
을 역임한 사람이 아니면 맡을 수 없도록 참여요건을 제한하였다.[64] 중
추부는 소임이 없는 문무당상의 우대직이지만, 실제로는 돈녕부敦寧府
와 더불어 전직 삼정승 출신이 맡으면서 군주의 자문 역할을 하였다.[65]

3) 관인과 백성의 확대

① 백성 범주의 확장

조선후기에는 국가에서 백성을 파악하는 방식이 점차 확대되어, 관인
을 제외한 모든 피통치자를 하나의 범주로 재설정하고자 노력하였다. 첫
째, 상한常漢(平民=良民=庶人)과 사족士族(士大夫)의 신분적 구분이

---

62) "金吾堂上拜秋曹, 則遞金吾. 秋曹堂上拜金吾, 則遞秋曹【註: 三司長官不得
   兼金吾摠管. ○將臣不得兼兩司長官】."『大典通編』「吏典」京官職.
63) "武臣, 判義禁, 經兵判後通擬."『大典通編』「吏典」京官職.
64) "【註】大臣外毋得付領事, 未經冢宰宗伯司馬之人, 毋得付判事."『大典通編』
   「兵典」京官職. 正一品衙門, 中樞府.
65) 성종대부터 1품 대신그룹의 성장이 눈에 띤다. 김백철, 앞 책, 2016, 395~
   399쪽.

점차 완화되는 경향이 감지된다. 『수교집록』에 실린 명종대 수교는 사족과 상한은 엄격히 구분하여 상한이 사족을 구타하면 전가사변으로 규정하였으나, 『속대전』에 이르면 장 100도 3년으로 감형되었다.[66] 형량은 영조대 전가사변형 전면 폐지 조치가 직접 영향을 미친 것이다.

그런데 『대명률』에는 신분을 뛰어넘는 구타행위의 경우, 노비가 양인을 때리면 일반인 사이에 구타한 죄에서 1등급을 더하고, 노비가 가장을 때리면 참형에 처하였다.[67] 조선에서는 명률에 없는 신분간 구타행위를 보완하는 형태로 입법이 이루어진 것이다. 전자(명종대 수교)는 16세기 사족지배체제가 확대되면서 법률에도 계층구분이 강화된 현상을 반영한 것이고,[68] 후자(영조대 수교)는 18세기 전가사변율의 개정 흐름과 함께 점차 사족의 특권을 축소하고 국가주도의 정치체제를 재구축하려는 경향을 반영한 것이다.[69]

둘째, 신분별 형량의 차이에도 불구하고 전반적인 처벌 취지는 동일한 기조를 유지하였다. 『신보수교집록』에는 호적에 누락되면 교화의 밖에 있는 백성이므로 비록 구타할지라도 죄를 묻지 않는다고 하였고, 송사를 일으켜도 패소시킨다고 하였다. 이는 17세기 전란과 자연재해로 극

---

66) "士族常漢之分, 甚嚴. 庶人賤口, 恃其豪勢, 毆打士族, 全家徙邊之律, 申明擧行……." 『受敎輯錄』 「刑典」 推斷, 嘉靖 甲寅(명종9); "常賤毆打士族, 事情明白者, 杖一百徒三年 【註: 傷者, 杖一百流二千里】." 『續大典』 「刑典」 推斷.

67) 『大明律』 「刑律」 鬪毆, 良賤相毆·奴婢毆家長.

68) 사족지배체제의 구축은 다음 참조. 이태진, 『조선유교사회사론』, 지식산업사, 1989; Deuchler, Martina, 1992, *The Confucian Transformation of Korea: A Study of Society and Ideogy*, Havard University Press[이훈상 역, 『한국사회의 유교적 변환』, 아카넷, 2003]; 김성우, 『조선중기 국가와 사족』, 역사비평사, 2001; 이종서, 『고려~조선의 친족용어와 혈연의식: 친족관계의 정형과 변동』, 신구문화사, 2009; 권기석, 『족보와 조선 사회: 15~17세기 계보의식의 변화와 사회관계망』, 태학사, 2011.

69) 官(國家·國王·官僚) 주도의 체제개혁 흐름은 다음 참조. 이태진, 앞 책, 1985; 김백철, 앞 책, 2010; 이근호, 앞 책, 2016.

심한 인구변동을 경험하였다가, 점차 자연호의 증가와 조정의 호구파악 노력이 병행되어 호구를 파악한 결과와 연동되는 조치이다.70) 호적을 누락한 경우, 평민平民은 조군漕軍이나 수군水軍에 충정하고, 공사천公 私賤은 한 차례 엄형을 가한 뒤에 연한을 가리지 않고 서북의 멀리 떨어 진 지역에 정배하고, 사족士族은 기병騎兵이나 보병步兵에 충군하였 다.71) 또한 관리자도 처벌하였다. 1호 이상 누락하면 수령은 추고한 뒤 정배하고, 이임里任이 평민이면 조군이나 수군에 충정하고, 이임이 공사 천이면 한 차례 엄하게 형벌을 가한 뒤에 연한을 가리지 않고 서북의 멀리 떨어진 지역에 정배하도록 하였다.72)

곧 호적을 누락하면 당사자와 관리자 모두 처벌하였을 뿐 아니라, 신 분에 따라 관료는 정배하고, 사족과 평민은 충군하며, 공사천은 변방에 정배하였다. 처우가 좀더 나은 기병이나 보병에 사족을, 상대적으로 더 힘든 조군이나 수군에 평민을 보냈고, 천인은 본래 군인으로 삼을 수 없 었기 때문에 살기 어려운 변방에 보내는 것으로 대신하였다. 『속대전』 에는 누호자漏戶者와 누정자漏丁者의 경우 사족은 연한을 정하지 않고 정배하며, 평민은 충군하고, 공사천은 섬에 유배하였다.73) 『신보수교집 록』이나 『속대전』은 주거지에서 격리시켜 낯선 곳에서 어려운 생활을 감내하게 한다는 전체 취지는 동일하며, 현실의 신분격차를 인정하여 세

---

70) 인구 변동은 다음 참조. 이태진, 앞 글, 1998, 374~376쪽.
71) "漏籍者, 乃是化外之民, 雖有毆打其身者, 勿罪. 與人爭訟, 則勿問曲直, 置之 落科, 而限一月, 聽其自首, 特贖其罪, 限內未及自首, 而因他現發, 則一切依 本律, 勘罪【註: 依受敎, 平民, 則充定漕水軍. 公私賤, 則嚴刑一次, 不限年定 配於西北絶遠之地. 士族, 則充定騎步兵】."『新補受敎輯錄』「戶典」戶籍.
72) "守令及該面里任, 虛錄 一戶以上, 漏籍律論斷【註: 守令, 依受敎, 拿推定配. 里任平民, 則充定漕水軍. 公私賤, 則嚴刑一次後, 不限年定配於西北絶遠之 地】."『新補受敎輯錄』「戶典」戶籍.
73) "漏戶者【註: 主戶, 士族則勿限年定配. 平民充軍. 公私賤島配】."『續大典』 「戶典」戶籍.

부 형량의 차이를 두었을 뿐이다.

셋째, 점진적으로 신분에 관계없이 동일 형량을 도입하여 기존 처벌과 혼용한 경우이다. 호패를 빌린 자는 호적을 누락한 죄로 논하고, 빌려준 자는 장 100 도 3년이며, 사족과 상한에게 한결같이 시행하였다.[74] 빌린 경우 '호적을 누락한 죄'를 적용하면 사족과 평민은 충군하고, 공사천은 변방정배에 해당하였다. 곧 빌린 경우는 신분간 형량이 조정되었고, 빌려준 경우는 신분구분없이 동일한 형량이 부과된 점이 다르다. 이는 신분간 형벌의 차이가 점차 줄어드는 경향을 나타낸 것이다.

넷째, 서인과 사족을 동일한 범주로 규정한 경우이다. 호패의 경우, 2품 이상은 아패牙牌를, 3품 이하 및 잡과 등과자는 각패角牌를, 생원·진사는 황양목패黃楊木牌를, 잡직·유품·사족·서인·향리 등은 소목방패小木方牌를, 공사천은 대목방패大木方牌를 사용하도록 하였다.[75] 그런데 여기서 사족과 서인이 같은 호패를 사용한 점이 특이하다. 관료는 2품 이상과 3품 이하를 구분하고, 잡과雜科도 과거로 인식하여 3품 이하와 같은 각패를 사용하게 하였으며, 심지어 생진과生進科 합격자조차 별도로 구분해주었다. 여기에 관인이 아닌 사족은 서인과 동일한 계층으로 인식한 것이다.

이외에도 동일한 적용 규정은 적지 않았다. 편호의 경우, 사대부와 서민은 한결같이 가옥이 위치하고 있는 순서에 따라 통統을 만들게 하였다.[76] 복제의 경우, 평상시 문관, 무관, 사족, 서인은 모두 청색을 입도록

---

74) "借人戶牌現露, 則受者, 論以漏籍之罪. 與者, 杖一百徒三年. 士族常漢, 一體施行."『新補受敎輯錄』「戶典」戶籍;【註】借佩他人號牌者以漏籍律論, 與者杖一百徒三年."『續大典』「戶典」戶籍.

75)【註】東西班及內官二品以上用牙牌, 三品以下及三醫司登雜科者角牌, 生進黃楊木牌, 流品雜職士庶人書吏鄉吏小木方牌, 公私賤假吏大木方牌."『續大典』「戶典」戶籍.

76) "士大夫庶民, 一從家坐次序作統."『續大典』「戶典」戶籍.

하였으며, 주註에서 다시 문무직文武職과 서인으로 분류하였다.77) 이것은 관료 이외의 사족과 서인을 모두 일반 백성으로 범주화한 것이다. 노인직老人職의 경우, 100세를 지나면 사인과 서인을 논하지 않고 임금에게 아뢰어 자급을 올려준다고 하였다.78) 진선津船을 함부로 탄 경우, 대부大夫(관료), 사족, 서인을 막론하고 모두 정배하였다.79)

결과적으로, 『속대전』 단계에 이르면 사족의 구분이 현격히 줄어들고 점차 상한과 사족을 '사서士庶'로 통칭하는 방식이 주류를 이루어, 사족과 서민을 하나의 범주 속에서 광의廣義의 백성으로 재규정한 것이다.

② 관료의 신분보장

형정刑政에서 관인의 신분을 보장하였다. 첫째, 관인의 심문은 엄격히 규제되었다. 조관朝官이 죄를 범하여 형조·사헌부·사간원에서 피추被推되면 모두 임금에게 보고하여 의금부로 이송하였다.80) 아울러 대간臺諫의 신분을 보장하였고,81) 중앙과 지방 관원의 추고推考는 각 관청에서 직접 공문으로 힐문詰問하여 답변서를 받아서 법률을 적용하고 임

---

77) "文武士庶, 並令尙靑【註: 大小人員, 勿論文武職, 表衣……. 庶民表衣……】." 『續大典』「禮典」, 儀章, 服.

78) "……年過百歲, 則毋論士庶, 歲首, 京則京兆, 外則道臣, 訪問以啓." 『新補受敎輯錄』「吏典」京官職, 雍正 乙卯(영조11); "士庶百歲人加資, 許其子孫上言【註: 京則漢城府, 外則觀察使, 歲首, 訪問以啓】." 『續大典』「吏典」老人職; "士庶百歲人, 直超崇政." 『大典會通』「吏典」老人職.

79) "仍騎津船橫涉他所者, 勿論大夫士庶, 以定配律論." 『續大典』「工典」, 舟車.

80) "朝官犯罪被推於本曹司憲府司諫院而應囚者, 並啓移義禁府."; 『大典續錄』「刑典」推斷; 『續大典』「刑典」囚禁. ※ 『대전속록』의 문장이 변형없이 그대로 『속대전』에 수록되었다.

81) "臺諫帶推行公, 両司互勘推考." 『受敎輯錄』「吏典」雜令, 康熙 癸亥(숙종9); "監察, 一如臺諫 帶推行公." 『受敎輯錄』「吏典」雜令, 康熙 癸亥(숙종9); "臺諫旣有帶推行公之規, 雖被推, 勿避參謁, 不參, 一體勿避." 『受敎輯錄』「吏典」雜令, 康熙 乙丑(숙종11).

금에게 보고하도록 하였다.82) 더욱이 의정議政(1품 大臣)은 자신이 '악역惡逆'을 범한 경우83) 이외는 잡혀가서 심문당하지 않았다.84) 이는 국정을 운영하는 삼정승에 대한 신분보장의 의미이다. 경재卿宰(2품 宰臣)에 대한 의금부 심문은 의금부에서 초기草記하여 임금의 비답批答을 받은 후에 죄인의 공사供辭를 받을 수 있었다.85)

둘째, 전직 관리도 신분을 보장하였다. 조관을 지낸 사람에게는 관찰사와 절도사가 곤형棍刑을 과할 수 없었고, 군무軍務인 경우에만 임금에게 장계狀啓로 보고한 후에 곤형을 집행하였다.86) 동반東班 잡직雜織만 지냈어도 형장을 치지 않고 의금부의 결장決杖은 속죄금贖罪金으로 대신하였고, 감영監營의 결장決杖은 나문拿問으로 대신하였다.87)

셋째, 신입 관료도 보호하였다. 조선전기부터 면신례免新禮를 빌미로 괴롭히거나 돈을 갈취하는 행위가 나타나자,88) 이를 엄단하는 조치가

---

82) "凡京外官推考, 各其司直捧公緘, 照律始啓." 『續大典』「刑典」推斷.

83) 惡逆은 조부모 및 부모와 夫의 조부모 및 부모 등을 구타하거나 살해를 음모하며 父의 형제인 백숙부와 백숙부의 처[숙모], 父의 자매[고모], 자신의 형제 및 자매, 어머니의 부모, 자신의 남편을 살해하는 것을 말한다. 『大明律』「名例律」, 十惡, 惡逆.

84) "大臣, 身犯惡逆外, 雖有罪名, 勿爲拿問." 『新補受敎輯錄』「刑典」推斷, 연대미상; "議政, 身犯惡逆外, 勿爲拿問." 『續大典』「刑典」囚禁.

85) "卿宰禁推, 該府草記, 待批下捧供." 『大典通編』「刑典」囚禁.

86) "經朝官人, 觀察使節度使毋得刑棍【註: 軍務則狀聞後決棍】." 『續大典』「刑典」濫刑.

87) 『英祖實錄』卷98, 英祖 37年 12月 己丑(25日); "曾經東班雜職【註: 謂有御寶告身者】, 勿爲決杖. 王府決杖代以金贖. 營門決杖代以拿問." 『大典通編』「刑典」雜令, 英宗 辛巳(영조37).

88) 【조선전기 면신례사건】『太宗實錄』卷9, 太宗 5年 正月 戊午(21日); 『太宗實錄』卷10, 太宗 5年 7月 己酉(16日); 『世宗實錄』卷20, 世宗 5年 5月 丙午(27日); 『世宗實錄』卷81, 世宗 20年 4月 丁卯(14日); 『成宗實錄』卷277, 成宗 24年 5月 己丑(26日); 『中宗實錄』卷7, 中宗 4年 2月 丁亥(25日); 『中宗實錄』卷9, 中宗 4年 9月 壬辰(3日); 『中宗實錄』卷56, 中宗 20年 閏12月 壬午(28日);

『경국대전』에서 『속대전』에 이르기까지 다양한 법전에 반영되었다.[89)]
영조대는 왕세자(思悼世子)가 가난한 무사武士가 면신免新으로 가산家
産을 탕진하고 있다는 실정을 듣고서 엄단조치를 내렸고,[90)] 국왕 역시
승정원에서 면신례를 행하자 전원을 삭직削職시켰다.[91)] 처음 관료가 되
고서 겪어야 했던 부당한 처우를 개선함으로써 관료가 업무에 전념할 수
있도록 배려하였다.

② 비사족非士族 관료의 신분보장

조선후기에는 사족이 아닌 계층의 관료진출이 두드러지면서 이들에
대한 관인신분 보장이 주요해졌다. 첫째, 중인中人 당상관의 신분을 보
장하였다. 효종 4년(1653) 당상관 역관譯官은 형조가 추문하여 다스릴
수 없게 하였다.[92)] 역관은 중인 신분에 해당하는데 이들이 당상관이 되
면 본래 신분보다 고위관료로서 우대한 것이다. 이는 삼의사三醫司나
잡과雜科 등과자에게 3품 이하 관료와 동일한 각패角牌를 사용하게 한
조치와 동일하다.[93)]

『中宗實錄』卷62, 中宗 23年 8月 辛亥(12日); 김백철, 앞 책, 2016, 413쪽.

89) 【대응입법】 "四館新來免新時, 先進困辱之弊, 一切痛禁. 犯者, 掌務官, 上博
    士罷職."『經國大典』卷3, 禮典, 雜令; "新來免新時, 四館困辱新來之弊, 一
    切痛禁. 犯者, 掌務官上博士罷職."『受敎輯錄』「禮典」雜令, 嘉靖 癸丑(명종
    8); "四館之侵虐新及第, 出於麗末陋俗, 一切禁斷."『受敎輯錄』「禮典」雜令,
    康熙 庚申(숙종6); "京中各司官員, 免新罰禮, 許祭禮木, 納物分軸, 回刺, 下
    人等, 稱以新來, 討責酒肴, 納物酒債種種徵責事, 依大明律, 官吏受財不枉法
    條, 計贓科斷……."『受敎輯錄』「刑典」禁制, 康熙 癸亥(숙종9); "各司官員
    及下屬, 徵責免新罰禮許參等事者, 依官吏受財不枉法律計贓論."『續大典』
    「刑典」禁制.

90) 『英祖實錄』卷81, 英祖 30年 6月 癸丑(5日).

91) 『英祖實錄』卷125, 英祖 51年 7月 丙午(1日).

92) "堂上譯官, 毋得自本曹推治."『受敎輯錄』「刑典」推斷, 順治 癸巳(효종4).

93) "【註】 三品以下及三醫司登雜科者角牌."『續大典』「戶典」戶籍. ※조선시대

둘째, 상한常漢 출신出身(과거급제자)은 국왕의 허가없이 추문할 수 없었다. 숙종 4년(1678) 상한 출신이 죄를 범하면 의금부에서 임금에게 보고한 후 징계하여 다스리게 하였다.94) 과거는 국가의 공적인 절차에 따라서 관인을 뽑는 시험이며, 일반 임용과는 다른 특전으로 받아들여졌다. 법전에서 '출신자出身者'는 문과, 무과, 잡과를 통칭하는 범주이다. 상한이라도 국가에서 공인한 과거를 거치면 신분을 보장한 것이다. 숙종 12년(1686)부터 중죄일 경우 형조에서 다스리도록 조치하였고,95) 영조 10년(1734)에는 모든 사안을 형조에서 임금에게 보고하여 다스리도록 하였다.96) 해당 부서가 의금부에서 형조로 바뀌었을 뿐, 모두 상한이라도 과거에 급제하면 관인신분으로 대우하여 반드시 임금의 허락을 통해서 치죄할 수 있도록 명시하였다. 영조대 『승정원일기』에는 이같은 수교가 지속적으로 나타난다.97) 특히, 『속대전』에는 조관이 죄를 범하여

雜科 出身의 사회적 지위는 다음 참조. 이남희, 『조선후기 雜科中人 연구』, 이회문화사, 1999.

94) "常漢出身犯罪者, 依前令, 禁府入啓懲治." 『新補受教輯錄』「刑典」推斷, 康熙 戊午(숙종4).

95) "萬科之後, 常漢出身輩, 作奸犯科者, 相續 如欲自禁府一一囚治, 則反有煩擾之弊. 今後, 則觀其所犯輕重, 如事係倫常者及殺人盜竊之類, 自刑曹臨時入啓囚治." 『受教輯錄』「刑典」推斷, 康熙 丙寅(숙종12).

96) "常漢出身之犯干犯重罪者, 更依曾前受教, 自刑曹直爲入啓囚治." 『新補受教輯錄』「刑典」推斷, 雍正 戊午(영조10). ※규장각본은 "康熙 甲寅(현종15, 1674)이며, 『증보전록통고』에는 해당 수교가 삭제되었으며, 중추원본과 한역연본은 "雍正 甲寅(영조10, 1734)"으로 수정하였다. 이 수교는 『승정원일기』에서 영조대 33차례나 확인되므로 수정연대를 따랐다. 『增補典錄通考』「刑典」推斷, 新補受教輯錄, 康熙 戊午(숙종4); 『受教輯要』「新補受教輯錄」, 朝鮮總督府中樞院, 1943, p.425.

97) "常漢出身犯罪者, 自本曹入啓囚治, 旣有受教" 『承政院日記』, 雍正 2年(영조즉위년) 9月 25日(乙丑); "常漢出身之犯干殺獄者, 自本曹入啓囚治, 曾有受教定奪." 『承政院日記』, 雍正 3年(영조1) 12月 12日(乙亥); "常漢出身之犯科者, 自本曹囚治, 曾有受教." 『承政院日記』, 雍正 6年(영조4) 正月 15日

구속할 경우 모두 임금에게 보고하여 의금부로 이송하도록 하였는데, 상천常賤 출신은 의금부에 옮기지 않도록 하였다.98) 이는 앞서 수교의 변화과정에서 점차 의금부에서 형조로 관할 아문이 변경된 사실을 반영한 것이다. 더욱이 '상한'에서 '상천'으로 용어가 혼용되는 것도 주목된다.

셋째, 상천 출신은 중죄를 범하더라도 관인신분을 우대하여 형구刑具를 쓰지 않는 평문平問으로 심문했다. 설령 불복할 경우에도 형조에서 임금에게 보고한 후에 비로소 처벌하였다.99) 다만, 외방에서는 과거급제자라도 양반과 상한을 구별하지 않고 형추하였다.100) 곧 중앙은 양반과 상한의 구분보다는 출신이라는 관료예비군의 성격이 더 중요한 기준으로 활용하였으며, 외방은 과거급제 신분은 예우하지 않았으나 양반과 상한(상천)을 가리지 않고 동일하게 신문하였다.101)

(丙寅).

98) "朝官犯罪被推於本曹司憲府司諫院而應囚者, 並啓移義禁府【註: 堂上譯官, 本曹毋得推治……○正科出身及東西班正職外, 如納粟軍功常賤出身之類, 勿爲移義禁府】." 『續大典』, 「刑典」囚禁; 『特敎定式』, 殺獄出身推治, 英宗 42年<古951.009 T296>[『承政院日記』, 乾隆 31年(영조42) 9月 21日(戊子); 정긍식 외, 앞 책, 2010, 246쪽].

99) "常賤出身, 干犯重罪, 平問而不服, 則本曹啓稟刑推." 『續大典』, 「刑典」推斷.

100) "外方出身, 勿爲區別兩班常漢, 直爲刑推." 『新補受敎輯錄』, 「刑典」推斷, 康熙 戊午(숙종4); "外方出身, 勿論常賤士族, 觀察使直爲刑推." 『續大典』, 「刑典」推斷.

101) 이상의 상천출신 규정은 工商賤隷의 고려말 添設職 및 조선초 雜織 진출의 전통을 계승한 듯하다. 김백철, 앞 책, 2016, 387~388쪽.

2. 융정戎政의 재조명

1) 무비武備 강화의 배경

① 능행陵幸의 활용

정조는 즉위초부터 발빠르게 군권을 장악해 나갔다.[102] 서명선徐命善에게 수어사와 총융사를 번갈아 맡겼으며, 정조초반 병권은 정조에게 충성하는 소수의 핵심 무반이 장악하였다. 정조 2년(1778)에 선포된 '대고大誥'에서 이미 국가전반의 운영방략을 밝혔을 뿐만 아니라, 융정의 개혁도 천명하였다. 향후 취해진 국왕의 조치는 '대고'의 밑그림 속에서 진행되었을 충분히 짐작할 수 있다.[103] 일견 국왕의 정국운영 계획에 따른 수순처럼 보인다.

정조는 선왕의 능陵을 참배한다는 명분으로 행행行幸에 자주 나섰다. 능행에 따른 각종 민정시찰의 기능이나 왕권강화 시도는 이미 수차례 지적되어온 사안이다.[104] 정조가 능행이란 명분하에 도성 밖으로 나가서 직접 백성의 실상을 파악하여 민본정치를 실현하는 것은 주요 업적으로 평가되었다. 실제 능행으로 지나가는 고을에는 은택을 내려 백성의 어려움을 덜어주었다.[105]

---

102) 정조초반 왕권은 다음 참조. 김백철, 「정조초반『명의록』과 왕권의 위상: 만들어진 이미지와 실상의 경계」『대동문화연구』95, 성균관대학교 대동문화연구원, 2016.

103) 『正祖實錄』卷5, 正祖 2年 6月 壬辰(4日).

104) 국왕 행차는 다음 참조. 이태진, 「변혁기의 제왕들: 정조」『한국사시민강좌』13, 1993; 한상권, 『조선후기 사회와 소원제도: 상언·격쟁 연구』, 일조각, 1996; 김성윤, 『조선후기 탕평정치 연구』, 지식산업사, 1997; 한영우, 『정조의 화성행차, 그 8일』, 효형출판, 1998; 김지영, 『조선후기 국왕행차에 대한 연구: 의궤반차도와 거동기록을 중심으로』, 서울대학교 국사학과 박사논문, 2005.

그러나 능행 과정에 대해 몇 가지 간과한 사실이 있다. 첫째, 대소관원의 기강을 바로잡는데 능행이 주요하게 활용되었다. 능행을 중시여긴 만큼 준비과정에서 사소한 실수도 어김없이 강경한 처벌을 단행하였다. 실례로 갑옷을 착용하고는 절을 하지 말라는 하교를 어긴 장수도 죄를 물었다.[106] 도로 정비가 제대로 되지 않은 책임을 물어서 병조판서 홍낙성洪樂性을 파직하였으며, 영기令旗만을 보고 절차를 준수하여 확인하지 않은 채 밖으로 나온 장수도 벌하였다.[107] 따라서 능행은 국왕의 권위를 세우고 각 군영의 군사를 친위세력으로 재편할 수 있는 절호의 기회로 이용되었다. 능행은 사실상 군사훈련과 다름이 없었다. 아울러 백성에게 왕의 위엄과 은혜를 인식시키는 계기가 된 것은 물론이다.

둘째, 친위군사의 확보이다. 호위扈衛 삼청三廳을 하나로 통합하고,[108] 불필요한 군영을 정리한다는 명목으로 수어청守禦廳과 총융청摠戎廳을 통합하는 병제의 전면적인 재조정을 시도하였다. 금위영禁衛營·어영청御營廳에서 「유천기사절목」을 올리게 했으며,[109] 각 군문의 당상·당하와 장관, 종사관은 병조에서 낙점받게 했다.[110] 병권이 분산되어 있던 것을 군영이 피폐해졌다는 이유를 들어 통합하면서 사실상 국왕의 직접적인 통제하에 두었다.[111]

이후 자주 세마대洗馬臺에서 오군영의 장수와 군사를 호궤犒饋하였는데, 이때 국왕은 융복戎服을 착용하였으며, 각영의 군사들과 금군이

---

105) 『正祖實錄』卷2, 正祖 卽位年 8月 癸亥(24日).
106) 『正祖實錄』卷3, 正祖 元年 正月 癸酉(6日).
107) 『正祖實錄』卷3, 正祖 元年 2月 己酉(13日).
108) 『正祖實錄』卷5, 正祖 2年 2月 丙申(5日).
109) 『正祖實錄』卷5, 正祖 2年 6月 庚戌(22日).
110) 『正祖實錄』卷5, 正祖 2年 閏6月 乙亥(17日).
111) 국왕 중심 군제개혁은 다음 참조. 이태진, 『조선후기 정치와 군영제 변천』, 한국연구원, 1985.

차례로 깃발을 세우고 국왕의 통솔을 받았다.112) 포砲가 울려퍼지고, 군
호軍號에 따라 장엄한 의식이 진행되었다. 병사들마다 한 상씩을 차려서
호궤를 마치고서 수어청과 총융청 군사에게 진陳을 치게 하고 금군으로
하여금 은밀히 시험해 보게 하였다. 이때 금군의 활약으로 수어청과 총
융청은 대패하였다. 이는 국왕의 친위군의 위세를 떨치는 계기가 되었을
것으로 보인다.113)

특히, 노량에서 대열大閱을 행하고, 군문의 기예명칭을 통일하는 등
군통수권의 일원화를 꾀하였다.114) 더욱이 군사훈련은 별도로 진행되기
보다는 대개 능행을 전후하여 이루어졌는데, 노량의 군사조련은 대개 능
행 복귀시 관행화되었고, 이를 기반으로 대열까지 행한 것이다.

급기야 정조 8년(1784) 사도세자에게 장헌莊獻 존호를 추가로 올린
것을 기념하는 경과慶科를 설행하였는데, 이때 무신 2천여명을 선발하
고 여러 차례에 걸쳐 장용위壯勇衛에 편입시켰다.115) 향후 장용영壯勇
營으로 확대 개편되어 국왕의 물리적인 기반이 되었다.

② 무비武備의 공론화

정조는 그동안 문치文治에만 너무 치우쳐서 무비武備에 힘쓰지 못하
였으며,116) 국왕의 이러한 인식은 신료들과 크게 다르지 않았다. 지평
백사근白師謹은 ㉠문덕文德을 펴고, ㉡무비를 정돈하며, ㉢기강紀綱을
세우고, ㉣부세賦稅를 고르게 하며, ㉤재용財用을 절약하라는 등 5가지

---

112) 『正祖實錄』卷6, 正祖 2年 9月 己丑(3日).

113) 『正祖實錄』卷5, 正祖 2年 2月 丙申(5日).

114) 『正祖實錄』卷6, 正祖 2年 9月 癸巳(7日).

115) 장용위는 정조 17년(1793) 체제개편을 통해서 장용영으로 탈바꿈하였다. 아
직 본격적인 제도는 『대전통편』에 수록되지 못하였다. 『正祖實錄』卷18, 正
祖 8年 9月 辛未(19日); 『正祖實錄』卷37, 正祖 17年 正月 丙午(12日).

116) 『正祖實錄』卷8, 正祖 3年 8月 甲寅(3日).

를 상소로 올렸는데,117) 여기서도 무비는 문풍文風과 반드시 함께 고려
해야 할 사안으로 인식되었다. 이는 마치 문무는 한쌍을 이루므로 어느
하나가 소홀히 될 수 없다는 공감대가 당대 형성되었음을 의미한다.

무비 논의는 구체적으로 두 가지 형태로 나타났다. 첫째, 무신 양성책
이다. 대사헌 이재협李在協은 인재의 등용을 논하면서, "무비가 완비되
지 않은데 이르러서는 거의 문교文敎가 진작되지 않은 것보다 더 극심
하니, 궁마弓馬에 능숙한 신하를 가려서 선발하여 간성干城의 쓰임에
대비하게 해야 한다"고 하였다.118) 좌부승지 김하재金夏材도 군정軍政
을 주공周公의 서주西周이상사회의 한 측면으로 설명하면서, 무비에 힘
쓰고 적절한 인재를 무신으로 등용해야 한다고 주장하였다.119) 실제 이
같은 주장은 후술하는『대전통편』「병전」에 다양한 형태로 반영되었다.

둘째, 방어시설 및 병장기의 보수이다. 무비 강화론의 도화선은 정조
3년(1779)에 전격적으로 이루어진 능행이었다. 이미 6월에 남한산성의
보축공사를 마무리하였고,120) 8월에는 7박 8일의 녕능寧陵(孝宗·仁宣
王后) 및 영능英陵(世宗·昭憲王后) 행차가 단행되었다.121) 사실상 남한
산성을 시찰하기 위한 기획으로 대부분의 시간을 남한산성의 시찰과 정
비에 보냈다.122) 정조는 남한산성이 천험天險의 요새이기는 하지만 무
비가 닦이지 않았음을 지적하였다.123) 이때 남한산성의 관할권을 수어
사守禦使에서 병조로 이관하였다.124) 이는 향후 유수부留守府를 설치하

---

117) 『正祖實錄』卷20, 正祖 9年 7月 壬戌(15日).

118) 『正祖實錄』卷12, 正祖 5年 10月 庚寅(21日).

119) 『正祖實錄』卷8, 正祖 3年 11月 丁未(27日).

120) 『正祖實錄』卷7, 正祖 3年 6月 庚午(18日).

121) 『正祖實錄』卷8, 正祖 3年 8月 甲寅(3日)·戊午(7日).

122) 김문식,「1779년 정조 능행과 남한산성」『한국실학연구』8, 2004, 124~134쪽.

123) 『正祖實錄』卷8, 正祖 3년 8月 戊午(7日).

124) 『正祖實錄』卷8, 正祖 3年 8月 甲寅(3日).

여 군주의 직할로 두기 위한 사전 포석이었다.[125] 남한산성 방문으로 향후 방어체계에 대한 전면적인 재조정과 유수부 체제의 확립 등이 이어졌다.[126] 곧 정조의 행행行幸은 친위군사의 훈련상태를 점검하고 수도방어의 전초기지가 될 남한산성을 점검할 목적에서 비롯되었다. 이는 정조 후반 화성華城 경영의 전범으로 받아들여졌다.[127]

또한 정조 8년(1784) 사간 이복휘李福徽는 태평한 지가 오래되어 무비가 허술해져 통개筒箇와 궁시弓矢의 부류가 단지 화려한 장식으로 취해지며 실효가 없으니 옛제도를 따라 다시 정비해야 한다고 하였다.[128] 정조 9년(1785) 북한산성 안찰어사按察御史 신기申耆도 군기軍器를 검열할 때 포구砲具의 쏘는 규식規式과 화약火藥과 탄약彈丸의 무게를 군교軍校에게 두루 물었으나 모두 자세히 대답하지 못하였다고 하면서, 무비를 갖추기 위해서는 이를 전담할 인력의 확보와 교육이 필요함을 역설하였다.[129] 이러한 무비에 대한 다양한 인식은 당시의 상소에서 흔히 나타나는 소재였다.

---

125) 조선후기 4都 留守는 8道 觀察使와 더불어 외방의 지방장관을 대표하였다. 경기관찰사가 유수를 겸직하긴 하지만, 지휘계통상 유수는 군주에게 바로 보고하였다. 특히, 한성부 判尹은 민정과 형정 권한은 있지만, 군정 권한은 三軍門(금위영, 훈련도감, 어영청)에게 귀속되었다. 반면에 개성유수는 管理使, 강화유수는 鎭撫使, 광주유수는 守禦使, 수원유수는 摠理使 등을 겸직하여 모두 독자적인 군권까지 갖고 있었다. 『大典會通』「兵典」, 軍營衙門, 摠理營·守禦廳·管理營·鎭撫營.

126) 유수부 재편은 다음 참조. 이존희, 「조선왕조의 유수부 경영」『한국사연구』 47, 한국사연구회, 1984; 배우성, 「정조의 유수부 경영과 화성인식」『한국사연구』127, 한국사연구회, 2004; 정두영, 「정조대 도성방어론과 강화유수부」『서울학연구』51, 서울시립대학교 서울학연구소, 2013.

127) 정조 19년(1795) 혜경궁의 華甲을 기념하기 위해 화성으로 행차한 7박 8일의 행사의 前兆로 보아도 무방할 정도이다. 국왕이 1주일 이상 도성 밖에서 장기간 머문 경우는 정조 3년(1779)과 정조 19년(1795) 두 차례에 불과하다.

128) 『正祖實錄』卷17, 正祖 8年 3月 壬子(27日).

129) 『正祖實錄』卷20, 正祖 9年 6月 甲午(17日).

결국, 정조연간 무비 인식은 조정의 공론에 힘입어 강력한 융정戎政을 추진할 수 있었고, 이를 국왕권의 강화로 귀결시킬 수 있는 단서를 마련하였다. 정조연간 다양한 융정에 대한 주장은 당시 보편적인 시대인식을 반영하는 사례로 이해된다. 국왕의 무비강화 노력은 정조 9년(1785) 편찬『대전통편』「병전」편찬을 통해서도 대체로 반영되었다. 특히 융정의 근거를 선왕先王에게서 찾고자 하여 조선후기에 이루진 다양한 정책이 한데 집대성되는 결과를 가져왔다.

2) 변화된 융정戎政의 성격

① 관무재觀武才

『대전통편』「병전」'시취試取'에서 가장 두드러지는 부분은 관무재觀武才와 시사試射이다. 조선후기에는 국왕의 직접 주관하는 무인 선발과 문무반文武班 재교육이 시행되었다. 하나는 관무재로서 특별행사로 기획되어 능행에 국왕이 직접 무인을 선발하는 형태로 갖추어졌고, 다른 하나는 문무신을 대상으로 일정 기한마다 국왕이 직접 주관하는 시사를 열어서 무비의 중요성을 강조하는 형태였다.

효종대 이래 무비의 강조 분위기를 타고 현종대부터 본격화된 관무재 및 시사가 제도화되었다. 관무재는 조선전기부터 시행되었으나 후기에 급격히 시행빈도가 늘어나기 시작하였다.130) 관무재는 신료들에 대한 간단한 활쏘기(觀射)에서부터 대규모 열병식閱兵式 등을 모두 포괄하고 있어서 그 규모는 같은 왕대라도 설행시기에 따라 다소 차이가 있다. 대체로 중종후반부터는 일정한 형식에 의거하는 열병閱兵이 행해지고 있었다. 하지만 완전히 정례화되지는 못하였다. 관무재가 적극적으로 활용

---

130)『中宗實錄』卷6, 中宗 3年 5月 壬寅(5日);『孝宗實錄』卷9, 孝宗 3年 7月 壬午(13日);『顯宗實錄』卷8, 顯宗 5年 4月 癸卯(11日).

되기 시작한 것은 17세기 이후였다.[131] 특히 국왕의 친시親試로서 활용
된 측면이 강했으며, 능행을 빌미로 대규모 군사행동에 나섰다가 환궁하
는 길에 국왕이 직접 열무閱武에 참석하면서 왕을 수행한 군사를 대상
으로 특별무과인 관무재가 행해졌다. 이는 친위군사의 우대 및 확보책이
었다.[132] 정조의 장용영壯勇營 설치와 화성華城 무과武科 시행 등도 이
러한 전통의 연장선상에서 이해된다.

　숙종 20년(1694) 관무재를 치를 때 호위청 각 청의 부료군관付料軍官
은 금군과 같이 한 가지 기예를 시취하고 그 나머지 군관은 두 가지 기
예로 시취하였다.[133] 또한 영조 10년(1734) 관무재가 있으면 수어청과
총융청 양청의 표하군標下軍은 모두 북한산성과 호위청의 예에 따라 과
거시험을 보게 하였으며, 호위청은 삼청三廳의 군사를 통틀어 각 100명
을 정원으로 하였고, 관무재의 초시初試를 볼 때 활쏘기 한 가지로 시취
하도록 하였다.[134] 관무재는 『속대전』 「병전」 '시취'에 반영되어 관무재
초시와 복시覆試 규정으로 세분화되었다.

---

131) 관무재가 17세기 이래 보편화되었기에 『萬機要覽』에서는 각 군영별로 訓練
　　都監과 禁軍廳(龍虎營)는 효종 3년(1652)에, 御營廳는 효종 10년(1659)에,
　　禁衛營는 숙종 12년(1686)에 최초 실시되었다고 상세히 기록하였다. 『萬機
　　要覽』 軍政編, 訓練都監, 試藝, 觀武才; 『萬機要覽』 軍政編, 龍虎營, 試藝,
　　觀武才; 『萬機要覽』 軍政編, 御營廳, 試藝, 觀武才; 『萬機要覽』 軍政編, 禁
　　衛營, 試藝, 觀武才.

132) 『孝宗實錄』 卷9, 孝宗 3年 8月 壬寅(3日); 『顯宗實錄』 卷6, 顯宗 3年 10月
　　癸卯(3日).

133) "觀武才時, 扈衛各廳付料軍官, 依禁軍例, 一技試取. 其餘軍官, 則依前例,
　　二技試取事, 定式." 『新補受敎輯錄』 「兵典」 試取, 康熙 甲戌(숙종20).

134) "如有觀武才之擧, 則守禦摠戎兩廳標下軍, 一依北漢扈衛廳例, 使之赴擧."
　　『新補受敎輯錄』 「兵典」 試取, 雍正 甲寅(영조10); "扈衛通三廳軍士, 各以
　　一百人定額. 凡觀武才初試時, 以射藝單技試取, 而分付兵曹擧行事, 定式."
　　『新補受敎輯錄』 「兵典」 試取, 雍正 甲寅(영조10).

② 시사試射

정조대가 되면 시대분위기가 확연히 바뀌어 정례시험인 시사試射로 대체되는 경향이 확인된다.[135] 문신에게 월과月課를 내주어 글을 짓도록 하는 것은 일반 상식이었는데, 무신뿐 아니라 문신까지 매월 시사를 하도록 규정한 점이 특이하다.[136] 시사는 본래 조선전기부터 간헐적으로 국왕과 근신들에 의해서 이루어졌으나 후기에 가서야 정례화되었다. 관무재가 친위군사를 대상으로 하는 특별시험에 해당한다면, 시사는 기존관료에 대한 재교육에 가까웠다.[137] 이 수교는 인조 12년(1634)에 내려진 이래 숙종 18년(1692)까지 지속적으로 보완되었다.[138]

시관試官은 육경六卿이 돌아가면서 맡았으며, 더욱이 하루에 쏘아야 할 연습량까지 10~15순巡으로 규정하고 이를 어길 시 엄히 다스렸다.[139] 이러한 조치는 대개 무신에게 동일하게 적용되었을 뿐만 아니라, 무신에게는 더욱 강조하여 평상시에도 화살통을 차게 할 정도였다.[140]

---

135) 실록을 기준으로 정조대 관무재는 3회 열린 반면에, 시사는 무려 257회나 개최되었다. 다만, 관무재가 능행시 주로 이루어지는 만큼, 조선 역대임금 중 최다 능행을 기록한 정조대에 관무재가 추가로 실시되었을 개연성은 여전히 남아있다. 본서 <부표10> '정조연간 시사 설행' 참조.

136) "文臣朔試射時, 稱病不進員, 並罷職, 勿揀赦前."『受敎輯錄』「兵典」試取, 崇禎 乙亥(인조13).

137) "堂上官試射人員, 不爲盡巡畢試者, 摘發治罪."『受敎輯錄』「兵典」試取, 崇禎 甲戌(인조12); "將官朔試射, 二十五中, 依前賜馬, 二十六中以上, 邊將除授, 連三次壯元者, 懸錄於試射單子以入, 別樣論賞."『受敎輯錄』「兵典」試取, 康熙 壬申(숙종18).

138) 『受敎輯錄』「兵典」試取, 崇禎 甲戌(인조12)·乙亥(인조13)·順治 庚寅(효종1)·癸巳(효종4)·康熙 壬寅(현종3)·甲辰(현종5)·丙午(현종7)·乙卯(숙종1)·壬申(숙종18).

139) "文臣朔試射時, 除臺諫監察及闕內入直, 及因公出使受由下鄕者外, 一切勿許懸頉. ○文臣朔試射, 日長之時, 則以十五巡, 日短之時, 則以十巡, 定式."『受敎輯錄』「兵典」試取, 康熙 壬寅(현종3); "文臣朔試射時, 試官, 六卿中輪回差定."『受敎輯錄』「兵典」試取, 康熙 甲辰(현종5).

뿐만 아니라 기추騎芻도 요구되어 더욱 고난도 훈련이 필요했다.141) 무
신당상관武臣堂上官의 시사는 매월 특정일로 정하고 사고가 있어도 그
달 안에 행하도록 하였다.142) 호위청 군관으로 중일시사中日試射143)에
참여하기를 원하면 허락하였다.144) 또 금군도 더욱 세밀한 규정을 두어
정예군화를 꾀하였다.145)

시사는 이미 『속대전』에서 제도가 집대성되었다.146) 정조연간에 보

140) "常時試射時, 亦令必佩筒箇, 切勿編矢……."『受敎輯錄』「兵典」試取, 順
治 庚寅(효종1); "武臣朔試射不進, 依文臣試射例, 罷職."『受敎輯錄』「兵
典」試取, 順治 癸巳(효종4); "堂下武臣朔試射, 判書有故 則參判爲之, 參判
有故, 又不得爲之, 則啓稟."『受敎輯錄』「兵典」試取, 康熙 丙午(현종7).

141) "……自今, 罷騎射, 專力騎芻, 自春都試, 習騎芻."『受敎輯錄』「兵典」試
取, 順治 庚寅(효종1); "武臣朔試射時, 不滿四矢, 應汰之中, 如或得中騎芻,
依孝宗朝受敎, 勿遞."『受敎輯錄』「兵典」試取, 康熙 乙卯(숙종1); "中日騎
芻, 四中連三次者, 直赴殿試."『新補受敎輯錄』「兵典」試取, 康熙 丙戌(숙
종32); "武科時, 柳葉箭貫邊, 爲三分, 騎芻二中, 倍劃, 爲四分, 一從分數先
付."『新補受敎輯錄』「兵典」試取, 雍正 乙巳(영조1).

142) "武臣堂上, 朔試射, 時全不擧行, 事體極爲未安. 此後則定以二十二日, 長官
有故, 則令次官擧行."『新補受敎輯錄』「兵典」都試, 雍正 庚戌(영조6); "武
臣堂上試射, 以每月十七日爲定. 而如有應頉事故, 則當月內, 退行."『新補
受敎輯錄』「兵典」都試, 乾隆 丁巳(영조13).

143) 中日試射는 子·午·卯·酉가 든 일자에 시사를 치르는데 연산군대부터 시행
기록이 확인된다.『燕山君日記』卷19, 燕山君 2年 11月 甲寅(11日).

144) "扈衛軍官, 晝直闕中者, 每一番三十員, 而願參於中日試射, 依願許令參射."
『新補受敎輯錄』「兵典」都試, 康熙 乙卯(숙종1).

145) "禁軍取才, 出身, 六兩三矢一百十步, 二矢以上入格. 閑良, 六兩三矢一百十
五步, 三矢俱入."『受敎輯錄』「兵典」試取, 順治 丁酉(효종8); "禁軍都試,
騎芻一次, 代以鞭芻試之."『受敎輯錄』「兵典」試取, 康熙 甲辰(현종5); "禁
軍鞭芻, 每一中, 以一分計畫."『受敎輯錄』「兵典」試取, 康熙 甲辰(현종5);
"禁軍取才, 閑良, 遠射六兩三矢, 一百三十五步, 納馬六兩三矢, 一百二十步
辛卯減十步. 出身, 六兩三矢內二矢, 一百三十步, 納馬六兩三矢內二矢, 一
百十步……."『新補受敎輯錄』「兵典」都試.

146) 『續大典』「兵典」試取, 文臣堂下 試射·武臣堂上 試射·武臣堂下 試射·各
營將官 試射.

다 적극적으로 보완되어 문무반 신료들에게 모두 정기적으로 시사를 하도록 하였다. 정조 원년(1777) 국왕은 경희궁慶熙宮 무덕문武德門(北門)에 나아가서는 삼군문(訓鍊都監·禁衛營·御營廳)의 대장을 소견하여 팔장사八壯士의 후손을 시험보는 자리에서,[147] 이곳이 "예전의 내시사內試射를 하던 곳"이라고 하면서 특별히 의미를 부여하고 이를 잊지 않기 위해 궁전弓箭을 하사한다고 하였을 정도였다.[148] 이미 즉위초부터 내시사에 국왕의 적극적 참여를 통해서 시사의 권위가 높아지고 있었다.[149] 삼청三廳(內乘·別軍職·宣傳官)의 내시사를 중관中官(內侍)이 가서 감독하는 것을 폐지하고 반드시 임금이 친임하여 치루도록 격상시켰다.[150]

이같은 조치는 더욱 확대되어 무신의 강시講試에도 모두 임금이 직접 참관하도록 하였고, 이때 시험과목 중의 하나인 무사武射는 내시사의 예例를 따르도록 하였을 정도였다.[151] 각 군영의 내시사도 반드시 선전관宣傳官이 전교를 듣고 지시하도록 하였고,[152] 시사 규정을 정리하였다.[153] 무신당상녹시사武臣堂上祿試射는 임금이 친히 임명하도록 조정

---

147) 孝宗朝 八壯士는 병자호란으로 鳳林大君(효종)이 瀋陽에 잡혀갔을 때 호종한 朴培元·申晉翼·吳孝誠·趙壤·張愛聲·金志雄·張士敏·朴起星 등이다. 이들은 귀국하여 別軍職廳에 소속되었다. 영조대부터 이미 팔장사 후예를 불러 활쏘기를 시험한 기록이 확인된다. 『英祖實錄』卷103, 英祖 40年 2月 庚寅(8日).

148) 『正祖實錄』卷4, 正祖 元年 7月 辛巳(18日).

149) '內試射'란 명칭은 인조 10년(1632)부터 보이며 숙종 27년(1701) 이후부터 보편화되었다. 『만기요람』에서는 龍虎營(禁軍廳)에 '內試射'를 별도의 항목으로 설정하여 "해마다 정월과 7월 1일에 별장이 宣傳官廳에 들어가서 一內禁軍의 궁술시험을 행할 것을 품의하여 왕의 敎命으로 실시한다"고 하였고, 정조 10년에 시작된 것으로 기록되었다. 『承政院日記』, 崇禎 5年(인조 10) 4月 3日(庚午); 『承政院日記』, 康熙 40年(숙종27) 4月 29日(丙戌); 『萬機要覽』軍政編, 龍虎營, 試藝, 內試射.

150) 『正祖實錄』卷4, 正祖 元年 9月 癸酉(11日).

151) 『正祖實錄』卷11, 正祖 5年 2月 辛酉(18日).

152) 『正祖實錄』卷22, 正祖 10年 12月 丙辰(17日).

하였다.154) 또 초계문신의 시사도 별도로 규정하였을 정도였다.155) 기타 선전관 등에 대한 시험 규정도 함께 고쳤다.156)

또한 정조대는 대부분의 시사에 군주가 임어臨御하면서 보다 적극적으로 운영되었다. 규식을 보완하는 문제에도 국왕은 관심을 기울였다. 그래서 사마광의 문집을 참고해서 관혁貫革의 규격을 고증하도록 하였을 뿐만 아니라, 각 군문의 시사에 관한 규식을 정비하도록 하였다.157) 5군문에서는 당상관은 50세가 되면 사강射講이 면제되고 60세가 되면 활쏘기를 면하였으나, 당하관은 면제대상이 되지 못하였다.158) 이후 화살의 종류 및 무신당상녹시사 규정도 신칙되었다.159) 시사의 범위도 광범위하였다. 무신당상관, 무신당하관, 문신당하관이 그 대상이 되었다. 사실상 문신 당상관을 제외하면 모든 신료는 시사에 응해야 했다. 국왕이 직접 참석하는 상황에서 신료가 매월 시행하는 시사를 거르기는 어려웠다.

③ 지역인재 등용책

국왕은 인재등용시 서북지역에 주목하였다. 서북은 변방으로 무인武人의 인재양성에 중요한 기반이었으나, 문풍文風이 서북지역까지 파고들어 더 이상 무재武才를 닦으려고 하지 않고 서당만 늘어나고 있다고

---

153) 『正祖實錄』卷31, 正祖 14年 9月 辛巳(4日).

154) 『正祖實錄』卷29, 正祖 14年 3月 丙申(16日).

155) 『正祖實錄』卷20, 正祖 9年 7月 戊辰(21日).

156) 『正祖實錄』卷21, 正祖 10年 正月 丁卯(22日).

157) 『正祖實錄』卷3, 正祖 元年 2月 壬戌(26日);『正祖實錄』卷31, 正祖 14年 9月 辛巳(4日).

158) "【註】堂上年滿五十除講, 六十除射, 堂下勿論."『大典通編』「兵典」試取, 射講.

159) 『正祖實錄』卷35, 正祖 16年 7月 壬寅(5日);『正祖實錄』卷41, 正祖 18年 9月 庚寅(6日).

한탄하였을 정도였다. 이 때문에 오히려 융정은 날로 어려워져 변방방어마저 위협을 받게 되었다고 하였다.[160] 이 모두가 조정에서 무신이 제대로 출세를 할 수가 없고, 그 때문에 무인이 가장 많이 배출되던 서북지역 인사의 출사도 어렵게 되어 무비의 기반이 흔들리고 있다고 보았다.

이미 정조 2년(1778)부터 도목정사都目政事 때 군공을 세운 서북西北·송도松都의 사람을 쓰도록 했으며,[161] 정조 15년(1791)까지도 지속적으로 무신 등용에 대한 방법이 강구되었다.[162] 이는 기존에 소외된 지역에 대한 배려라는 차원 외에도, 전통적으로 무예에 뛰어난 인재를 배출해낸 북방지역 출신자를 활용하기 위함이었다. 실력을 바탕으로 진출할 수 있게 되었는데, 이는 규장각 등에서 검서관檢書官으로 서얼을 기용해나간 정책과 부합된다. 소외받던 계층을 포섭하여 국왕의 근위세력화한 것으로 이해된다.

『대전통편』「병전」에도 북방출신에 대한 적극적인 인재선발이 두드러진다.[163] 영조 21년(1745) 수교를 반영하여 강변칠읍江邊七邑 출신자出身者 중에서 매년 초에 관찰사가 3인을 추천하면 이를 임금에게 아뢰어 수석으로 추천된 사람은 도목정사 때 내삼청內三廳 실직實職에 임용하고 그 밑에 두 사람은 금위영과 어영청의 초관哨官으로 나누어 임명하였다.[164] 서북의 인재 중에서 무과 급제자를 우선 선발하는 방식을 취한 것이다. 아울러 각 영문營門에는 만 45개월이 임기에,[165] 의주기발義州騎

---

160) 『正祖實錄』卷12, 正祖 5年 11月 庚子(2日).

161) 『正祖實錄』卷6, 正祖 2年 7月 戊子(1日).

162) 『正祖實錄』卷32, 正祖 15年 4月 癸亥(19日).

163) 영·정조대 서북출신 우대책은 다음 참조. 오수창, 『조선후기 평안도 사회발전 연구』, 일조각, 2002.

164) 『英祖實錄』卷61, 英祖 21年 6月 戊午(17日); "江邊七邑出身, 每歲首, 道臣擇薦三人啓聞, 首薦人, 內三廳實職, 都政調用, 其下兩人, 禁御兩營分授哨官." 『大典通編』「兵典」京官職.

165) "各營門久勤, 滿四十五朔後, 始報勤仕." 『大典通編』「兵典」京官職.

撥, 서북별부료군西北別付料軍官, 평안병영난후사平安兵營攔後士 등이 별도로 부기되었는데, 여타 지역이 윤번인데 비해 유독 북방지역만 별도로 기입하고 도목都目때마다 1인씩 보고하도록 되어있어 특혜였다.[166)

　더욱이 서북지역에 대한 인재선발 대책은 전국으로 확대되었다. 이미 영조대 『속대전』단계에서부터 함경도친기위咸鏡道親騎衛, 평안도별무사平安道別武士, 황해도별무사黃海道別武士, 강원도별무사江原道別武士, 강화장의려江華壯義旅, 통영무사統營武士, 동래별기위東萊別騎衛 등 전국 각지에서 특별히 인재를 선발할 수 있도록 하였다.[167) 또한 정조대 『대전통편』에서는 경상도별무사慶尙道別武士, 경기선무군관京畿選武軍官, 충청도선무군관, 황해도선무군관, 전라도선무군관, 경상도선무군관, 남한군관南漢軍官, 수원별효기사水原別驍騎士, 파주별효기사坡州別驍騎士 등이 추가되었다.[168) 고종대 『대전회통』에서도 경기수영별무사京畿水營別武士, 영종방영군관永宗防營軍官, 수원별효기사례교水原別驍士列校, 남양별효사南陽別驍士, 파주별효사坡州別驍士, 장단별효사長湍別驍士 등으로 확대되었다.[169)

---

166) "【註】別軍職, 壯勇衛, 內禁衛, 羽林衛, 兼司僕, 正領禁軍, 訓鍊都監, 禁衛營, 御營廳哨官, 左右捕盜軍官, 訓鍊院習讀官權知, 訓鍊院奉事參軍去官, 京畿監營, 江華府, 統禦營敎鍊官哨官, 輪回. 義州騎撥, 西北別付料, 平安兵營攔後士, 取才居首人, 訓鍊院判官與主簿通仕, 部將與守門將, 通仕每都目各一人."『大典通編』「兵典」京官職.

167) 『續大典』「兵典」, 試取, 咸鏡道親騎衛·平安道別武士·黃海道別武士·江原道別武士·江華壯義旅·松都選武·統營將士·東萊別騎衛.

168) 『大典通編』「兵典」, 試取, 慶尙道別武士·京畿忠淸黃海全羅慶尙道選武軍官·南漢軍官·水原坡州別驍騎士.

169) 『大典會通』「兵典」, 試取, 京畿水營別武士·永宗防營軍官·水原別驍士列校·南陽坡州長湍別驍士.

④ 무신 인사정책

다양한 무신 인사정책이 취해졌다. 첫째, 군주가 직접 시험을 통해서 인재를 선발하는 방식이 강화되었다. 별시別試, 정시廷試, 알성시謁聖試, 중시重試, 외방별과外方別科, 관무재觀武才 등이 영조대 새롭게 정비된 무신 선발제도이며, 모두 군주가 전시殿試를 보는 것으로 최종 결정되었다. 정조연간에는 권무과勸務科를 만들어 바로 전시만으로 등용될 수 있는 제도로까지 확충시켰다.

둘째, 변방 근무를 제도화하였다. 영조대는 무과급제자는 모두 서북 변방 고을에 가서 방어임무를 수행하도록 하여, 변방의 중요성과 무신들에게 실전 경험을 쌓도록 의무화하였다.170) 최근까지 육사출신 장교에게 전방근무를 의무화하는 조치와 크게 다르지 않다. 이를 통해서 가장 힘든 지역에 가장 명예로운 무과출신자가 가도록 분위기를 쇄신한 것이다. 왜냐하면 해당 조문의 바로 아래에 함경도 토병土兵에게는 공부貢賦와 잡역雜役이 없고 오로지 국경을 지키는 일만 맡긴다고 하여, 상대적으로 근무여건이 열악한 지역이었던 서북방에 대해 우대한 정책이다.171) 그만큼 지키기 힘든 지역이기도 했지만, 조정의 세심한 배려도 가늠해 볼 수 있는 대목이다. 이러한 영조대 분위기가 정조연간 계승된 것이다.

셋째, 능력위주 인사이다. 무반으로 명망있는 집안이라도 잡기雜技로 관계를 받은 이는 장수직將帥職에 나아가지 못하도록 하였고, 임금이 친히 임하는 관무재에서 뽑힐 경우에만 그 실력을 인정하였다.172) 정식 시험을 거쳐 능력이 검증된 경우에만 장수로 등용한 것이다. 아울러 참

---

170) "武科出身, 皆令赴防西北邊邑." 『續大典』「兵典」留防.

171) "咸鏡道土兵, 貢賦外, 勿定雜役, 專委防戍." 『續大典』「兵典」留防.

172) "名武之以雜歧加資者【註: 如活人捉虎之類】, 勿許內外將【註: 觀武才別試射時, 若以善射更爲陞資則洗滌, 無得】." 『大典通編』「兵典」京官職.

상관 무겸선전관武兼宣傳官, 수문장守門將 등은 6품 실직을 거치지 않고는 바로 도사都事나 판관判官에 임용후보로 추천될 수 없게 하여, 정상적인 관료의 승진체계를 따르도록 하였다. 처음 벼슬할 때에는 과거출신자와 한량閑良을 막론하고 금군이나 기사騎士를 거쳐서 근무월수를 채워야만 임용후보자로 추천되었으며, 영문營門에서 근무한지 만 45개월이 지나야 변장邊將으로 추천하였다.[173] 이 모두가 명목상의 장수가 등용되는 것을 차단시키고 실무를 충분히 익힌 무신을 양성하기 위한 방편이었다.

넷째, 절도사 임용기준이 강화되었다. 서북 이외의 각도 병마절도사兵馬節度使는 수군절도사水軍節度使를 거친 사람을 임용후보자로 하여 상신上申하고, 남병사南兵使(함경남도 병마절도사)는 병사를 거친 적이 있는 사람을 상신上申하여 임명하도록 기본방침을 정하였다.[174] 다만, 무과급제한 관료가 승지를 거쳤으면 방어사防禦使를 거치지 않았어도 병마절도사의 후보자가 될 수 있도록 하여, 시종신侍從臣에 대한 특혜조치가 확인된다. 이는 국왕의 친위세력 육성을 위한 포석이었다.

아울러 병마절도사의 부관격인 우후虞候도 무신만 허용하여 전문성을 높였다.[175] 각 도의 중군中軍은 모두 병조에서 임명하였는데,[176] 이 역시 국왕의 병조판서를 통한 직접적인 지방 장악력을 높인 조치이다. 이러한 조치는 국왕중심 병제개편의 영향으로 보인다.

다섯째, 재교육 정책이다. 빈청강賓廳講은 50세 이하의 관원을 보고

---

173) "各營門久勤, 滿四十五朔後, 始報勤仕, 擬差邊將." 『大典通編』「兵典」京官職.

174) "西北外, 諸道兵使, 以已經水使人備擬. 南兵使則以曾經兵使人, 擬差." 『大典通編』「兵典」外官職.

175) 『大典通編』「吏典」除授.

176) "諸道中軍, 並自本曹差出, 而京畿大興江華咸興平壤中軍履歷與營將, 一體施行." 『大典通編』「兵典」外官職.

하면 임금이 10인을 지명하여 시험을 보게 하는 제도이다.[177] 능마아강
能麼兒講은 매월 6차례 시험을 보아 분기별로 보고하는 형식이다.[178]
이는 정조대 규장각 시험제도와도 연결될 뿐 아니라, 정조가 설치한 전
경전강專經殿講에서 연 2회 40세 이하를 뽑아서 별도로 시험을 보도록
하는 제도와도 같은 맥락이다.[179] 이러한 흐름은 처음 문관文官 중시重
試와 같이 관료를 승급시키기 위해 10년에 한 차례 보던 시험을 영조연
간 무과武科에 적용시키면서 확대된 결과였다.[180] 정조대를 전후하여
『무예도보통지武藝圖譜通志』 등 각종 무예서武藝書를 편찬하여 보급
하는데도 상당한 성과를 냈다.[181]

　여섯째, 상당수의 직제職制가 대폭 당대 현실에 맞게 조정되었다. 내
금위內禁衛는 선천내금위宣薦內禁衛로 대신하였으며,[182] 별시위別侍
衛나 친군위親軍衛도 금어양영기사禁御兩營騎士 등으로 변화하였
다.[183] 여기서도 국왕의 친위군사와 관련되는 내용이 대폭 강화되었다.
이외에도 갑사甲士, 무예武藝, 파적위破敵衛, 대졸隊卒 등의 직제는「병
전」에는 폐지(今廢)로 기재되면서,[184] 『경국대전』의 6개 시험 항목이

---

177) "【註】年五十以下官, 列書入啓, 十貟受點, 承旨一貟, 都摠府堂上官, 本曹入
　　直堂上郎官, 間一朔, 會賓廳試講, 連五次純通者加資, 不通者, 推考."『續
　　大典』「兵典」試取, 賓廳講.
178) "【註】能麼兒廳堂上官一貟郎廳四貟, 每朔六次, 試年五十以下官, 四季朔會
　　報本曹."『續大典』「兵典」試取, 能麼兒講
179) "【註】每年六月十二月, 內三廳, 報薦後, 本曹以年四十以下人員抄啓, 四孟
　　朔十三日取稟, 十八日設行, 自本曹以武臣東西班正職及時帶軍門人員, 在
　　京無故者, 列書入啓, 二十貟受點."『大典通編』「兵典」試取, 專經殿講.
180) "【註】十年一次, 同文臣試."『續大典』「兵典」試取, 重試.
181) 정조대 무예는 다음 참조. 나영일,『정조시대의 무예』, 서울대학교출판부,
　　2003; 최형국,『정조의 무예사상과 장용영』, 경인문화사, 2015.
182) 『大典通編』「兵典」試取, 內禁衛·宣薦內禁衛.
183) 『大典通編』「兵典」試取, 別侍衛親軍衛·禁御兩營騎士.
184) 『大典通編』「兵典」試取, 甲士·武藝·破敵衛·隊卒彭排.

재조정되기에 이르렀다.

일곱째, 중국인 자손에 대한 우대책도 만들어졌다. 정조 14년(1790) 「한려신설절목」을 만들어 한인漢人(중국인) 자손에 대한 특별한 등용책도 아울러 제시하였다.185) 이는 모두 소외받는 계층을 적극적으로 제도권 내로 끌어들이고자 한 정책이다.

⑤ 국왕신변 강화

국왕의 신변강화조치도 주요 특징이다. 첫째, 궁궐숙위 규정이 강화되었다. 선전관청宣傳官廳 및 수문장청守門將廳 등 새로운 관제가 정리되었는데,186) 이미 설치된 관직에 별도의 소속 관사를 부여하여 국왕 중심의 관리체계로 강화한 것이다. 선전관청은 왕명을 직접 병조에 전달하는 곳이고, 수문장청은 도성 및 궁궐 수비의 보루로서 국왕의 병권장악과 긴밀한 연관성이 있다. 궁궐문을 열고 닫는 것을 보류할 때에는 승정원에서 임금에게 표신標信을 청해야 했으며, 표신을 내리는 것을 기다려 출입해야 했다.187)

정조 즉위후 범궐犯闕 모의사건을 기화로 역모를 다스렸는데, 이후 궁궐 각 문에 숙위宿衛를 배치하고 숙위대장이 궁궐을 수비하도록 하였다.188) 이후 문개폐門開閉는 주요한 정국현안이 되었고, 정조 2년(1778) 도성의 사대문을 열고 닫는 것에 대한 논의에서도 확인되는 사례이다.189) 『경국대전』에서도 이미 정해진 시간 외에 도성문을 열 때에는 개

---

185) 『正祖實錄』卷29, 正祖 14年 3月 己亥(19日).
186) 『大典通編』「兵典」京官職, 宣傳官廳·守門將廳.
187) "闕門仍留時, 政院啓請標信未下前, 只閉勿鎖, 雖有下敎, 毋得出入, 待標信下始許出入." 『大典通編』「兵典」門開閉.
188) 『正祖實錄』卷4, 正祖 元年 8月 甲辰(11日).
189) 『正祖實錄』卷4, 正祖 元年 11月 己卯(17日);『正祖實錄』卷6, 正祖 2年 10月 甲申(28日).

문좌부開門左符를 내려서 열고 닫을 수 있도록 하였는데,190) 실제 정조 6년(1782) 장신將臣의 도성출입의 절차를 재조정하였다.191) 아울러 당률이나 명률의 율문을 대거 아국 수교로 대체한 의미도 적지 않았다.192)

둘째, 시위군 규정이 확립되었다. 별초군別抄軍은 50인을 정원으로 하되 임금이 거둥할 때 도성都城 안이면 연輦의 좌우를 시위하고 밖이면 가후금군駕後禁軍과 함께 전후前後를 나누어서 시위侍衛하며,193) 기마병騎馬兵 1초를 선발하여 난후별대攔後別隊를 만들어 장수로 하여금 전후를 나누어 통솔하였다.194) 또 장신將臣은 감히 영전令箭으로는 궐내 군대를 지휘할 수 없도록 하고,195) 임금이 거둥할 때 노상에서 표신이 없으면 시위행렬 내로 출입할 수 없었으며,196) 문관이 겸하는 선전관은 비록 실직實職이 있더라도 시위侍衛에 나아가도록 하였다.197) 임금이 유숙하는 능행陵幸과 인산因山 및 천릉시遷陵時에는 각 도의 감사는 도道의 경계상에서 대기해야 했다.198)

셋째, 국왕의 출성出城 시 규정이 재정비되었다. 임금이 도성都城을

---

190) "非時開都城門, 大內降開門左符, 宮城門用標信開閉." 『經國大典』「兵典」 門開閉.

191) 『正祖實錄』卷13, 正祖 6年 6月 戊寅(13日).

192) 궁궐 출입과 관련된 중국법은 다음 참조. 『唐律疏義』「衛禁」闌入宮門·闌入踰閾爲限·宮殿門無籍·非應宿衛自代·因事入宮殿輒宿·無著籍入宮殿·宮殿作罷不出·闌入非御在所·奉勅夜開宮殿門·夜禁宮殿出入; 『大明律』「兵律」宮衛, 宮殿門擅入·宿衛守衛人私自代替·宮殿造作罷不出·輒出入宮殿門·關防內使出入.

193) "別抄依駕後禁軍例, 以五十定額, 動駕時城內則挾輦侍衛, 郊外則與駕後禁軍分前後侍衛." 『大典通編』「兵典」侍衛.

194) "馬兵中抄選一哨, 作爲攔後別隊, 以其將領分前後領率, 侍衛." 『大典通編』「兵典」侍衛.

195) "將臣, 毋敢以令箭指揮闕內軍兵." 『大典通編』「兵典」侍衛.

196) "動駕時路上, 無標信, 勿許出入衛內." 『大典通編』「兵典」侍衛.

197) "文臣兼宣傳官, 雖實職以侍衛進參." 『大典通編』「兵典」侍衛.

198) "經宿陵幸因山遷陵時, 諸道道臣, 境上待候." 『大典通編』「兵典」雜令.

비우면 병조에서 수궁대장守宮大將을 임금에게 천거하여 임명하면 궐
내에 숙직하게 하며, 대장은 종사관 1인을 임금에게 천거하여 임명하도
록 해서 문관 시종이 궁궐 담장 안을 순찰하고, 또 대신 1인과 현직 혹은
전직 중에서 선임選任된 삼군문三軍門 대장 1인이 도성에 남아서 지키
며, 대신은 호위군관을 거느리고 결진結陣하고, 수어청과 총융청 양영兩
營에서는 윤번輪番으로 창경궁 홍화문 밖에 머물러서 진을 치도록 하였
다.199) 이는 『경국대전』에서 "임금이 나가있을 경우 내진內陣의 군사는
도총관이, 외진外陣의 군사는 대장이 각기 수표를 하고 밀봉하여 바친
다"는 규정을 보완한 것으로서, 실제 정조 2년(1778) 능행시 취해진 조
치였다.200)

임금이 도성 밖에서 숙박하면서 능행할 때에 성문을 닫을 시각에 열
도록 하자면 반드시 신전信箭과 표신이 함께 도착한 후 대비大妃의 자
지慈旨와 부험符驗을 신청하여 받아야만 개문開門이 허용되었다.201) 이
것도 능행으로 인한 도성의 안전을 담보하기 위한 조치로 정조 2년
(1780) 능행시 금위대장禁衛大將 홍국영洪國榮이 제안하여 채택한 사안
이다.202) 아울러 정조 9년(1785) 능행시 출궁·환궁할 때 남은 군사가 나
와 전송하는 법식을 만들었다.203)

넷째, 명소命召 및 밀부密符 규정이다. 아울러 삼정승三政丞·좌우포

---

199) "城外經宿動駕時, 本曹啓差守宮大將, 直宿闕內大將啓差從事官一員【註:
文臣侍從】, 巡察宮牆內, 又大臣一員【註: 時原任中】, 三軍門大將一員, 留
都【註: 大臣則領率扈衛軍官結陣】, 守摠兩營, 輪回留陣於弘化門外."『大
典通編』「兵典」入直.

200) "行在, 內陣軍士則都摠管, 外陣軍士則大將, 各署名封進."『經國大典』「兵
典」啓省記;『正祖實錄』卷5, 正祖 2年 3月 辛未(11日).

201) "經宿陵幸時, 城門留門, 必待信箭標信俱到, 請出慈旨符驗許開."『大典通
編』「兵典」門開閉.

202)『正祖實錄』卷6, 正祖 2年 9月 辛卯(5日).

203)『正祖實錄』卷19, 正祖 9年 2月 丙戌(6日).

장左右捕將·삼군문대장三軍門大將·병조판서兵曹判書·겸병조판서兼兵曹判書 등에게는 명소를 나누어주고 기밀機密에 속한 일로 임금이 밤중에 부르게 되면 이를 맞추어보고 사용하였다.204) 또한 관찰사觀察使·통제사統制使·수어사守禦使·총융사總戎使·양도유수兩都留守·절도사節度使·방어사防禦使 등 병력을 동원할 수 있는 이들에게 밀부를 나누어주고, 유사시에 부절符節이 일치하면 임금의 유서諭書에 따라 움직이도록 하였다.205) 그래서 장수에게 준 밀부와 명소는 비록 죄를 지어 왕명을 기다릴 때라도 관직이 교체되어 빼앗기기 전에는 마음대로 반납할 수 없었다.206) 이 모두가 국왕의 권력기반을 공고히 하기 위해 제도적으로 뒷받침하였다.

결국, 정조연간 대두한 무비 강화요구는 국왕을 정점으로 하는 새로운 융정의 정비를 가능하도록 하는 배경이 되었다. 이는 사실 국왕의 권력이 반석 위에 올랐을 때 추진 가능한 정책이다. 이러한 상황이 『대전통편』「병전」의 편찬으로 귀결되었다.

---

204) "命召【註: 體圓, 一面書命召某職, 傍書年號月日, 一面御押, 中分】, 右一隻, 頒于三大臣, 左右捕將, 三軍門大將, 兵曹判書, 兼兵曹判書, 左二隻藏于大內, 若有機密重事, 昏夜命召則合符擧行." 『大典通編』「兵典」符信.

205) "密符【註: 體圓, 一面書第幾符, 一面御押, 中分】, 右一隻, 頒于觀察使, 統制使, 守摠兩使, 兩都留守, 節度使, 防禦使, 左二隻, 藏于大內, 凡有發兵應機等事, 合符防奸, 一依所受諭書擧行." 『大典通編』「兵典」符信.

206) "將臣密符命召, 雖待命之時遞職奪符前, 毋敢任自納符." 『大典通編』「兵典」符信.

결 론

조선왕조는 개창과 더불어 유교적 이상사회를 대전제로 이를 구현하기 위한 법치주의 실현의 기틀을 마련하였다. 향후 약 500여년간 법제의 축적과정과 정리작업은 일찍이 로마법대전의 찬집과정을 방불케 할 정도였다. 이는 서구 근대법의 기초가 로마법에서 근원한다는 사실에 비추어볼 때, 그에 필적하는 동아시아 전통의 한축을 이루고 있는 조선왕조의 법치주의를 이해하는 것은 필수적이다. 본서에서는 조선후기 법제정비사업에 주목하여 숙종, 영조, 정조 3왕대 법전을 살펴보았다.

1. 숙종대 법제의 집대성

숙종대는 두 차례에 걸쳐 법제서 편찬이 추진되었다. 1차 사업은 『수교집록』의 편찬이며, 2차 사업은 『전록통고』의 간행이다. 1차 사업은 현행법을 법전에 편입시키는 작업이었다. 그래서 누적된 수교 중에서 숙종 당대를 기준으로 실효성이 있는 법제를 가려내고 비교하여 그 연원까지 밝혀주었다.

1차 사업인 『수교집록』은 약 1세기간 지속된 조선후기 법제정비사업의 첫물꼬를 연 계기가 되었다. 구체적인 의의를 살펴보면 다음과 같다. 첫째, 수록 범위는 조선전기 수교를 모두 포괄하였다. 이는 숙종 당대를 기준으로 새로운 현행법의 체계를 구현하고자 이전의 관련 법규를 모두 검토하였기 때문이다. 수교의 범위가 확대되면서, 태종~숙종대에 이르는 광범위한 시공간을 포괄하였고 시기별 개폐현황을 수록하는 등 연원을 밝히는 노력도 병행되었다. 이것은 단순히 수교를 정리한다거나 현행법을 반영한다는 취지와는 일정한 차이가 있는 부분이다. 곧 이러한 1차 사업의 성격은 전반적인 조선전기 국법체계에 대한 재검토 작업의 성격이 짙었다. 『수교집록』 편찬사업은 단지 『대전후속록』이 『경국대전』을 보완하는 역할로서 그 소임을 다한 것과는 대조적으로, 향후 『속대전』의 편찬으로까지 이어진 것이다. 새로운 대전을 만들어가는 첫 단초로 이해된다. 숙종대 오랜 기간동안 공功을 들여 조선전기 법제를 검토하는 작업을 벌였기 때문에, 영조대 다시 이러한 작업을 반복하지 않고 선왕대 법제정비사업의 연장선상에서 숙종후반부터 수교를 검토할 수 있어서 상당한 시간이 절약되었다.

둘째, 조선의 법제를 활용하는 비중이 높아서 지금까지 관념적으로 율律은 『대명률』을 전적으로 사용한다는 인식과는 일정한 격차가 보인다. 이것은 『수교집록』에서 기존 법제를 인용하는 경우, 아국법의 활용 빈도가 『대명률』보다 높게 나타난다는 사실에서도 확인 가능하다. 실제 육전 전반의 형률체계를 검토해 보아도 같은 결론에 도달한다. 『수교집록』에서는 조선전기 형률체계보다 훨씬 세분화되어 다양한 형량이 복합적으로 활용되었다. 이는 『대명률』 「명례율名例律」 '오형五刑'에 제시된 단순한 양형量刑 기준을 일괄 적용하는 것과 다르다.

셋째, 『수교집록』에는 여러 가지 다양한 제도가 육전체계 내에서 맞물려 작동하면서 상호 영향을 주었다. 이것은 단순히 법제를 각전별로 만든 것이 아니라, 유기적으로 감안하여 법제를 고쳤음을 의미한다. 이것은 『수교집록』을 하나의 체계 속에서 이해해 볼 수 있는 단서가 된다. 예컨대 전가율全家律의 경우, 일정한 시점을 계기로 각전에 흩어져 있던 형량이 동시에 일괄적으로 개정되는 것이 확인된다. 이는 전반적인 형률체계를 상정해 놓고 고친 사례이다. 각전은 유기적으로 결합되어 운영되었다.

넷째, 사회경제적 변동양상에 대한 적극적인 대응도 필요하였다. 국가를 유지시킬 세제稅制의 정상화, 경제의 교란행위에 대한 규제 등이 마련되었다. 통치대상이자 세원稅源이었던 백성의 생활기반 보장은 국가의 기반을 건실하게 하기 위해서도 꼭 필요한 사안이였다. 이 과정에 백성의 생계기반을 보존하는 사법지원체계가 한층 강화되었다.

다섯째, 신분제 변화도 주목된다. 동일 사안에 대한 개폐開閉 기사가 반복되어 실려 있는데, 당시 변화무쌍하던 시대상이 그대로『수교집록』에 반영되었다. 사회변동기 조정의 능동적인 대처를 잘 보여준다.

한편, 2차 사업인『전록통고』는『경국대전』과 삼록三錄을 수록한 종합법전이다. 그 특징을 살펴보면 다음과 같다. 첫째, 기존 법전에 대한 종합적인 재검토가 이루어졌다. 법률에 능숙하고 국정운영에 전반적인 감각이 탁월한 삼정승이 주관하여 무려 5년동안『경국대전』을 중심으로 전반적인 재검토가 이루어졌다. 체재體裁를 변경하여 횡간을 모두 본문으로 돌리고 소주小註 역시 대문大文으로 처리하였으며, 안按, 보補, 감減, 혁革 등으로 변경사실도 기록하였다.『대전속록』,『대전후속록』,『수교집록』등도 산삭刪削을 거쳐 합본되었다.

둘째, 국법체계를 확립하는데 기여하였다. 조선후기에는『경국대전』체제가 와해되면서 조선전기에 확립된 법체계에 대한 인식이 이어지지 못하였다. 형정刑政 운영시『경국대전』, 속록류, 수교,『대명률』중 우선 순위에 대해 의견이 분분하였다. 그런데『전록통고』의 편찬으로『경국대전』-속록류-수교로 이어지는 법제의 권위와 체계를 확립하여, 형정의 혼란을 방지하는 큰 역할을 하였다. 따라서『전록통고』는 숙종 당대에 모든 역량을 집결하여 재정리한 종합법전이다.

2. 영조대 대전체제의 도입

영조연간 법제정비사업은 『경국대전』 체제의 회복을 주요한 목표로 제시하였다. 사안마다 『경국대전』을 비교대상으로 해서 현실을 비판하고 시행세칙을 만들려는 노력을 지속하였다. 이는 역으로 그만큼 조선전기 『경국대전』 체제와 상당한 간극이 생겼음을 의미한다. 이러한 모순을 해소하기 위해 선왕대 법제정비사업을 모범으로 삼아 세부작업이 추진되었다. 실무적으로는 현행법을 집대성한 『전록통고』를 활용하여 증보사업이 이루어졌다. 하지만 『전록통고』의 증보를 위해서는 누적된 수교를 정리하는 작업이 선행되어야 했다. 이것이 바로 1차로 속록류인 『신보수교집록』의 형태로 나타났다. 2차로 법체계와 통합하면서 통고류인 『증보전록통고』로 편찬되었다. 3차로 법문의 추상화가 진전되면서 대전류인 『속대전』으로 거듭났다.

영조대 선왕대 법제사업과 뚜렷한 차이가 있었다. 첫째, 법조문의 추상화 작업이 이루어졌다. 사록의 수교를 산삭하여 ㉠수교의 원래 형태를 보존하여 재수록하거나, ㉡분류 항목만 변경하여 이동하였으며, ㉢복수의 수교를 모아서 조문條文과 주註로 합치거나, ㉣계통이 비슷한 여러 개의 수교를 깎아서 하나의 조문과 주로 융합하도 하였고, ㉤수교의 취지 중 일부를 살리되 현실적으로 적용가능한 새 규정을 보완하여 새로운 조문을 만들기도 하였다. 이외에도 ㉥완전히 새로운 조문을 축조한 경우도 있다.

둘째, 국가통치 체제의 재확립이다. 『신보수교집록』부터 『경국대전』 이후 신설된 아문衙門이 명기明記되었다. 더욱이 『속대전』에는 비변사와 오군영을 비롯하여 총 25개 아문의 설립근거가 마련되었다. 이로써 각기 국가조직과 관료체계가 국왕을 중심으로 일목요연하게 통치체계를 구성할 수 있게 되었다.

셋째, 휼형주의가 적극 표방되었다. 조선후기 법제서에서 「형전」의 비중은 약 40%를 육박하는데, 이는『대명률』이 조선의 현실과 맞지 않거나 부족한 사항은 대체입법이 필요한 경우가 많았기 때문이다. 이 때문에 점차 형정의 중심축이 중국법(대명률)보다 아국법(형전)으로 상당부분 옮겨졌다. 늘어난 형정은『속대전』의 성격까지 규정하였다.『속대전』에는 늘어난 비중만큼 단순히 형률체계의 개편에 만족하지 않고 사법개혁의 명분까지 관형寬刑주의로 표방하였다. 이러한 형정 기조는 마침내 백성이 사법체계 속에서 최대한 기본권을 보장받을 수 있는 방향으로 국정을 운영하고 통치체제를 개편해 나가게 하였다. 심지어 국왕조차 국법의 제한을 받도록 규정하였다.

넷째, 관권강화의 성격이다. 그동안『속대전』체제에 대해서 국가의 사회통제강화 측면만이 부각되어 부정적으로 인식되어왔다. 강상죄는 사회변동을 막아서 시대를 되돌리려 한다거나 신분별 형벌의 차이 등을 부각시켜 신분제 사회의 한계성을 강조하였다.

그러나 사회변동기 반정부 활동은 조정의 적극적 대처가 필요하였고, 동시에 불만세력이 싹트는 것을 미연에 막기 위해서 새롭게 성장한 세력과 낙오한 소민小民을 체제 내에 편입하기 위한 다양한 정책적 포섭책도 함께 추진되었다. 더욱이 강상죄 인식도 상당히 부풀려져있다. 실제 적용되는 구체적인 안을 비교해 보면, 일반 형정의 흐름과 대동소이하며, 단지 윤리적 문제로 인해서 가중치가 적용되었을 뿐이다. 또한 신분별 형벌의 차이를 강조하여 신분제 강화가 시대를 역행한다고 설명해왔으나, 실제 형정을 살펴보면 수범은 신분에 무관하게 형벌이 집행되고 있으며, 당시 신분제를 인정하는 수준에서 종범이나 미수범의 처벌에 약간의 차이를 두고 있었을 뿐이다. 그러므로 이제껏 과도하게 덧씌워진 국가체제의 유지 및 강화라는 평가에 대해 재고가 필요하다.

3. 정조대 법제 종합관리 체제의 구현

정조연간 법제정비사업은 조선후기 국법체제를 완성하는 성격이 짙었다. 『대전통편』은 초기에는 속록류 법전인 『수교집록』의 후속편을 만들 목적으로 시작되었으나, 점차 법제정비의 성격이 변모하여 급기야 『경국대전』이나 『속대전』과 같은 대전류 편찬으로 격상되었다. 『대전통편』의 가장 큰 특징은 두 개의 대전이 별도로 포함되어있다는 점이다. 『경국대전』과 『속대전』이 각기 별개의 기둥을 이루고 있으며, 여기에 정조연간 수교가 정리되어 또 하나의 기둥을 형성하였다. 성종대 『경국대전』, 영조대 『속대전』, 정조대 새로이 증보된 내용이 각기 동일한 반열에 배치되도록 한 점이 특징적이다. 이를 통해서 정조연간 수교도 대전류의 위상을 부여받아 『대전통편』에 집대성되었다.

정조대 『대전통편』의 전반적인 지향은 지금까지 미처 주목받지 못하였다. 『대전통편』에는 「병전」의 비중이 매우 높아졌는데, 조선후기 법제서에서 「형전」의 비중이 압도적인 것과 전혀 다른 현상이다. 정조 즉위초부터 적극적인 능행과 군사훈련이 병행되었으며, 다수의 신료가 무비武備에 대한 필요성을 역설하였다. 이러한 분위기는 정조연간 법제정비사업에도 영향을 미쳤다.

첫째, 국왕주도의 병제개편이었다. 조선후기 법제정비의 근간은 이미 영조대 편찬된 『속대전』을 통해서 오군영의 신설 등 주요한 골격은 갖추어진 상태였다. 그래서 주요내용도 새로운 제도의 신설보다는 기존의 제도를 일정한 방향으로 수정하여 국왕 중심의 제도를 강화하는 소기의 목적을 달성하고자 하였다.

둘째, 무반武班 인사권의 재편이다. 무신武臣을 등용하는 시취試取에 관한 항목이 가장 많이 개정되거나 보완되었다. 특히, 17세기 이래 유행

한 관무재觀武才와 시사試射를 통한 국왕의 적극적인 문무신文武臣에
대한 선발권 장악과 재교육이 「병전」에 수록된 점이 인상적이다. 또한
국왕에 대한 숙위宿衛문제와 궁궐방위와 관련된 다양한 부분에 걸쳐서
도 개정작업이 진행되었다. 선왕의 무비 강화 노력을 비롯하여 정조 당
대 병제개편 내용에 이르기까지 융정의 전반적인 내용을 모두 수록하면
서 한결같이 국왕의 권위 회복과 군주주도의 융정으로 그 방향성을 설정
하였다. 정조연간 대두한 무비 강화요구는 국왕을 정점으로 하는 새로운
융정戎政의 정비를 가능하도록 하는 배경이 되었다.

그런데 정조대 법제정비사업은 전반적인 체계 속에서 살펴볼 필요가
있다.『대전통편』의 찬집으로 대전류 계통을 체계화하였지만, 여기서 법
제정비가 끝을 맺은 것은 아니었다. 서로 다른 개별 법제를 하나의 체계
내에서 편입시켜 다루고 있는 양상이 확인된다. 이러한 경향은 정조연간
기타 법제에서도 비슷하게 나타난다.

첫째,『전률통보』를 통해서 대전류와『대명률』의 합본이 시도되었다.
이는 현행법을 기준으로 실효적인 조문을 정리한 것이다. 곧『대명률』
의 실제 준수 범위와 활용에 대한 실상을 가늠할 수 있는 근거가 마련되
었다.『전률통보』는 대전류와『대명률』및 기타 법제까지도 하나로 융
합시키고자 한 법제일원화의 대표사례이다. 이는 얼마나 정조연간 법체
계의 통합과 운영에 관심을 기울였는지 확인할 수 있는 자료이다. 또한
이 시기『춘관통고』의 찬집은 예전류에 대한 총괄적인 정비작업을 의미
하였다. 이로써 전典-예禮-율律 삼법체계가 일정한 궤도에 접어들었다.

둘째, 정조연간에는 각종 사목(절목)을 수시로 제정하였다. 이는 숙
종~영조대와 전혀 다른 차원이었다.『대전통편』체제의 정비는 사목이
나 절목에 대한 상시적인 관리체계를 확립하는 선으로 확대되었다. 이로
써 대전류 편찬이 이루어지지 않더라도 이후 새로운 법제도 신속히 반영
될 수 있도록 정리되었고, 그것이『정조실록』이후에 규범화되었다. 사실

어느 왕대와 비교해도 그렇게 빈번히 사목을 제정한 적은 없었다.

셋째, 각 아문의 지류志類 편찬으로 실무규정이 더욱 풍부해졌으며, 『대전통편』체제를 운영하고 보완하는데 큰 역할을 하였다. 이는 순조대 『만기요람萬機要覽』이나 고종대 『육전조례六典條例』의 단서가 되었다. 그리고 각종 실무 지침서인 『무원록無冤錄』이나 『주교지남舟橋指南』 이 편찬되었을 뿐만 아니라, 『심리록審理錄』과 같은 판례집이 만들어져 법체계를 공고히 뒷받침하였다.

따라서 정조연간 법제정비의 흐름은 국가의 통치기반을 체계화하는 방향으로 이루어졌으며, 『대전통편』을 중심으로 각기 보완관계가 성립 하였다. 더욱이 각종 법제서의 편찬도 다양하게 이루어져 이른바 "『대전 통편』체제"가 탄생하였다.

결과적으로, 18세기 탕평군주의 시무時務는 급격한 사회변화에 발맞 추어 능동적인 국가의 대응체계를 마련하는 것을 주요 목표로 삼았다. 이에 실정과 부합하지 않는 법제를 조정하여 현실과 법치를 일치시키고 자 하는 노력이 전개되었다. 국왕을 필두로 당색黨色을 초월하여 수많은 신료들이 법제정비에 적극 참여하였다.

숙종대 『수교집록』 편찬과정에서 다룬 수교의 범위는 태종대부터 숙 종초반까지에 이르는 실로 광범위한 부문이었다. 이같은 기초작업이 없 었다면 이후 법제정비사업은 엄두도 내지 못했을 일이다. 특히 『전록통 고』의 완성은 후왕에게 시왕時王의 법전편찬에 눈을 돌려 통치체제를 확립하는 계기를 마련하였다. 영조대는 『신보수교집록』과 『증보전록통 고』를 편찬하여 숙종대 사업을 그대로 계승하였다. 여기에 한 단계 격상 된 대전류 사업으로 전환되어 『속대전』편찬이 가능해졌다. 정조대는 선 왕을 계술繼述하여 『대전통편』을 편찬하고, 이후 법제의 종합적이고 상 시적인 관리체계까지 구축해냈다.

　따라서 숙종·영조·정조대 각 법전사업에 대해 시공간을 고려하지 않
고 우열을 비교하기는 어렵다. 탕평시대 약 1세기간 법제정비사업이 지
속되어 마침내 조선의 국법체계도 재구축될 수 있었다. 이것이 오늘날
조선왕조의 법치주의 유산으로 남은 것이다.

참고문헌

1. 원사료 및 역주본

(1) 원사료

『朝鮮王朝實錄』, 『承政院日記』, 『日省錄』, 『內閣日曆』, 『經國大典』,
『典錄通考』, 『增補典錄通考』, 『新補受教輯錄』, 『新補受教』, 『新補受教』,
『大典續錄』, 『大典後續錄』, 『經國大典註解』, 『各司受敎』, 『受敎輯錄』,
『續大典』, 『大典通編』, 『典律通補』, 『審理錄』, 『秋官志』, 『國朝五禮儀』,
『國朝續五禮儀』, 『萬機要覽』, 『增補文獻備考』, 『輿地圖書』, 『嶺南邑誌』,
『湖南邑誌』, 『湖西邑誌』

(2) 역주서

법제처 편, 『경국대전』상·하, 법제처, 1949
법제처 편, 『대전속록·대전후속록』, 법제처, 1974
법제처 편, 『원·신보수교집록·사송유취』, 법제처, 1962
법제처 편, 『대전속록·대전후속록』, 법제처, 1974
법제처 편, 『(증보)전록통고: 형전』, 법제처, 1969
법제처 편, 『(증보)전록통고: 이전·호전·공전』, 법제처, 1974
법제처 편, 『(증보)전록통고: 예전·병전』, 법제처, 1974
법제처 편, 『속대전』, 법제처, 1962
법제처 편, 『대전통편』, 법제처, 1963
법제처 편, 『전률통보』상·하, 법제처, 1969
법제처 편, 『추관지』1~4, 법제처, 1975
법제처 편, 『심리록』상·하, 법제처, 1965
법제처 편, 『수교정례·율례요람』, 법제처, 1969
연세대학교 국학연구원 편, 『경제육전집록』, 신서원, 1993

윤국일, 『경국대전 연구』, 평양: 과학백과사전출판사, 1986[윤국일 역주, 『경
　　국대전』, 신서원, 1998]

이강욱 역, 『은대조례: 조선조 승정원의 업무규정집』, 한국고전번역, 2012

이종일 역주, 『대전회통연구』1~4권, 한국법제연구원, 1994

전봉덕 편, 『경제육전습유』, 아세아문화사, 1989

정긍식·임상혁 편, 『16세기 사송법서 집성』, 한국법제연구원, 1999

정긍식 외, 『역주 경국대전주해』, 한국법제연구원, 2009

정긍식 외, 『조선후기 수교자료 집성(I): 형사편1(규장각 소장본)』, 한국법제연
　　구원, 2009

정긍식 외, 『조선후기 수교자료 집성(II): 형사편2(규장각 소장본)』, 한국법제연
　　구원, 2010

정긍식 외, 『잊혀진 법학자 신번: 역주 대전사송류취』, 민속원, 2011

한국고전국역위원회 편, 『대전회통』, 고려대학교출판부, 1960

한국법제연구원 편, 『역주 당률소의: 名例·各則(上)·(下)』, 한국법제연구원, 1997

한국역사연구회 편, 『원문·역주 각사수교』, 청년사, 2002

한국역사연구회 편, 『원문·역주 수교집록』, 청년사, 2001

한국역사연구회 편, 『원문·역주 신보수교집록』, 청년사, 2000

한국정신문화연구원 편, 『경국대전 번역편·주해편』, 한국정신문화연구원, 1985~
　　1987

한국학중앙연구원 편, 『지정조격(영인본·교주본)』, 휴머니스트, 2007

(3) 영인본

고려대학교 중앙도서관 편, 『大明律直解』, 보경문화사, 1986

규장각 편, 『經國大典』, 서울대학교 규장각, 1997

규장각 편, 『大典續錄·大典後續錄·經國大典註解』, 서울대학교 규장각, 1997

규장각 편, 『各司受敎·受敎輯錄·新補受敎輯錄』, 서울대학교 규장각, 1997

규장각 편, 『典錄通考』上·下, 서울대학교 규장각, 1997

규장각 편, 『續大典』, 서울대학교 규장각, 1998

규장각 편, 『大典通編』上·下, 서울대학교 규장각, 1998

규장각 편, 『典律通補』上·下, 서울대학교 규장각, 1998

규장각 편, 『大典會通』上·下, 서울대학교 규장각, 1999

규장각 편,『大明律直解』, 서울대학교 규장각, 2001

규장각 편,『大明律講解』, 서울대학교 규장각, 2001

규장각 편,『大明律附例』上·下, 서울대학교 규장각, 2001

조선총독부 중추원 편,『譯文大典會通』, 조선총독부 중추원, 1921[국립중앙도
　　　서관 소장본]

조선총독부 중추원 편,『受敎輯要』, 조선총독부 중추원, 1943[국립중앙도서관
　　　소장본]

조선총독부 중추원 편,『조선왕조법전집』1~4, 경인문화사, 1969[민족문화, 1983]

2. 단행본 및 박사논문(성명순)

강　영,『대명률직해 이두의 어미어말 연구』, 국학자료원, 1998

고동환,『조선후기 서울상업발달사 연구』, 지식산업사, 1998

고성훈,『조선후기 변란연구』, 동국대학교 사학과 박사논문, 1994

권기석,『족보와 조선 사회: 15-17세기 계보의식의 변화와 사회관계망』, 태학
　　　사, 2011

김대홍,『조선초기 형사법상 引律比附에 관한 연구』, 서울대학교 법학과 박사
　　　논문, 2012

김동철,『조선후기 공인연구』, 한국연구원, 1993

김문식,『조선후기 경학사상 연구』, 일조각, 1996

김문식,『정조의 경학과 주자학』, 문헌과 해석사, 2000

김백철,『조선후기 영조의 탕평정치: 속대전의 편찬과 백성의 재인식』, 태학
　　　사, 2010

김백철,『두 얼굴의 영조: 18세기 탕평군주상의 재검토』, 태학사, 2014

김백철,『법치국가 조선의 탄생: 조선전기 국법체계 형성사』, 태학사, 2016

김성윤,『조선후기 탕평정치 연구』, 지식산업사, 1997

김성우,『조선중기 국가와 사족』, 역사비평사, 2001

김영석,『의금부의 조직과 추국에 관한 연구』, 서울대학교 법학과 박사논문,
　　　2013

김우철,『조선후기 지방군제사』, 경인문화사, 2000

김은미,『朝鮮時代 文書 僞造에 관한 硏究』, 한국학중앙연구원 고문헌관리학

과 박사논문, 2008

김정자, 『정조대 통공정책의 시행에 관한 연구』, 국민대학교 국사학과 박사논문, 2010

김종수, 『조선후기 중앙군제 연구: 훈련도감의 설립과 사회변동』, 혜안, 2003

김지영, 『조선후기 국왕행차에 대한 연구: 의궤반차도와 거동기록을 중심으로』, 서울대학교 박사학위논문, 2005

김옥근, 『조선후기 사회경제사연구』, 서문사, 1977

김옥근, 『조선왕조 재정사연구』3, 일조각, 1988

김용만, 『조선시대 사노비연구』, 집문당, 1997

김용태 외, 『한국법제사개요』, 원광사, 1981

나영일, 『정조시대의 무예』, 서울대학교출판부, 2003

박광용, 『조선후기 '탕평'연구』, 서울대학교 국사학과 박사논문, 1994

박병호, 『한국법제사고』, 법문사, 1974

박병호, 『한국의 법』, 세종대왕기념사업회, 1974

박철주, 『대명률직해의 국어학적 연구』, 일지사, 2006

박현모, 『正祖의 聖王論과 更張政策에 관한 연구』, 서울대학교 정치학과 박사논문, 1999

배혜숙, 『조선후기 사회저항집단과 사회변동 연구』, 동국대학교 사학과 박사논문, 1995

백승철, 『조선후기 상업사 연구』, 혜안, 2000

서일교, 『조선왕조 형사제도의 연구』, 박영사, 1968

서정민, 『한국 전통형법의 무고죄』, 민속원, 2013

서한교, 『조선후기 납속제도의 운영과 납속인의 실태』, 경북대학교 사학과 박사논문, 1995

설석규, 『조선시대 유소와 공론정치』, 선인, 2002

손병규, 『조선왕조 재정시스템의 재발견: 17~19세기 지방재정사 연구』, 역사비평사, 2008

송찬식, 1997 『조선후기 사회경제사의 연구』, 일조각, 1997

심재우, 『조선후기 국가권력과 범죄 통제: 심리록 연구』, 태학사, 2009

연정열, 『조선초기 노비법제고』, 경희대학교 법학과 박사논문, 1983

연정열, 『韓國法典史』, 學文社, 1997

오갑균, 『조선시대 사법제도 연구』, 삼영사, 1995

오영교 외, 『조선건국과 경국대전 체제의 형성』, 혜안, 2004

오영교 외, 『조선후기 체제변동과 속대전』, 혜안, 2005

오영교 외, 『세도정권기 체제변동과 대전회통』, 혜안, 2007

유승희, 『조선후기 한성부의 범죄보고서』, 이학사, 2014

육군군사연구소, 『한국군사사7: 조선후기Ⅰ』, 경인문화사, 2012

육군군사연구소, 『한국군사사8: 조선후기Ⅱ』, 경인문화사, 2012

윤국일, 『경국대전 연구』, 평양: 과학백과사전출판사, 1986

윤용출, 『조선후기의 요역제와 고용노동』, 서울대학교출판부, 1998

윤 정, 『18세기 국왕의 '문치'사상 연구』, 서울대학교 국사학과 박사논문, 2007

윤훈표 외, 『경제육전과 육전체제의 성립』, 혜안, 2007

이근호, 『조선후기 탕평파와 국정운영』, 민속원 2016

이남희, 『조선후기 雜科中人 연구』, 이회문화사, 1999

이상배, 『조선후기 정치와 괘서』, 국학자료원, 1999

이종서, 『고려-조선의 친족용어와 혈연의식: 친족관계의 정형과 변동』, 신구문
　　　화사, 2009

이태진, 『조선후기 정치와 군영제 변천』, 한국연구원, 1985

이태진, 『조선유교사회사론』, 지식산업사, 1989

이태진 외, 『서울상업사』, 태학사, 2000

임승표, 『조선시대 상벌적 읍호승강제 연구』, 홍익대학교 사학과 박사논문, 2001

전신용 편, 『한국의 법률문화』, 시사영어사, 1980

전형택, 『조선후기 노비신분 연구』, 일조각, 1989

정연식, 『조선후기 '역총'운영과 양역변통』, 서울대학교 국사학과 박사논문, 1993

조병로, 『조선시대 역제 연구』, 동국대학교 사학과 박사논문, 1990

조윤선, 『조선후기 소송 연구』, 국학자료원, 2002

조지만, 『조선시대의 형사법: 『대명률』과 국전』, 경인문화사, 2007

지두환, 『조선전기 의례연구: 성리학 정통론을 중심으로』, 서울대학교출판부,
　　　1994

지승종, 『조선전기 노비신분 연구』, 일조각, 1995

차인배, 『조선시대 포도청 연구』, 동국대학교 사학과 박사논문, 2008

최형국, 『정조의 무예사상과 장용영』, 경인문화사, 2015

한국문화연구소 편, 『전통적 법체계와 법의식』, 서울대학교출판부, 1972

한상권, 『조선후기 사회와 소원제도』, 일조각, 1996

3. 연구논문 및 해제(성명순)

강문식, 「영조대 준천시행과 그 의의」『영조의 국가정책과 정치이념』, 한국학
　　중앙연구원출판부, 2012

구덕회, 「『各司受敎』·『受敎輯錄』·『新補受敎輯錄』해제」『各司受敎·受敎輯錄·
　　新補受敎輯錄』, 서울대학교 규장각, 1997

구덕회, 「『수교집록』해제」『원문·역주 수교집록』, 청년사, 2001

구덕회·홍순민, 「『신보수교집록』해제」『원문·역주 신보수교집록』, 청년사, 2000

구덕회, 「『각사수교』해제」『원문·역주 각사수교』, 청년사, 2002

구덕회, 「법전으로 역사읽기: 집록류 법전의 성격」『역사와 현실』46, 한국역
　　사연구회, 2002

김남돌, 「조선초기 신문고의 설치와 운영」, 안동대학교 교육대학원 석사논문,
　　2005

김대홍, 「『경국대전』의 중앙통치제도」, 서울대학교 법학과 석사논문, 2004

김문식, 「『국조오례통편』의 자료적 특징」『한국문화연구』12, 이화여자대학교
　　한국문화연구원, 2007

김백철, 「조선후기 영조대 『속대전』위상의 재평가: 「형전」편찬을 중심으로」
　　『역사학보』194, 역사학회, 2007

김백철, 「조선후기 숙종대 『수교집록』의 편찬과 그 성격: 체재분석을 중심으
　　로」『동방학지』140, 연세대학교 국학연구원, 2007

김백철, 「조선후기 영조대 법전정비와 『속대전』의 편찬」『역사와 현실』68, 한
　　국역사연구회, 2008

김백철, 「조선후기 숙종대 국법체계와 『전록통고』의 편찬」『규장각』32, 서울
　　대학교 규장각한국학연구원, 2008

김백철, 「조선후기 정조대 법제정비와 『대전통편』체제의 구현」『대동문화연
　　구』64, 성균관대학교 대동문화연구원, 2008

김백철, 「산림의 징소와 출사: 박세채의 사직소를 중심으로」『규장각』33, 서
　　울대학교 규장각한국학연구원, 2008

김백철, 「조선후기 영조초반 법제정비의 성격과 그 지향: 『신보수교집록』체재를 중심으로」 『정신문화연구』115, 한국학중앙연구원, 2009

김백철, 「조선후기 정조대 『대전통편』「병전」편찬의 성격」 『군사』76, 국방부 군사편찬연구소, 2010

김백철, 「정조초반 『명의록』과 왕권의 위상: 만들어진 이미지와 실상의 경계」 『대동문화연구』95, 성균관대학교 대동문화연구원, 2016

김성진, 「조선시대 공문서 위조 연구」, 강원대학교 사학과 석사논문, 2010

김영주, 「신문고 제도에 대한 몇 가지 쟁점: 기원과 운영, 기능·제도의 변천을 중심으로」 『한국언론정보학보』39, 한국언론정보학회, 2007

김 호, 「典錄通考」 『奎章閣韓國本圖書解題續集: 史部2』, 서울대학교 규장각, 1995

도서관 편, 「典錄通考」 『奎章閣韓國本圖書解題: 史部4』, 서울대학교 도서관, 1982

문형진, 「대명률과 경국대전의 편찬의 법제사적 의의」 『중국연구』34, 한국외국어대학교 외국학종합연구센타 중국연구소, 2004

박병호, 「권리의 법적 구제방식으로서의 재판의 제도와 기능」 『전통적 법체계와 법의식』, 서울대학교출판부, 1972

박병호, 「경국대전의 편찬과 반행」 『한국사』9, 국사편찬위원회, 1973

박병호, 「조선초기의 법원」 『한국법제사고』, 법문사, 1974

박병호, 「조선시대의 법」 『한국의 법』, 세종대왕기념사업회, 1974

박병호, 「경국대전의 법사상적 성격」 『진단학보』48, 진단학회, 1979

박병호, 「『경국대전』의 편찬과 계승」 『한국사』22, 국사편찬위원회, 1995

박병호, 「조선초기 법제정과 사회상: 대명률의 실용을 중심으로」 『국사관논총』80, 국사편찬위원회, 1998

박현모, 「경국대전의 정치학」 『한국정치연구』12-2, 서울대학교 한국정치연구소, 2003

배우성, 「정조의 유수부 경영과 화성인식」 『한국사연구』127, 한국사연구회, 2004

배혜숙, 「을해옥사의 참여계층에 관한 연구: 나주괘서사건을 중심으로」 『백산학보』40, 백산학회, 1992

심재우, 「18세기 옥송의 성격과 형정운영의 변화」 『한국사론』34, 서울대학교 국사학과, 1995

심재우, 「조선후기 人命 사건의 처리와 '檢案'」『역사와 현실』23, 한국역사연구회, 1997

심재우, 「『전률통보』해제」『전률통보』상, 서울대학교 규장각, 1998

심재우, 「정조대『흠휼전칙』의 반포와 형구 정비」『규장각』22, 서울대학교 규장각, 1999

심재우, 「조선시대 法典 편찬과 刑事政策의 변화」『진단학보』96, 진단학회, 2003

심재우, 「18세기 후반 범죄의 통계적 분석 -『심리록』을 중심으로-」『법사학연구』32, 한국법사학회, 2005

심재우, 「조선말기 형사법 체계와『대명률』의 위상」『역사와 현실』65, 한국역사연구회, 2007

양은용, 「임진왜란과 호남의 불교의승군」『한국종교』19, 원광대학교 종교문제연구소, 1994

양진석, 「『전록통고』해제」『전록통고』상, 서울대학교 규장각, 1997

연정열, 「수교집록에 관한 일연구」『논문집』11-1, 한성대학교, 1987

연정열, 「수교집록과 노비의 관한 일연구」『노동경제논집』12-1, 한국노동경제학회, 1989

연정열, 「전록통고에 관한 일연구」『논문집』13-1, 한성대학교, 1989

연정열, 「속대전과 대전통편에 관한 일연구」『논문집』12, 한성대학교, 1988

연정열, 「경제육전·속전·등록에 관한 일연구」『논문집』16, 한성대학교, 1992

연정열, 「신보수교집록에 관한 일연구」『논문집』24-1, 한성대학교, 2000

염정섭, 「『대전통편』해제」『대전통편』상, 서울대학교 규장각, 1998

염정섭, 「조선후기 한성부 준천의 시행」『서울학연구』11, 서울시립대학교 서울학연구소, 1998

오세홍, 「조선초기 신문고 운영과 영향」, 한국교원대학교 교육대학원 석사논문, 2002

우정상, 「남북한산성 의승방번전에 대하여」『불교학보』1, 동국대학교 불교문화연구원, 1963

윤기엽, 「북한산성의 僧營寺刹: 사찰의 역할과 운영을 중심으로」『국학연구』25, 한국국학진흥원, 2014

윤용출, 「조선후기의 도역승군」『코기토』26, 부산대학교 인문학연구소, 1984

윤용출, 「17세기 후반 산릉역의 승군 징발」『역사와 경계』73, 부산경남사학

회, 2009

윤용출, 「17세기 후반 산릉역의 승군 부역노동」『지역과 역사』28, 부경역사연
구소, 2011

윤훈표, 「경제육전의 편찬과 주도층의 변화」『동방학지』121, 연세대학교 국학
연구원, 2003

윤훈표, 「고려말 개혁정치와 육전체제의 도입」『학림』27, 연세대학교 사학연
구회, 2006

이성무, 「『경국대전』의 편찬과 『대명률』」『역사학보』125, 역사학회, 1990

이존희, 「조선왕조의 유수부경영」『한국사연구』47, 한국사연구회, 1984

이종일, 「형전해설」『대전회통연구: 형전·공전편』, 한국법제연구원, 1996

이종일, 「조선시대 법전 편찬」『대전회통 연구: 권수·이전편』, 한국번제연구
원, 2000

이태진, 「사화와 붕당정치」『한국사특강』, 서울대학교출판부, 1990

이태진, 「조선후기 양반사회의 변화」『韓國社會發展史論』, 일조각, 1992

이희환, 「영조대 탕평책의 실상(상·하)」『전북사학』16~17, 전북사학회, 1993~
1994

임용한, 「『경제육전』의 편찬기구: 검상조례사를 중심으로」『조선시대사학보』
23, 조선시대사학회, 2002

임용한, 「『경제육전속집상절』의 간행과 그 의의」『조선시대사학보』25, 조선
시대사학회, 2003

임용한, 「『경제육전등록』의 편찬목적과 기능」『법사학연구』27, 한국법사학
회, 2003

장경준·진윤정, 「대명률직해의 계통과 서지적 특징」『서지학연구』58, 한국서
지학회, 2014

장경준, 「조선에서 간행된 대명률 '향본'에 대하여」『법사학연구』53, 한국법사
학회, 2016

장동우, 「『속대전』「예전」과 『대전통편』「예전」에 반영된 17세기 전례논쟁
의 논점에 대한 고찰」『한국실학연구』9, 한국실학학회, 2005

장병인, 「조선초기의 연좌율」『한국사론』17, 서울대학교 국사학과, 1987

정긍식, 「대전회통의 편찬과 그 의의」『서울대학교 법학』41-4, 서울대학교 법
학연구소, 2001

정긍식, 「대명률 해제」『대명률직해』, 서울대학교 규장각, 2001

정긍식·조지만, 「조선전기 『대명률』수용과 변용」『진단학보』96, 진단학회, 2003

정긍식, 「『續大典』의 위상에 대한 小考: "奉祀 및 立後"조를 대상으로」『서울대학교 법학』46-1, 서울대학교 법학연구소, 2005

정긍식, 「국가 경영의 원대한 기획 경국대전」『한국의 고전을 읽는다』4, 휴머니스트, 2006

정긍식, 「법서의 출판과 보급으로 본 조선사회의 법적 성격」『서울대학교 법학』48-4, 서울대학교 법학연구소, 2007

정긍식, 「대명률의 죄형법정주의 원칙」『서울대학교 법학』49-1, 서울대학교 법학연구소, 2008

정두영, 「정조대 도성방어론과 강화유수부」『서울학연구』51, 서울시립대학교 서울학연구소, 2013

정호훈, 「대원군 집권기 대전회통의 편찬」『조선시대사학보』35, 조선시대사학회, 2005

정호훈, 「18세기 전반 탕평정치의 추진과 『속대전』편찬」『한국사연구』127, 한국사연구회, 2004

조은정, 「영·정조대 공문서 위조의 실태와 정부의 대응」, 이화여자대학교 사학과 석사논문, 2014

조윤선, 「『속대전』형전「청리」조와 민의 법의식」『한국사연구』88, 한국사연구회, 1995

조윤선, 「17,18세기형조의 재원과 보민사: 속전을 중심으로」『조선시대사학보』24, 조선시대사학회, 2003

조윤선, 「조선후기 강상범죄의 양상과 법적 대응책」『법사학연구』34, 한국법사학회, 2006

조윤선, 「조선시대 사면 소결의 운영과 법제적, 정치적 의의」『조선시대사학보』38, 조선시대사학회, 2006

조윤선, 「조선후기의 사회윤리 강상범죄를 통해 본 사회상」『인문과학논집』35, 청주대학교 인문과학연구소, 2007

차미희, 「『속대전』의 文科시험 停擧 규정 검토」『사학연구』64, 한국사학회, 2001

한상권, 「자료소개: 조선시대 법전 편찬의 흐름과 각종 법률서의 성격」『역사

와 현실』13, 한국역사연구회, 1994
한우근, 「申聞鼓의 설립과 그 실제적 효능에 대하여」『이병도박사화갑기념논
　　총』, 일조각, 1956
함재학, 「경국대전이 조선의 헌법인가」『법철학연구』7-2, 한국법철학회, 2004
홍순민, 「『속대전』해제」『속대전』, 서울대학교 규장각, 1998
홍순민, 「조선후기 법전편찬의 추이와 정치운영의 변동」『한국문화』21, 서울
　　대학교 한국문화연구소, 1998

4. 해외연구 및 자료

장 자크 루소(김종현 역), 『신 엘로이즈』1~3, 책세상, 2010
張國華·饒鑫賢 共編, 『中國法律思想史綱』1·2, 甘肅人民出版社 1984~1987[임
　　대희 역, 『중국법률사상사』, 아카넷, 2003]
張晉藩 總主編, 『中國法制通史』7-8, 法律出版社, 1999
淺見倫太郎, 『朝鮮法制史稿』, 巖松堂書店, 1922[『朝鮮法制史稿』, 巖松堂書店,
　　1968 재간행]
麻生武龜, 『李朝法典考』, 朝鮮總督府中樞院, 1935
花村美樹 外, 『朝鮮社會法制史研究』(京城帝大法學會論集9) 岩波書店, 1937
平木實, 『朝鮮後期 奴婢制研究』, 知識産業社, 1982
田中俊光, 「추조심리안을 통해 본 19세기 조선 중엽의 형사정책」『법사학연구』
　　35, 한국법사학회, 2007
田中俊光, 「朝鮮後記の刑事事件審理における 問刑條例の援用について」『朝
　　鮮史研究會論文集』46, 朝鮮史研究會, 2008
張晉藩, 『中國官制通史』, 中國人民大學出版社, 1992
張晉藩 外, 『中國法制通史 7: 明』, 法律出版社, 1998
William Shaw, *Legal Norms in a Confucian State*, Center for Korean Studies,
　　Institute of East Asian Studies, University of California, 1981
Mark A. Peterson, Korean adoption and inheritance : case studies in the creation
　　of a classic confucian society, East Asia Program, Cornell University, 1996[김
　　혜정 역, 『유교사회의 창출: 조선중기 입양제와 상속제의 변화』, 일조각,
　　2000]

Deuchler, Martina, 1992, *The Confucian Transformation of Korea: A Study of Society and Ideogy*, Havard University Press[이훈상 역, 『한국사회의 유교적 변환』, 아카넷, 2003]

Chaihark Hahm, Confucian Constitutionalism, doctoral thesis, Harvard University, 2000

부 표

〈부표1〉 조선시대 법전 편찬사례

연도	典	禮	律	기타	비고
태조3(1394)				『朝鮮經國典』	筆寫
태조4(1395)			『大明律直解』		刊行
				『經濟文鑑』	筆寫
태조6(1397)	『經濟六典』(1차)				刊行
태종12(1412)	『經濟六典元集詳節』(2차)				刊行
	『經濟六典續集詳節』(1차)				刊行
태종15(1415)	『元六典』(3차)				刊行
	『續六典』(2차)				刊行
세종4(1422)	『續六典』(3차)				刊行
	「謄錄」(1차)				刊行
세종11(1429)	『元六典』(4차)				刊行
	『續六典』(4차)				刊行
세종15(1433)	『續六典』(5차)				刊行
	「謄錄」(2차)				刊行
세종17(1435)	『續六典』(6차)				刊行
세종20(1438)			『新註無冤錄』		刊行
단종2(1454)		『世宗實錄五禮儀』			刊行
세조2(1456)	『經國大典』(병술대전/1차)				筆寫
예종1(1469)	『經國大典』(기축대전/2차)				筆寫
성종5(1474)	『經國大典』(갑오대전/3차)				筆寫
	『大典續錄』(1차)				筆寫
		『國朝五禮儀』			刊行
성종16(1485)	『經國大典』(을사대전/4차)				刊行
성종23(1492)	『大典續錄』(2차)				刊行
중종9(1514)	『大典後續錄』(1차)				筆寫
중종38(1543)	『大典後續錄』(2차)				刊行
명종10(1555)	『經國大典註解』				刊行
선조4(1571)	『各司受教』				筆寫
선조18(1585)			『詞訟類聚』		刊行
인조14(1636)	『各司受教追錄』				筆寫
효종0(1649)			『決訟類聚』		刊行
숙종24(1698)	『受教輯錄』				刊行
숙종32(1706)	『典錄通考』				刊行
숙종46(1720)				『通文館志』(1차)	刊行
영조19(1743)	『新補受教輯錄』				筆寫

영조연간(?)	『增補典錄通考』			筆寫
			『東國攬錄』	筆寫
영조20(1744)		『春官志』		筆寫
		『國朝續五禮儀』		刊行
영조22(1746)	『續大典』			刊行
영조27(1751)		『國朝續五禮儀補』		刊行
	『續大典補』(1차)			筆寫
영조28(1752)		『國朝喪禮補編』(1차)		筆寫
영조32(1756)	『續大典補』(2차)			刊行
영조33(1757)		『國朝喪禮補編』(2차)		刊行
정조0(1776)			『穀簿合錄』	筆寫
정조2(1778)			『欽恤典則』	刊行
			『通文館志』(2차)	刊行
정조5(1781)			『秋官志』	筆寫
정조8(1784)			『奎章閣志』	刊行
			『弘文館志』	刊行
정조9(1785)	『大典通編』			刊行
			『太學志』	筆寫
정조11(1787)	『典律通補』			筆寫
정조12(1788)		『春官通考』		刊行
			『度支志』	筆寫
정조16(1792)			『增修無冤錄』	刊行
			『增修無冤錄諺解』	刊行
정조21(1797)			『穀總便考』	筆寫
정조23(1799)			『審理錄』	筆寫
순조8(1808)			『萬機要覽』	筆寫
순조10(1810)		『國朝五禮通編』		筆寫
헌종연간(?)			『銀臺便考』	筆寫
철종연간(?)			『銀臺便考』	筆寫
고종2(1865)	『大典會通』			刊行
고종2(1865)			『兩銓便攷』	刊行
고종4(1867)			『六典條例』	刊行
고종7(1870)		『五禮便考』		不傳
			『銀臺條例』	刊行
고종25(1888)			『通文館志』(3차)	刊行

- 0: 즉위년

〈부표2〉『수교집록』 중 기존법제 활용도

	經國大典	大典續錄	大典後續錄	기타	事目	我國例	大明律	소계
인용	9							9
준수	13	12			13			36
대조	1		1	1				3
개정	1	6						7
적용			2			42	76	118
소계	24	18	3	1	13	42	76	
비고	101						76	

- 법조문은 'O'로 구분하여 중추원본 및 한역연본과 차이가 있음.
- 사목은 하나로 묶어서 처리함.

〈부표3〉『신보수교집록』 중 기존법제 활용도

구분	我國法							中國法
	經國大典	經濟六典續集	受教輯錄	事目/節目/定式	受教	我國例	我國律	大明律
吏典				10	1	15	3	9
戶典				15	5	23	10	70
禮典	7			8	2	9	3	20
兵典	3		1	4	6	15		10
刑典	4	1	1	17	17	11	32	81
工典				2			1	8
소계	14	1	2	56	31	72	48	198
	223							198

- 법조문은 'O'로 구분하여 중추원본 및 한역연본와 차이가 있음.
- 사목은 하나로 묶어서 처리함.

〈부표4〉『전록통고』의 항목별 삼록 비율

구분	항목	大典續錄	大典後續錄	受敎輯錄	구분	항목	大典續錄	大典後續錄	受敎輯錄
吏典	1. 內命婦				兵典	7. 伴倘		1	
	2. 外命婦					8. 外衙前			
	3. 京官職	7	3	41		9. 軍官			
	4. 東班官階					10. 驛馬			
	5. 雜職					11. 草料			
	6. 外官職	1[增1]	1	5		12. 試取	8	8[增1]	32
	7. 土官職					13. 番次都目			
	8. 京衙前					14. 軍士給仕		4	
	9. 取才					15. 諸道兵船			
	10. 薦擧					16. 武科			
	11. 諸科					17. 告身			
	12. 除授	19	5	9		18. 褒貶			
	13. 限品敍用					19. 入直			
	14. 告身					20. 擲奸			
	15. 署經	1[新]				21. 行巡			
	16. 政案					22. 啓省記			
	17. 解由					23. 門開閉			
	18. 褒貶	2	1	2		24. 侍衛			
	19. 考課	8	4			25. 疊鼓			
	20. 祿牌					26. 疊鐘			
	21. 差定	5	2			27. 符信	3		
	22. 遞兒	6				28. 敎閱	1	2	
	23. 老人職					29. 屬衛			
	24. 追贈					30. 名簿			
	25. 贈諡					31. 番上		1	
	26. 給暇					32. 留防		6	
	27. 改名					33. 給保	16	4	
	28. 相避	1		15[減1]		34. 成籍			
	29. 鄉吏					35. 軍士還屬			
	30. 久任	3[新]				36. 復戶	2	1	
	31. 祭享	2[新]				37. 免役		1	
	32. 雜令	12[減1/新]	10	27		38. 給暇			
	33. 守令			13[新]		39. 救恤			
	34. 功臣			3[新]		40. 城堡		1	
戶典	1. 經費					41. 軍器		1	
	2. 戶籍			30[減1]		42. 兵船	2		3
	3. 量田					43. 烽燧			4

항목			
4. 籍田			
5. 祿科	3		5
6. 諸田	3		19
7. 職田			
8. 田宅	3		
9. 給造家地			
10. 務農			
11. 蠶室			
12. 軍資倉	2[減2]		
13. 常平倉			
14. 會計			
15. 支供	18		
16. 解由			21
17. 兵船載粮	1		
18. 魚塩			
19. 外官供給			
20. 收稅	4		2
21. 漕轉	12	4	31
22. 稅貢	2	5	
23. 雜稅			
24. 國幣			
25. 備荒			
26. 賣買限			6
27. 徵債	7		7
28. 徭賦	3		20
29. 雜令	17	21	8
30. 給復			5[新]
31. 還上			4[新]
32. 作紙			3[新]
上供	3[減3]		
唐物貿易	4[減4]		
補軍資	2[減2]		

禮典			
1. 諸科		4	41[減1]
2. 儀章			
3. 生徒			
4. 五服			
5. 儀註			
6. 宴享			
7. 朝儀	2		4
8. 事大			

항목			
44. 廐牧		6	5
45. 積藁			
46. 護船			
47. 迎送		3	
48. 路引			
49. 改火			
50. 禁火		1	
51. 雜類	13		
52. 用刑			
53. 內命婦儀	1[新]		
54. 除授	13[新]	9	
55. 遞兒	8[新]	4	
56. 薦狀	2[新]		
57. 騎載馬	1[新]		
58. 獎勸	4[新]	2	
59. 加階	1[新]		
60. 禁獵	1[新]		
61. 驛路	1[新]	15[增1]	28
62. 捕虎	2[新]		1
63. 禁制		16[新]	
64. 水軍		3[新]	
65. 皂隸羅將		1[新]	
66. 差定		2[新]	
67. 雜令		16[新]	
68. 軍制			41[新]
69. 賞典			9[新]
70. 徙民			12[新]
71. 軍律			14[新]
鍊才		5[減5]	

刑典			
1. 用律			
2. 決獄日限	7	8	9
3. 囚禁	1		
4. 推斷	9	4	61
5. 禁刑日			
6. 濫刑			3
7. 偽造			6
8. 恤囚			
9. 逃亡	2		
10. 才白丁團聚			
11. 捕盜	4		22

항목					항목			
9. 待使客	17[增1]				12. 贓盜	2	2	
10. 祭禮	4		7		13. 元惡鄕吏	1		
11. 奉審					14. 銀錢代用			
12. 致祭					15. 罪犯準計			
13. 陳弊					16. 告尊長			
14. 奉祀			8		17. 禁制	15	29	109
15. 給暇			1		18. 訴冤	5		11
16. 立後		1	8		19. 停訟			
17. 婚嫁	2	2	3		20. 賤妾			
18. 喪葬		2[減2]	4[減4]		21. 賤妻妾子女	4	7	
19. 取才	2				22. 公賤	20	5	59[減1]
20. 用印					23. 私賤	6	10	16
21. 依牒					24. 賤妾婢産			
22. 藏文書					25. 闕內各差備			
23. 獎勸	15	14	17		26. 跟隨			
24. 頒氷					27. 諸司差備奴跟隨奴定額			
25. 惠恤	3		10		28. 外奴妃			
26. 雅俗樂					29. 殺獄			9[新]
27. 選上					30. 檢驗			4[新]
28. 度僧					31. 奸犯			7[新]
29. 寺社	1				32. 赦令			7[新]
30. 參謁					33. 贖良			17[新]
31. 京外官迎送					34. 補充隊		1[新]	4
32. 京外官相見					35. 聽理			38[新]
33. 京外官會坐					36. 文記			5[新]
34. 請臺					37. 雜令		48[新]	13
35. 雜令	30	13	27		1. 橋路			
36. 用文字式					2. 營繕		1	2
禁制		10[減10]			3. 度量衡			
兵典 1. 京官職	1		19		4. 院宇	1	1	
2. 西班官階					5. 舟車	2	1	
3. 雜職				工典	6. 栽植	6	1	
4. 外官職			13		7. 柴場		1	
5. 土官職					8. 京役吏		1	
6. 京衙前					9. 雜令	7	11[增1]	5
					10. 工匠	4	3	

- 新: 항목 신설, 減: 조문 삭감, 增: 小註를 大文으로 바꾼 경우, ■: 三錄 모두 증보.

〈부표5〉 사록의 『증보전록통고』 및 『속대전』 '조전' 반영사례

구분	增補典錄通考	續大典	구분	增補典錄通考	續大典
속록1	1		집록30	46	註16
속록2	2		집록31	44	條文3-1
속록3	3	註17	신보1	51	註33
속록4	4		신보2	52	
속록5	5	註21	신보3	54	註46
속록6	6	條文3-1/註34	신보4-1	55	註4
속록7	7		신보4-2	56	
속록8	8	條文5-1/註57	신보5	57	
속록9	9		신보6	58	註10
속록10	10	註44	신보7	48	註44
속록11	11		신보8	49	條文1-2
속록12	12	註24	신보9	50	註54
후속록1	13	註40	신보10	53	註54
후속록2	14		신보11	59	註51
후속록3	15	條文4-6	신보12	60	註51
후속록4	16		신보13	62	註51
집록1	17		신보14-1	63	註4
집록2	18	註16	신보14-2	64	註2
집록3	19	註3	신보15	61	註1/註2
집록4	20		신보16	84	註1
집록5	21		신보17	85	
집록6	22		신보18-1	86	註18
집록7	23		신보18-2	87	註18
집록8	24		신보19	88	註25
집록9	25	註9	신보20	89	條文3-1/註28/註29
집록10	26	註3	신보21	삭제	
집록11	27	註18	신보22	65	註16
집록12	28	註1/註2	신보23	66	條文4-3[?]/註22
집록13	29	註3	신보24	67	註21
집록14	30	註18	신보25	68	條文4-3[?]/註46
집록15	31	註25	신보26	69	註40
집록16	32	註16	신보27	70	註41

집록17	33	條文4-1	신보28	71	
집록18	34	註41	신보29	72	註51
집록19	35	註40	신보30	73	→'解由'
집록20	36	條文4-3[?]	신보31	74	
집록21	37	註51	신보32	75	
집록22	38	條文2-4/註23/註35	신보33	76	註24
집록23	45		신보34	77	
집록24	47	註27	신보35	78	註56
집록25	39	註1/註2	신보36	79	條文4-3
집록26	40	註18	신보37	80	條文4-3[?]
집록27	41	註20	신보38	83	註2
집록28	42	註25	신보39	81	
집록29	43		신보40	82	

- 속록:『대전속록』, 후속록:『대전후속록』, 집록:『수교집록』, 신보:『신보수교집록』
- 속록1:『大典續錄』 '漕轉' 첫번째 수교.
- 신보14-2:『신보수교집록』 '조전' 1개 수교가『증보전록통고』에서 2개 수교가 된 경우.
- 條文1-2:『속대전』 '조전'의 첫번째 조문 내 두번째 소재, 註1:『속대전』'조전'의 첫번째 註(김백철, 앞 책, 2010, 151~154쪽 <표19>·'『속대전』「호전」'조전'의 구성원리' 참조).

〈부표6〉『속대전』 편찬과정 상세비교표

吏典	대전속록	대전후속록	수교집록	신보수교집록	반영수교	속대전	신규조문
京官職[官職]	1/8[減1]	0/3	1/41	1/62	3	96	96
外官職[官職]	1/2	0/1	0/5	0/12	1	108	108
取才					0	3	3
薦擧				0/2	0	4	4
諸科					0	3	3
除授	0/19	0/5	0/9		0	21	21
署經	1/1				1	5	5
襃貶	0/2	1/1	0/2	3/8	4	6	6
考課	0/8	1/4		0/1	1	18	17
祿牌					0	1	1
差定	0/5	0/2			0	7	7
遞兒	0/6				0	0	0
老人職					0	6	6
追贈					0	7	7
贈諡					0	3	3
給暇				0/1	0	5	5
改名					0	1	1
相避	1/1[損1]		5/15[減1]	2/4	8	15	11
久任	0/3[新]				0	0	0
祭享	0/2[新]			0/1	0	0	0
雜令	0/11	0/10	6/27	4/23	10	9	7
守令			0/13[新]	0/44	0	0	0
功臣			0/3[新]	0/46	0	0	0
戶典	대전속록	대전후속록	수교집록	신보수교집록	반영수교	속대전	신규조문
經費					0	1	1
戶籍			5/30[損1]	2/16[損4]	7	6	6*
量田				1/16	1	4	4
籍田					0	1	1
祿科	1/3		2/5	0/2	3	15	1
諸田	1/3		2/19	0/44	3	7	6
田宅	0/3				0	8	8
蠶室					0	1	1
倉庫	0/2[損2]				0	5	5
會計					0	1	1
支供	0/18			0/1	0	6	6

	대전속록	대전후속록	수교집록	신보수교집록	반영수교	속대전	신규조문
解由			8/21	17/49	25	5	5
兵船載粮	1/1				1	1	0
魚鹽					0	4	4
外官供給					0	4	4
收稅[諸田]	0/4		0/2	0/1	0	5	5
漕轉	4/12	2/4	3/31	10/40[減1]	19	6	5
歲貢	0/2	0/4			0	1	1
雜稅					0	4	4
國幣					0	1	1
備荒					0	3	3
賣買限			3/6	0/6	3	5	3
徵債	0/7		2/7	4/15	6	7	6
傜賦	2/3		3/20	0/6	5	8	8
雜令	0/17	0/21	0/8	0/15	0	13	13
給復			0/5[新]	0/3	0	0	0
還上			0/4[新]	0/15	0	0	0
作紙			0/3[新]		0	0	0
上供	0/3[損3]				0	0	0
補軍資	0/2[損2]				0	0	0
唐物貿易	0/4[損4]				0	0	0
禮典	대전속록	대전후속록	수교집록	신보수교집록	반영수교	속대전	신규조문
諸科		0/4	13/41[損1]	0/25	13	46	37
儀章				0/3	0	2	2
生徒					0	9	9
儀註					0	1	1
宴香					0	2	2
朝儀	0/2		0/4		0	5	5
待使客	0/18			0/1	0	5	5
祭禮	1/4		3/7	0/4	4	22	18
奉審					0	13	13
致祭					0	2	2
奉祀			0/8		0	2	2
給暇			1/1		1	2	2
立後		1/1	1/8	1/1	3	5	2
婚嫁	1/2	2/2	0/3	0/1	3	6	3
山訟				0/24	0	0	0
喪葬		0/2[損2]	0/4[減4]		0	6	6

	대전속록	대전후속록	수교집록	신보수교집록	반영수교	속대전	신규조문
取才	0/1				0	3	3
用印					0	2	2
藏文書					0	1	1
獎勸	0/15	0/14	0/17	0/5	0	21	21
頒氷				1/4	1	2	2
惠恤	0/3		7/10	0/50	7	4	3
我俗樂					0	1	1
選上					0	3	3
度僧					0	1	1
寺社	0/1				0	0	0
京外官迎送				0/3	0	0	0
京外官相見				0/2	0	1	1
雜令	2/30	0/13	1/27	4/20	7	30	24
待使客				0/1	0	0	0
用文字式				1/1	1	1	0
禁制		0/10[損10]			0	0	0
兵典	대전속록	대전후속록	수교집록	신보수교집록	반영수교	속대전	신규조문
京官職	0/1		0/19	6/17	6	28	28
雜職					0	7	7
外官職			2/13	0/4	2	8	7
京衙前					0	13	13
伴倘		0/1			0	9	9
軍官					0	6	6
驛馬					0	9	9
草料					0	3	3
試取 [諸科/鍊才]	0/7[增1]	0/8[增1]	0/32	0/20	0	39	39
番次都目					0	29	29
軍士給仕		0/4			0	3	3
諸道兵船					0	6	6
武科					0	4	4
告身					0	2	2
褒貶				0/1	0	1	1
入直					0	8	8
擲奸					0	2	2
行巡					0	3	3
啓省記					0	3	3

門開閉					0	1	1
侍衛					0	3	3
符信	1/3				1	5	5
敎閱	0/1	0/2			0	5	5
屬衙					0	1	1
名簿					0	2	2
番上		0/1			0	7	7
留防		2/6		4/4	6	4	4
給保	2/15	1/4			3	2	2
成籍					0	3	3
軍士還屬					0	3	3
免役		0/1			0	4	4
復戶	0/1	0/1		0/1	0	0	0
城堡		0/1			0	0	0
軍器		0/1		0/11	0	9	9
兵船	1/2		3/3	0/4	4	3	3
烽燧			3/4	3/4	6	1	1
廐牧		3/6	2/5	6/8	11	8	8
迎送		0/1[加2]			0	0	0
驛路[公賤]	1/1[新]	0/16	0/28	0/11	1	2	2
禁火		0/1			0	1	1
雜類	1/13				1	1	1
用刑					0	1	1
內命婦儀	0/1[新]				0	0	0
除授	0/13[新]	0/9			0	0	0
遞兒	0/8[新]	0/4			0	0	0
薦狀	0/2[新]				0	0	0
騎載馬	0/1[新]				0	0	0
獎勸	0/4[新]	0/2		0/7	0	0	0
加階	0/1[新]				0	0	0
捕虎	0/2[新]		0/1	0/3	0	0	0
禁制		0/16[新]			0	0	0
水軍		0/3[新]			0	0	0
皁隷羅將		0/1[新]			0	0	0
差定		0/2[新]			0	0	0
雜令		0/16[新]		0/6	0	7	7
軍制			0/41[新]	0/33	0	0	0

刑典	대전속록	대전후속록	수교집록	신보수교집록	반영수교	속대전	신규조문
賞典			0/9[新]	0/10	0	0	0
徙民			0/12[新]	0/3	0	0	0
軍律			0/14[新]	0/20	0	0	0
軍需				0/9[新]	0	0	0
鍊才		0/5[損5]					
赴京		0/2[損2]					
刑典	대전속록	대전후속록	수교집록	신보수교집록	반영수교	속대전	신규조문
用律					0	1	1
決獄日限	0/7	0/9	3/9	0/1	3	1	1
囚禁	0/1			0/1	0	6	6
推斷	1/9	2/4	11/61	9/130	23	51	33
禁刑日				1/1	1	2	1
濫刑			2/3	0/2	2	7	5
僞造			6/6	4/9	10	6	0
恤囚				3/12	3	4	3
逃亡	0/2				0	4	4
捕盜[賊盜]	1/4		3/22		4	13	10
贓盜	0/2	1/2		2/51	3	9	6
用刑				0/9[新]	0	0	0
屬公				0/3[新]	0	0	0
元惡鄕吏	0/1				1	2	1
告尊長					0	2	2
禁制	4/15	0/29	21/109	24/221	49	24	12
犯越				0/14	0	0	0
訴冤	0/4		2/11	2/14	4	5	2
停訟					0	1	1
賤妻妾子女	1/4	1/7		1/1	3	5	4
公賤	1/19	2/5	6/59[損1]	3/40	12	14	14
私賤	1/5	0/10	7/16	0/11	8	13	12
闕內各差備					0	1	1
諸司差備奴跟隨奴定額					0	1	1
殺獄			4/9[新]	9/24	13	18	16
檢驗			2/4[新]		2	3	3
姦犯			5/7[新]	5/11	10	6	2
赦令			0/7[新]	3/9	3	7	6
贖良			1/17[新]	3/6	4	7	3

	대전속록	대전후속록	수교집록	신보수교집록	반영수교	속대전	신규조문
補充隊	1/1[新]		2/4	1/1	4	3	1
聽理			8/38[新]	7/17	15	25	25
文記			5/5[新]		5	8	8
雜令		0/49[新]	1/13	0/15	1	13	13
笞杖徒流贖木					0	19	19
決訟該用紙					0	1	1
省鞫				0/8	0	0	0
工典	대전속록	대전후속록	수교집록	신보수교집록	반영수교	속대전	신규조문
橋路				1/1	1	3	2
營繕		1/1	0/2	0/1	1	2	1
度量衡				1/1	1	1	0
院宇	0/1	0/1			0	0	0
舟車	2/2	0/1			2	7	5
栽植	4/6	1/1			5	7	2
市場		1/1			1	3	2
京役吏		0/1			0	1	1
雜令	1/7	3/12	0/5	1/29	5	10	5
工匠	0/4	3/3		2/3	5	5	1

- 典-項-條-註 중 '條(○)'를 기준
- 加: 『전록통고』증가분, 增: 『증보전록통고』증가분
- 減: 『전록통고』삭제분, 損: 『증보전록통고』삭제분
- / : 항목의 총수교 중 『속대전』에 직접 반영된 숫자
- 新: 수교 일부가 변형되어 『속대전』에 신규조문에 영향을 미친 경우
- 단, 항목이 없어지고 수교가 이동한 경우 미반영.

〈부표7〉 정조연간 법제 편찬의 흐름

연대	會通類	志類	節目/事目類	기타	구분
정조1			帽稅事目		호전
			(庶孽許通)節目		이전
			(成均館)圓點節目		예전
			宣薦內禁衛事目		병전
정조2				欽恤典則	형전
		通文館志			예전
			扈衛廳革罷節目		병전
			推刷官革罷節目		형전
			有薦騎士節目		병전
정조5		秋官志			형전
			(奎章閣)故事節目		이전
			抄啓文臣講製節目		예전
			抄啓文臣講製追節目		예전
			(直閣待敎會圈)節目		이전
			御眞奉審節目		예전
			諸道馬兵都試節目		병전
			濟州御史賫去事目		이전
			慰諭使事目		이전
정조7			京畿御史事目		이전
				字恤典則	형전
정조8		奎章閣志			이전
		弘文館志			이전
			監門節目		병전
			京獄檢驗事目		형전
			交濟倉節目		호전
정조9	大典通編				종합
		太學志			이전
			兩湖作隊船節目		호전
			宣傳官廳節目		병전
			(長津鎭)節目		병전
정조11	典律通補				종합
			使行賫去事目		예전
정조12	春官通考				예전
			新定鄕軍節目		병전
			加髢申禁節目		형전
		度支志			호전
정조14				舟橋指南	세칙
			射講節目		병전
			漢旅新設節目		병전
			分面節目		병전

정조15			三學釐正節目		예전
정조16				增修無冤錄/ 增修無冤錄諺解*	형전
정조17			粮餉釐整節目		호전
			舟橋節目		병전?
			蓮花坊營屬民戶分契節目		호전?
			(平安道)各鎭給代節目		호전
			禁旅節目		병전
			壯勇外營軍制節目		병전
			粮餉釐整節目		호전
정조18			華城協守軍制節目		병전
			講製文臣追節目		병전
			楮竹田種養節目		호전
			惠慶宮誕辰陳賀節目		예전
			書寫忠義遷轉節目		병전?
정조19			華城行宮整理修城穀糶糴節目		호전
			廣州府留守兼南漢守禦使出鎭節目		병전
정조20			廣州府設置添入節目		이전
			外整理所進節目		예전?
정조21			漕運節目		호전
			帽蔘節目		호전
			華城實戶節目		호전?
			燕行節目		예전
			蔘包節目		호전?
			軍制協守追節目及守城節目		병전
정조22			壯勇外營五邑軍兵節目		병전
정조23				審理錄	형전

- ■ : 병전 관련 내용, * 최초 간행만 표기

〈부표8〉『전률통보』의 구성

각전	항목	경국대전	속대전	대전통편	보완	기타	대명률
吏典	官階	14	2	2	3	0	0
	京官職	244	127	89	68	0	0
	京官格式	15	35	32	31	0	0
	外官職	22	10	8	4	0	0
	外官格式	8	17	9	16	0	0
	薦擧	1	4	1	2	0	1
	科階	2	2	1	0	0	0
	署經	2	7	0	1	0	0
	考課	11	33	19	42	0	0
	褒貶	10	7	12	14	0	0
	老職	1	7	3	4	0	0
	追贈	3	7	5	5	0	1
	給暇	7	4	3	5	2	2
	相避	7	16	10	13	0	0
	雜令	2	4	1	1	0	1
소계		349	282	195	209	2	4
戶典	戶籍	6	10	3	1	0	2
	量田	7	7	1	1	0	1
	年分	3	9	6	5	0	0
	田稅	4	17	12	17	0	0
	大同	0	18	4	10	0	0
	均役	0	0	3	5	0	0
	漕轉	8	47	25	38	0	0
	雜稅	1	8	4	11	0	0
	徭役	1	12	3	11	0	3
	倉庫	0	10	5	6	0	4
	糶糴	0	18	6	13	0	0
	備荒	0	9	9	6	0	0
	諸田	7	22	12	7	0	0
	祿科	10	14	3	8	0	0
	外官供給	1	4	1	3	0	0
	解由	0	17	11	12	0	0
	雜令	3	10	9	11	3	5
소계		51	232	117	165	3	15
禮典	喪禮	2	2	4	17	22	0

	陵廟	9	15	21	18	2	2
	祭禮	2	23	26	55	66	5
	朝儀	13	8	9	17	3	3
	儀章	18	9	4	13	3	0
	璽寶	1	2	4	1	1	0
	事大	14	6	7	20	24	0
	交隣	1	11	7	7	14	0
	開市	0	0	0	6	8	0
	諸科	48	80	23	35	0	0
	獎勸	16	35	8	37	0	0
	惠恤	5	2	1	5	0	2
	婚嫁	6	6	1	4	2	5
	喪祭	20	11	9	18	6	2
	立後	3	5	1	0	0	2
	雜令	11	21	13	21	4	5
소계		169	236	138	274	155	26
兵典	官階	3	1	0	0	0	0
	京官職	37	156	91	53	0	0
	京官格式	5	6	25	27	1	0
	外官職	26	30	15	17	0	0
	外官格式	3	6	9	5	0	0
	諸科	12	33	19	25	0	0
	試取	1	14	10	12	0	0
	名簿	7	24	4	19	0	1
	屬衛	7	5	1	11	0	0
	敎閱	1	17	6	11	0	0
	番上	2	17	5	14	0	0
	留防	1	6	3	3	0	0
	符信	19	6	14	17	0	0
	入直	5	17	9	6	0	3
	門開閉	3	2	2	1	0	1
	行巡	19	16	4	21	0	2
	侍衛	2	3	5	17	11	0
	城堡	2	4	4	2	0	1
	烽燧	5	2	4	5	0	0
	軍器	3	5	2	7	0	1
	兵船	2	9	0	8	0	0

	廏牧	2	8	2	11	0	0
	驛馬	7	7	8	10	0	3
	驛路	1	4	1	3	0	1
	禁火	5	1	2	2	0	2
	雜令	10	18	18	17	2	7
소계		190	417	263	323	14	22
刑典	獄具圖	1	1	1	1	4	6
	五刑圖	0	0	0	0	0	2
	推斷	13	30	9	17	0	11
	囚禁	10	13	6	1	0	3
	用刑	10	12	7	1	0	4
	收贖	6	6	0	4	0	2
	逃亡	1	5	3	3	0	3
	赦令	0	5	1	0	0	3
	逆獄	1	9	4	1	0	5
	綱常	0	1	1	1	0	0
	賊盜	6	15	3	1	0	9
	受贓	0	0	0	0	0	1
	姦犯	0	4	0	0	0	5
	罵詈	3	1	0	3	0	6
	殺傷	2	12	2	4	1	17
	辜限	0	1	0	0	0	2
	私和	0	0	0	0	0	1
	復讎	0	3	0	0	0	2
	檢驗	1	5	2	3	0	2
	發塚	0	2	0	1	0	2
	失火	0	2	1	0	0	2
	詐僞	3	6	1	3	0	5
	訴告	4	4	1	1	0	4
	聽理	15	29	3	13	0	10
	徵債	4	6	1	2	0	2
	公賤	17	27	6	8	0	0
	私賤	4	8	0	1	0	1
	分財	22	13	0	5	9	2
	贖良	4	9	0	2	0	0
	禁制	7	27	11	7	0	3
	雜令	0	16	3	7	1	7

	律名	6	0	0	1	0	4
	名例	1	0	0	1	0	1
小計		141	272	66	92	15	127
工典	橋梁	6	1	2	1	0	1
	營繕	1	8	8	4	0	1
	度量衡	4	1	3	1	0	1
	舟車	0	6	3	2	0	2
	栽植	2	6	3	3	0	0
	工匠	4	5	2	0	0	2
	雜令	4	8	8	4	0	2
小計		21	35	29	15	0	9
補別編	皇朝紀年	0	0	0	0	0	0
	淸紀年	0	0	0	0	0	0
	國朝紀年	1	1	4	20	33	0
	宮園	0	1	0	18	27	0
	壇廟	0	0	0	0	0	0
	祭饌圖說	0	0	0	0	0	0
	五服圖	0	0	0	0	0	0
	功臣名號	0	0	0	0	0	0
	使臣外官賀拜迎受儀	1	0	0	0	1	0
	京外官相接儀	3	0	3	0	0	0
	事大文字式	0	0	0	0	0	0
	交隣文字式	0	0	0	0	0	0
	本朝文字式	54	1	4	43	0	0
	吏文	0	0	0	0	0	0
	民摠	0	0	0	0	0	0
	軍摠	0	0	0	0	0	0
	田摠	0	0	0	0	0	0
	穀總	0	0	0	0	0	0
	廐驛馬總	0	0	0	0	0	0
	各道戰船	0	0	0	0	0	0
	量田法	0	0	0	0	0	0
	城闕	0	0	0	0	0	0
	五部坊名	0	0	0	0	0	0
	各道城堞	0	0	0	0	0	0
	八道程途	0	0	0	0	0	0
	中原路程	0	0	0	0	0	0

	日本路程	0	0	0	0	0	0
	工匠名色	0	0	0	0	0	0
	籌法	0	0	0	0	0	0
	諸尺圖	0	0	0	0	0	0
소계		59	3	11	81	61	0

- 기타: 경국대전주해[解]. 무원록[無寃], 오례의[五禮], 속오례의[續禮], 흠휼전칙[欽恤], 상례보편
  [補編], 통문관지[館志] 등

〈부표9〉 조선시대 법제의 구성항목

	經國大典	大典續錄	大典後續錄	受教輯錄	新補受教輯錄	續大典	大典通編	大典會通
吏典	1. 內命婦 2. 外命婦 3. 京官職 4. 奉朝賀 5. 內侍府 6. 雜職 7. 外官職 8. 土官職 9. 京衙前 10. 取才 11. 薦擧 12. 諸科 13. 除授 14. 限品敍用 15. 告身 16. 政案 17. 解由 18. 褒貶 19. 考課 20. 祿牌 21. 差定 22. 遞兒 23. 老人職 24. 追贈 25. 贈諡 26. 給假 27. 改名 28. 相避 29. 鄕吏	1. 官職 2. 除授 3. 署經 4. 久任 5. 褒貶 6. 考課 7. 祭享 8. 差定 9. 遞兒 10. 雜令	1. 官職 2. 除授 3. 褒貶 4. 考課 5. 差定 6. 雜令	1. 官職 2. 除授 3. 相避 4. 受領 5. 功臣 6. 褒貶 7. 雜令	1. 京官職 2. 宣惠廳 3. 備邊司 4. 外官職 5. 薦擧 6. 褒貶 7. 考課 8. 給暇 9. 相避 10. 祭享	1. 京官職 2. 雜職 3. 外官職 4. 土官職 5. 京衙前 6. 取才 7. 薦擧 8. 諸科 9. 除授 10. 署經[新] 11. 褒貶 12. 考課 13. 祿牌 14. 差定 15. 老人職 16. 追贈 17. 給假 18. 改名 19. 相避 20. 雜令[新]	1. 內命婦 2. 外命婦 3. 京官職 4. 奉朝賀 5. 內侍府 6. 雜職 7. 外官職 8. 土官職 9. 京衙前 10. 取才 11. 薦擧 12. 諸科 13. 除授 14. 限品敍用 15. 告身 16. 署經 17. 政案 18. 解由 19. 褒貶 20. 考課 21. 祿牌 22. 差定 23. 遞兒 24. 老人職 25. 追贈 26. 贈諡 27. 給假 28. 改名 29. 相避 30. 鄕吏 31. 雜令	1. 內命婦 2. 外命婦 3. 京官職 4. 奉朝賀 5. 內侍府 6. 雜職 7. 外官職 8. 土官職 9. 京衙前 10. 取才 11. 薦擧 12. 諸科 13. 除授 14. 限品敍用 15. 告身 16. 署經 17. 政案 18. 解由 19. 褒貶 20. 考課 21. 祿牌 22. 差定 23. 遞兒 24. 老人職 25. 追贈 26. 贈諡 27. 給假 28. 改名 29. 相避 30. 鄕吏 31. 雜令
戶典	1. 經費 2. 戶籍 3. 量田 4. 籍田 5. 祿科 6. 諸田 7. 田宅 8. 給造家地 9. 務農 10. 蠶室 11. 軍資倉 12. 常平倉 13. 會計 14. 支供 15. 解由 16. 兵船載粮 17. 魚鹽 18. 外官供給	1. 諸田 2. 田宅 3. 倉庫 4. 上供 5. 支供 6. 收稅 7. 漕轉 8. 稅貢 9. 徵債 10. 徭賦 11. 祿俸 12. 唐物貿易 13. 補軍資 14. 雜令	1. 漕轉 2. 稅貢 3. 雜令	1. 諸田 2. 徭賦 3. 收稅 4. 戶籍 5. 漕轉 6. 祿俸 7. 收復 8. 還上 9. 解由 10. 徵債 11. 作紙 12. 買賣 13. 雜令	1. 戶籍 2. 量田 3. 祿科 4. 諸田 5. 堤堰 6. 支供 7. 解由 8. 收稅 9. 漕轉 10. 徵債 11. 徭賦 12. 雜令 13. 給復 14. 給復 15. 還上	1. 經費 2. 戶籍 3. 量田 4. 籍田 5. 祿科 6. 諸田 7. 田宅 8. 蠶室 9. 倉庫[合] 10. 會計 11. 支供 12. 解由 13. 兵船載粮 14. 魚鹽 15. 外官供給 16. 收稅 17. 漕轉 18. 稅貢	1. 經費 2. 戶籍 3. 量田 4. 籍田 5. 祿科 6. 諸田 7. 田宅 8. 給造家地 9. 務農 10. 蠶室 11. 倉庫 12. 會計 13. 支供 14. 解由 15. 兵船載粮 16. 魚鹽 17. 外官供給 18. 收稅	1. 經費 2. 戶籍 3. 量田 4. 籍田 5. 祿科 6. 諸田 7. 田宅 8. 給造家地 9. 務農 10. 蠶室 11. 倉庫 12. 會計 13. 支供 14. 解由 15. 兵船載粮 16. 魚鹽 17. 外官供給 18. 收稅

19. 收稅 20. 漕轉 21. 稅貢 22. 雜稅 23. 國幣 24. 獎勸 25. 備荒 26. 買賣限 27. 徵債 28. 進獻 29. 徭賦 30. 雜令					19. 雜稅 20. 國幣 21. 買賣限 22. 徵債 23. 進獻 24. 徭賦 25. 雜令	19. 漕轉 20. 稅貢 21. 雜稅 22. 國幣 23. 獎勸 24. 備荒 25. 買賣限 26. 徵債 27. 進獻 28. 徭賦 29. 雜令	19. 漕轉 20. 稅貢 21. 雜稅 22. 國幣 23. 獎勸 24. 備荒 25. 買賣限 26. 徵債 27. 進獻 28. 徭賦 29. 雜令
禮典 1. 諸科 2. 儀章 3. 生徒 4. 五服 5. 儀註 6. 宴享 7. 朝儀 8. 事大 9. 待使客 10. 祭禮 11. 奉審 12. 致祭 13. 陳弊 14. 奉祀 15. 給暇 16. 立後 17. 婚嫁 18. 喪葬 19. 取才 20. 用印 21. 依牒 22. 藏文書 23. 獎勸 24. 頒氷 25. 惠恤 26. 雅俗樂 27. 選上 28. 度僧 29. 寺社 30. 參謁 31. 京外官迎送 32. 京外官相見 33. 京外官會坐 34. 請臺 35. 雜令 36. 用文字式 37. 文武官四品	1. 儀章 2. 朝儀 3. 待使客 4. 祭禮 5. 婚禮 6. 取才 7. 獎勸 8. 惠恤 9. 寺社 10. 雜令	1. 婚禮 2. 立後 3. 喪葬 4. 禁制 5. 諸科 6. 獎勸 7. 雜令	1. 科擧 2. 祭禮 3. 勸獎 4. 婚禮 5. 惠恤 6. 喪葬 7. 給暇 8. 立後 9. 寺社 10. 奉祀 11. 雜令	1. 諸科 2. 儀章 3. 五服 4. 立後 5. 婚嫁 6. 山訟 7. 獎勸 8. 頒氷 9. 惠恤 10. 京外官迎送 11. 京外官相見 12. 雜令 13. 待使客 14. 用文字式	1. 諸科 2. 儀章 3. 五服 4. 立後 5. 儀註 6. 宴享 7. 朝儀 8. 事大 9. 待使客 10. 致祭 11. 奉祀 12. 給暇 13. 立後 14. 婚嫁 15. 喪葬 16. 取才 17. 用印 18. 藏文書 19. 獎勸 20. 頒氷 21. 惠恤 22. 雅俗樂 23. 選上 24. 度僧 25. 京外官相見 26. 雜令 27. 用文字式	1. 諸科 2. 儀章 3. 生徒 4. 五服 5. 儀註 6. 宴享 7. 朝儀 8. 事大 9. 待使客 10. 祭禮 11. 奉審 12. 致祭 13. 陳弊 14. 奉祀 15. 給暇 16. 立後 17. 婚嫁 18. 喪葬 19. 取才 20. 璽寶[新] 21. 用印 22. 依牒 23. 藏文書 24. 獎勸 25. 頒氷 26. 惠恤 27. 雅俗樂 28. 選上 29. 度僧 30. 寺社 31. 參謁 32. 京外官迎送 33. 京外官相見 34. 京外官會坐 35. 請臺 36. 雜令 37. 用文字式	1. 諸科 2. 儀章 3. 生徒 4. 五服 5. 儀註 6. 宴享 7. 朝儀 8. 事大 9. 待使客 10. 祭禮 11. 奉審 12. 致祭 13. 陳弊 14. 奉祀 15. 給暇 16. 立後 17. 婚嫁 18. 喪葬 19. 取才 20. 璽寶 21. 用印 22. 依牒 23. 藏文書 24. 獎勸 25. 頒氷 26. 惠恤 27. 雅俗樂 28. 選上 29. 度僧 30. 寺社 31. 參謁 32. 京外官迎送 33. 京外官相見 34. 京外官會坐 35. 請臺 36. 雜令 37. 用文字式

(이어지는 式 목록)

(1열)	(2~6열)	(7열)	(8열)
以上告身式 38. 文武官五品以下告身式 39. 堂上官妻告身 40. 三品以下妻告身式 41. 紅牌式 42. 白牌式 43. 雜科白牌式 44. 祿牌式 45. 追贈式 46. 鄉吏免役賜牌式 47. 奴婢土田賜牌式 48. 啓本式 49. 啓目式 50. 平關式 51. 牒呈式 52. 帖式 53. 立法出依牒式 54. 起復出依牒式 55. 解由移關式 56. 解由牒呈式 57. 度牒式 58. 立案式 59. 勘合式 60. 戶口式 61. 準戶口式		38. 文武官四 39. 品以上告身式 40. 文武官五 41. 品以下告身式 42. 堂上官妻告身式 43. 三品以下 44. 妻告身式 45. 紅牌式 46. 白牌式 47. 雜科白牌式 48. 祿牌式 49. 追贈式 50. 鄉吏免役賜牌式 51. 奴婢土田賜牌式 52. 啓本式 53. 啓目式 54. 平關式 55. 牒呈式 56. 帖式 57. 立法出依牒式 58. 起復出依59.牒式 60. 解由移關式 61. 解由牒呈式 62. 度牒式 63. 立案式 64. 勘合式 65. 戶口式 66. 準戶口式	38. 文武官四 39. 品以上告身式 40. 文武官五 41. 品以下告身式 42. 堂上官妻告身式 43. 三品以下 44. 妻告身式 45. 紅牌式 46. 白牌式 47. 雜科白牌式 48. 祿牌式 49. 追贈式 50. 鄉吏免役賜牌式 51. 奴婢土田賜牌式 52. 啓本式 53. 啓目式 54. 平關式 55. 牒呈式 56. 帖式 57. 立法出依牒式 58. 起復出依 59. 牒式 60. 解由移關式 61. 解由牒呈式 62. 度牒式 63. 立案式 64. 勘合式 65. 戶口式 66. 準戶口式

兵典

	1열	2열	3열	4열	5열	6열	7열	8열
兵典	1. 京官職 2. 雜職 3. 外官職 4. 土官職 5. 京衙前 6. 伴倘 7. 外衙前 8. 軍官 9. 驛馬 10. 草料 11. 試取 12. 番次都目 13. 軍士給仕 14. 諸道兵船 15. 武科	1. 內命婦儀 2. 官職 3. 除授 4. 試取 5. 加階 6. 遞兒 7. 薦狀 8. 符信 9. 教閱 10. 給保 11. 復戶 12. 兵船 13. 騎載馬 14. 補充隊 15. 獎勵	1. 除授 2. 給仕 3. 試取 4. 獎勸 5. 番上 6. 伴倘 7. 迎送 8. 禁火 9. 遞兒 10. 復戶 11. 禁制 12. 鍊才 13. 廐牧 14. 免役 15. 留防	1. 官職 2. 軍制 3. 諸科 4. 試取 5. 賞典 6. 捕盜 7. 徙民 8. 軍律 9. 驛路 10. 兵船 11. 烽燧 12. 兵船	1. 京官職 2. 南漢 3. 軍餉 4. 都試 5. 褒貶 6. 留防 7. 復戶 8. 軍器 9. 兵船 10. 烽燧 11. 廐牧 12. 獎勸 13. 獎勸 14. 驛路 15. 捕虎	1. 京官職 2. 雜職 3. 外官職 4. 京衙前 5. 伴倘 6. 軍官 7. 驛馬 8. 草料 9. 試取 10. 番次都目 11. 軍士給仕 12. 諸道兵船 13. 武科 14. 告身 15. 褒貶	1. 京官職 2. 雜職 3. 外官職 4. 土官職 5. 京衙前 6. 伴倘 7. 外衙前 8. 軍官 9. 驛馬 10. 草料 11. 試取 12. 番次都目 13. 軍士給仕 14. 諸道兵船 15. 武科	1. 京官職 2. 雜職 3. 外官職 4. 土官職 5. 京衙前 6. 伴倘 7. 外衙前 8. 軍官 9. 驛馬 10. 草料 11. 試取 12. 番次都目 13. 軍士給仕 14. 諸道兵船 15. 武科

［兵典 (계속)］

No.	①	②	③	④	⑤	⑥	⑦
16	告身	禁獵	驛路	雜令	入直	告身	告身
17	褒貶	驛路	赴京	軍制	攔奸	褒貶	褒貶
18	入直	捕虎	水軍	賞典	行巡	入直	入直
19	攔奸	雜類	卓隸羅將	徙民	啓省記	攔奸	攔奸
20	行巡		差定	軍律	門開閉	行巡	行巡
21	啓省記		城堡	軍需	侍衛	啓省記	啓省記
22	門開閉		軍器		符信	門開閉	門開閉
23	侍衛		教閱		教閱	侍衛	侍衛
24	疊鼓		給保		屬衛	疊鼓	疊鼓
25	疊鐘		雜令		名簿	疊鐘	疊鐘
26	符信				番上	符信	符信
27	教閱				留防	教閱	教閱
28	屬衛				給保	屬衛	屬衛
29	名簿				成籍	名簿	名簿
30	番上				軍士還屬[新]	番上	番上
31	留防				免役	留防	留防
32	給保				軍器	給保	給保
33	成籍				兵船	成籍	成籍
34	復戶				烽燧	軍士還屬	軍士還屬
35	免役				廐牧	復戶	復戶
36	給假				驛路[新]	免役	免役
37	救恤				禁火	給假	給假
38	城堡				雜類	救恤	救恤
39	軍器				用刑	城堡	城堡
40	兵船				雜令[新]	軍器	軍器
41	烽燧					兵船	兵船
42	廐牧					烽燧	烽燧
43	積芻					廐牧	廐牧
44	護船					積芻	積芻
45	迎送					護船	護船
46	路引					迎送	迎送
47	改火					路引	路引
48	禁火					驛路	驛路
49	雜類					改火	改火
50	用刑					禁火	禁火
51						雜類	雜類
52						用刑	用刑
53						雜令	雜令

刑典

No.	①	②	③	④	⑤	⑥	⑦
1	用律	決獄日限	決獄日限	推斷	用律	用律	用律
2	決獄日限	囚禁	推斷	濫刑	決獄日限	決獄日限	決獄日限
3	囚禁	推斷	禁制	僞造	囚禁	囚禁	囚禁
4	推斷	逃亡	賤妾子女	禁制	推斷	推斷	推斷
5	禁刑日	捕盜	私賤	賊盜	禁刑日	禁刑日	禁刑日
6	濫刑	臟盜	公賤	告訴	濫刑	濫刑	濫刑
7	僞造	元惡	雜令	殺獄	僞造	僞造	僞造
8	恤囚	禁制		檢驗	恤囚	恤囚	恤囚
9	逃亡	訴冤		奸犯	逃亡	逃亡	逃亡
10	才白丁團聚	賤妾子女		用刑	臟盜	才白丁團聚	才白丁團聚
11	捕盜	公賤		省鞫	元惡鄕吏	捕盜	捕盜
12	臟盜	私賤		屬公	告尊長	臟盜	臟盜
13	元惡鄕吏			贖良	禁制	元惡鄕吏	元惡鄕吏
14	銀錢代用			補充隊	犯越	銀錢代用	銀錢代用
15	罪犯準計				訴冤	罪犯準計	

	16. 告尊長 17. 禁制 18. 訴冤 19. 停訟 20. 賤妾 21. 賤妻妾子女 22. 公奴婢 23. 私賤 24. 賤娶婢產 25. 闕內各差備 26. 跟隨 27. 諸司差備奴根隨奴定額 28. 外奴婢 29. 奴婢決訟定限			15. 聽理 16. 決獄日限 17. 文記 18. 雜令	15. 賤妻妾子女 16. 公賤 17. 私賤 18. 殺獄 19. 奸犯 20. 赦令 21. 贖良 22. 補充隊 23. 聽理 24. 雜令	16. 停訟 17. 賤妻妾子女 18. 公賤 19. 私賤 20. 闕內各差備 21. 諸司差備奴根隨奴定額 22. 殺獄[新] 23. 檢驗[新] 24. 姦犯[新] 25. 赦令[新] 26. 贖良[新] 27. 補充隊[新] 28. 聽理[新] 29. 文記[新] 30. 雜令[新] 31. 笞杖徒流贖木[新] 32. 決訟該用紙[新]	16. 告尊長 17. 禁制 18. 訴冤 19. 停訟 20. 賤妾 21. 賤妻妾子女 22. 公賤 23. 私賤 24. 賤娶婢產 25. 闕內各差備 26. 跟隨 27. 諸司差備奴根隨奴定額 28. 外奴婢 29. 殺獄 30. 檢驗 31. 姦犯 32. 赦令 33. 贖良 34. 補充隊 35. 聽理 36. 文記 37. 雜令 38. 笞·杖·徒·流贖木 39. 決訟該用紙 40. 奴婢決訟定限[變]	15. 罪犯準計 16. 告尊長 17. 禁制 18. 訴冤 19. 停訟 20. 賤妾 21. 賤妻妾子女 22. 公賤 23. 私賤 24. 賤娶婢產 25. 闕內各差備 26. 跟隨 27. 諸司差備奴根隨奴定額 28. 外奴婢 29. 殺獄 30. 檢驗 31. 姦犯 32. 赦令 33. 贖良 34. 補充隊 35. 聽理 36. 文記 37. 雜令 38. 笞·杖·徒·流贖木 39. 決訟該用紙
工典	1. 橋路 2. 營繕 3. 度量衡 4. 院宇 5. 舟車 6. 栽植 7. 鐵場 8. 柴場 9. 寶物 10. 京役吏 11. 雜令 12. 工匠 13. 京工匠 14. 外工匠	1. 院宇 2. 舟車 3. 栽植 4. 工匠 5. 雜令	1. 營繕 2. 院宇 3. 舟車 4. 栽植 5. 京役吏 6. 工匠 7. 柴場 8. 雜令	1. 營繕 2. 雜令	1. 橋路 2. 營繕 3. 度量衡 4. 舟車 5. 工匠	1. 橋路 2. 營繕 3. 度量衡 4. 舟車 5. 柴場 6. 京役吏 7. 雜令 8. 工匠	1. 橋路 2. 營繕 3. 度量衡 4. 院宇 5. 舟車 6. 栽植 7. 鐵場 8. 柴場 9. 寶物 10. 京役吏 11. 雜令 12. 工匠 13. 京工匠 14. 外工匠	1. 橋路 2. 營繕 3. 度量衡 4. 院宇 5. 舟車 6. 栽植 7. 鐵場 8. 柴場 9. 寶物 10. 京役吏 11. 雜令 12. 工匠 13. 京工匠 14. 外工匠

- 新: 신설 항목, 合: 합설 항목, 變: 이동 항목

<부표10> 정조연간 시사試射 현황

번호	일자	장소	종류	비고
1	정조00.08.임자(13).	(昌慶宮)春塘臺	內試射	
2	정조00.08.계축(14).	(昌慶宮)春塘臺	內試射	
3	정조01.02.경신(24).	(昌慶宮)奎章閣東邊松壇	侍衛承史諸將臣試射	
4	정조01.03.정축(11).	(昌慶宮)春塘臺	內試射	三日製于沖宮
5	정조01.03.무인(12).	(昌慶宮)奎章閣	將臣試射	
6	정조01.03.기묘(13).	(昌德宮)登賢門	內試射	
7	정조01.07.신사(18).	(慶熙宮)武德門內永秋亭	八壯士子孫試藝	內試射기념
8	정조01.09.병인(04).	(昌慶宮)春塘臺	內試射	
9	정조01.09.임신(10).	(昌慶宮)春塘臺	別試射	
10	정조01.10.갑인(22).	(昌慶宮)春塘臺	內試射	
11	정조01.12.갑인(22).	(昌慶宮)春塘臺	別軍職內試射	
12	정조02.01.경진(19).	(昌慶宮)春塘臺	武臣朔試射	
13	정조02.01.경인(29).	(昌慶宮)春塘臺	內試射	
14	정조02.02.계사(02).	(昌慶宮)春塘臺	內試射	
15	정조02.03.정축(17).	(昌慶宮)春塘臺	內試射	
16	정조02.07.신묘(04).	(昌慶宮)春塘臺	內試射	
17	정조02.08.계유(16).	(昌德宮)暎花堂	瑞葱臺試射	
18	정조02.09.신해(25).	(昌慶宮)春塘臺	勸武軍官試射	
19	정조02.11.기축(03).	(昌慶宮)春塘臺	內試射	
20	정조02.11.경술(24).	(昌慶宮)春塘臺	內試射	
21	정조03.01.경자(15).	(昌慶宮)春塘臺	內試射	
22	정조03.02.기미(04).	(昌慶宮)春塘臺	內試射	
23	정조03.03.을사(21).	(昌慶宮)春塘臺	內試射	
24	정조03.04.병자(22).	(昌慶宮)春塘臺	文武試射	
25	정조03.07.신묘(09).	(昌慶宮)春塘臺	內試射	
26	정조03.07.기유(27).	(昌慶宮)春塘臺	內試射	
27	정조03.08.경오(19).	(摠戎廳)鍊戎臺	隨駕將士別試射	
28	정조03.08.신미(20).	(御營廳)南小營	隨駕將士別試射	
29	정조03.11.무자(08).	(昌慶宮)春塘臺	內試射	
30	정조04.02.병진(07).	(昌慶宮)春塘臺	瑞葱臺試射	
31	정조04.02.신유(12).	(昌慶宮)春塘臺	內試射	
32	정조04.09.임오(07).	(昌慶宮)春塘臺	瑞葱臺試射	
33	정조05.06.계사(22).		西北別付料軍官試射	翌日施行
34	정조05.09.갑자(25).	慕華館	試射瑞葱臺應射人	

35	정조05.09.을축(26).	(昌慶宮)春塘臺	試射	
36	정조05.10.무인(09).	(昌慶宮)春塘臺	內試射	
37	정조05.10.신사(12).	(昌慶宮)春塘臺	內試射	
38	정조05.10.갑신(15).	(昌慶宮)春塘臺	內試射	
39	정조06.01.계축(16).	(昌慶宮)春塘臺	春等內試射	
40	정조06.01.계해(26).	(昌慶宮)春塘臺	辛丑冬等內試射	
41	정조06.06.을미(30).	(景福宮?)隆武堂	內試射	
42	정조06.08.갑오(30).	(訓練都監)北營	瑞葱臺試射	
43	정조06.12.갑술(12).	(昌德宮)暎花堂	內試射	
44	정조06.12.임오(20).	(昌慶宮)春塘臺	行內試射	
45	정조06.12.경인(28).	(昌慶宮)春塘臺	內試射	
46	정조07.01.을사(13).	(昌慶宮)春塘臺	內試射	
47	정조07.01.병오(14).	(昌慶宮)春塘臺	內試射	
48	정조07.01.기미(27).	(昌慶宮)春塘臺	內試射	
49	정조07.03.정미(16).	(昌慶宮)春塘臺	勸武軍官試射	
50	정조07.03.계축(22).	(昌慶宮)春塘臺	別軍職試射	
51	정조07.04.기사(09).	慕華館	別試射	
52	정조07.05.을묘(25).	(昌德宮)暎花堂	中日試射	
53	정조07.07.무술(09).	(昌德宮)暎花堂	內試射	
54	정조07.07.임인(13).	(昌慶宮)春塘臺	內試射	
55	정조07.08.병인(07).	(昌慶宮)春塘臺	武藝廳試射	
56	정조07.08.기사(10).	(昌慶宮)春塘臺	別軍職試射	
57	정조07.08.무인(19).	(昌慶宮)春塘臺	瑞葱臺內試射	
58	정조07.09.경인(02).	(昌慶宮)春塘臺	瑞葱臺追試射	
59	정조07.09.계묘(15).	(昌慶宮)春塘臺	內試射	
60	정조07.09.정사(29).	(昌慶宮)春塘臺	內試射	
61	정조07.10.임술(04).	(昌慶宮)春塘臺	內試射	
62	정조07.10.계해(05).	(昌慶宮)春塘臺	內試射	
63	정조07.11.계사(06).	(昌慶宮)春塘臺	宣傳官別軍職內試射	
64	정조07.12.을해(18).	(昌慶宮)春塘臺	宣廳內禁衛槍劍將幸南行宣傳官講射放	
65	정조08.02.정사(01).	(昌慶宮)春塘臺	內試射	
66	정조08.02.을유(29).	(昌慶宮)春塘臺	內試射	
67	정조08.윤03.임오(27).	(昌慶宮)春塘臺	內試射	
68	정조08.08.갑오(11).	(昌慶宮)春塘臺	瑞葱臺試射	抄啓文臣親試, 居齋儒生應製, 賜酒饌
69	정조08.08.을사(22).	(昌慶宮)春塘臺	內試射	

70	정조08.08.경술(27).	(昌慶宮)春塘臺	別試射	
71	정조08.08.신해(28).	(昌慶宮)春塘臺	頒賞別試射入格人	
72	정조08.09.을해(23).	(昌慶宮)春塘臺	內試射	抄啓文臣親試
73	정조08.10.무술(15).	(昌慶宮)春塘臺	宣傳官講試射	抄啓文臣課講
74	정조09.01.병인(16).	(昌慶宮)春塘臺	宣薦取才 內試射	
75	정조09.01.임신(22).	(昌慶宮)春塘臺	禁軍試射	
76	정조09.02.계사(13).	(昌慶宮)春塘臺	瑞蔥臺試射	
77	정조09.02.신축(21).	(昌慶宮)春塘臺	瑞蔥臺試射	
78	정조09.02.을사(25).	(昌慶宮)春塘臺	入直武臣試射	施賞有差
79	정조09.04.경진(01).		親鞫時侍衛軍校試射放	頒賞
80	정조09.04.갑진(25).	(昌慶宮)春塘臺	專經武臣殿講試射	
81	정조09.04.병오(27).	(昌慶宮)春塘臺	西北別付料軍官及扈衛軍官試射	
82	정조09.07.기미(12).	(昌慶宮)春塘臺	內試射	
83	정조09.07.기사(22).	(昌慶宮)春塘臺	春季朔試射	抄啓文臣親試及
84	정조09.08.경진(03).	(昌慶宮)春塘臺	內試射	秋等試閱
85	정조09.08.병신(19).	(昌慶宮)春塘臺	武臣試射	文臣製述
86	정조09.08.병오(29).	(昌慶宮)春塘臺	瑞蔥臺試射	
87	정조09.09.임신(26).	(昌慶宮)春塘臺	秋等試射	抄啓文臣親試, 宣傳官試講
88	정조09.10.임인(26).	(昌慶宮)春塘臺	西北別付料軍官試射	
89	정조09.11.갑자(18).	(昌慶宮)春塘臺	官弓試射	宣傳官試講, 施賞有差
90	정조10.01.을묘(10).	(昌慶宮)春塘臺	行宣傳官試射	
91	정조10.01.계해(18).	(昌慶宮)春塘臺	內試射	
92	정조10.02.계사(19).		瑞蔥臺試射	
93	정조10.03.임자(08).	(昌慶宮)春塘臺	宣薦禁軍內試射	
94	정조10.03.병인(22).	(昌德宮?)丹楓亭	春等試射	抄啓文臣課講
95	정조10.03.신미(27).	(昌德宮)暎花堂	入直武士試射	施賞
96	정조10.08.03계묘	(昌慶宮)春塘臺	禁軍秋等試射	
97	정조10.08.병진(16).	(昌慶宮)春塘臺	禁軍試射	
98	정조10.09.기묘(09).	(昌慶宮)春塘臺	抄啓文臣宣傳官試射講	九日製
99	정조10.09.갑오(24).	(昌慶宮)春塘臺	瑞蔥臺試射	
100	정조10.09.경자(30).	(昌慶宮)春塘臺	禁軍試射	
101	정조10.10.무오(18).	(昌慶宮)春塘臺	專經武臣試射	
102	정조10.10.무진(28).	(昌慶宮)春塘臺	西北別付料試射	
103	정조11.01.신사(12).	(昌慶宮)春塘臺	內試射	
104	정조11.02.신축(03).	瑞蔥臺	內試射	
105	정조11.02.갑인(16).	(昌慶宮)春塘臺	內試射	

106	정조11.03.무인(10).	(昌慶宮)春塘臺	新舊選抄啓文臣親試及試射	
107	정조11.03.기묘(11).	(昌慶宮)春塘臺	西北別付料試射	
108	정조11.04.계묘(06).	(昌慶宮)春塘臺	內試射	抄啓文臣親試
109	정조11.07.임진(27).	(昌慶宮)春塘臺	壯勇營試射	
110	정조11.08.임인(07).	(昌慶宮)春塘臺	瑞蔥臺試射	將謁明陵
111	정조11.08.정사(22).	(昌慶宮)春塘臺	專經武臣試射·武臣堂上朔試射	專經製述文臣講製抄啓文臣課講及幷論賞有差
112	정조11.08.신유(26).	(昌慶宮)春塘臺	內禁衛試射	
113	정조11.09.병인(02).	(昌慶宮)春塘臺	新舊抄啓文臣親試及試射	
114	정조11.09.정묘(03).	設九日製于泮宮, 科次于熙政堂	抄啓文臣試射十巡, 無一分者, 例有罰杯	
115	정조11.09.을해(11).	(昌慶宮)春塘臺	壯勇廳試射	
116	정조11.11.기축(26).	(昌慶宮)春塘臺	宣傳官試射	
117	정조12.09.경신(02).	慕華館	瑞蔥臺試射	
118	정조12.09.신유(03).	慶熙宮	瑞蔥臺試射	分等施賞
119	정조12.12.병오(19).	(昌慶宮)春塘臺	內試射	
120	정조12.12.임자(25).	(昌慶宮)春塘臺	壯勇營賞試射	
121	정조13.01.정묘(10).	(昌慶宮)春塘臺	內禁衛試射	
122	정조13.02.갑오(07).	(昌慶宮)春塘臺	瑞蔥臺試射	
123	정조13.02.병오(19).	(昌慶宮)春塘臺	別試射	
124	정조13.03.기미(02).	(昌慶宮)春塘臺	西北別付料試射	
125	정조13.03.무인(21).	(昌慶宮)春塘臺	守摠兩營校卒試射放	
126	정조13.04.계묘(17).	(昌慶宮)春塘臺	抄啓文臣親試·試射/宣傳官殿講·試射	
127	정조13.04.27계축	(昌慶宮)春塘臺	別試射	
128	정조13.05.07계해	(昌慶宮)春塘臺	專經武臣試射	
129	정조13.05.28갑신	(昌慶宮)春塘臺	專經武臣試射	
130	정조13.07.09계사	(昌慶宮)春塘臺	西北親設別付料試射	
131	정조13.10.08경신		隨駕軍兵, 以別試射例試取	
132	정조13.10.계해(11).		管理營, 鎭撫營校卒等試射放	
133	정조13.10.경오(18).	(昌慶宮)春塘臺	別試射	
134	정조13.10.병자(24).	(昌慶宮)春塘臺	內試射	觀武才殿試于訓鍊院南小營
135	정조13.11.정해(05).	(昌慶宮)春塘臺	別試射	觀武才 頒賞
136	정조14.03.병술(06).	(昌慶宮)春塘臺	禁軍試射	
137	정조14.03.기축(09).	(昌慶宮)春塘臺	內試射	
138	정조14.03.정유(17).	(昌慶宮)春塘臺	武臣堂上祿試射	
139	정조14.03.경자(20).	(昌慶宮)春塘臺	文臣講製及武臣試射	

140	정조14.04.정묘(17).	(昌慶宮)春塘臺	專經武臣試射	
141	정조14.06.계유(24).	昌慶宮	昌德宮入直將官軍兵, 當於來月試射*	
142	정조14.08.기유(01).	(昌慶宮)春塘臺	內試射	
143	정조14.08.02경술	(昌慶宮)春塘臺	壯勇營賞試射	
144	정조14.08.08병진	(昌慶宮)春塘臺	宣廳內禁衛及西北別付料試射	召見七日製入格儒生
145	정조14.09.기묘(02).	(昌慶宮)春塘臺	壯勇衛試射	
146	정조14.09.을유(08).	(昌慶宮)春塘臺	新舊抄啓文臣親試試射	到記儒生講製
147	정조14.09.을미(18).	(昌慶宮)春塘臺	內試射	
148	정조14.09.병신(19).	錬戎臺	瑞蔥臺試射	
149	정조14.09.정유(20).	(昌慶宮)春塘臺	武科殿試, 瑞蔥臺, 未試人追試射	
150	정조14.10.계해(16).	(昌慶宮)春塘臺	內試射	
151	정조14.10.을축(18).	(昌慶宮)春塘臺	專經武臣試射	專經文臣殿講
152	정조14.10.갑술(27).	(昌慶宮)春塘臺	別軍職宣傳官試射	
153	정조14.11.갑오(18).	龍山別營 慕華館	西北別付料武士試射	
154	정조14.11.경자(24).	(昌慶宮)春塘臺	西北別付料試射	
155	정조14.12.병진(10).	(昌慶宮)春塘臺	海西鐵箭武士試射	
156	정조14.12.신미(25).	(昌慶宮)春塘臺	壯勇營試射	
157	정조15.02.갑자(19).	(昌慶宮)春塘臺	各營將臣校卒試射	
158	정조15.04.임술(18).	(昌慶宮)春塘臺	抄啓文臣朔試射	
159	정조15.06.신유(18).		入直將官軍兵試射	施賞
160	정조15.06.정묘(24).	(昌慶宮)春塘臺	誕日入直將武士試射	
161	정조15.08.갑자(22).	(昌慶宮)春塘臺	壯勇營秋等試射	
162	정조15.09.경자(28).	(昌慶宮)暎花堂	瑞蔥臺試射	
163	정조15.10.계묘(02).	丹楓亭	抄啓文臣親試及試射	命諸文臣分直慕華館錬戎臺城北屯北營訓錬院, 使之肄射
164	정조15.11.을해(04).	永肅門	抄啓文臣試射/宣傳官講射	
165	정조15.11.기축(18).	(昌慶宮)春塘臺	官弓試射	
166	정조15.11.경자(29).	(昌慶宮)春塘臺	壯勇營日日試射	
167	정조15.12.병오(06).	(昌慶宮)春塘臺	壯勇營試射	
168	정조16.02.경신(21).	(昌慶宮)春塘臺	瑞蔥臺試射	入格人等施賞有差
169	정조16.02.병인(27).		壯勇營高陽鄕武士等試射	居魁人直赴殿試
170	정조16.02.정묘(28).		壯勇營水原鄕武士試射放	竝付會試
171	정조16.03.무인(09).	(昌慶宮)春塘臺	別軍職宣傳官內乘武藝廳禁旅等春等試射及西北別付料試射	施賞有差
172	정조16.03.경진(11).	(昌慶宮)春塘臺	壯勇營試射	
173	정조16.03.계사(24).	(昌慶宮)春塘臺	翰林召試及抄啓文臣春等試射/泮儒應製	

174	정조16.04.경술(12).	(昌慶宮)春塘臺	武藝廳夏等試射	
175	정조16.04.무오(20).	(昌慶宮)春塘臺	抄啓文臣親試/課講及專經文臣日次儒生殿講兼行武臣堂上堂下朔試射/專經武臣試射/武臣堂上別試射/耆老武臣應射	
176	정조16.04.경신(22).	(昌慶宮)春塘臺	壯勇營試射	
177	정조16.05.기미(22).		水原府試射	入格人等加資賜第, 施賞有差
178	정조16.07.무오(21).	皇壇	行望拜禮于皇壇, 又命儒生應製武士試射	
179	정조16.08.기사(03).	(昌慶宮)春塘臺	內禁衛秋試射	
180	정조16.09.임인(06).	(昌慶宮)春塘臺	瑞蔥臺試射	
181	정조16.09.계축(17).	(昌慶宮)春塘臺	抄啓文臣親試及秋等試射/別軍職以下諸武臣試射/泮儒應製	設朝食堂
182	정조16.09.계해(27).	(昌慶宮)春塘臺	壯勇營冬等試射	
183	정조16.10.임신(07).	(昌慶宮)春塘臺	武藝廳試射	
184	정조16.11.정유(02).	(昌慶宮)春塘臺	官弓中日試射	
185	정조16.12.갑술(10).	(昌慶宮)春塘臺	壯勇營試射	
186	정조17.02.계유(10).	(昌慶宮)春塘臺	武臣試射	
187	정조17.03.신유(28).	(昌慶宮)春塘臺	壯勇營試射	
188	정조17.08.정축(17).	(昌慶宮)春塘臺	壯勇營試射	
189	정조17.08.경진(20).	(昌慶宮)春塘臺	到記儒生講製/專經文臣講製/專經武臣試射/抄啓文臣親試	
190	정조17.09.기해(09).	(昌慶宮)春塘臺	隨駕將士及閣臣承史儀賓宗宰差使員等試射	施賞有差
191	정조17.09.을묘(25).	(昌德宮)暎花堂	抄啓文臣親試/試射駕前別抄駕後禁軍武藝廳試藝	宣酒饌于登筵諸臣
192	정조17.11.정미(18).	(昌慶宮)春塘臺	抄啓文臣親試/宣傳官試射講	施文武臣都計劃賞典
193	정조17.11.무오(29).	(昌慶宮)春塘臺	官弓中日試射	
194	정조17.12.무인(19).	(昌慶宮)春塘臺	關西武士遠射人試射	
195	정조17.12.신사(22).	(昌慶宮)春塘臺	壯勇營試射	
196	정조18.01.정미(19).	(昌慶宮)春塘臺	瑞蔥臺試射	
197	정조18.01.계축(25).	(昌慶宮)春塘臺	內禁衛春等試射	
198	정조18.02.경오(12).	(昌慶宮)春塘臺	西北別付料試射	
199	정조18.03.을사(18).	(昌慶宮)春塘臺	壯勇營春等試射	
200	정조18.09.계사(09).	(昌慶宮)春塘臺	抄啓文臣親試,宣傳官試射	
201	정조18.09.임인(18).	(昌慶宮)春塘臺	內試射	
202	정조18.09.기유(25).	(昌慶宮)春塘臺	瑞蔥臺試射	
203	정조18.10.계해(09).	(昌慶宮)春塘臺	抄啓文臣課講/日次儒生殿講/上齋生應製/專經文臣殿講/文臣製述/專經武臣試射	

204	정조18.11.신해(27).	(昌慶宮)春塘臺	抄啓文臣親試及宣傳官射講, 都計劃試射	
205	정조18.12.무진(15).	(昌慶宮)春塘臺	壯勇營試射	
206	정조19.02.병자(24).	(昌慶宮)春塘臺	內試射	
207	정조19.02.신사(29).	(昌慶宮)春塘臺	瑞蔥臺試射	
208	정조19.03.경신(09).	(昌慶宮)春塘臺	西北別付料試射	設三日製于沖宮。
209	정조19.08.신사(03).	(昌慶宮)春塘臺	宣薦內禁衛秋等試射	
210	정조19.08.계묘(25).	(昌慶宮)春塘臺	別軍職內乘宣傳官秋試射	
211	정조19.08.계묘(25).	(昌慶宮)春塘臺	別軍職內乘宣傳官秋試射	
212	정조19.09.갑술(26).	(昌慶宮)春塘臺	壯勇營鍊陣冬等試射/抄啓文臣課講	
213	정조19.10.무술(21).	(昌慶宮)春塘臺	抄啓文臣試射及親試上齋生製述	
214	정조19.12.갑오(17).	(昌慶宮)春塘臺	景慕宮隨駕將臣武士等試射	
215	정조19.12.계묘(26).	(昌慶宮)春塘臺	壯勇營春等試射	
216	정조20.01.계유(26).	(昌慶宮)春塘臺	園幸時隨駕軍校瑞蔥臺試射	
217	정조20.02.계사(17).	南小營	內禁衛春等試射	
218	정조20.04.정축(02).	(昌慶宮)春塘臺	西北別付料試射	
219	정조20.04.기묘(04).	(昌慶宮)春塘臺	壯勇營試射	抄啓文臣親試
220	정조20.05.갑인(10).		望拜禮參班皇朝人及忠良人子孫, 應製試射	入格人召見施賞*
221	정조20.08.갑오(22).	(昌慶宮)春塘臺	秋等內乘別軍職宣傳官試射	
222	정조20.09.경신(18).	(昌慶宮)春塘臺	瑞蔥臺試射	
223	정조20.10.무자(16).	(昌慶宮)春塘臺	頒瑞蔥臺入格人賞典. 仍行宣傳官 別軍職內禁衛武藝廳等試射	
224	정조20.10.갑오(22).	(昌慶宮)春塘臺	行壯勇營秋冬等試射	施賞有差
225	정조20.11.기미(18).	(昌慶宮)春塘臺	抄啓文臣親試及試射	
226	정조20.12.신사(10).	(昌慶宮)春塘臺	抄啓文臣親試·試射/宣傳官射講及 壯勇營來春等試射	
227	정조21.02.정유(26).	(昌慶宮)春塘臺	禁軍試射	
228	정조21.02.기해(28).	(昌慶宮)春塘臺	沖儒到記講製/抄啓文臣親試/文臣 製述/專經武臣試射	
229	정조21.03.계묘(03).	皇壇	試皇壇大享時參班朝官儒生製述, 武士試射	施賞有差
230	정조21.03.정사(17).	(昌慶宮)春塘臺	內乘別軍職, 宣傳官試射	
231	정조21.03.갑자(24).	(昌慶宮)春塘臺	壯勇營中日試射,新舊選抄啓文臣親 試試射	
232	정조21.04.병신(26).	(昌慶宮)春塘臺	武藝廳試射	
233	정조21.06.병술(17).	(昌慶宮)春塘臺	關西北·嶺南武士試射	
234	정조21.08.무오(22).	(昌慶宮)春塘臺	瑞蔥臺試射	更試射砲, 施賞有差
235	정조21.08.임술(26).	(昌慶宮)春塘臺	武藝廳試射	
236	정조21.08.계해(27).	(昌慶宮)春塘臺	內禁衛試射	馬兵試藝, 施賞有差

237	정조21.09.임진(26).	(昌慶宮)春塘臺	抄啓文臣親試及試射	
238	정조21.10.계해(28).	(昌慶宮)春塘臺	別軍職武藝廳試射	
239	정조21.12.경술(15)	(昌慶宮)春塘臺	壯勇營	明年春等試射*
240	정조21.12.갑인(19).	(昌慶宮)春塘臺	抄啓文臣親試,宣傳官試射及嶺南關西北武士講射	
241	정조22.03.계유(09).	(昌慶宮)春塘臺	西北別付料及武藝廳試射	
242	정조22.03.계미(19).	北苑	內試射	
243	정조22.08.계축(22).	(昌慶宮)春塘臺	行專經文武臣·日次儒生·到記儒生殿講/瑞蔥臺禁軍秋等試射	
244	정조22.09.무진(08).	訓鍊院	三營門勸武試射	
245	정조22.09.경진(20).	(昌慶宮)春塘臺	抄啓文臣親試及試射	
246	정조22.10.신해(21).	(昌慶宮)春塘臺	內試射	
247	정조23.04.을미(07).	(昌慶宮)春塘臺	新舊選抄啓文臣三月朔親試及試射,禁衛春孟朔試射 西北別付料試射	
248	정조23.04.을미(07).		抄啓文臣試射	居首嚴著加賚
249	정조23.04.무신(20).	(昌慶宮)春塘臺	壯勇營試射	
250	정조23.08.기축(03).	(昌慶宮)春塘臺	內乘·別軍職·宣傳官及武藝廳秋等試射	
251	정조23.08.경인(04).	(昌慶宮)春塘臺	宣鷹·內禁衛及額外內禁衛秋等試射	
252	정조23.09.무오(03).	(昌慶宮)春塘臺	壯勇營武士及禁軍扈衛軍官試射	
253	정조23.10.계축(28).	御北營	局出身試射	
254	정조23.12.무신(25).	(昌慶宮)春塘臺	新舊別軍職試射	
255	정조23.12.신해(28).	(昌慶宮)春塘臺	壯勇營來庚申春等試射	
256	정조24.02.신해(28).	(昌慶宮)春塘臺	隨駕軍校試射	
257	정조24.03.경진(28).	(昌慶宮)春塘臺	到記儒生製講/抄啓文臣親試/ 內禁衛·西北別付料軍官摩嶺以北及三·甲·江界·濟州武士試射	

- 00은 즉위년, 본표는 『정조실록』 토대로 작성.

〈부표11〉『대전통편』「이전」및「병전」외관직

外官職		경기	충청	경상	전라	황해	강원	함경	평안
觀察使(종2)	都事(종5)	1/1	1/1	1/1	1/1	1/1	1/1	1/1	1/1
府尹(종2)		1		1	1			1	2
大都護府使(정3)				2			1	1	1
牧使(정3)		3	4	3	4	2	1	1	2
都護府使(종3)		10	1	15	7	7	7	16	14
庶尹(종4)									1
郡守(종4)		9	12	12	11	7	6	2	12
判官(종5)			1	1	2	1	1	2	6
縣令(종5)		4	1	5	5	2	3	3	2
察訪(종6)		6	5	11	6	3	4	2	5
縣監(종6)		9	36	33	28	5	8		
訓導(종9)			50						
倭學訓導(종9)				1					
譯學訓導(종9)					3			1	6
譯學(종9)				2	6				
審藥(종9)			2	3	3	2	1	3	2
檢律(종9)		1	1	1	2	1	1	1	1
諸道各殿		崇義殿	太一殿	崇德殿					崇仁殿 崇靈殿
兵馬[陸軍]		경기	충청	경상	전라	황해	강원	함경	평안
兵馬節度使(종2)	虞侯(종/정3) 評事(정6)	1	2/1	3/2	2/1	2	1	3/2 1	2/1
防禦使(종2)		3					1	1	2
節制使(정3)		1		1	1				1
僉節制使(종3)		7	3	6	4	1	3	24	24
同僉節制使(종4)		18	13	25	17	18	11	7	25
萬戶(종4)		4				3		18	15
節制都尉(종6)		13	38	39	35	8	12	4	11
水軍		경기	충청	경상	전라	황해	강원	함경	평안
水軍統制使(종2)	虞侯(정3)			1/1					
水軍統禦使(종2)		1							
水軍節度使(정3)	虞侯(정4)	1	2/1	3/2	3/2	2	1	3	1
防禦使(종2)		2		1					2
節制使(종3)				1					
僉節制使(종3)		3	3	4	4	1	1		5
同僉節制使(종4)		2		3	6	5			
萬戶(종4)		1	1	15	15	1	1	1	
巡營中軍(정3)		1	1	1	1	1	1	1	1
廣州中軍(정3)		1							
鎭營將(정3)		6	5	6	5	5	3	6	9
衛將(정3)								10	
監牧官(종6)		5	1	3	5	3		3	1
權官(종9)				2				15	14
別將(종9)		7		10	6	5		2	4

〈부표12〉 조선시대 수군 병선 변화

	諸道兵船	경기	충청	경상	전라	강원	황해	함경	평안
經國大典	大猛船[80인]	16	11	20	22		7		4
	中猛船[60인]	20	34	66	43	14	12	2	15
	小猛船[30인]	14	24	105	33		10	12	4
	無軍大猛船								1
	無軍中猛船								3
	無軍小猛船	7	40	75	86	2	10	9	16
續大典	戰船	4	9	55	47		2		
	防船	10	21	2	11		26		6
	兵船	10	20	66	51		9		5
	龜船	1	1	9	3		5		
	海鶻船				1				
	小猛船						1		
	伺候船	16	41	143	101				12
	探船			2					
	艍舠船	3					21		1
	給水船	9					6		4
	挾船						17		1
	別小船						1		
	追捕船						23		

〈부표13〉 정조연간 주요병권 담당자

연 대	兵曹判書	訓練大將	御營大將	禁衛大將	守禦使	摠戎使	宿衛大將 /壯勇大將	扈衛大將 [정승]
정조즉위년	李徽之 具善復 李福源 蔡濟恭 具善復 洪樂性	具善復 張志恒	金漢耉 具善復	李漢膺	徐命善 朴宗德	李柱國 徐命善		
정조 원년	洪樂性 蔡濟恭 李徽之 金鍾秀 鄭弘淳	張志恒	具善復	李漢膺 徐命善 洪國榮	徐命善 洪樂性	李漢膺 洪國榮 李柱國	洪國榮	鄭存謙
정조 2년	李徽之	張志恒 洪國榮 具善復	具善復 李漢膺 張志恒 李國賢	具善復 洪國榮	洪樂性	李國賢 金孝大	洪國榮	徐命善
정조 3년	李徽之 洪樂命 權　遵 鄭尚淳 權　遵 洪樂性 金鍾秀 具允鈺	具善復 洪國榮 具善復	李國賢 李敬懋 李邦一 李柱國	具善復 李敬懋	徐命膺 金鍾秀	李柱國 李敬懋	洪國榮	李澈* 洪樂純
정조 4년	具允鈺 蔡濟恭 金華鎮 李衎祥 李性源	具善復 李柱國	李柱國	李敬懋	金鍾秀 鄭民始	徐有寧		徐命善
정조 5년	李性源 洪樂性 李性源 李衎祥 李性源 蔡濟恭	具善復	李柱國 李昌運 李柱國 李昌運	李敬懋	鄭民始	李柱國		
정조 6년	蔡濟恭 鄭好仁 李性源 趙　璥 鄭好仁 金　煜 李命植 徐有隣	具善復	李昌運 李柱國 李邦一 李柱國	李敬懋 李柱國 李敬懋	鄭民始	李柱國 李昌運		
정조 7년	徐有隣 鄭好仁 鄭尚淳 金鍾秀 李命植	具善復 李柱國 具善復	李柱國 徐有大	李敬懋	鄭民始	徐有大 李昌運		

	李坤						
정조 8년	李坤 李性源 李坤 徐有隣 鄭好仁 李在協 徐浩修 李在簡	具善復	徐有大 李敬懋 李柱國 徐有大	李敬懋 徐有大	鄭尙淳	李昌運 具善復	
정조 9년	李在簡 趙時俊 鄭民始 徐有隣	具善復	李柱國	徐有大	?	具善復 李昌運 徐有寧 金思穆	
정조 10년	徐有隣 鄭昌聖 徐浩修 李性源 李命植 金履素	具善復 李柱國 具善復 李柱國	李柱國 李邦一 李敬懋	徐有大 李敬懋 徐有大 李敬懋 徐有大	鄭尙淳 徐有寧		
정조 11년	金履素 李坤 鄭昌順	李柱國 李敬懋	李敬懋 金持默	徐有大	金鍾秀		
정조 12년	鄭昌順 鄭好仁 李坤 鄭昌聖 李在簡 李文源	李敬懋 徐有大 李柱國	李柱國	徐有大	金鍾秀		
정조 13년	李文源 鄭好仁 李文源 具允鈺 尹塾 金尙集	李柱國 徐有大	李柱國 李邦一 李漢豐 徐有大 李漢豐	?	金鍾秀 鄭昌順		
정조 14년	金尙集 李坤 金文淳	徐有大	李漢豐 李柱國 李漢豐	?	鄭昌順		
정조 15년	金文淳 吳載純 徐浩修 李秉模	徐有大 趙心泰	李漢豐 徐有大 李邦一	金持默 徐有大	鄭昌順 吳載純	[壯勇營兵房] 金持默	徐命善* 洪樂性
정조 16년	李秉模 洪檍 鄭好仁 鄭昌順 李文源	趙心泰 徐有大	李邦一 趙心泰	徐有大 李漢豐 趙心泰	吳載純 鄭民始		
정조 17년	李文源 趙宗鉉 金文淳 徐有防	徐有大 趙心泰	趙心泰 李敬懋	李漢豐	鄭民始 李文源	鄭民始	[壯勇使] 金持默 [壯勇大將] 金持默

		兵曹判書	訓鍊大將	御營大將	禁衛大將	守禦使	摠戎使	壯勇大將	扈衛大將
	鄭好仁 徐有防								
정조 18년	徐有防 具　庠 鄭昌順 李命植 鄭昌順 具　庠 趙宗鉉	趙心泰 徐有大 李敬懋	李敬懋 李漢豐	李漢豐	李文源 李秉鼎 金載瓚 沈頣之	申大顯	[壯勇大將] 金持默 徐有大	金持默*
정조 19년	趙宗鉉 金載瓚 李時秀 沈煥之 李得臣	李敬懋 徐有大	李漢豐	金持默 申大顯 李邦一 李敬懋	沈頣之 [廣州留守] 徐有隣		[壯勇大將] 徐有大 金持默	
정조 20년	李得臣 具　廙 趙宗鉉 鄭好仁 李得臣	徐有大 李柱國	李漢豐	?		徐有大	[壯勇大將] 金持默 鄭民始	
정조 21년	李得臣 權　襸 李祖源 金尙集 李祖源	李柱國 李敬懋	李漢豐 趙心泰 李漢豐	徐有大	[廣州留守] 徐有隣		[壯勇大將] 鄭民始 金持默	洪樂性*
정조 22년	李祖源 李時秀	李敬懋	李漢豐	徐有大 申大顯			[壯勇大將] 趙心泰	沈煥之
정조 23년	李時秀 具　廙 金文淳 李在學	李敬懋 徐有大 李漢豐	申大顯 李得濟	鄭民始	[廣州留守] 金思穆		[壯勇大將] 趙心泰 李漢豐 申大顯	沈煥之* 李秉模*
정조 24년	趙鎭寬	李漢豐	李得濟 申大謙	徐有大			[壯勇大將] 申大顯	

- 실록 기준, 단 *은 승정원일기 기준.

〈부표14〉 역역驛役 변천과정

구분	연대	良人		賤人		소생	아들	딸	비고	전거
		驛吏	驛女	驛奴	驛婢					
역리 -양처 [良良]	인조21	良妻				딸은 良女	(驛吏)	良人	종부법 남녀분역	수
	인조23	良妻				아들을 역에 소속시킴 딸을 역에 소속시킴	驛吏	驛女	종부법 역제강화	수
	인조26	良妻				딸은 명부에 기록하지 않음	(驛吏)	良人	종부법 남녀분역	수
	?	良妻				아들은 驛吏, 딸은 驛女	驛吏	驛女	역제강화	수
	영조22	良妻				아들은 驛吏, 딸은 驛女	驛吏	驛女	역제강화	속
역리 -천처 [良賤]	세종6*	私賤 妻				태종14년 이후 아비를 따라 驛吏가 됨	驛吏		종부법	실
	성종4*	公賤 妻				지원할 경우 소생을 역에 소속시 킴	驛吏?		역제강화	실
	중종6*	公私 賤妻				아들은 아비의 역 딸은 어미의 역	驛吏	賤人	남녀분역	실
	선조6	公私 賤妻				소생은 모두 역에 소속시킴. 사천이라도 공천으로 바꾸어주지 않음.	驛奴?	驛婢?	역제강화	수
	선조33*	公私 賤妻				賤人으로 역에 속함	驛奴	驛婢	역제강화	실
	?	(公私 賤妻)				아들은 아비의 역 딸은 어미의 역	驛吏	賤人	남녀분역	?
	인조21	公私 賤妻				딸은 본인에 한해 驛에 소속. 딸 의 자식은 주인에게 줌	(驛吏)	驛婢?	종부법 역제강화	수
	인조23	公私 賤妻				손녀는 주인에게 줌	(驛吏)	驛婢?	종부법 역제강화	수
	현종5(?) [현종10]	官婢 妻				#삼수, 갑산, 육진의 소생을 모두 관노비로 함.	公賤	公賤	종모법 관노비확 보	수
	현종5(?) [현종10]	官婢 妻				#단천 이북은 딸은 어미의 역을 따르게 함.		公賤	남녀분역 관노비 확보	수
	현종5(?) [현종10]	私賤 妻				아들, 딸 모두 어미의 역을 따르 게 함.	賤人	賤人	종모법	수
	현종5(?) [현종10]	公私 賤妻				아들은 아비의 역 딸은 어미의 역	驛吏	賤人	남녀분역	수
	숙종19	公私 賤妻				현종 5년부터 모두 어미의 역을 따름	賤人	賤人	종모법	신
	영조22	公私 賤妻				自贖한 경우 驛吏로 올림	驛吏	驛女	역제강화	속
	영조22	官婢 妻				#삼수, 갑산, 육진 소생은 모역을 따름	公賤	公賤	예외	속
	영조22	官婢 妻				#단천이북 딸만 모역을 따름	驛吏 驛奴	公賤	예외	속

구분	왕대	父	母	내용	아들	딸	원리	결과
역녀-양부 [良良]	세종6*	良夫		아비를 따라 良人이 됨	良人		종부법	실
	?	良夫		숙종 7년 기준 아들은 驛吏	驛吏	(良人)	남녀분역	수
	?	良夫		숙종 7년 기준 딸은 역에 소속시키지 않음	(驛吏)	良人	남녀분역	수
	선조33*	良夫		소생은 역에 속함	驛吏	驛女	역제강화	실
	영조22	良夫		아들은 驛吏, 딸은 역에 속하지 않음	驛吏	良人	남녀분역 종모법	속
역녀-천부 [良賤]	성종4*	公賤夫		지원할 경우 소생을 역에 소속시킴	驛吏?	?	역제강화	실
	선조33*	公私賤夫		賤人으로 역에 속함	驛奴	驛婢	역제강화	실
	인조21	公私賤夫		驛吏의 딸이 公私賤과 결혼한 경우 자식은 주인에게 줌	賤人	賤人	종부법	수
	?	公私賤夫		숙종 7년 기준 아들, 딸은 良人 아들은 驛吏 딸은 역에 속하지 않음	驛吏	良人	종모법 남녀분역	수
	숙종16	公私賤夫		소생은 역노비	驛奴	驛婢	종부법 역제강화	수
	숙종19	公私賤夫		어미의 역을 따라 良人 아들은 驛吏 딸은 역에 속하지 않음.	驛吏	良人	종모법 남녀분역	신
	영조22	公私賤夫		아들은 驛吏 딸은 역에 속하지 않음.	驛吏	良人	종모법 남녀분역	속
역노-양처 [賤良]	현종13		良妻	자원자는 驛吏로 함. 아들이 驛吏면 딸도 역에 소속.	驛吏	驛女	역제강화 종모법	수
	숙종7		良妻	아들은 驛吏, 딸은 驛女	驛吏	驛女	역제강화 종모법	수
	?		良妻	현종 13년부터 아들은 驛吏, 딸은 驛女로 함.	驛吏	驛女	역제강화 종모법	수
	숙종16		良妻	아들은 驛吏 딸은 驛女	驛吏	驛女	역제강화	수
	숙종19		良妻	현종13년부터 아들 驛吏, 딸은 驛女	驛吏	驛女	역제강화	신
	영조22		良妻	자원할 경우 驛吏로 하고 자손은 일체 역에 속함	驛吏	驛女?	역제강화 종모법	속
역노-천처 [賤賤]	선조33*		各司婢妻	소생은 모두 역에 속함	驛奴	驛婢	역제강화	실
	현종5(?) [현종10]		官婢妻	#삼수,갑산,육진 소생은 모약을 따름	公賤	公賤	남녀분역 관노비유지	수
	현종5(?) [현종10]		官婢妻	#단천 이북 딸만 모역을 따름	(驛奴)	公賤	종모법 관노비유지	수

	현종5(?) [현종10]			公私 賤妻	아들은 아비의 역 딸은 어미의 역	驛奴	賤人	남녀분역	수
	현종5(?) [현종10]			公私 賤妻	역졸의 아들은 역에 소속	驛奴	(賤人)	남녀분역	수
	현종5(?) [현종10]			公私 賤妻	아들은 아비의 역 딸은 어미의 역	驛奴	賤人	남녀분역	수
	숙종2			內需 司婢	내수사비 소생은 역에 소속시키 지 않음.	賤人	賤人	예외내수 사유지	수
	영조22			官婢 妻	#삼수,갑산,육진 소생은 모역을 따름	公賤	公賤	종모법 관노비 유지	속
	영조22			官婢 妻	#단천이북 딸만 모역을 따름	(驛奴)	公賤	남녀분역 관노비 유지	속
	숙종19			公私 賤妻	현종 5년부터 아들은 아비의 역 딸은 어미의 역	驛奴	賤人	남녀분역	수 /신
	영조22			公私 賤妻	아들은 아비의 역을 딸은 어미의 역을 따른다.	驛奴	賤人	남녀분역	속
역비 -양부 [賤良]	?			良夫	소생은 모두 역노비	驛奴	驛婢	종모법 역제강화	수
	숙종19			良夫	소생은 모두 역노비	驛奴	驛婢	종모법 역제강화	신
	영조22			良夫	소생은 모두 역노비	驛奴	驛婢	종모법 역제강화	속
역비 -천부 [賤賤]	?			賤夫	소생은 모두 역노비	驛奴	驛婢	종모법 역제강화	수
	숙종19			賤夫	소생은 모두 역노비	驛奴	驛婢	종모법 역제강화	신
	영조22			賤夫	소생은 모두 역노비	驛奴	驛婢	종모법 역제강화	속

- 실: 실록, 수: 『수교집록』, 신: 『신보수교집록』, 속: 『속대전』, ▓: 驛役

발문(跋文)

우리나라에서 "로마법"은 전문강좌로 자리하고 있으나, 이에 상응하는 "전통법"은 극소수의 대학을 제외하고는 거의 개설되어있지 않으며, 그 학문조차 체계화되어있지 않다. 로마법은 서양 근대법의 모태로 인식되어 현대 법리의 연원을 따져가는데 유효하므로 전문분야가 만들어진 것이다. 그런데 로마법은 집대성 시기가 6세기에 해당하며, 르네상스로부터 근대에 이르기까지 집중적인 재조명을 통해서 현대적인 의미가 부여된 것이다.

마찬가지로 동아시아에서는 당唐의 법제도가 7~8세기에 집대성되었고, 14세기 명과 고려~조선의 위정자는 국가체제의 모범으로 재인식하였다. 19세기 청이나 조선에서도 여전히 당의 삼법체계는 실존법으로 영향을 미치고 있었다. 심지어 일본은 고대뿐 아니라, 근대국가의 사법체계를 구성하는데도 당률唐律의 각종 개념을 기반으로 입법한 경우가 적지 않다. 일본의 당률에 대한 시각은 고종대 사법체계의 근대화과정에서 명률을 재조명한 것과 거의 같은 맥락이다. 더욱이 조선시대 전통법에서는 중국법뿐 아니라 아국법의 영향도 막대하였으므로, 동아시아 보편전통과 자국의 특수전통을 함께 고려하여 전통법의 체계를 수립하는 것이 절실하다. 곧 전체 국법을 조명하는 시각의 일대 전환이 필요하고, 이를 뒷받침할 실증적인 연구도 수반되어야 한다.

아울러 "법치주의"나 "법치국가" 용어를 단지 영국이나 독일의 전유물로 국한시켜 이해하는 방식도 제고가 필요하다. 전자는 17세기 수평파

의 의회주의운동이 확산되면서 명예혁명이 일어난 데에서 기인한다. 이
때 윌리엄 템플의 명대明代 내각제內閣制 연구가 바탕이 되었고 심지
어 『논어』의 구절을 원용한 "군림하되 통치하지 않는다"는 입헌군주제
원칙까지 천명되었다. 이는 서구의 자생적인 근대화라기보다는 계몽주
의시대 중국 열풍과 맞물려 나타난 것으로 "법치주의(rule of law)"를 동
양과 대비되는 고매한 서구의 이상으로 설명하는 것은 무리가 있다.

후자는 19세기에 이르러 영국뿐 아니라 프랑스까지 입헌정체 수립에
성공하자, 낭만주의시대 근대화의 이상화된 모델이 동양에서 서유럽으
로 변화한 것이 배경이다. 특히 정치적으로 분열되어있던 독일지역에서
는 한편으로 통일국가의 탄생을 꿈꾸면서도, 다른 한편으로 강력한 권력
으로부터 개인의 자유를 법으로 보장받고자 하였다. 이러한 바람이 후대
의 "법치국가(Rechtsstaat)"라는 용어로 정립되었다. 이미 통일국가에서
는 법의 운영원리인 "법치주의"에 관심을 가진 반면에, 그렇지 못한 지
역에서는 단일한 권력이 지배하는 "법치국가"의 수립 자체가 중요했기
때문이다.

이때 역설적이게도 억압하는 전제군주정의 모델로 중국이 상정되었
다. 명예혁명 당시 중국은 사대부의 공론정치를 실현하는 이상적인 나라
로 소개되었으나, 한 세기가 지나서 영국의 정치체제를 동경하던 독일에
서는 오히려 정반대로 설정한 것이다. 오늘날 오리엔탈리즘의 서막은 헤
겔을 비롯한 독일계 학자들의 시각이 가장 많은 영향을 미쳤다.

따라서 유럽의 서로 다른 입법전통은 자국사의 정치체제 발전 설명에
유용하지만, 이것을 세계보편이라는 잣대로 적용하기에는 부적합하다.
더욱이 15세기 조선의 『경국대전』에 17세기 영국이나 19세기 독일 전
통의 존재여부를 비교하는 것 자체가 시공간을 거의 고려하지 않은 서구
중심주의 관점이다. 특히 법치 개념이 훨씬 늦게 형성된 지역의 기준을
오히려 선진지역에 무리하게 적용하는 방식이므로 문제가 있다. 필자의

전작前作(『법치국가 조선의 탄생: 조선전기 국법체계 형성사』, 이학사, 2016)에서는 14-16세기 조선을 "법치국가"로 표현하였고, 후작後作(본서)에서는 17-18세기 사회를 "법치주의"로 서술하였다. 양자는 거의 같은 의미로 사용하였으나, 전작은 신왕조의 국가체제 수립에 초점을 맞추었고, 후자는 이미 형성된 체제 내에서 법치를 실현하는데 강조점을 둔 표현이다. 여기서 "법치"는 3가지 개념을 전제로 사용하였다.

첫째, 법에 의한 통치이다. 고려말 관행에 따라 법의 적용잣대가 다른 불의한 현실을 개혁하여 신왕조에서는 누구나 동일한 법의 적용을 받도록 한 점이다. 둘째, 최상위 법전(헌법)을 상정한 점이다. 이것은 신라나 고려와 달리 일정한 국법체계를 상정하여 국가의 토대가 되는 헌장을 그 속에 위치시킨 것이다. 셋째, 국왕이 법의 수호자로 자리매김하여 법치를 강조한 점이다. 왕정사회임에도 불구하고 국왕은 입법활동을 장려하고 오히려 법을 준용함으로써 왕권을 강화하는 형태를 취하였다. 서구 의회주의 발전이 군주권을 제한하는 것과 전혀 다른 형태의 법치이다. 이상의 특징을 조선시대 법치의 성격으로 상정하였다.

필자가 학문에 입문하던 시기에는 법제서의 규장각 영인본 보급과 각종 학술역주가 이루어져 이를 접하는 행운을 얻었다. 수많은 선학先學의 온축된 업적을 두루 활용할 수 있었기 때문에 비교적 단시간 내에 혼자서 조선후기 법제서의 개괄적인 흐름을 파악할 수 있었다. 그러나 조선전기 국법체계에 대한 이론모델을 상정하지 않고는 조선후기 법제서 편찬 과정을 제대로 정의하는데 어려움을 겪었다. 그래서 최종적으로 책을 엮는 일만은 조선전기 이론 모델에 관해 새로운 장절을 쓸 때까지 절대불가하다는 단서를 달아놓고 차일피일 미루어왔다. 그런데 근자에 오랫동안 숙고해왔던 논제에 관해서 단행본(전작)을 출판함으로써 약간의 부담을 덜 수 있었다. 이에 후기를 다루는 본서의 저술에 나서게 된 것이다.

국법체계에 관한 전작(조선전기편)과 후작(조선후기편)은 시간적으로 서로 연결되지만, 그 서술 방식과 중심 주제는 다소 다르다. 전작은 본래 저술 목적이 상당부분 후작의 논리를 전개하기 위해 필요한 배경지식의 제공에 있다. 예컨대『속대전』을 구성하는 사록四錄은 후기 법전의 조문으로 자리하였으나, 그 상당수는 조선전기 수교受敎에 해당하므로 입법취지를 살피기 위해서 이러한 방법이 불가피하였다. 그래서 전작은 연대기의 논의구조를 중심에 놓고 법조문을 대조한 반면에, 후작은 법전을 중심으로 연대기를 대조하는 방식을 취하였다. 또 조선전기는 연대기의 입법논쟁이 풍부하고 실제 법조문으로 귀결되는 경우가 적지 않았던 반면에, 조선후기는 법전 자료가 많이 남아있기 때문이다. 그러므로 각자 풍부한 자료를 바탕으로 접근한 것이다.

그럼에도 단행본으로 엮는데도 여전히 난관을 헤쳐나가야 했다. 초고의 논문은 각 법제서 단위로 발표하여 그 자체는 완결성이 높지만, 조선후기 법전은 연속적인 입법운동의 산물이었으므로 중복되는 소재가 적지 않았다. 더욱이 박사논문을 출판하면서『속대전』의 일부 내용을 포함하였는데(『조선후기 영조의 탕평정치:『속대전』의 편찬과 백성의 재인식』, 태학사, 2010), 이 부분을 새책에서 어떻게 처리할지도 고민이었다. 이 난제를 해소하기 위해 기존에 논증한 내용은 주註로 대신하고, 가급적 장절을 새로이 구성하고 통합하여 재서술하는 방식을 취하였다. 특히, 학위논문에서 제외된 소주제를 대거 되살려 놓았으며, 개별 논문에서 싣지 못한 도표도 가급적 부록으로 수록하였다.

다만, 한국출판문화산업진흥원의 우수출판콘텐츠 제작지원의 행운을 누린 까닭에 간행 시점이 촉박하여 재서술 과정에서 매끄럽지 못한 부분이 적지 않으리라 생각한다. 미진한 부분은 강호제현江湖諸賢의 질정質正을 기다린다. 끝으로 독학으로 메울 수 없던 법리이해의 지평을 넓혀주신 한국역사연구회 대명률연구반의 여러 선생님들과 어려운 여건 속에서 학술출판을 도와주신 경인문화사의 관계자분께 감사드린다.

2016년 9월

관악산 규장각에서

김백철

원문출전

번호	논문명	발표논저	본서 수록
1	조선후기 숙종대 『수교집록』의 편찬 과 그 성격: 체제분석을 중심으로	- 『동방학지』140, 연세대학교 　국학연구원, 2007.12.	1장, 4장 5장
2	조선후기 숙종대 국법체계와 『전록통고』의 편찬	- 『규장각』32, 서울대학교 규장각한국학 　연구원, 2008.06.	1장
3	조선후기 영조초반 법제정비의 성격과 그 지향:『신보수교집록』 체제를 중심으로	- 『정신문화연구』115, 한국학중앙연구원, 　2009.06.	2장, 4장 5장
4	조선후기 영조대 법전정비와 『속대전』의 편찬	- 『역사와 현실』68, 한국역사연구회, 　2008.06. - 『조선후기 영조의 탕평정치』, 태학사, 　2010 일부 수록	2장
5	조선후기 영조대 『속대전』위상의 재평가:「형전」편찬을 중심으로	- 『역사학보』194, 역사학회, 2007.06. - 『조선후기 영조의 탕평정치』, 태학사, 　2010 일부 수록	서론, 5장 6장
6	조선후기 정조대 법제정비와 『대전통편』체제의 구현	- 『대동문화연구』64, 성균관대학교 　대동문화연구원, 2008.12.	3장, 6장
7	조선후기 정조대 『대전통편』 「병전」 편찬의 성격	- 『군사』76, 국방부 군사편찬연구소, 　2010.09.	6장

찾아보기

ㅁ

ㅇ

김백철金伯哲

　　부산대학교 사학과를 졸업하고, 서울대학교 국사학과에서 석사 및 박사학위를 취득하였다. 전공은 조선시대 법사학 및 정치사상이다. 서울대학교·서울여자대학교·한신대학교·한국외국어대학교·국민대학교·한국전통문화대학교대학원 강사, 전북대학교 HK교수 등을 거쳐, 현재 규장각한국학연구원 책임연구원으로 재직 중이다.

　　지은 책으로『법치국가 조선의 탄생: 조선전기 국법체계 형성사』,『조선후기 영조의 탕평정치: 속대전의 편찬과 백성의 재인식』,『두 얼굴의 영조; 18세기 탕평군주상의 재검토』,『영조: 민국을 꿈꾼 탕평군주』,『박문수: 18세기 탕평관료의 이상과 현실』이 있고, 공저로『규장각소장 왕실자료 해제·해설집』3·4,『국왕, 의례, 정치』,『조선후기 탕평정치의 재조명』상·하,『영조대왕 자료집』1,『규장각』,『18세기: 왕의 귀환』이 있다.

탕평시대 법치주의 유산
: 조선후기 국법체계 재구축사

초판 인쇄　2016년 11월 17일
초판 발행　2016년 11월 25일

지 은 이　김백철
발 행 인　한정희
발 행 처　경인문화사
출 판 번 호　406-1973-000003호
주　　　소　파주시 회동길 445-1 경인빌딩 B동 4층
전　　　화　031-955-9300
팩　　　스　031-955-9310
홈 페 이 지　http://kyungin.mkstudy.com
이 메 일　kyunginp@chol.com

ISBN　978-89-499-4226-1 93910
값　29,000원

한국출판문화산업진흥원 2016년 우수출판콘텐츠 제작 지원 사업 선정작입니다